성 김대건 안드레아 신부의 서한

성 김대건 안드레아 신부님 탄생 200주년 희년 기념 자료집 **제1집**
성 김대건 안드레아 신부의 서한

펴낸 날	1996년 7월 5일 초 판 1쇄 발행
	2020년 12월 31일 개정판 1쇄 발행
	2021년 4월 23일 개정판 2쇄 발행
	2021년 6월 23일 개정판 3쇄 발행
엮은 이	한국교회사연구소
펴낸 이	정순택
펴낸 곳	한국교회사연구소
	서울시 중구 삼일대로 330 평화빌딩
	대표전화 02-756-1691
	팩시밀리 02-2269-2692
	홈페이지 www.history.re.kr
인쇄·제본	분도출판사
등록번호	1981년 11월 16일 제10-132호
교회인가	2020년 12월 30일
ISBN	979-11-85700-28-1 (94230)
	979-11-85700-27-4 (세트)
정가	20,000원

ⓒ한국교회사연구소, 2020

성 김대건 안드레아 신부님 탄생 200주년 희년 기념 자료집 **제1집**

성 김대건 안드레아 신부의 서한

한국교회사연구소

절두산 순교성지 김대건 신부상

김대건 신부 활동도

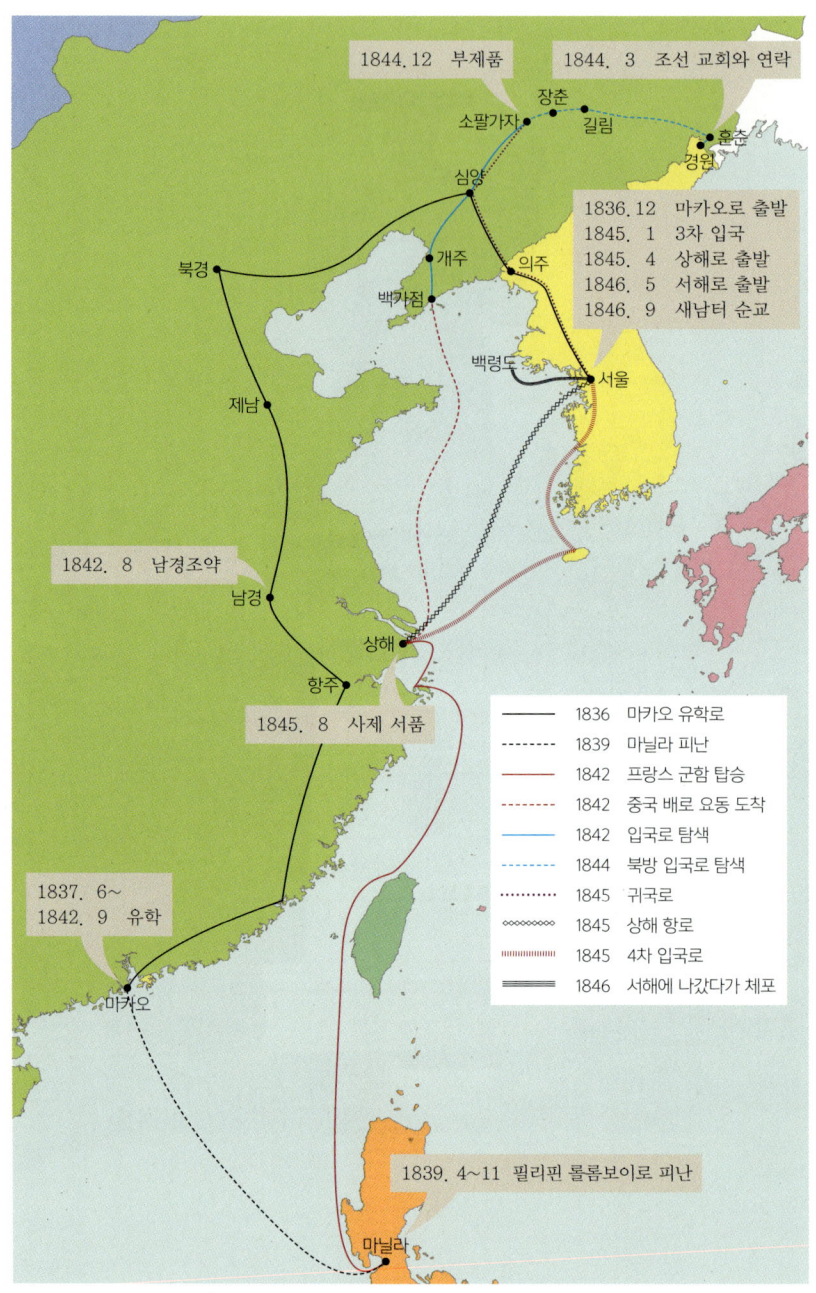

김대건 신부 국내 활동도

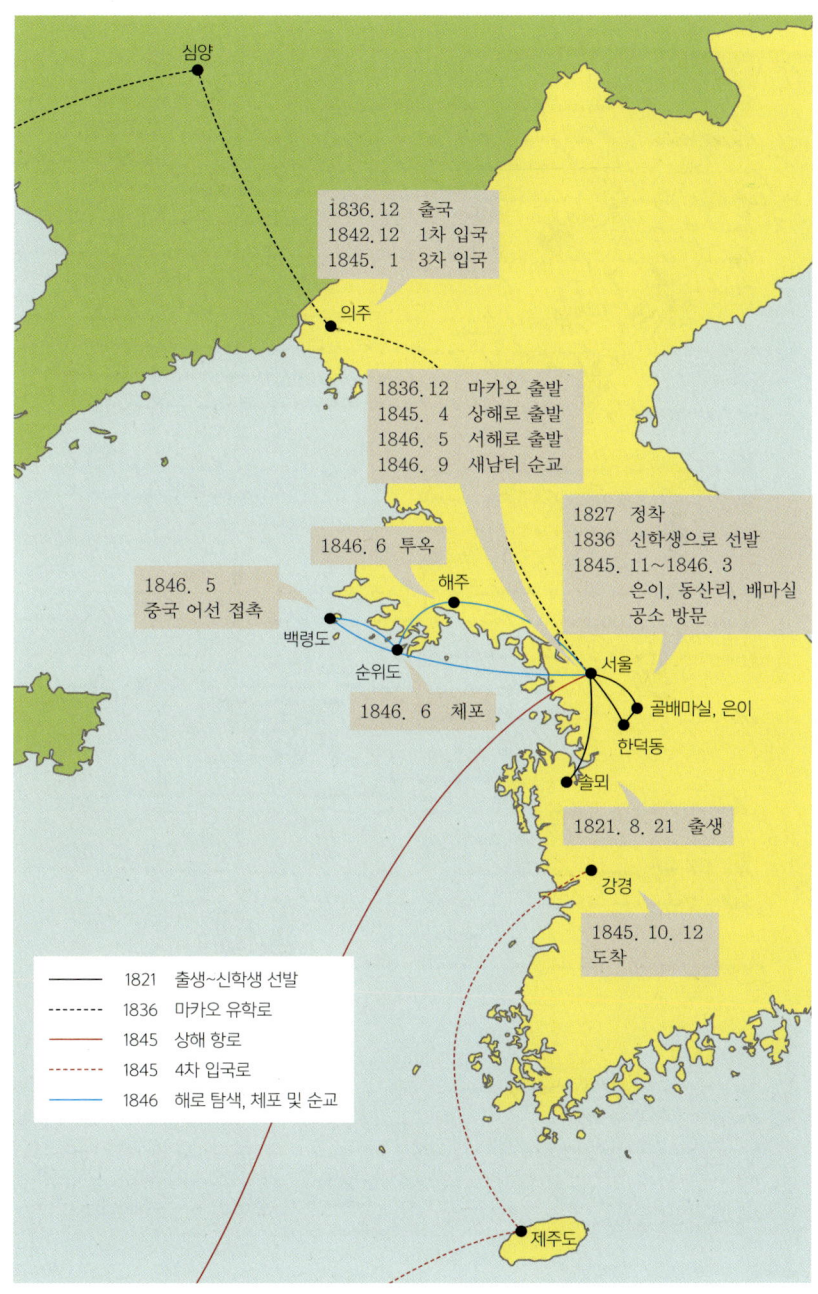

김대건 신부가 직접 그린 형벌도(刑罰圖)

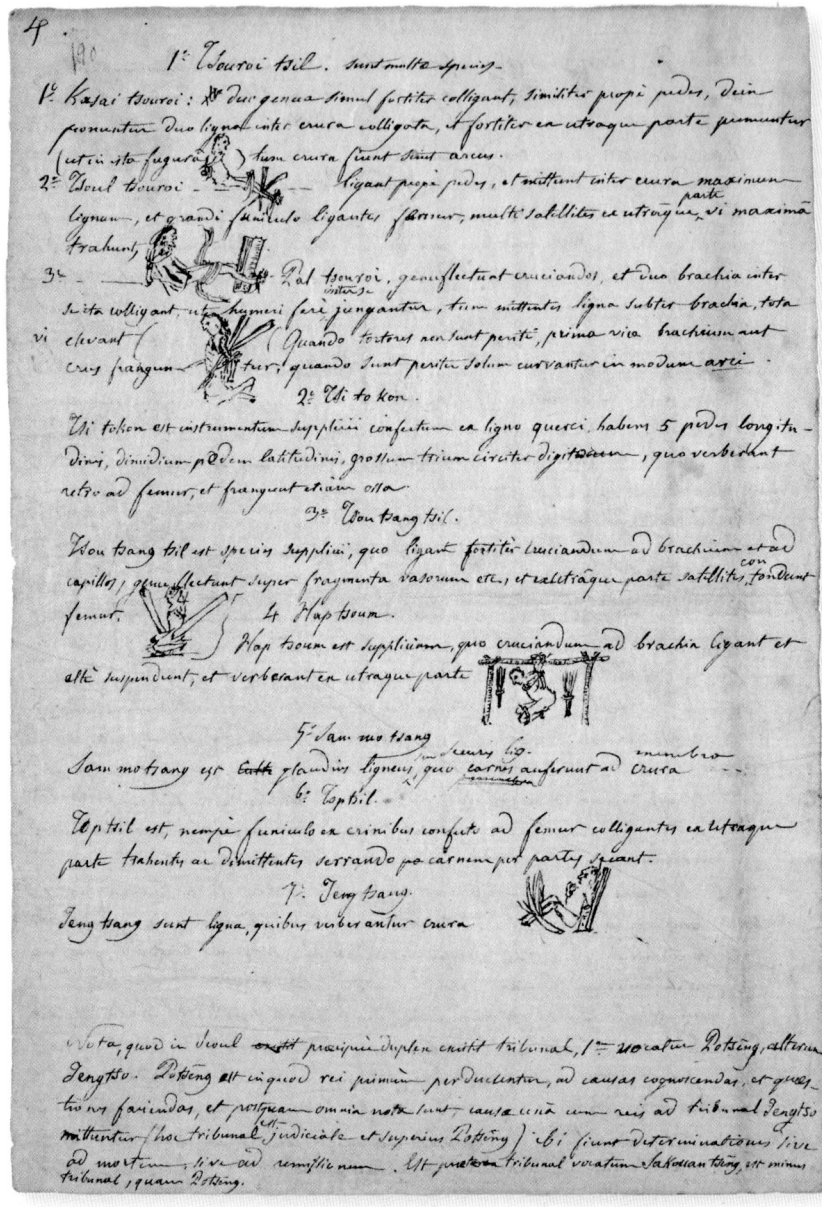

자료 제공 : 한국천주교순교자박물관

개정판 간행사

성 김대건 안드레아 신부를 다시 생각하며

한국교회사연구소는 1996년 "성 김대건 신부 순교 150주년"을 기념하면서 세 권의 '전기 자료집'을 간행했습니다. 제1집은 『성 김대건 안드레아 신부의 서한』이고, 제2집은 『성 김대건 신부의 활동과 업적』, 그리고 제3집은 『성 김대건 신부의 체포와 순교』였습니다. 25년이 흐른 지금 "성 김대건 안드레아 신부님 탄생 200주년 희년(禧年)"을 기념하면서 그동안의 연구 성과를 반영한 개정판을 차례대로 간행하고자 합니다. 가장 먼저 간행하는 책은 제1집 『성 김대건 안드레아 신부의 서한』입니다.

김대건 신부님의 '서한'은 1984년 한국 천주교회 창설 200주년 기념 및 103위 시성식 때 한국 천주교회에 기증되었습니다. 파리 외방전교회는 고문서 묶음 가운데 1,261권에 보관되어 있던 김대건 신부님의 편지를 시성 선물로 한국에 보내주었습니다. 현재 '한국 천주교 순교자 박물관'에 보관되어 있는 김대건 신부님의 서한은 유실된 2통을 제외한 19통이며, 그 가운데는 김대건 신부님의 친필 서한도 있고 원본을 토대로 필사한 서한도 있습니다. 당시 판독을 맡았던 최승룡 신부님은 글자 하나를 알아내는 데 서너 달씩 걸리면서 이 귀중한 자료를 탈초해 주셨습니다. 그리고 돌아가시기 전에 개정판을 염두에 두시고 이전에 잘못 판독한 글자들을 미리 적어서 남겨 두셨습니다.

이번 개정판에서는 초판의 판독 오류를 최대한 바로잡고, 주석도 새롭게

수정하였습니다. 이전에 찾아내지 못한 지명들을 새롭게 찾아냈으며, 잘못 표기된 한자어도 바로잡았습니다. 초판은 대역판으로 간행하였지만, 이번에는 좀 더 대중화를 지향하면서 번역본을 정갈하게 앞에 두고, 연구자를 위해 탈초본 원문을 뒤에 붙였습니다. 그리고 연구자들이 원문 대조를 쉽게 할 수 있도록 연구소 홈페이지에 탈초본 서비스를 제공할 예정입니다.

개정판을 준비하면서, 초판을 간행하던 시기에 보셨던 흑백 복사본과 돋보기에 의존하여 작은 글자들을 판독하고 번역한 선배 신부님들의 노력을 다시금 엿볼 수 있었습니다. 이 귀중한 자료들을 새롭게 볼 수 있도록 소중한 작업들을 미리 해 놓으셨던 선배 연구자들께 존경과 감사의 마음을 전합니다. 1996년 초판본을 간행할 때에는 전국의 성직자들이 한데 힘을 모아 제작비를 지원했던 것으로 알고 있습니다.

무엇보다 김대건 신부님의 희년을 맞아 개정판을 낼 수 있게 되어 기쁩니다. 그 기쁨을 함께 지켜봐 주시고 도움을 주신 여러분께 감사드립니다. 평소 순교자 현양에 관심이 많으시고 틈틈이 교회사 연구자들을 격려해 주시는 서울대교구장이신 염수정 추기경님께서는 개정판의 축사를 써주셨습니다. 이전 판독에서 오류가 있는 부분을 집중적으로 봐주신 윤종국 신부님, 철자의 오류가 있는 부분을 살펴보신 정환규 신부님이 좀 더 온전한 텍스트가 되도록 도와주셨습니다. 또한 본 연구소 연구부에서는 그동안의 연구 성과를 반영하여 주석을 보완해 주었습니다. 희년에 맞추어 서둘러 간행하기 위해 수고를 아끼지 않은 연구소 직원들에게도 고마움을 표합니다. 많은 사목자들이 이 책을 활용하고 신자들에게 권고해 주시기를 부탁드립니다. 부디 김대건 신부님의 교우 사랑의 마음을 좀 더 이해하고, 희년 이후에까지 많은 연구자들과 신자들에게 감동을 주기를 바랍니다.

한국교회사연구소 소장
조한건 프란치스코 신부

개정판 축사

'성 김대건 안드레아 신부님 탄생 200주년'을 기념하며

+ 주님의 평화와 은총을 빕니다.

2021년은 한국의 첫 사제이며 성직자들의 수호성인이신 성 김대건 안드레아(1821~1846년) 신부님이 탄생하신 지 200주년이 되는 뜻깊은 해입니다. 한국 천주교회는 이를 기념하기 위하여 '성 김대건 안드레아 신부님 탄생 200주년 희년'(2020년 11월 29일~2021년 11월 27일)을 선포하였습니다.

프란치스코 교황님께서는 이 소식에 매우 기뻐하시며 이번 희년을 통하여 한국 교회의 영신 생활과 사명을 위한 풍성한 영적 열매가 맺어지기를 희망하셨습니다.

또한 2021년은 김대건 신부님과 같은 나이로 우리나라 두 번째 사제이신 최양업 토마스(1821~1861년) 신부님의 탄생 200주년이기도 합니다. 우리는 김대건 신부님은 '피의 증거자', 최양업 신부님은 '땀의 증거자'라고 기억합니다.

김대건 신부님은 지상에서 25년의 짧은 생을 사셨지만 죽음의 두려움을 떨쳐 버리시고 하느님을 향한 놀라운 신앙을 고백하셨으며, 형제적 애덕과 희생 그리고 사랑의 삶으로 예수 그리스도를 증언함으로써 영광된 순교의 월계관을 받으셨습니다. 최양업 신부님은 당시 조선팔도 가운데 남부 5개 도에 흩어져 있는 127개 교우촌 18,000명의 교우들을 위해 11년 6개월 동안 연중 7천 리 길을 걸으며 보살피시다가 마흔의 나이에 병사하신 진정한 목자이십니다. 이에 한국 교회는 2021년 한 해 동안 성 김대건 신부님의 탄생 200주년을 기뻐하는 동시에 가경자 최양업 신부님의 시복을 위해서도 열성을 다해 기도하는 한 해로 선포하였습니다.

전 세계는 지금 코로나19 팬데믹으로 교회는 물론 인류 전체가 크나큰 고통을 겪고 있습니다. 이런 때일수록 우리는 성 김대건 안드레아 신부님과 가경자 최양업 토마스 신부님의 모범을 본받아 실천으로 위기를 극복하고, 영적 쇄신을 통해 새로운 교회 공동체로 거듭나야 합니다. 김대건 신부님을 비롯한 우리 신앙 선조들은 하느님을 아버지로 모시며 모든 이를 형제자매로 받아들이셨고, 차별이 엄격하던 신분 사회에서 인간의 존엄을 지키고 평등과 박애, 이웃 사랑을 실천함으로써 하느님 나라를 보여주셨습니다.

김대건 신부님이 '2021년 유네스코 세계 기념 인물'로 선정된 이유도 '성 김대건 안드레아 신부'로 대표되는 한국 순교 성인들의 신앙이 이 시대에 절실한 인간 존엄성의 회복과 이웃 사랑의 실천을 의미하는 것이기 때문일 것입니다.

올해 희년의 주제는 "당신이 천주교인이오?"입니다. 이는 김대건 신부님께서 옥중 취조 때 받으셨던 물음으로, 김대건 신부님은 "그렇소. 나는 천주교인이오."라고 조금의 주저함도 없이 대답하셨습니다. 이 응답은 모든 그리스도인의 신앙 고백이기도 합니다. 김대건 신부님의 서한에는 이처럼 용감하게 신앙을 증거하고, 사제로서, 선교사로서 불꽃처럼 살다가 하느님의 부르심을 받으신 그분의 정신과 숨결이 생생하게 살아 있습니다. 옥중 서한에는 신앙으로 조국을 구하려는 용덕(勇德)이 잘 나타나 있으며, 마지막 서한에는 신자들에게 보내는 사랑의 마음이 잘 담겨져 있습니다.

한국교회사연구소가 이번 '성 김대건 안드레아 신부님 탄생 200주년 희년'을 기념하여 개정 출간하기로 한 데 대하여 무한한 격려와 감사를 드립니다. 김대건 신부님 서한의 개정 출간은 한국 교회의 모든 성직자·수도자들과 신자들의 영적 쇄신을 위해 꼭 필요한 일이었습니다.

　서한집 간행에 노고를 아끼지 않으신 한국교회사연구소 조한건(프란치스코) 신부님과 직원 모두에게 주님 은총이 함께하기를 기도합니다.

　성 김대건 안드레아와 한국의 모든 순교자들이여,
　저희를 위하여 빌어 주소서.

천주교 서울대교구장
염수정 안드레아 추기경

초판 간행사

현양 운동에 촉진제가 되었으면

성 김대건 안드레아 사제의 순교 150주년을 기념하기 위하여 우리는 무엇보다도 이 성인의 '전기 자료집'을 편찬·간행하기로 하였다. 이는 150주년을 맞이하기까지 아직 그분의 생애와 활동과 순교에 관한 역사적인 기록을 총체적으로 정리하지 못하고 있다고 판단한 때문이다.

물론 그간 서한집이나 전기 등의 간행이 전혀 없었던 것은 아니다. 그러나 거기에는 미비한 점들이 적지 않았고, 더군다나 마카오 대표부의 자료처럼 중요한 자료들이 누락되어 있었다. 그러므로 너무 늦은 감이 없지 않으나, 그간 발표된 또는 미발표된 자료들이 종합적으로 시급히 정리되어야 하고, 이를 위해서는 순교 150주년이 더없이 좋은 기회로 생각되었다. 이 작업은 일반 신자들을 위해서도 절대로 필요하다. 왜냐하면 신자들의 순교 신심이나 현양도 신심 자료에 의해 뒷받침되지 않는 한 지탱되고 지속되기 어려울 것이기 때문이다.

이 자료집은 세 책으로 간행된다. 첫째 권은 김대건 신부의 서한집이고, 둘째 권은 그의 활동과 업적, 그리고 셋째 권은 그의 문초 기록과 시복 시성에 관한 자료들로 구성된다.

이 자료들의 소장처로 말하면, 구문(歐文) 자료들은 거의 모두가 파리 외방전교회의 고문서고에 보관되어 있다. 그중 1,261권이 바로 김대건 신부의 서한집이다. 이 귀중한 서한집은 지난 1984년 한국 천주교회 창설 200주년 때 한국 교회에 기증되었다. 이래 잠시 한국천주교중앙협의회에서 보관하여 오다가 지금은 절두산 순교 기념관에서 보관하고 있다. 이 서한집에는 원본도 있고 사본도 있을 것으로 생각된다. 왜냐하면 1845년 마카오 대표부에서 원본 3통을 파리의 전교회 본부로 보냈다는 기록이 있고, 또 그중 한 통이 현재 파리 본부의 순교자 기념관에 전시되어 있기 때문이다.

마카오 대표부 자료는 파리 본부의 303, 304, 308, 322~324권에 수록되어 있다. 이 중에서 김대건 신부와 가장 관련이 깊은 페레올 주교, 모방 신부와 메스트르 신부의 서한들은 577권, 579권, 1,260권에 수록되어 있다. 그리고 HB 5권의 시복 자료들은 예부성성 자료의 복사본들이고, 한국에서의 재판 기록은 본 연구소에 소장되어 있다. 문초 자료는 관변 측 기록에서 추린 것이다.

이 자리를 빌려 귀중한 자료들을 우리에게 기증하여 주었을 뿐만 아니라 편집 도중에도 청하는 자료를 수시로 보내 보완할 수 있게 해준 파리 외방전교회에 깊이 감사한다.

이 자료집이 나오기까지 편찬에 협조를 아끼지 않으신 정진석 주교님을 위시해서 배세영(M. Pélisse) 신부님과 최승룡 신부님에게 진심으로 감사한다. 그리고 제작비 지원에 기꺼이 참여해 주신 전국의 성직자들에게 감사의 말을 전하며, 그 밖에 직접 간접으로 도움을 주신 모든 분들에게도 감사한다.

아울러 축사를 보내 주신 김수환 추기경님에게 특별한 감사를 드린다. 그리고 변우찬 신부님을 비롯해서 그간 교정과 편집을 하느라 수고를 많이 해준 연구소의 모든 이들에게 고마움을 표한다. 끝으로 이 자료집이 널리 읽히고 이용되어 연구자들에게는 새로운 자극제가 되고, 신자들에게는 순교 신심과 현양 운동에 새로운 촉진제가 되었으면 하는 마음 간절하다.

최석우

한국교회사연구소 초대 소장

최석우 안드레아 신부

초판 축사

관심과 정성이 어우러진 자료집

올해는 한국의 첫 사제이며, 성직자들의 수호성인이신 성 김대건(안드레아) 신부가 순교하신 지 150주년이 되는 해입니다. 이런 뜻깊은 해에 여러 신부님들의 관심과 정성이 어우러져 김대건 신부님에 관한 모든 자료들이 모아지고, 이것이 세 권의 자료집으로 묶여지게 된 것에 대해 축하를 드립니다.

성 김대건 신부님은 한국 교회의 입장에서 첫 번째 사제이며 순교자라는 특별한 위치를 지닌 분입니다. 동시에 조선인으로서는 가장 먼저 동료인 최양업 신부님과 함께 국제 도시 마카오에서 신학은 물론, 서양의 언어와 학문을 배운 분이었습니다. 또한 만주 벌판을 여행한 뒤 '민족 문화를 갖지 않은 만주인들의 말은 백 년 뒤에 사라져 갈 것'이라고 한 것처럼 역사적이고 학문적인 안목을 지닌 분이기도 했습니다.

이제 우리는 이 자료집들을 통해 성 김대건 신부님이 겪은 고난과 애환은 물론 조선 교회와 교우들을 사랑하는 마음, 언제나 하느님의 가르침에 충실하던 신앙심 등에 대해 아주 자세히 알 수 있게 되었습니다.

그분이 하느님의 자비와 성모님의 도우심을 굳게 믿으며 조선 입국로를 탐색하는 동안, 추위와 굶주림을 이겨내는 모습은 가슴이 뭉클해지는 감동으로 전해 옵니다. 또 부친은 참수당하고 모친은 의탁할 곳 없는 비참한 몸으로 떠돌아다닌다는 소식을 들은 후에도, 오직 목자 없는 양 떼와 같은 조선 교회를 생각하면서 교우들을 만나기 위해 수백 리, 수천 리를 여행하던 모습은 "내 어머니와 내 형제들은 하느님의 말씀을 듣고 행하는 이런 사람들입니다"(루카 8,21)라고 하면서 하느님의 말씀을 전하신 예수 그리스도의 모범과도 같은 것이었습니다.

그리던 조선으로 처음 귀국할 때에는 또 어떤 모습이었습니까? 발소리마저 없애려고 엄동설한의 눈길을 맨발로 걷기까지 하였습니다. 한양에 도착해서는 병에 걸려 허약한 몸인데도 불구하고 장차 신부님들을 영접할 수 있도록 준비하였고, 순교자들에 관한 자료도 정리하였습니다. 또 상해로 건너가 사제로 서품된 후, 페레올 주교와 다블뤼 신부를 모시고 두 번째로 귀국할 때의 모습은 지혜와 용기 있는 사람만이 가질 수 있는 그런 것이었습니다.

동시에 김대건 신부님은 사랑 가득한 사제로서의 인간적인 모습도 보여주고 있습니다. 아주 짧은 기간을 조선에서 활동하는 동안 그분이 조선 교우들을 위해 스승 신부님들에게 청한 것은 성경책과 영신 수련을 위한 묵상 책, 십자고상, 상본, 그리고 천연두로 죽어 가는 어린아이들을 치료할 수 있는 처방전이었습니다. 옥중에서 처형을 앞두고 페레올 주교님과 최양업 신부님께 가엾은 모친을 거듭 부탁하는 내용은 또 우리에게 너무나 인간적인 모습으로 다가옵니다.

이처럼 김대건 신부님은 충실한 신앙인으로, 열정적인 사제로, 용기 있는 의인으로 일생을 살았습니다. 그러므로 그분에 관한 모든 내용을 담은 이 자료집들이, 우리 신앙의 후손들 모두에게 철저한 신앙과 헌신을 배울 수 있는 계기를 마련해 주게 되기를 바랍니다. 다시 한번 이 전기 자료집의 간행을 축하드리며, 이를 후원해 주신 모든 분들에게, 그리고 그 간행을 위해 노고를 아끼지 않으신 최석우(안드레아) 신부님과 한국교회사연구소의 모든 식구들에게 주님의 은총이 함께하기를 기원합니다.

김수환

천주교 서울대교구장
김수환 스테파노 추기경

초판 축사

김대건 신부님 현양 사업에 동참을

　하느님의 은혜로 김대건 신부님의 순교 150주년을 기념하여 그분이 쓴 서한 21통과 조선 순교자들에 관한 보고서를 동시에 완역하여 하나의 전기 자료집으로 출간하게 된 것을 기쁘게 생각하고, 또 함께 축하하고 싶습니다.
　저는 지난해 김대건 신부님과 동갑내기요 동기 동창인 최양업 신부님의 라틴어 서한을 번역하면서 감동적이고 충격적이며 교훈적인 이야기들에서 많은 감동을 받았습니다. 그리고 최양업 신부님에 대해 새롭게 공부하는 가운데서 동료인 김대건 신부님에 대하여도 많은 관심을 갖게 되었으며, 여러 자료들을 통해 그분의 행적을 어렴풋이 알게 되었습니다.
　그런데 올해 초 한국교회사연구소의 최석우(안드레아) 신부님으로부터 김대건 신부님의 라틴어 서한을 다시 번역해 달라는 요청을 받았습니다. 그때까지도 저는 최양업 신부님의 서한을 번역하면서 간직하게 된 신앙 선조들에 대한 숭고한 감정이 채 가시지 않은 상태였습니다. 그러므로 최 신부님의 요청을 흔쾌히 받아들이게 되었습니다. 물론 김대건 신부님의 서한 원본도 최양업 신부님의 서한과 마찬가지로 판독하기 어려운 부분이 많았습니다. 이에 저는 번역에 앞서 동성중학교에 계시는 최승룡(테오필로) 신부님께 서한 원본의 판독을 부탁하였고, 판독된 자료를 바탕으로 김 신부님의 서한을 하나하나 번역해 나갔습니다.
　김대건 신부님도 최양업 신부님과 마찬가지로 스승인 르그레즈와 신부와 리브와 신부, 그리고 당신의 장상과 선배 성직자들에 대한 애틋한 마음을 갖고 있었습니다. 그리고 고국인 조선 포교지와 신자들에 대한 사랑도 지극했습니다. 반면에 최 신부님의 서한이 주로 훗날의 사목 활동 중심이라면, 김 신부님의 서한에는 주로 조선 입국을 위해 육로와 해로를 탐색하는 고난의 역정이 담겨 있습니다. 또 김 신부님께서 체포된 이후 순교하기까지 굳건히 지켜 간 신심의 흔적도 충분히 엿볼 수 있게 해줍니다.

흔히 최양업 신부님은 땀의 증거자요, 김대건 신부님은 피의 증거자라고 합니다. 그러나 두 분의 마음에는 언제나 순교에 대한 열정이 있었고, 신앙으로 고국을 구하려는 의자(義者)로서의 용맹함도 있었습니다. 특히 김대건 신부님의 옥중 서한은 이러한 그분의 모습을 잘 보여 주고 있고, 신자들에게 보낸 마지막의 회유문(廻諭文)은 이를 읽는 이들로 하여금 마음 안에서 우러나오는 숙연함을 갖게 할 것입니다. 그러므로 우리 모두는 그분의 신앙 후손으로서 이 서한집을 통해 그분을 현양하는 사업에 동참해야 할 것입니다.

다시 한번 본 자료집의 출간을 축하하며, 신앙 후손들 모두가 이 서한집을 통해 그분을 현양하는 일에 동참하게 되기를 기원합니다.

천주교 청주교구장
정진석 니콜라오 추기경

김대건 신부의 친필 서한을 판독하고

작년 봄 정진석 주교님으로부터 최양업 신부님의 육필 라틴어 편지를 판독해 달라는 부탁을 받고 이미 기초 자료도 있기 때문에 대수롭지 않게 생각하고 작업을 시작하였는데, 그 후 한국교회사연구소의 최석우 신부님으로부터 다시 부탁을 받고 김대건 신부님의 편지까지 떠맡아 일 년여를 이 일에 매달리게 되었다. 잘 보이지 않는 곳, 뒷면이 배어 나와 겹쳐진 곳, 복사를 잘못해서 반쯤 잘려나간 단어들 등등 마치 글자 맞추어 찾아내기하듯 더듬어 가며 별것 아닌 글자 하나를 알아내는 데 서너 달 걸린 것도 있으니 대단한 인내와 고행길이었다. 어떤 때는 새벽 두세 시까지 흐릿한 복사본에 확대경을 들이대고 씨름하기도 하였다.

그래도 포기하지 않고 계속할 수 있었던 이유는, 김대건 성인과 최양업 신부님의 성덕에 감복되었다기보다는 그분들의 라틴어 문장에 완전히 매료되었기 때문이라 해도 과언이 아닐 만큼 상상할 수 없을 정도의 완전한 라틴어 실력 때문이었다. 그래서 한 점, 한 획이라도 완전히 복원하고 싶은 욕심이 시간 가는 줄 모르게 하였다.

중국어는 중국 사람으로 오인될 만큼 잘하셨고, 프랑스어는 에리곤호 함장 세실 제독의 통역을 맡을 만큼 능통하셨으니, 당시로써는 가히 국보적 존재였을 텐데 아깝기 그지없다. 변변한 사전도 없이 그 어려운 라틴어 배우랴, 프랑스어 배우랴, 중국어 배우랴 얼마나 힘드셨을까? 김대건 신부님이 쓰신 편지 중에 나오는 항해에 라틴어 단어들을 열거하면, 그분의 풍부한 어휘 구사 능력을 추측할 수 있을 것이다.

　큰 배, 전함, 나룻배, 종선, 항구, 해안, 바다, 대양, 갯벌, 돛, 돛대, 돛을 달다, 돛을 접다, 닻, 닻을 내리다, 키, 키잡이, 선장, 선원, 순풍, 역풍, 북풍, 폭풍, 파도, 산더미 같은 파도, 난파, 깃발 신호, 침몰, 상륙, 정박, 예인, 수리, 해적 발포⋯.

　김대건 신부님은 이런 풍부한 단어들을 구슬 엮듯이 아름다운 문장으로 만드셨는데, 신부님이 쓰신 가장 긴 문장은 115단어로 구성되어 있다. (최양업 신부님의 문장은 156단어로 더 길고 더 화려하다.) 그 한 문장은 동사만 15개가 있는 복합문으로서, 감탄문, 이유문, 분사문 2, 결과문, 사격 부정법문 5, 자립분사문, 목적문, 조건문, 현재 비현실 조건문, 동명사문 등을 문법에 조금도 어긋남이 없이 운까지 맞추어 엮어 놓으셨으니 놀라울 뿐이다. 그 외에도 문법에 나오는 관계문, 양보문, 간접 의문문, 간략문, 일격 부정법문 등 모든 복합문을 시제에 맞추어 접속법 현재, 반과거, 전과거, 대과거를 자유자재로 구사하셨다. 완벽한 철자, 불규칙 변화, 변칙, 불구, 탈형, 비인칭 동사, 생략법 등 모든 면에 능통하셨다.

　김대건 신부님이 쓰신 100여 쪽의 편지, 교회사, 치명록에서 틀린 곳이 열 개도 안 된다면 아무도 믿지 않을 것이다. 그래서 틀린 것, 빠진 것까지 그대로 써 놓고 참고 삼아 '원문에 있는 그대로'(sic)라고 표기해 놓았다.

　이런 우리 교회의 국보급 문화재가 단편적으로 알려졌지만, 그 전문은 1938년에 라틴어 서한만 용산신학교 교재용으로 발간되었다. 그러나 그 교재용 서한을 기초로 하여 육필 서류를 판독한 결과 틀리거나 빠진 단어가 1,050개, 줄 전체가 빠진 곳이 여러 군데 합쳐 33줄이나 되었다. 그중에는 중요한 부분도 상당히 많이 있었다. 다행히 '절두산 순교 기념관'에 보존되어 있는 원본을 늦게나마 빌려 볼 수 있었으므로 완전히 판독할 수 있었으나, 지금까지 일곱 번을 보면서도 틀린 곳을 여러 군데 발견할 수 있으니 완전한 것이란 이 세상에서는 기대하기 힘들다 하겠다. 혹시 틀린 곳이 있다면 타자수의 실수를 발견 못 한 때문일 것이다.

앞으로 전문가들의 과학적 연구를 통하여 규명되겠지만, 절두산 순교 기념관에 보관된 김대건 신부님의 서간과 저술이 상당 부분은 진품이라 생각된다. 이에 대해 후배들의 더 깊은 연구·분석을 기대하며, 파리 외방전교회 고문서고에 있는 최양업 신부님의 서간, 치명록 원본도 하루빨리 기증을 받도록 누군가가 힘을 써야 할 것이다.

이 귀중한 보물들을 지금까지 완벽하게 보존하다가 우리에게 물려준 파리 외방전교회에 무한한 감사를 드리며, 만약 이 보물들이 우리 손에 있었더라면 이미 옛날에 분실되어 지금쯤 볼 수조차 없지 않았을까 상상해 본다.

"베르뇌 신부님, 메스트르 신부님, 리브와 신부님, 르그레즈와 신부님 안녕히 계십시오. 오래지 않아 천국의 영원하신 성부님 대전에서 모두 다시 뵙기를 바랍니다.

내 가장 사랑하는 형제 토마스, 잘 있게. 우리 천당에서 다시 만나세. 내 우르술라 어머님을 특별히 부탁하네. 그리스도의 이름을 위해 감옥에 갇힌 나는 그분의 권능에 나 자신을 의탁하여 천주께서 나로 하여금 악형 중에 용감히 항구하도록 붙들어 주시기를 바란다네."

치명 전 감옥에서 한지에 붓으로 쓴 확실한 친필 서한 중 마지막 부분이 눈시울을 적시게 한다.

동성중학교 교장
최승룡 테오필로 신부

차 례

개정판 간행사
성 김대건 안드레아 신부를 다시 생각하며 _ 조한건 신부　● 9

개정판 축사
'성 김대건 안드레아 신부님 탄생 200주년'을 기념하며 _ 염수정 추기경　● 11

초판 간행사
현양 운동에 촉진제가 되었으면 _ 최석우 신부　● 14

초판 축사
관심과 정성이 어우러진 자료집 _ 김수환 추기경　● 16
김대건 신부님 현양 사업에 동참을 _ 정진석 추기경　● 18
김대건 신부의 친필 서한을 판독하고 _ 최승룡 신부　● 20

해 제　● 25
일러두기　● 38
김대건 신부 연보　● 39
김대건 신부 가계도　● 46

한글 번역문

첫 번째 서한　● 49
두 번째 서한　● 52
세 번째 서한　● 53
네 번째 서한　● 59
다섯 번째 서한　● 71
여섯 번째 서한　● 75
일곱 번째 서한　● 82

여덟 번째 서한	89
아홉 번째 서한	92
열 번째 서한	113
열한 번째 서한	119
열두 번째 서한	126
열세 번째 서한	132
열네 번째 서한	133
열다섯 번째 서한	134
열여섯 번째 서한	135
조선 순교사와 순교자들에 관한 보고서	143
열일곱 번째 서한	213
열여덟 번째 서한	216
열아홉 번째 서한	218
스무 번째 서한	222
스물한 번째 서한(마지막 회유문)	235

라틴어·프랑스어 판독문

01 · 241 | 02 · 242 | 03 · 242 | 04 · 246 | 05 · 255 | 06 · 258 | 07 · 263 | 08 · 268 | 09 · 270 | 10 · 289 | 11 · 293 | 12 · 298 | 13 · 303 | 14 · 304 | 15 · 305 | 16 · 305 | Generalis notitia super nascentem ecclesiam Coreanam · 312 | 17 · 361 | 18 · 364 | 19 · 366 | 20 · 369

마지막 회유문 · 378

색 인 · 383

해 제

수록 자료와 소장처

"성 김대건 안드레아 신부님 탄생 200주년 희년 기념 자료집" 제1집으로 펴내는 이 『성 김대건 안드레아 신부의 서한』은 순교 150주년 기념으로 1996년에 펴낸 바 있는 서한집에 그동안의 연구 성과를 바탕으로 개정 출판한 것이다.

당시 한국교회사연구소에서는 현존하는 김대건 신부의 서한을 모두 수집한 뒤 원본을 판독하여 꼼꼼히 번역하였고, 필요한 부분에는 각주를 달아 서한을 집대성하였었다. 제목에는 그 주된 내용이 되는 '서한'이란 명칭을 붙였지만, 그 안에는 다른 기록 즉 '1845년 3~4월에 서울에서 작성한 조선 순교사와 순교자들에 관한 보고서'가 포함되어 있다.

김대건 신부의 서한은 현존하는 것과 여러 기록을 통해 확인할 수 있는 것을 합쳐 모두 21통인데, 두 번째 서한(1842년 5월경 주산에서 리브와 신부에게 올린 서한)과 열다섯 번째 서한(1845년 6월 4일 상해에 도착한 뒤 예수회의 고틀랑 신부에게 보낸 서한)은 유실되어 현재 전하지 않는다. 따라서 본 책자에 수록한 서한 수는 모두 19통이 된다. 김대건 신부는 이 19통의 서한을 대부분 라틴어로 작성하였지만, 아홉 번째 서한(1844년 12월 15일 몽골의 소팔가자에서 페레올 주교에게 보낸 서한)은 한문으로, 마지막의 스물한 번째 서한(일명 "조선 교우들에게 보낸 마지막 회유문")은 한글로 작성하였다.

이 중 스물한 번째 서한은 원본이 남아 있지 않고, 1885년에 로베르(P. Robert, 金保祿) 신부가 필사한 사본만이 절두산 성지 내 '한국 천주교 순교자 박물관'에 소장되어 있다. 그리고 아홉 번째 서한과 스무 번째 서한(1846년 8월 26일 옥중에서 페레올 주교에게 보낸 서한)은 프랑스어 역본만이 남아 있다. 즉 아홉 번째 서한은 파리 외방전교회 고문서고에 '정리 번호 vol. 1261, f. 63~74'로 소장되어 있었으며, 스무 번째 서한은 페레올(J. Ferréol, 高) 주교의 1846년 11월 3일 자 서한(정리 번호 vol. 577, f. 961~971)에 첨부되어 있다. 아마도 그 라틴어 원본들은 페레올 주교가 직접 간직하려 했던 것이 확실하다. 그러나 그것은 그 후의 잇따른 박해로 결국 유실되고 말았을 것이다. 이와 관련하여 페레올 주교는 위의 11월 3일 자 서한에서 그가 김대건 신부로부터 서한을 받게 된 경위를 다음과 같이 설명하고 있다.

"우리는 공소 방문을 평온한 가운데 끝냈는데 그때 원수들이 와서 우리에게 전쟁을 선포하였습니다. 이 싸움에서 패자도 있었고 승자도 있었습니다. 승자 중에는 그 첫머리에 본방인 사제 김 안드레아가 있습니다. 그는 현재 나에게 있어서 오직 하나의 유능한 사람이었습니다. 나는 그를 황해도 해안으로 보냈었습니다. 거기에는 해마다 봄이면 아주 많은 중국 배들이 고기잡이를 하러 옵니다. 김 신부는 이 장소들을 방문하여 서한을 전달하고 선교사들을 입국시키기 위해 중국인들과 연락할 방법을 검토하기로 되어 있었습니다. 그의 임무가 무사히 끝났을 때 그는 뜻밖의 사건으로 체포되기에 이르렀습니다. 그는 아래 서한에서 그가 잡힌 경위와 칼 아래 그의 머리를 숙이기까지 받아야 했던 형벌의 일부를 직접 이야기하고 있습니다. 그의 서한의 원문은 라틴어였습니다."

김 신부의 서한을 소개한 다음에도 김 신부의 약전, 김 신부의 순교, 현석문(玄錫文, 가롤로)과 임군집(林君執, 요셉) 등 그 밖의 순교자들에 대한 기나긴 페레올 주교의 이야기는 계속된다. 이것이 이른바 페레올 주교의 「병오일기(丙午日記)」(1846년 11월 3일 자 편지에 포함된 병오박해 순교자 9위의 행적)이다.

한편 리브와(N. Libois) 신부에게 보낸 「조선 순교사와 순교자들에 관한 보고서」는 김대건 신부가 부제품을 받고 두 번째로 귀국하여 서울의 돌우물골[石井洞]에 있을 때, 현석문 등이 수집한 자료들을 바탕으로 하여 라틴어로 작성한 것이며, 열여섯 번째 서한(1845년 7월 23일 상해에서 리브와 신부에게 보낸 서한)에 첨부되어 있다. 다만 그 명칭은 본 자료집에서 붙인 것으로, 본래의 보고서에는 부분마다 '조선 교회 창립에 관한 개요', '1839년 기해박해(己亥迫害)의 진상', '1839년에 순교한 몇몇 주요한 순교자들의 행적' 등의 제목들이 붙어 있다.

이 보고서는 크게 두 부분으로 나뉘어 있다. 첫 번째 부분은 조선 순교사에 관한 보고서로, 여기에는 조선 교회 창립에 관한 개요와 1839년 기해박해의 진상이 서술되어 있다. 그리고 두 번째 부분은 조선 순교자들에 관한 보고서로, 여기에는 앵베르(L. Imbert, 范世亨) 주교와 모방(P. Maubant, 羅伯多祿) 신부, 샤스탕(J. Chastan, 鄭牙各伯) 신부, 이광헌(李光獻, 아우구스티노) 등 모두 33명의 순교자에 대한 약전이 서술되어 있다. 이 중에서 김 루치아는 이름만 수록되어 있는데, 편지 원문에 13쪽(v.p.13)

이라고 표시되어 있기 때문에, 뒤에 나오는 '만물집 딸' 김 루치아를 가리킨다고 볼 수 있다. 초판본에서 김 루치아를 김장금 안나로 본 것은 『기해일기』의 순서로 볼 때 가장 가까운 인물이기 때문이었을 것이다.

33명의 순교자들에 대한 행적을 보고하는 부분에서, 앵베르 주교의 약전 다음에는 순교에 관한 묘사와 조선의 형벌·감옥·재판에 대한 설명이 첨부되어 있다. 김대건 신부 서한 가운데 흥미로운 삽화가 그려진 부분이 바로 그 대목이다. 또 김대건 부제가 보고서 끝부분에서 "이번에는 여기까지 적습니다."라고 한 것에서 볼 때, 훗날 다른 순교자들에 관한 전기도 작성하려고 하였을 것이다. 그러나 그 자신이 1846년의 병오박해로 순교하면서 더 이상의 전기를 작성할 수는 없었다.

현재까지 김대건 신부의 서한으로 알려진 21통 가운데 2통은 유실되었고, 라틴어로 쓴 16통의 서한과 「조선 순교사와 순교자들에 관한 보고서」는 모두 파리 외방전교회 고문서고(정리 번호 vol. 577과 vol. 1261)에 소장되어 있었다. 동 고문서고에서는 이 서한들과 보고서를 다른 자료들과 함께 자료집 형태로 묶어 두었는데, 1984년에 그 일체를 한국 천주교 주교회의로 이관하였다. 그 이유는 이에 앞서 1983년 9월 27일에 교황 요한 바오로 2세가 한국 천주교회 103위 시성을 승인하고, 이듬해 5월 6일 여의도 광장에서 시성식을 거행한다고 발표하자 이를 축하한다는 데 있었다. 이후 주교회의에서 이들 서한과 보고서를 다시 '한국 천주교 순교자 박물관'으로 이관하여 현재 그곳에 보관되어 있다.

작성 시기와 장소

김대건 신부는 라틴어와 한문에 능통하였다. 그뿐 아니라 비록 세 번째 서한(1842년 9월 상해에서 리브와 신부에게 보낸 서한)에서 보는 것처럼, 그의 장상인 르그레즈와(P. Legrégeois) 신부가 프랑스어 공부를 금지하였음에도 불구하고, 1842년에 통역자로서 프랑스 군함에 승선할 정도로 어느 수준까지는 프랑스어를 구사할 수 있었다. 그러나 앞에서 설명한 것과 같이 그의 서한은 라틴어와 한문, 한글로만 쓰였다. 메스트르(J. Maistre, 李) 신부에 의하면, 마카오 본부에서 공부하는 신학생들에게 여러 언어를 배우게 하고, 각종 사소한 일을 시키는 것이 학업에 방해가 되기 때문에, 라틴어와 모국어만 가르쳐야 한다고 건의하였다(1841년 11월 17일 자 파리 신학교 교장 알브랑 신부에게 보낸 서한 참조).

김대건 신부는 1842년 2월 15일 메스트르 신부와 함께 세실(J.-B. Cécille, 瑟西爾) 함장이 이끄는 프랑스 함대의 에리곤(l'Érigone)호에 승선하여 마카오를 출발한 이후 2월 28일 필리핀 마닐라에 도착하여 처음으로 르그레즈와 스승 신부에게 서한을 발송하였다. 현존하는 것 중에서는 바로 이것이 두 번째 기록이다. 이에 앞서 필리핀 롤롬보이에서 작성되었을 것으로 추정되는 '라틴어 작문' 답안지가 있으나, 내용상으로 별로 의미가 없기 때문에 이번 자료집에서는 제외시켰다. 그리고 1846년 9월 16일(음력 7월 26일) 순교하기 직전인 1846년 8월 말에 옥중에서 조선 교회의 부감목(副監牧)으로서 교우들에게 마지막으로 서한을 부치게 되는데, 이것이 그의 마지막 기록이 된다.

이 중 서한 21통의 작성 시기와 장소를 구체적으로 살펴보면, 1842년에는 마닐라 · 주산(舟山) · 상해에서 각 1통씩, 요동의 백가점(白家店)에서 2통 등 도합 5통을, 1843년에는 백가점에서만 2통을, 1844년에는 몽골의 소팔가자(小八家子)에서만 2통을, 1845년에는 서울의 돌우물골에서 3통, 상해에서 5통, 그리고 다시 서울에서 1통 등 도합 9통을, 1846년에는 옥중에서만 3통을 작성하였다. 이 밖에「조선 순교사와 순교자들에 관한 보고서」는 앞에서도 설명한 것과 같이 1845년 부제로서 귀국하였을 때 서울 돌우물골에 머물면서 작성한 것이다.

서한 작성처 중에서 요동의 백가점과 몽골의 소팔가자, 서울의 돌우물골은 김대건 신부의 행적과 관련하여 특히 중요한 곳이다. 백가점은 요동 땅 태장하(太莊河) 인근의 교우촌으로, 훗날 조선 선교사들의 입국 거점이 된 차쿠(岔溝) 이웃에 있었으며, 김대건 신학생이 1842년 10월부터 이듬해 4월까지 머무르며 1차로 귀국을 시도한 곳이었다. 또 소팔가자는 1843년 4월에 이곳으로 거처를 옮긴 김대건이 훈춘(琿春) 여행을 준비한 곳이며, 1844년 12월 초까지 마지막 신학 공부를 마친 뒤 부제품을 받은 곳이다. 그리고 돌우물골은 두 번째 조선 입국에 성공한 뒤 1845년 1월 15일에 도착하여 4월 30일까지 머물던 비밀 장소였다.

한편 1844년 12월 15일에 소팔가자에서 페레올 주교에게 올린 아홉 번째 서한은 김대건이 부제로 서품된 뒤에 「훈춘 기행문」을 완성하여 한문 서한 형식으로 페레올 주교에게 보낸 것이다. 김대건은 이보다 7개월 전, 즉 1844년 5월 17일에 리브와 신부에게 보낸 서한(여덟 번째 서한)에서 2월 5일에 소팔가자를 떠나 훈춘까지 가서 약 두 달 동안 조선의 동북쪽 입국로를 탐색한 뒤 4월 초에 돌아왔음을 보고하였다. 또 페레올 주교가 마카오의 리브와 신부에게 보낸 1844년 12월 10일 자 서한(정리 번호 vol. 579, f. 196~198)에는 "김대건과 최양업에게 부제품을 주었다."는 사실이 나오고 있다. 아마도 이 점은 페레올 주교가 그들에게 부제품을 주고 나서 기쁜 마음에 리브와 신부에게 이 사실을 밝힌 것으로 추측된다. 따라서 "1844년 12월 10일경에 부제품을 주었다."고 설명해도 크게 틀리지는 않을 것이다. 김대건은 그해 1844년 4월 초 훈춘 여행에서 돌아와 8개월 동안 최양업과 함께 신학 공부를 계속하면서 삭발례부터 6품인 부제품까지 받았고, 그동안 틈틈이 이 서한(기행문)을 한문으로 작성했다고 볼 수 있다.

수취인

김대건 신부의 서한 및 보고서를 받은 사람은 모두 7명이었다. 그중에서 김대건 신부의 스승 리브와(Napoléon Libois, 1805~1872) 신부가 서한 12통과 보고서 1건을 받았고, 스승 르그레즈와(Pierre Louis Legrégeois, 1801~1866) 신부가 4통의 서한을 받았다. 그리고 다음으로 페레올(Jean Joseph Ferréol, 高, 1808~1853) 주교가 4통의 서한을, 고틀랑(C. Gotteland, 1803~1856) · 베르뇌(Siméon François Berneux, 張敬一, 1814~1866) · 메스트르(Joseph Ambroise Maistre, 李, 1808~1857) 신부가 1통의 서한을, 조선 교우들이 1통의 서한(회유문)을 받았다. 다만, 이 중에서 열아홉 번째 서한(1846년 7월 20일의 옥중 서한)은 수취인이 4명(베르뇌 · 메스트르 · 리브와 · 르그레즈와)의 명의로 되어 있다.

이렇게 볼 때, 김대건 신부는 스승 신부에 대한 믿음과 공경심, 애정이 각별하였음을 알 수 있다. 아울러 조선 교회의 장상이자 자신에게 사제품을 준 페레올 주교에 대한 공경 또한 자별하였는데, 이들 3명에게 보낸 서한은 사한(私翰)이자 공적인 보고서 즉 공한(公翰)이기도 하였다. 그리고 열아홉 번째의 옥중 서한과 마지막 서한(회유문)에 잘 나타나 있는 것처럼 선배 선교사들과 조선 교우들에 대한 애정 어린 이별의 마음을 전하는 것도 잊지 않았다.

김대건 신학생이 마카오에 있던 파리 외방전교회 극동 대표부에 처음 도착했을 때 그곳의 대표는 르그레즈와 신부였다. 그는 1828년 초, 마카오로 건너와 이곳에 있는 파리 외방전교회 극동 대표부에서 부대표로 있다가 1830년부터 약 11년 간 대표를 맡게 되었다. 당시 대표 신부는 파리에서 파견되는 극동 선교사들의 임지를 정해 주는 권한도 갖고 있었다. 그러므로 1837년에 조선 신학교를 임시로 대표부 안에 설립한다는 결정을 내린 것도, 이후 신학생들의 의식주와 교육을 책임진 것도 바로 르그레즈와 신부였다고 할 수 있다. 처음 신학교의 교장은 칼르리(M. Callery, 1810~1863) 신부가 맡았으나, 곧 르그레즈와 신부가 교장 겸 교수를 맡아 조선 신학생들에게 라틴어와 프랑스어 등을 가르쳤다.

그 후 르그레즈와 신부는 조선 포교지에 각별한 애정을 보였고, 조선 선교사들을 적극적으로 도와주었다. 또 마카오가 포르투갈 관할권(padroado) 교구였던 탓에 포르투갈 선교사들로부터 적지 않은 괴로움을 겪게 되자, 1841년에는 대표부를 영국 점령지인 홍콩으로 이전할 계획을 세우는 한편 사재를 털어 그곳에 대지를 마련하였다. 그러던 중 1841년 말에 파리 본부의 신학교 지도자로 임명되어 마카오를 떠나게 되었다.

리브와 신부는 1837년 동양 선교사로 임명되어 마카오의 극동 대표부에 도착하였으며, 그 이후 부대표 겸 조선 신학교 교수를 맡아 라틴어·프랑스어·교리를 가르쳤다. 그러다가 1841년 말에 르그레즈와 신부가 프랑스로 귀국하게 되면서 대표를 맡게 되었으며, 이듬해 최양업과 김대건 신학생이 프랑스 함대에 승선하여 조선 입국로를 탐색할 수 있도록 하였다. 이어 그는 르그레즈와 신부가 계획했던 대표부 이전 작업을 추진하여 1847년 초에는 이를 홍콩으로 이전하였으며, 10년 뒤에는 싱가포르에 또 하나의 대표부를 신설하는 일을 도왔고, 1864년에는 상해 대표부를 신설하는 데에도 도움을 주었다. 그러다가 1866년에 파리로 돌아갔고, 로마의 대표부 대표로 재직하던 중에 선종하였다. 그가 파리로 돌아가기 전까지 홍콩 대표부에 주어졌던 선교사 임지 선정 권한은 리브와 신부의 전임(轉任)과 동시에 폐지되었다.

페레올 주교는 파리 외방전교회 소속 선교사로 1840년 마카오에 도착한 뒤 조선 선교사로 임명되었고, 만주로 건너가서 조선 입국의 기회를 엿보던 중 조선 대목구의 부대목구장(coadjutor)으로 임명되었다. 그러나 그는 이 사실을 알지 못하고 있다가 1843년 초에 가서야 교황 그레고리오 16세의 칙서를 받고 이미 주교로 임명되었으며, 1839년 9월 21일에 앵베르 주교의 순교로 제3대 조선 대목구장을 승계한 사실을 알게 되었다. 이후 그는 1843년 12월 31일에 개주(蓋州) 양관(陽關)에서 만주 대목구장 베롤(J. Verrolles, 方若望, 1805~1878) 주교의 집전으로 성성식을 가졌으며, 1845년 8월 17일에는 상해에서 김대건의 사제 서품식을 집전하였다. 그리고 김 신부의 안내를 받아 조선에 입국하여 활동하다가 1853년 2월 3일에 과로로 선종하였다.

메스트르 신부는 파리 외방전교회 회원으로 1840년에 동양 선교사로 임명되어 9월 21일 베르뇌 신부와 함께 마카오에 도착, 임지를 기다리는 동안 대표부 일을 도와주면서 조선 신학생들을 가르쳤다. 1842년에 조선 선교사로 임명되자 김대건과 행동을 함께하면서 틈틈이 신학을 가르쳤고, 김대건 신부가 조선에 입국하자 최양업과 행동을 같이했다. 그러나 서양인인 탓에 발각될 것을 염려하는 조선 밀사들의 권유로 오랫동안 입국의 기회를 얻지 못하다가 1852년에서야 입국할 수 있었다. 이후 그는 1853년에 제3대 조선 대목구장 페레올 주교가 선종하자 한때 조선 포교지의 장상직(pro-vicarius)을 맡았고, 1855년에는 제천 배론(舟論, 지금의 충북 제천군 봉양면 구학리)에 신학당을 건립하였다. 그 후 충청남도 지역에서 활동하다가 1857년 12월 선종하였다.

고틀랑 신부는 예수회 소속 중국 선교사로, 1773년에 해산되었던 예수회가 1814년에 부활하면서 중국에 파견된 예수회원들의 장상이었다. 이후 그는 강남교구장 베시(L. Besi, 羅類思, 1805~1871) 주교에 의해 강남교구의 총대리로 임명되었는데, 1845년에는 김대건 부제 일행이 서울을 떠나 상해에 도착하여 도움을 청하자 그가 묵고 있던 중국인 교우 집으로 찾아와 필요한 비용을 대주었다. 그런 다음 교우 집이 위험할까를 염려하여 김대건 부제 일행에게 다시 배로 가도록 하고, 배 안에서 김대건 부제를 비롯하여 조선 교우 11명에게 고해성사를 주고 미사를 집전해 주었다.

베르뇌 신부는 파리 외방전교회 회원으로 1840년에 동양 선교사로 임명되어 9월 21일 메스트르 신부와 함께 마카오에 도착하였다. 이곳에서 그는 임지를 기다리는 동안 조선 신학생들에게 철학을 가르쳤고, 1843년부터 12년 동안은 만주에서 활동하였다. 그러다가 1854년 12월 27일 만주 대목구의 보좌 주교로 임명되었고, 1853년에 페레올 주교가 선종한 후 메스트르 대목구장 서리(pro-vicarius)에 이어서 제4대 조선 대목구장으로 다시 임명됨으로써 이듬해 조선에 입국하였다. 김대건 신부가 옥중에서 작성한 서한에 베르뇌 신부의 이름이 나타나는 이유는, 그 자신이 만주에 있을 당시에 이미 그를 만나 서로 잘 알고 있었기 때문이다. 이후 베르뇌 신부는 약 10년 동안 조선 교회를 위해 활동하다가 병인박해 때 체포되어 새남터에서 순교하였으며, 1984년에 성인으로 시성되었다.

한편 최양업(崔良業, 토마스, 1821~1861) 신부는 김대건 신부의 서한을 받은 사람 중에서 특별히 언급되어야 할 것이다. 물론 김대건 신부는 동료인 최양업 신부에게 따로 서한을 보낸 적은 없다. 그런데도 우리는 그가 옥중에서 쓴 열아홉 번째 서한에서 "지극히 사랑하는 나의 형제 최양업 토마스여 잘 있게. 이후 천당에서 서로 만나기로 하세. 그리고 나의 어머니 우르술라를 특별히 보호하여 주기를 그대에게 부탁하네."라고 한 구절을 통해 동료이자 친척이던 최양업에 대한 사랑과 믿음을 충분히 짐작할 수가 있다. 이미 잘 알려진 것처럼 최양업은 김대건 신부가 순교한 뒤인 1849년 4월 15일에 사제품을 받고 그해 12월 3일에 귀국하여 활동하다가 1861년 6월 15일 과로로 선종하였다.

사료적 가치와 자료집의 의의

김대건 신부의 서한은 그의 생애와 활동 내용, 신심과 업적을 이해하는 데 빼놓을 수 없는 자료가 된다. 또 서한 내용에 나타나는 1842년부터 1846년까지의 사실들, 즉 조선 입국로 개척의 역사, 조선 교회의 상황과 정치 현실, 귀국과 체포, 순교 등은 곧 한국 천주교회사 그 자체였다고 해도 좋을 것이다. 아울러 르그레즈와 신부와 리브와 신부, 그리고 조선 선교사로 활동했던 페레올 주교와 다블뤼 신부, 메스트르 신부, 최양업 신부의 활동사도 이 서한들을 통해 보완될 수 있다.

일찍이 샤를르 달레(Ch. Dallet) 신부는 『한국 천주교회사』를 저술하면서 김대건 신부의 서한 가운데서 많은 부분을 그대로 인용하였다. 그러나 실제로 인용된 서한보다는 인용되지 않은 서한들이 많았으므로 이 자료집을 통해 그 책의 많은 부분이 보완될 수 있을 것이다. 그뿐만 아니라 이 자료집을 통해 기존에 출간되었던 『김대건의 서한』(정음사, 1975)에서 누락되었거나 판독상의 오류로 잘못 이해되고 있던 여러 가지 내용도 바로잡을 수 있으리라 생각된다. 그 한 예로, 본 자료집에서 기존에 25통으로 생각되어 오던 서한 수를 모두 21통으로 바로잡은 것을 들 수 있다. 왜냐하면 김대건 신부가 1845년 3월과 4월에 작성하여 1845년 7월 23일 자로 리브와 신부에게 발송한 보고서는 서한으로 볼 수 없으며, 1846년 8월 29일 자의 서한 또한 별개의 서한이 아니라 1846년 8월 26일 자 서한에 덧붙인 '추신'으로 보아야 하기 때문이다.

위에서 말한 「조선 순교사와 순교자들에 관한 보고서」는 무엇보다도 먼저 김대건 신부의 저작이라는 점에서 중요한 가치가 있다. 다만 이 자료들은 그 자신이 직접 수집한 것이 아니라 현석문과 이재의(李在誼, 토마스) 등이 수집하여 정리해 놓은 것이었다. 이 보고서 중에서도 '조선 교회 창립에 관한 개요'는 훗날 최양업 신부가 라틴어로 번역한 「기해박해와 병오박해 때의 순교자들의 행적」이나 그 후에 완성된 『기해일기』에는 보이지 않는 것으로, 김대건 신부 자신의 순수한 저작으로 볼 수 있다.

다음으로 보고서 가운데 포함되어 있는 '1839년 기해박해의 진상'과 순교자들의 전기 즉 '1839년에 순교한 몇몇 주요한 순교자들의 행적'은 일단 기해박해 순교자들에 관한 최초의 정리 기록이라는 점에서 주목할 필요가 있다. 이들의 내용에는 훗날 최양업 신부가 번역한 전기나 『기해일기』의 내용과 상이한 점이 나타나는데, 이는 김대건 신부의 기록 이후 그 내용들이 보완되거나 수정되었기 때문일 것이다. 따라서 앞으로는 그 상이한 점들을 찾아 검토하는 작업도 이루어질 필요가 있다고 생각한다.

서한 및 보고서 일람

내용	발신(작성)일	발신(작성)처	수취인	수취일	비고
첫 번째 서한	1842. 2. 28	마닐라	르그레즈와	미상	
두 번째 서한	(1842. 5경)	(주산)	리브와	〃	유실
세 번째 서한	(1842. 9경)	(상해)	〃	1842. 9. 27	
네 번째 서한	1842. 12. 9	요동 (백가점)	르그레즈와	1844. 2. 27	
다섯 번째 서한	1842. 12. 21	(요동 백가점)	리브와	1843. 10. 9	
여섯 번째 서한	1843. 1. 15	요동 (백가점)	르그레즈와	1844. 2. 27	
일곱 번째 서한	1843. 2. 16	(요동 백가점)	리브와	미상	
여덟 번째 서한	1844. 5. 17	(몽골 소팔가자)	〃	1844. 9. 29	
아홉 번째 서한	1844. 12. 15	몽골 (소팔가자)	페레올	미상	원문은 한문 프랑스어 역본만 남음
열 번째 서한	1845. 3. 27	서울 (돌우물골)	리브와	1845. 10. 14	
열한 번째 서한	1845. 4. 6	(서울 돌우물골)	〃	미상	
열두 번째 서한	1845. 4. 7	(서울 돌우물골)	〃	〃	
열세 번째 서한	1845. 6. 4	상해	〃	1845. 7. 23	
열네 번째 서한	(1845. 6. 4)	(상해)	페레올	1845. 7. 23	
열다섯 번째 서한	(1845. 6)	(상해)	고틀랑	미상	유실
열여섯 번째 서한	1845. 7. 23	(상해)	리브와	1845. 10. 14	
조선 순교사와 조선 순교자들에 관한 보고서	(1845. 3~4. 작성) (1845. 7. 23 발송)	(서울 돌우물골) (상해)	리브와	1845. 10. 14	
열일곱 번째 서한	1845. 7. 23	(상해)	페레올	1845. 10. 14	
열여덟 번째 서한	1845. 11. 20	(서울)	리브와	1846. 4. 11	
열아홉 번째 서한	1846. 7. 30 (음) 6. 8	옥중	베르뇌, 메스트르, 리브와, 르그레즈와	미상	한지에 붓으로 작성
스무 번째 서한	1846. 8. 26 작성 (8. 29 이후 발송)	옥중	페레올	〃	8월 29일 자 추신 첨부. 프랑스어 역본만 남음
스물한 번째 서한	(1846. 8. 말)	(옥중)	조선 교우들	〃	원문은 한글 사본만 남음

* 괄호 표시는 추정 날짜 및 추정 장소.

일러두기

1. 이 책은 김대건 신부가 생전에 작성한 21통의 서한(1842년 2월~1846년 9월) 중에서 현존하는 19통의 서한과 리브와 신부에게 보낸 「조선 순교사와 순교자들에 관한 보고서」를 한글로 알기 쉽게 번역하고, 판독 정리한 원문을 첨부하여 편찬한 것이다.

2. 서한 번역은 한글 위주로 하였으며, 이해에 필요하다고 생각되는 경우에만 괄호 안에 한자나 원어를 첨부하였다. 또 내용에 관련된 다른 기록이 있거나 보충 설명이 필요한 경우에는 이를 각주에서 설명하였다.

3. 서한 번역문의 내용 단락은 원문과 관계없이 현재의 문장 서술 체계에 맞추어 이해하기 쉽게 나누었으며, 원문의 단어 가운데 잘못 쓰인 단어는 그다음에 '원문에 있는 그대로'라는 의미의 '(sic)'를 덧붙였다.

4. 그간의 연구 성과를 반영하여 초판의 부족한 주석 등을 보충하였다.

5. 본 자료집 편찬에 참여한 사람은 다음과 같다.
   - 책임 감수 | 故 최석우(안드레아) 몬시뇰
   - 원문 판독 | 라틴어 : 故 최승룡(테오필로) 신부
              프랑스어 : 故 배세영(마르첼리노) 신부
   - 원문 번역 | 라틴어 : 정진석(니콜라오) 추기경
              프랑스어 : 故 최석우(안드레아) 몬시뇰
   - 해제 및 각주 : 차기진(루카), 한국교회사연구소 연구부

김대건 신부 연보

1821년 8월 21일 : 충청도 솔뫼(현 충남 당진군 우강면 송산리)에서 성 김제준(金濟俊, 이냐시오)과 고(高) 우르술라의 장남으로 탄생
* 부친 김제준의 보명은 '제린(濟麟)', 자는 '신명(信明)'
* 김대건의 아명은 '재복(再福)', 보명은 '지식(芝植)', 관명은 '대건(大建)'

1827년 : 부친을 따라 서울 청파(青坡)로 이주하였다가 경기도 용인의 한덕동(寒德洞, 현 경기도 용인군 이동면 墨里)으로 이주
* 훗날 한덕동에서 골배마실(현 경기도 용인군 내사면 南谷里)로 이주

1836년 4월 : 골배마실 이웃의 '은이 공소'에서 모방(P. Maubant, 羅伯多祿) 신부에게 세례를 받은 뒤 신학생 후보로 선발
* 2월 6일 : 동료 최양업(崔良業, 토마스)이 모방 신부 댁에 도착
* 3월 14일 : 동료 최방제(崔方濟, 프란치스코 하비에르)가 모방 신부 댁에 도착
* 7월 11일 : 김대건 소년 모방 신부 댁에 도착

12월 2일 : 동료 신학생들과 함께 모방 신부가 바라보는 가운데 십자가 앞에서 성경에 손을 얹고 순명과 복종 서약
12월 3일 : 성 정하상(丁夏祥, 바오로), 성 조신철(趙信喆, 가롤로) 등의 인도를 받아 변문(邊門)으로 출발
12월 28일 : 조선 입국을 위해 요동에 머무르고 있던 샤스탕(J. Chastan, 鄭牙各伯) 신부 댁에 도착

1837년 6월 7일 : 중국 대륙을 남하하여 마카오에 도착
이후 파리 외방전교회 극동 대표부(대표 : 르그레즈와 신

		부)에 설치된 "조선 신학교"에서 칼르리(M. Callery) 교장 신부, 르그레즈와(P. Legrégeois) 신부, 리브와(N. Libois) 신부 등에게서 수학

     * 그 후 르그레즈와 신부가 교장을 맡았고, 임시로 마카오에 머무르던 데플레슈(M. Desfleches) 신부가 신학생들을 잠시 지도

     * 11월 27일 : 동료 신학생 최방제(프란치스코 하비에르), 열병으로 선종

1839년 4월 6일 : 아편 관련 소요로 인해 필리핀으로 피신

    4월 7일 : 마카오를 출발하여 19일 마닐라에 도착

    5월 3일 : 도미니코 수도회 참사회의 호의로 롤롬보이(Lolomboy)에서 수학

  * 9월 21일 : 제2대 조선 대목구장 앵베르(L. Imbert, 范世亨) 주교의 순교로, 페레올 주교가 제3대 조선 대목구장 승계

    11월 : 마카오로 귀환

1840년 1월 8일 : 메스트르(J. Maistre, 李) 신부 마카오 도착. 신학생들의 교육을 함께 맡음

1841년 11월 : 철학 과정 이수, 신학 과정 입문

1842년 2월 15일 : 메스트르 신부와 함께 세실(J.B.M. Cécille) 함장이 이끄는 프랑스 함대의 에리곤(l'Érigone)호에 승선하여 2월 16일 출발(1차 탐색 여행)

    2월 20일 : 마닐라 도착.

    2월 28일 : 마닐라에서 르그레즈와 스승 신부에게 서한 발송(첫 번째 서한)

    4월 21일 : 마닐라를 떠나 대만으로 향함

    5월 11일 : 양자강(揚子江) 앞바다의 주산도(舟山島)에 입항. 주산에서 리브와 스승 신부에게 서한 발송(두 번째 서한 : 유실됨)

    6월 26일 : 오송구(吳淞口) 도착

* 7월 17일 : 동료 최양업, 만주 선교사 브뤼니에르(M.B. de la Brunière, 寶) 신부와 함께 프랑스 군함 파보리트(la Favorite)호에 탑승하여 마카오 출발

8월 27일 : 브뤼니에르 신부, 최양업이 메스트르 신부와 합류

8월 29일 : 남경조약(南京條約) 체결식장에 참석

9월 11일 : 에리곤호 북상 포기. 메스트르 신부와 함께 외교인 황세흥(黃世興)의 집에 유숙

* 브뤼니에르 신부와 최양업이 중국인 반 요한의 안내를 받아 상해로 출발

9월   : 리브와 스승 신부에게 서한 발송(세 번째 서한)

9월 17일 : 메스트르 신부와 함께 상해에 머물던 산동 대목구장 겸 남경교구장 서리 베시(L.M. Besi, 羅類思) 주교 댁에 도착. 최양업과 상봉

10월 2일 : 베시 주교의 주선으로 브뤼니에르 신부, 메스트르 신부, 동료 최양업, 반 요한 등과 함께 중국 배를 타고 상해를 출발하여 북상

10월 23일 : 요동(遼東)의 남단 태장하(太莊河) 해안에 도착
반 요한이 보낸 그 지방의 회장 두(杜) 요셉과 최양업이 세관에 간 동안 지방민들이 다가와 위협하였으나 김대건의 기지로 무사

10월 26일 : 태장하 인근의 백가점(白家店)에 도착. 두 요셉 회장 집에서 유숙

* 백가점 : 태장하 인근, 즉 훗날 선교사들의 조선 입국 거점이 된 차쿠(岔溝) 이웃의 교우촌

11월 3일 : 두 요셉 회장 집에서 나와 인근의 새 거처로 옮김

* 브뤼니에르 신부, 최양업과 함께 요동 북단에 있는 개주(蓋州) 부근의 양관(陽關) 교우촌으로 이동

12월 9일 : 백가점에서 르그레즈와 스승 신부에게 서한 발송(네 번째 서한)

12월 21일 : 백가점에서 리브와 스승 신부에게 서한 발송(다섯 번째 서한)

12월 23일 : 봉황성(鳳凰城)의 책문(柵門)으로 출발(2차 탐색 여행)

12월 27일 : 책문 인근에서 조선 교회의 밀사 김 프란치스코와 상봉

12월 29일 : 책문 출발. 의주(義州) 변문(邊門)을 통해 조선으로 귀국(1차 입국)

12월 31일 : 압록강을 다시 건너 책문으로 이동

1843년 1월 1일 : 책문 도착

1월 6일 : 백가점 도착

1월 15일 : 백가점에서 르그레즈와 스승 신부에게 서한 발송(여섯 번째 서한)

*1843년 초 : 페레올 주교, 교황 그레고리오 16세의 칙서를 받고 비로소 제3대 조선 대목구장에 임명된 사실을 알게 됨

2월 16일 : 백가점에서 리브와 스승 신부에게 서한 발송(일곱 번째 서한)

3월 : 책문으로 나가 조선 교회의 밀사와 접촉한 뒤 백가점으로 귀환(3차 탐색 여행)

4월 : 소팔가자(小八家子)로 거처를 옮겨 최양업과 함께 신학 공부 계속

* 소팔가자 : 길림성(吉林省)의 장춘(長春) 서남쪽, 사평(四平) 인근에 있던 교우촌으로, 만주 대목구의 초대 대목구장인 베롤(J. Verrolles, 方若望) 주교가 1841년에 일대의 광대한 토지를 매입하고 성당을 건립함

9월 : 책문으로 나가 조선 교회의 밀사와 접촉한 뒤 소팔가자로 귀환(4차 탐색 여행)

12월 31일 : 개주의 양관에서 있은 제3대 조선 대목구장 페레올 주교의 성성식(집전 : 만주 대목구장 베롤 주교)에 참석한 뒤 소

		팔가자로 귀환
1844년	2월 5일 :	페레올 주교의 명으로 북방 입국로 탐색을 위해 훈춘(琿春)으로 출발(5차 탐색 여행)
	3월 8일 :	훈춘을 거쳐 조선으로 귀국(2차 입국)
		경원(慶源)에서 조선 교우와 상봉
	4월 :	소팔가자로 귀환하여 신학 공부 계속
	5월 17일 :	소팔가자에서 리브와 스승 신부에게 서한 발송(여덟 번째 서한)
	12월 :	최양업과 함께 페레올 주교로부터 삭발례부터 부제품까지 받음
	12월 15일 :	소팔가자에서 페레올 주교에게 서한 발송(아홉 번째 서한)
1845년	1월 1일 :	봉황성 책문으로 나가 조선 교회의 밀사와 상봉하여 조선으로 귀국(3차 입국)
	1월 15일 :	서울 도착. 돌우물골[石井洞]에 유숙
	2월 :	중병에 걸려 15일 동안 고생함
	3월 :	신학생 2명 지도
	3월 27일 :	서울에서 리브와 스승 신부에게 서한 발송(열 번째 서한)
	3~4월 :	서울에서 현석문(玄錫文, 가롤로) 등의 도움으로「조선 순교사와 순교자들에 관한 보고서」작성
	4월 6일 :	서울에서 리브와 스승 신부에게 서한 발송(열한 번째 서한)
	4월 7일 :	서울에서 리브와 스승 신부에게 서한 발송(열두 번째 서한)
	4월 30일 :	선교사 영입을 위해 현석문 등 11명의 조선인 교우들과 함께 제물포 출발
	5월 28일 :	오송 도착
	6월 4일 :	상해 도착. 리브와 스승 신부에게 서한 발송(열세 번째 서한)
		: 상해에서 페레올 주교에게 서한 발송(열네 번째 서한)
	6월 :	상해에서 강남 대목구 소속 예수회 선교사인 고틀랑(C.

　　　　　　　　　Gotteland, 南格祿 신부에게 서한 발송(열다섯 번째 서한 : 유실)

　　7월 23일 : 상해에서 리브와 스승 신부에게 서한 발송(열여섯 번째 서한)

　　　　　　 : 상해에서 리브와 스승 신부에게 「조선 순교사와 순교자들에 관한 보고서」 발송

　　　　　　 : 상해에서 페레올 주교에게 서한 발송(열일곱 번째 서한)

　　8월 17일 : 상해 연안에 있는 김가항(金家港) 성당에서 페레올 주교로부터 사제 서품

　　8월 24일 : 상해에서 약 30리 되는 횡당(橫堂) 성당에서 첫 미사

　　8월 31일 : 페레올 주교, 다블뤼 신부와 함께 라파엘(Raphael)호를 타고 상해 출발

　　9월 28일 : 제주도 표착

　　10월 12일 : 충남 강경 부근의 황산포(黃山浦) 나바위[羅岩] 도착

　　11~12월 : 서울 및 용인의 은이 공소 순방

　　11월 20일 : 서울에서 리브와 스승 신부에게 서한 발송(열여덟 번째 서한)

* 1846년 1월 : 매스트르 신부와 최양업 부제, 조선의 북방 지역으로 입국하고자 했으나 실패

1846년　4월 13일 : 은이 공소에서 미사 후 서울로 출발

　　5월 14일 : 서해 해로를 통한 선교사 입국로를 개척하라는 페레올 주교의 지시에 따라 교우들과 함께 마포 출발

　　5월 25일 : 연평도 도착

　　5월 27일 : 순위도(巡威島) 등산진(登山鎭) 도착

　　5월 29일 : 백령도(白翎島)에서 중국 어선과 접촉. 편지와 지도를 메스트르 신부에게 탁송

　　6월 1일 : 순위도 등산진으로 귀환

　　6월 5일 : 체포

　　6월 10일 : 해주(海州) 감영으로 압송

　　6월 21일 : 서울 포도청으로 이송

| | 6월 22일 : 이후 40여 차례 문초
| | 7월 30일 : 옥중에서 스승 신부들에게 보내는 마지막 서한 작성(열아홉 번째 서한)
| | 8월 26일 : 옥중에서 페레올 주교에게 보내는 마지막 서한 작성(스무 번째 서한)
| | 이 무렵 세계 지도를 작성하고, 지리 개설서 저술
| | 8월 말 : 조선 교우들에게 보내는 마지막 회유문 작성(스물한 번째 서한)
| | 9월 15일 : 반역죄로 사형 선고
| | 9월 16일 : 새남터에서 군문 효수형으로 순교
| | 10월 26일 : 이민식(李敏植, 빈첸시오)에 의해 미리내에 안장
1857년 9월 24일 : 가경자로 선포
1901년 5월 21일 : 유해가 미리내에서 발굴되어 용산 예수성심신학교로 이장
1901년 10월 17일 : 유해가 용산 예수성심신학교 성당으로 옮겨져 안치
1925년 7월 5일 : 시복
1949년 11월 15일 : 모든 한국 성직자들의 대주보로 결정. 로마 교황청에서 7월 5일을 김대건 신부 축일로 지정
1950년 6월 25일 : 유해가 용산 성직자 묘지로 옮겨져 안치
9월 28일 : 유해가 경남 밀양 성당으로 옮겨져 안치
1951년 : 서울 수복 후 유해가 서울 혜화동의 소신학교 성당으로 옮겨져 안치
1960년 7월 5일 : 유해가 혜화동 가톨릭대학으로 옮겨져 안치
1984년 5월 6일 : 시성
2019년 11월 14일 : 2021년 유네스코 세계 기념 인물로 선정
2020년 11월 29일 : 성 김대건 안드레아 신부님 탄생 200주년 희년 개막 미사(2020. 11. 29~2021. 11. 27) 선포

김대건 신부 가계도

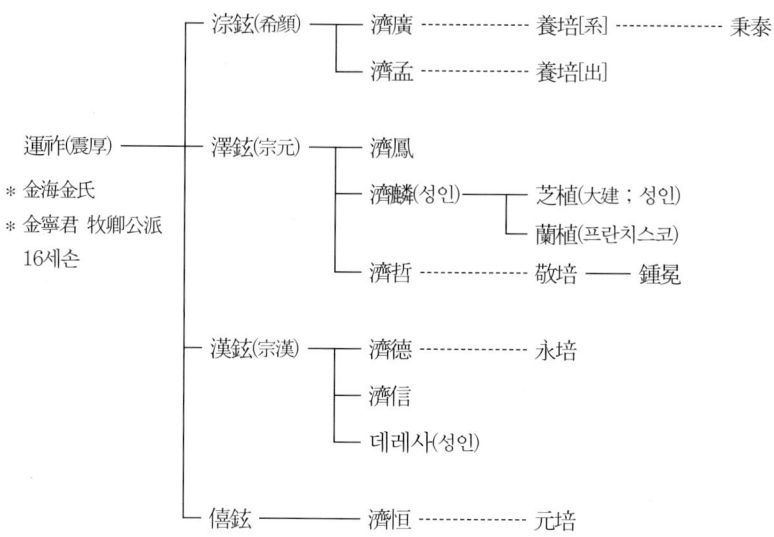

〈참고 사항〉

- 運祚(1738~1814) : 김진후 복자. 세례명은 비오. 자는 진후(震厚). 1784년경 이존창(李存昌, 루도비코 곤자가)으로부터 교리를 듣고 입교한 뒤 1814년 12월 1일(음력 10월 20일) 해미(海美)에서 옥사.

- 漢鉉(?~1816) : 김종한 복자. 세례명은 안드레아. 관명은 종한(宗漢). 일명 계원. 1815년 을해박해 때 경상도 영양 땅에서 체포되어 1816년 12월 19일(음력 11월 1일) 대구에서 참수.

- 데레사(1779~1840) : 성녀. 1824년 남편 손연욱(요셉)이 해미에서 순교한 뒤 상경하여 정정혜(丁情惠, 엘리사벳)의 집에서 거주하다가 기해박해 때 체포되어 1840년 1월 9일(음력 1839년 12월 5일) 포도청에서 교수.

- 濟麟(1796~1839) : 김제준 성인. 세례명은 이냐시오. 자는 신명(信明). 관명은 제준(濟俊). 충청도 면천의 솔뫼[松山]에서 태어나 일찍이 천주교에 입교한 뒤 고(高) 우르술라와 혼인하였다. 그 후 1827년경 용인 땅 골배마실에 정착하여 살다가 1836년에 장남 대건(안드레아)을 신학생으로 보내고, 기해박해 때 체포되어 1839년 9월 26일(음력 8월 19일) 서소문 밖에서 참수.

한글 번역문

첫 번째 서한

예수 마리아 요셉

마닐라에서, 1842년 2월 28일[1]

존경하올 르그레즈와(Legrégeois)[2] 신부님께

지극히 공경하올 신부님,

조선을 향해 출발하게 되어, 이 기회에 잠시 틈을 내어 신부님께 짤막한 편지를 올립니다.

신부님께서 우리와 헤어지신 지도 벌써 아주 많은 날이 지났습니다.[3]

---

1 서한에서는 본래 발신지와 발신일을 맨 끝에 적었지만, 독자들의 이해를 위해, 그리고 다른 서한과의 체제를 맞추기 위해 여기에 적어 넣었다.

2 르그레즈와(Pierre Louis Legrégeois, 1801~1866) : 파리 외방전교회 소속 선교사. 1830년부터 1841년까지 파리 외방전교회 마카오(Macau) 대표부 경리부장이었다. 1837년 대표부에 온 세 명의 조선인 신학생들에게 라틴어, 프랑스어 등을 가르쳤다.

3 르그레즈와 신부는 1841년 말에 마카오를 떠나 프랑스로 귀국하였다.

2월 16일쯤에⁴ 리브와(Libois)⁵ 대표 신부님께서 메스트르(Maistre)⁶ 신부님이 저를 데리고 조선으로 가도록 배정하셨습니다. 이 여행이 비록 험난한 줄을 알지라도 하느님께서 우리를 무사하게 지켜 주시리라 희망하고 있습니다.

우리는 프랑스 군함을 타고 갑니다. 그 군함은 프랑스의 루이 필리프(Louis Philippe) 왕⁷이 중국에 파견한 사절 장시니(D. Jancigny)⁸를 마카오에 태워다 준 군함입니다. 마카오를 떠난 후, 우리는 하느님의 보호로 순조롭게 항해하여 마닐라에 입항하였고, 여기서 여행에 필요한 물건들을 장만해서 2월 말쯤⁹ 출발할 예정입니다.

신부님 내내 평안하시기를 빕니다. 이곳 신부님들과 우리도 모두 건강히 잘 있습니다.

신부님과 작별한 후로는 오늘까지 프랑스어 공부를 못 하고 있습니다. 다른 사정에 대해서는 대표부 신부님들이 편지하실 것이므로 저는 여

---

4   김대건 신학생은 1842년 2월 15일 메스트르(J. Maistre, 李) 신부와 함께 조선으로 가기 위해 세실(J.-B. Cécille) 함장이 이끄는 에리곤(l'Érigone)호에 승선하여 이튿날 마카오를 출발, 2월 20일에는 중간 기착지인 필리핀의 마닐라(Manila)에 도착하였다(메스트르 신부의 1842년 2월 28일 자 서한 참조).

5   리브와(Napoléon Libois, 1805~1872) : 파리 외방전교회 소속 선교사. 1837년에 마카오 대표부에 도착했다. 1839년부터 부대표로 활동하다가 1842년에 르그레즈와 신부의 후임으로 대표로 임명되었다. 김대건과 최양업에게 라틴어, 프랑스어와 교리를 가르쳤다.

6   메스트르(Joseph Ambroise Maistre, 李, 1808~1857) : 파리 외방전교회 소속 선교사. 1840년에 마카오 대표부에 도착하여 부대표로 활동하였고, 김대건과 최양업을 가르치기도 했다. 1852년 8월 조선에 입국했고, 1853년 페레올(J. Ferréol, 高) 주교가 선종하자, 1856년 베르뇌(S. Berneux, 張敬一) 주교가 입국할 때까지 임시로 조선 교회를 이끌었다. 1854년경부터 영해회(嬰孩會) 사업을 시작했고, 1855년에는 충북 제천 배론에 신학교를 개설하였다. 1857년 12월 20일에 선종했다.

7   프랑스 국왕 루이 필리프 1세(1830~1848년 재위).

8   장시니(Adolphe Philibert Dubois de Jancigny, 1795~1860) : 프랑스의 외교관. 프랑스 외무부의 '극동' 조사 임무를 받고 세실 함장의 에리곤호를 타고 1841년 마카오에 도착하였다.

9   예정은 2월 말이었지만, 세실의 병으로 지체되어 4월 20일에야 출발할 수 있었다.

기서 이만 줄이겠습니다. 최 토마스(최양업)는 지금 혼자 남아 있습니다.[10]

이 글을 마치면서 기도 중에 저를 기억해 주시기를 스승님께 청하며, 저도 신부님을 위하여 그렇게 하겠습니다. 안녕히 계십시오.

공경하올 스승님께 부당한 아들 김해(金海)[11] 김 안드레아가 올립니다.

---

10 최양업은 김대건이 메스트르 신부와 떠난 뒤에도 마카오에 남아 브뤼니에르(M.B. de la Brunière, 寶) 신부에게서 신학 교육을 받았다.
11 김해 : 김대건 신학생의 본관. 김대건은 이후의 서한에서도 이처럼 성 앞에 본관을 붙여 서명한 경우가 많은데, 그 표기는 'Kim-ay-Kim', 'Kim-ai-Kim', 'Kim-hai-Kim' 등 다양하였다. 이 밖에도 그는 '조선인'임을 밝히고 서명하기도 하였다.

두 번째 서한

(이 두 번째 서한, 즉 주산[舟山]¹²에서 리브와 신부에게 올린 서한은 유실되어 현존하지 않는다. 주산에는 1842년 5월 11일부터 6월 21일까지 체류하였다.)

---

12   중국 절강성(浙江省) 항주(杭州) 앞바다에 있는 주산도(舟山島)를 말한다. 당시 영국군이 점령하고 있었다.

세 번째 서한

예수 마리아 요셉

(상해에서, 1842년 9월)[13]

마카오의 리브와 신부님께

지극히 공경하올 신부님

우리가 아직 주산(舟山)에 있을 때 신부님께 제가 짧은 서한[14]을 드렸습니다. 이제 다시 짧은 서한을 드립니다.

마침내 우리는 주산에서 돛을 펴고 출범하여 영국 함선 20척과 함께 양자강(揚子江, 지금의 長江)에 도착했습니다. 이곳에서 출발할 날을 기다리며 오늘까지 머물러 있습니다. 세실(J.-B. Cécille)[15] 함장이 약속한 대로 우리는 에리곤호로 조선에 갈 것으로 늘 기대하고 있었습니다. 그런

---

13 이 세 번째 서한에는 본래 발신지가 적혀 있지 않으나 그 내용으로 미루어 볼 때, '상해'에서 보낸 것이 분명하다. 또한 서한의 수신일이 "1842년 9월 27일"로 기록되어 있는데, 다음의 네 번째 서한의 내용으로 미루어 보아, "1842년 9월 11일에서 9월 16일 사이"에 작성된 것임을 알 수 있다. 이 서한 원본은 파리 외방전교회 본부에 소장되어 있다.

14 이 서한이 바로 두 번째 서한이었는데, 그 후 유실되어 현존하지 않는다.

15 세실(Jean-Baptiste Cécille, 瑟西爾, 1787~1873) : 프랑스 해군 장교로, 아편전쟁 중이던 1841년 중국에 파견되었고, 베트남 등지에서도 군사 활동을 전개하였다. 프랑스로 귀국한 후에는 정치에 참여하여 런던 주재 프랑스 대사, 상원 의원 등을 역임하였다.

데 지금은 상황이 아주 많이 변하여 조선으로 갈 가망은 거의 없어졌습니다. 왜냐하면 세실 함장은 마닐라로 향하여 출항하였고, 우리는 지금 여행 보따리를 가지고 양자강 기슭에 있는 어떤 외교인[16]의 집에 머물고 있으니 말입니다.

사실 우리는 오래지 않아 에리곤호로 출발할 예정이었습니다. 세실 함장은 아직도 자기는 조선으로 갈 희망을 품고 있다고 말하고 있었습니다만, 만일 조선으로 가는 항해 중에 역풍이 불어 닥칠 경우에는 조선으로 갈 항로를 바꾸어 마닐라로 향할 것이라고 잘라 말했습니다.

그렇게 애매한 약속에도 불구하고 메스트르 신부님은 에리곤호에 머물러 있기로 했습니다. 이러한 상황에서는 하느님의 섭리와 산동(山東) 주교님[17]의 안배에 따라 일을 처리할 수밖에 없었습니다. 그리하여 우리는 브뤼니에르(M.B. de la Brunière)[18] 신부님이 상해에 계시는 주교님[19]께 파견하였던 범(范) 요한[20]이 돌아오기를 고대하고 있었습니다. 그러나 범 요한이 돌아오지 않기에, 브뤼니에르 신부님은 토마스와 함께 우리가 머

---

16 아래 내용을 보면 이 외교인은 황세흥(黃世興)을 가리킨다. 네 번째 서한에도 '황세흥'이라는 이름이 나타난다.

17 산동 주교 : 베시(Lodovico Maria [dei Conti] Besi, 羅伯濟 또는 羅類思, 1805~1871) 주교를 말한다. 1840년 1월 10일 산동 대목구장에 임명되고, 남경교구장 서리를 겸임하다가 1848년에 산동 대목구장직을 사임하였다.

18 브뤼니에르(Maxime Brulley de la Brunière, 寶, 1816~1846) : 파리 외방전교회 소속 선교사. 1842년 7월 프랑스 군함 파보리트(la Favorie)호가 요동 해안을 방문할 것이라는 소식을 듣고 자신의 선교지인 만주(滿洲)로 가기 위해 최양업과 함께 승선하였다. 그해 10월에 요동반도에 도착한 후에 선교 활동을 하다가 1846년에 지방민에게 피살되었다.

19 위에서 설명한 '베시 주교'를 말한다. 베시 주교는 남경교구장 서리를 겸하고 있었으므로 상해에 있었다. 본래 남경 지역은 1660년에 남경 대목구로 설정되었다가 1690년에 남경교구가 되었고, 1856년에는 강남 대목구라고 하였다.

20 범 요한 : 중국인으로, 사천성에서부터 앵베르(L. Imbert, 范世亨) 주교를 보좌했다. 앵베르 주교는 그를 일본 류큐(琉球)의 전교 회장에 추천했지만, 파견되지는 않았다. 범 요한은 조선으로 가는 페레올 주교와 동행했고, 주교의 지시에 따라 만주 대목구 지역과 조선의 국경 지역을 오가는 역할을 맡았다.

물고 있던 집으로 갔는데, 우리는 에리곤호로 출발할 예정이었습니다.

그런데 막 돛을 올려 출항하려는데 범 요한이 상해로부터 천주교 신자들의 작은 배를 가지고 돌아왔습니다. 그래서 메스트르 신부님은 즉시 계획을 바꾸어, 저와 함께 위에서 언급한 黃世興이라는 외교인의 집으로 갔습니다. 세실 함장은 마닐라로 출발하였습니다.

브뤼니에르 신부님과 토마스는 9월 11일에 범 요한과 천주교 신자들의 작은 배를 동반하고 영국 군함을 타고 갔는데, 거기서 의복을 바꿔 입고 상해에 계시는 주교님한테로 가려는 것이었습니다.

지금 우리는 사람의 도움을 모두 잃고 외교인 황세흥 씨의 집에 머물러 있으면서 달리 조선으로 향해 갈 길을 모색하며 출발할 기회를 기다리고 있습니다.

신부님도 아마 아시다시피, 영국군은 여기서 강 오른편 연안에 있는 몇몇 도시와 상해를 함락시키고 남경(南京)으로 진격하였습니다.[21] 도중에 성곽과 천연적 지형으로 방어된 도시도 점령하였는데, 그 도시는 진강부(鎭江府)라고 불립니다.[22] 이 도시의 왼편에 있는 제국 운하 근처로 강을 거슬러 올라가면, 금으로 된 섬이라는 금산(金山)[23]이 있습니다.

영국군이 남경에 도착하여 그 도시 북쪽에 있는 산(즉 鐘山)에 군대들을 상륙시키고 그 도시를 점령하고자 했습니다. 중국 관리들은 이 광경을 보고 벌벌 떨면서 영국군에게 강화를 청하러 사자(使者)를 보냈습니다. 영국군은 이런 사실을 알고 저들의 제의를 받아들여 강화 조약(南京

---

21 아편전쟁 당시 영국군은 1842년 6월 16일에 양자강 입구의 오송 포대를 함락시키고, 수일 후 남경으로 올라갔다.
22 영국군은 1842년 7월 21일에 진강부를 점령했다.
23 금산 : 진강(鎭江)의 서북쪽에 있는 양자강 강변의 섬.

條約)을 맺고 8월 29일에 조인하였습니다. 영국인들과 이 강화 조약을 맺은 중국 측 고관들의 이름은 다음과 같습니다.[24]

 황제의 외숙부 기엔(耆英) 씨,
 대청 제국의 전권 대신 일리부(伊里布) 씨,
 달단군(韃靼軍)의 장군 티 씨,
 강남 총독 뉴킹(牛鑑) 씨.

그 후 황제가 강화 조약과 그 조건을 승낙한다는 내용의 칙서를 내렸습니다. 강화 조약의 조항은 다음과 같습니다.[25]

 1. 중국은 영국에 배상금 2천 1백만 원(元)을 지불할 것.
 2. 중국은 6개 항구에서 영국과의 통상을 승인할 것.
 3. 영국은 북경(北京) 황제에게 대사를 파견할 것.

세실 함장은 남경에 상륙하기를 원하여 중국인의 작은 배 한 척을 마련하였는데, 그 배는 낡고 고약한 냄새가 나기 때문에 '사용 불가'라고 되어 있더랍니다. 실제로 그 배가 여러 군데에서 물이 스며드는 것을 보고, 더 견고한 배를 구하려고 뒤프레(M.J. Dupré)[26] 씨와 저를 상해로 보냈습니다.

---

24 당시의 기록에 따르면 남경조약의 중국 측 체결 당사자들은, 태자소보(太子少保) 기영(耆英), 사포부도통(乍浦副都統) 이리포(伊里布), 양강총독(兩江總督) 우감(牛鑑) 등이었다.
25 남경조약의 주요 내용은 홍콩을 영구 할양할 것, 상해(上海)·영파(寧波)·복주(福州)·하문(廈門)·광주(廣州) 등 5개의 항구 개항, 전비 배상금(戰費賠償金) 1,200만 달러와 몰수당한 아편의 보상금 600만 달러 지불, 영국 상인에 대한 부채 300만 달러, 공행(公行)과 같은 독점 상인 폐지 등이었다. 김대건이 '6개 항구'라고 한 것은 '5개 항구'의 잘못이다.
26 뒤프레(Marie Jules Dupré, 1813~1881) : 세실 제독의 부관.

우리는 상해 부근에 상륙하여 중국 관리의 도움으로 상당히 큰 배를 장만하였습니다. 그런데 군인들이 배를 젓는 방식이 달라서 두세 번 땅에 부딪혔습니다. 그 이튿날 군인들을 더 많이 파견하여 배를 끌어왔습니다.

이 배를 가져온 다음에 세실 함장은 자기 부관 뒤프레 씨와 (프랑스 왕) 필리프의 사절, 지리학자와 저, 그리고 약 20명의 선원을 대동하고 16일 동안 항해한 후 강화 조약이 조인되던 바로 그 날 남경에 도착하여 조인식에 참석하고, 4명의 중국인 고관들을 전부 만났습니다.

그 이튿날은 남경 탑과 교외를 관광하였는데, 성안의 시가지에 들어가는 것은 한 사람을 제외하고는 모든 영국인에게 금지되어 있었습니다. 영국군이 위에서 말한 진강부를 점령하는 데 150명의 군인을 잃었으며, 도시 전체가 파괴되어 악취가 가득하였습니다. 이 도시의 중국 고관은 영국군이 승리한 것을 보고 자기 집으로 돌아가, 아내와 자녀들을 모아 놓고 집에 불을 질러 모두 함께 타 죽었다고 합니다.

메스트르 신부님도 편지하실 테니까 저는 많이 쓰지 않겠습니다. 스승님께 기도 중에 저를 기억해 주시기를 청하고, 아울러 내내 안녕히 계시기를 빕니다.

공경하올 스승님께 무익한 아들 김해 김 안드레아가 올립니다.

추신

파리에 계시는 장상께서 '우리가 프랑스어를 공부하는 것을 금하셨다'는 것을 메스트르 신부님을 통해서 확실히 알았습니다. 프랑스어 공부에 관해서 제가 어떻게 해야 할지, 공부를 계속해야 할지, 또는 아주 포기해야 할지를 대표 신부님(리브와 신부)께 문의해 보라고 메스트르 신부님이 저에게 말씀하셨습니다.

신부님께서 편지에 쓰신 대로 프랑스어 공부에 대해서 포기해야 하는지 또는 계속해야 하는지를 문의할 필요가 없다고 보입니다. 왜냐하면 현 상황이 공부의 계속을 허용치 않으며, 제가 이미 알고 있는 것을 완전히 포기할 이유도 보이지 않기 때문입니다.[27]

---

[27] 사실인즉, 이 같은 이유에서 메스트르 신부가 파리의 장상(신학교 교장)으로 하여금 김대건이 프랑스어를 배우는 것을 금지하게 했었다. 그러나 메스트르 신부는 르그레즈와 신부와 리브와 신부에게 김대건에게 프랑스어를 가르쳐 준 것에 대해 감사한 것으로, 본의가 아니었음을 알 수 있다.

04 네 번째 서한

예수 마리아 요셉

르그레즈와 신부님께

요동(遼東) (백가점)[28]에서, 1842년 12월 9일

지극히 공경하올 신부님!

우리가 아직 마닐라에 있을 때 신부님께 편지를 올렸으나, 그동안의 우리 여행에 대하여 보고를 드리려 신부님께 다시 편지를 올립니다.

마침내 우리는 마닐라를 떠나 순풍을 따라 항해하여 대만(臺灣) 섬까지 다다랐으나, 거기서부터는 작은 폭풍우와 역풍을 만났습니다.

신부님도 아시는 바와 같이 이 섬은 길이가 6백 리[29]로서 초목과 산림이 울창하고 경치가 매우 좋을 뿐 아니라 토지도 매우 비옥하게 보입니다. 한편으로는 매우 높은 산(즉 新高山)도 있는데, 그 꼭대기에는 흰 눈이 덮여 있습니다. 이 섬의 주민들은 특유한 방언을 쓰는 것 같습니다. 그들

---

28 요동 : 서한에는 단지 "요동"이라고만 적혀 있지만, 정확히 말하자면 요동의 백가점(白家店)을 말한다. '백가점'은 지금의 장하시 용화산진(莊河市 蓉花山鎭)으로, 훗날 선교사들의 조선 입국 거점이 된 차쿠(岔溝) 이웃에 있던 교우촌이다.

29 원문에는 리(里)가 '레우카(leuca)'로 표기되어 있다. 레우카는 프랑스인들이 사용하던 거리 단위이다. 1레우카는 약 3.25km이므로, 60레우카는 195km이다. 이하 김대건 신부의 서한에 나오는 리는 모두 레우카에 의한 표시인데, 이를 조선의 거리 단위로 고친 것이다.

중에 어떤 이가 우리에게 생선을 팔려고 다가왔는데, 그들의 말에 귀를 기울였으나 한마디도 알아들을 수가 없었습니다.

우리는 다시 이 섬을 떠나 며칠 지나서 주산에 닻을 내렸습니다. 이 주산은 산이 많고 메마른 많은 작은 섬들로 둘러싸여 있습니다. 시내 구경도 하고 또 얼마 전에 부임하신 라자리스트[30] 신부님들을 만나볼 겸 해서 주산 시내에 몇 번 들어갔는데, 원주민들 외에는 신기한 것을 하나도 보지 못하였습니다. 중국인들은 원주민들을 '검은 악마'라고 부르고 멸시하여 왕처럼 손에 지팡이를 잡고 겁을 주었습니다.

우리는 주산에서 약 두 달 동안 머물렀습니다. 그동안에 영국인들이 남경을 탐험하기 위하여 출발하였으므로 우리도 그들을 따라 나흘 걸려 양자강에 도착하였습니다. 이 강 중간에는 숭명(Tchong-ming, 崇明)이라고 하는 상당히 큰 섬이 있는데, 갈대와 초목과 숲이 빽빽이 우거지고 주민도 많으며, 섬 이름과 같은 도시가 있었습니다. 이곳은 작은 개울들이 사방으로 흘러서 대체로 푸르르고 쾌적하며 비옥한 평야입니다.

강 오른쪽에 두 개의 도시가 있는데, 하나는 보산(寶山)이라고 하고, 또 하나는 오송구(吳淞口)라고 합니다. 오송구는 양자강의 황해(黃海) 어귀를 가리키는 말이기도 합니다. 그러나 이 두 도시는 영국군들의 공격으로 주민들은 모두 피난하여 텅 비었고 전투 때문에 파괴되어 있었습니다. 오송구 방면에서, 운하라는 말이 더 맞는 두 개의 강들이 양자강으로

30　라자리스트회 : '선교 수도회(Congregatio Missionis)'로, 중국에서는 '견사회(遣使會)'라고 하였다. 1625년 빈첸시오(Vincent de Paul)가 프랑스에서 창설한 수도회. 창설 당시 본부가 파리의 생 라자르(Saint Lazare) 거리에 있었기에 "라자리스트"라고도 불렸다. 1699년 중국에 진출하였고, 1773년 예수회가 해산되자 1783년부터 프랑스 예수회의 선교 활동을 계승하였다. 1790년에는 로(N.J. Raux, 羅廣祥) 신부가 조선 교회의 밀사 윤유일(尹有一, 바오로)에게 세례를 주었다.

흘러드는데, 작은 것은 온조병(薀藻浜)[31]이라고 하고, 큰 것은 황포강(黃浦江)이라 합니다. 황포강은 상해 시내를 통과합니다.

상해는 해안에서 40리 떨어져 있는 도시로 영국인들에게 개항된 항구 중 하나입니다. 7월 하순에 영국군이 남경을 점령하려 진격한 지 약 15일 후, 중국 제2급 도시인 진강부에 도달하여 단시일에 함락시키고 요새에 군대를 배치하였습니다. 이 전투에서 1백 명 이상의 영국 군인들과 3천 명의 달단(韃靼) 군인들이 쓰러졌다고 합니다.[32] 그 도시에서 전쟁을 지휘하던 달단군의 장군은, 승산이 없음을 알고 자기 집에 돌아와 집에 불을 질러 아내와 자녀들과 온 가족이 다 함께 타 죽었다고 합니다.

그동안에 우리는 출발할 날을 고대하며 오송구에서 퍽 지루하게 시간을 보내고 있었습니다. 그러던 중에 세실 함장이 남경(南京) 시내를 구경하기 원해서 중국 배 한 척을 임대하였는데, 에리곤호는 강을 거슬러 오르기가 어려웠기 때문입니다. 그래서 필요한 모든 것을 준비하여 3명의 장교[33]와 선원들을 데리고 출발하였는데, 저는 통역관으로 따라갔으며, 메스트르 신부님은 에리곤호에 그대로 머물러 계셨습니다.

출발한 지 약 6일 만에 진강부에 도착하여, 하루 동안 도보로 시가지를 걸어 다니면서 구경하였는데, 전쟁으로도 파괴되고 강도들의 습격으로도 약탈당하여 폐허가 된 시가지는 사방에서 악취가 났습니다. 시가는 두 개의 구역으로 구분되어 있는데, 하나는 달단인들의 거주지였고 하나

---

31 원문의 'Oun-tso-pang'은 온조병(薀藻浜)강으로 추정된다.
32 진강부를 지키던 중국 병사들은 달단군이 아니라 만주 팔기병(八旗兵)이었다(앞의 세 번째 서한 및 주 22 참조).
33 앞의 세 번째 서한에 따르면, 당시 세실 함장은 부관 뒤프레, 지리학자 1명, 김대건 신학생을 대동했었다.

는 중국인들의 거주지였습니다. 이것은 양자강 오른쪽에 건설되어 있고, 맞은편에는 중국인들이 '운량호'라고 부르는 제국 운하가 흐르는데, 물의 흐름을 조절하기 위한 주요한 수문이 9개나 있다고 합니다.

진강부와 제국 운하 사이에 금산(金山) 즉 금으로 된 섬이라고 부르는 중국인들에게 매우 유명한 섬이 있습니다. 초목이 울창한 그 섬에는 두 명의 황제 무덤과 황제 직할의 절과 고대로부터 유명한 제국 도서관이 있답니다. 전쟁 전에는 그 절에 3천 명의 승려가 있었다고 합니다.

다시 거기서 닻을 올리고 떠나 남경에 가서 닻을 내렸습니다. 남경 시가는 파괴되지 않고 있었으며, 영국인과 중국인들이 강화 조약(즉 남경조약)을 맺던 중이었습니다. 파죽지세로 진격하여 눈앞에 당도한 영국군의 병력과 위협에 중국인들은 대경실색하여 강화를 청하였던가 봅니다.

황제는 4명의 고관대작에게 이 강화 조약을 체결하도록 위임하여 8월 29일에 강화 회담을 마치고 조약문에 조인하였습니다. 그러나 이 조약이 오래 지속되지 못하리라고 단정하는 중국인들이 많습니다.

신부님도 아마 아시겠지만, 남경시에는 중국에서 가장 유명한 탑이 있는데, 장교들이 그것을 구경하러 가기에 저도 그들을 따라가서 탑과 시가 전체를 구경하였습니다. 들은 바에 의하면, 남경은 인구가 1백만 명이라고 하는데, 아주 평탄하며 두 개의 운하로 구분되어 있고, 도시는 크고 넓지만 아름답지는 못합니다. 도시 북쪽에 산(즉 종산)이 있는데, 그곳에 영국군이 진을 치고 있었습니다.

보은사(報恩寺)라고 하는 절 가운데 높이가 200척이나 되는 탑이 세워져 있는데, 여러 가지 색깔의 돌들과 도금한 돌들로 되어 있고, 그 돌들 위에는 여러 신상(神像)이 조각되어 있습니다.

탑의 외부는 여러 가지 색깔의 기와로 입혀져 있는데, 그 모양은 팔각형이고, 150개의 작은 종들과 2개의 금구슬이 있고, 그 밖에도 눈에 띄는 등이 12개나 달려 있는데, 이 등들 덕분에 위로는 33천(하늘)을 비추고 아래로는 사람들의 마음속을 비추어, 사람들의 선행과 악행을 분간한다고 중국인들은 미신같이 믿고 있습니다. 탑의 맨 꼭대기에는 무게가 900근이나 되는 질그릇 단지 두 개와, 천반(天盤) 즉 하늘의 접시라고 하는 450근의 접시가 있습니다. 탑이 광채로 온 세상을 비춘다고 믿고들 있습니다. 탑의 기단에는 여러 겹의 둥근 원이 있는데, 그 무게가 3,600근에 달한다고 합니다.

그 밖에도 탑을 다섯 가지 보석으로 꾸몄는데, 그것들은 각각 밤을 비추는 야명주(夜明珠), 비를 쫓는 비수주(備水珠), 화재를 쫓는 비화주(備火珠), 폭풍우를 피하는 비풍주(備風珠), 먼지로부터 탑을 보호해 주는 비진주(備塵珠) 등으로 불립니다. 또 그 밖에 중국인들의 경전 3권이 보관되어 있는데, 비교(秘敎)의 책인 『장경(藏經)』, 기도서인 『아미타불경(阿彌陀佛經)』, 부처님 경배 권유서인 『접인불경(接引佛經)』이라는 것들입니다.

이 절과 탑의 기초는 대략 2천 년 전에 세워졌답니다. 처음에는 탑의 이름을 고이왕탑(阿育王塔, Go-i-ouang-ta)이라고 불렀다가 체우(赤烏, Tsee-ou)라는 황제가 즉위 제3년에 퇴락한 절을 보수하여 건초사(建初寺, Kien-tcho-se), 즉 첫째 절이라고 명명하였다고 합니다. 그런데 순카오(孫皓, Soun-kao)라는 사람이 절을 쇠붙이로 파괴한 것을 진(晉) 왕조의 키엔운(Kien-un) 황제[34]가 재건하여 장간사(長干寺, Tchang-kan-se)라고 불렀다 합니다.

그러나 스무 번째 왕조(王朝)인 원(元)에 이르러서 화재로 전소된 채로 있다가, 스물한 번째 왕조인 명(明)의 영락(永樂) 황제가 예전의 상태로 재

---

34   김대건이 전해 들은 이야기는 역사적 사실에 가까우나, 일부분은 잘못 전달된 부분들이 있었다. 본문에 나오는 "진 왕조의 키엔운 황제"는 '서진(西晉)의 태강제(太康帝)'로 추정된다.

건하였다고 합니다. 중국에는 현재 정권을 잡고 있는 청(淸)까지 스물두 개의 왕조가 있었습니다. 그 절을 재건하는 데 19년이 걸렸는데, 그들의 계산에 따르면 탑에만 거의 400만 원[35]의 비용이 들었다고 합니다. 그 후 캬친(嘉靖, Kia-tchin) 황제 때에 다시 탑의 3분의 1이 벼락으로 파괴되었고 그것을 근래에 수리하였다고 합니다.

관광을 끝마치고 오송구로 돌아오는 도중에, 우리가 고대하던 파보리트(Favorite)호를 만났습니다. 그 배로부터 브뤼니에르 신부님과 그의 두 동행인 토마스(최양업)와 범 요한이 도착하였다는 소식을 듣고, 기쁨과 괴로움을 한꺼번에 느꼈습니다. 우리가 모두 모였으니까 즐겁기는 하나 우리의 사정이 더욱 곤란한 상태에 빠졌기 때문에 또한 서글펐습니다.

그뿐만 아니라 제가 에리곤호에 도착해 보니, 신부님들이 범 요한에게 브뤼니에르 신부님을 안내도 하고, 베롤(J. Verolles)[36] 주교님께로 가는 짐도 처리하도록 상해의 신자들에게 심부름을 보냈었는데, 그가 돌아오기를 초조하게 기다리고 계셨습니다. 그러던 중에 세실 함장이 조금 있다가 출범할 것이라고 똑똑히 말하였지만, 범 요한을 온종일 기다려도 허사였고, 속히 돌아올 것 같지도 않았습니다.

그래서 신부님들은 부득이 브뤼니에르 신부님과 토마스에게 여행 보따리를 맡기고 육지에 내려서 범 요한의 귀환을 기다리게 하자는 것으로 의견을 모았습니다. 그러나 사실 이것은 말하기는 쉽지만 실행하기는 훨씬 어려운 일이었습니다. 그런데 하느님의 자비하신 안배로 다행히 우리

---

35 원문에 기록된 화폐 단위는 "pataca"(원)이다.
36 베롤(Emmanuel Jean François Verrolles, 方若望, 1805~1878) : 파리 외방전교회 소속 선교사. 1838년에 요동 대목구(1840년 만주 대목구로 개칭)의 초대 대목구장이자 주교로 임명되었다. 만주 대목구에서 활동하다가 1878년에 선종하였다.

와 오래전부터 친밀히 교제하였던 황세흥(黃世興)이라는 해변에 거주하는 외교인이 에리곤호 출항 전날 저녁때 우리에게로 왔습니다. 그리하여 브뤼니에르 신부님과 토마스는 그의 동의를 얻어 여행 보따리를 가지고 그의 집으로 갔습니다.

메스트르 신부님과 저는 예정한 대로 에리곤호로 우리의 포교지인 조선에 들어가기를 희망하였으나, 세실 함장은 함선 안에 환자가 많고, 자기의 여행 예정 기간이 짧다는 이유로, 조선으로 갈 항해에 대해 망설이고 있었습니다. 메스트르 신부님이 질문하니까 그는 자기가 조선을 향해 항해하기는 하겠으나, 만일 항해 중에 어디서든지 역풍을 만나면 곧바로 마닐라로 뱃머리를 돌릴 것이라고 조건부로 대답하였습니다. 우리는 이러한 딱한 형편에 처해 있었으므로 메스트르 신부님은 어떻게 해야 할지 몰랐습니다. 우리가 마닐라로 다시 돌아가게 될까 봐 근심이 되었던 것입니다.

마침내 세실 함장이 돛을 펴고 출범하려 할 때, 마침 범 요한이 돌아와 당시 상해 근처에 체류하던 산동 지방의 강남 직할 서리구장이신 존경하올 베시(L.M. Besi, 羅類思)[37] 주교님께서 짐 보따리에 대해 조치하신 경위를 신부님께 보고하였습니다. 그 보고를 듣고 신부님은 더 안전한 편을 취하기로 하고, 저와 함께 황세흥 씨 집으로 갔습니다. 그때 브뤼니에르 신부님은 범 요한과 토마스를 데리고 그 근처에 정박하고 있던 영국 군함을 타고 변장한 뒤 베시 주교님께로 급히 갔습니다.

우리는 그 외교인 집에 5일 동안 묵은 다음에 같은 군함에 올라가서 숙박을 청하였더니, 그 군함은 우리를 매우 환대하였습니다. 하루를 지낸 후, 우리는 주교님께로 가서 환대를 받았고 주교님의 알선으로 어떤

---

[37] 베시 주교는 1840년에 산동 대목구장 겸 남경교구 서리로 임명되었다(각주 17 참조).

신자의 배를 타고 약 15일 걸려 우리가 향해 가던 태장하(太莊河)[38]에 입항하였습니다. 이 항해 중에 역풍으로 두세 번이나 출범하였던 곳으로 되돌아갈 수밖에 없었던 것 외에는 별로 역경은 없었습니다.

일을 주선하도록 범 요한을 교우촌에 심부름 보냈더니, 그는 거기에 머물고 두(杜) 요셉이라는 교우촌 회장을 우리한테 보내왔습니다. 신부님들은 밤에 군함에서 내려 상륙하기로 작정하셨으나, 주위 환경이 허락하지 않았습니다. 그래서 낮에 교우촌 회장을 따라 상륙하였고, 짐 보따리는 다른 배로 보냈습니다.

그런데 어떤 외교인들이 신부님들을 보고 유럽 사람들이라고 단정하였습니다. 우리가 세관에 가까이 갔을 때, 안내자는 여러 가지 귀찮게 질문하고 싶지 않아서 우리에게 강변에 내려서 검문 장소를 슬그머니 지나가도록 권고하였습니다. 그곳은 물이 빠진 지 얼마 안 되어 대단히 질퍽거렸는데, 세관에서 빤히 보이는 곳이었습니다.

한편, 두 요셉은 토마스를 데리고 일을 처리하러 세관으로 곧장 갔습니다. 우리는 메스트르 신부님, 브뤼니에르 신부님, 두 명의 선원들과 저 이렇게 다섯 명이었습니다. 외교인들은 우리가 질퍽하고 길도 없는 강변에서 허둥거리는 것을 보고, 한편에서는 신부님들을 영국인들이라고 소리를 지르고, 다른 한편에서는 장정 20명가량이 고함을 치며 우리한테로 달려왔습니다. 그들은 손님 안내자들이었는데, 우리는 그들이 경찰관인 줄 알고 겁이 났습니다. 사실 그들 중에는 경찰관도 몇 명 있었습니다.

장소 관계로 조금 떨어져 있던 선원들에게 제가 귓속말로 신부님들 곁으로 가까이 가라고 말했지만, 그들은 무서워서 안색이 변했고 고개도 쳐들지 못하였습니다.

---

[38] 현 요녕성(遼寧省) 장하시(莊河市).

그 사람들이 와서 우리를 붙잡으며 여러 가지 질문하기 시작하였습니다. 신부님들은 아무 대답도 하지 않고 그냥 지나가 버렸습니다. 저는 우리가 소매 속에 감추어 가지고 가던 책 때문에 무척 걱정하였습니다. 그래도 그들이 여전히 붙잡고 질문을 하였으므로 제가 화난 소리로 '당신들은 안녕질서를 위하여 정부에서 임명된 경찰관들이면서 무고한 인민을 모욕적으로 대한다'고 꾸짖었더니, 우리를 내버려 두고 떠나갔습니다.

우리가 그렇게 옥신각신하고 있는 동안 두 요셉 회장과 토마스는, 우리가 체포되어 법정에 끌려가는 줄로 짐작하고 겁에 질려 있었다고 합니다.

그다음에 우리는 수레를 타고 요셉의 집[39]에 다다랐으나, 두 씨 가족 외에 다른 신자들은 모두 신부님들을 맞이하기를 꺼렸습니다. 베롤 주교님이 그들 집에 유숙하는 것도 원하지 않았던 만큼 우리를 받아들이지 않은 것은 조금도 이상한 일이 아니었습니다. 그래서 할 수 없이 브뤼니에르 신부님과 범 요한과 토마스는 개주(蓋州) 근처의 교우촌[40]으로 갔고, 메스트르 신부님과 저는 어떤 과부의 작은 집을 세내어 머물면서, 조선으로 출발할 날과 기회를 기다리고 있습니다.

조선에 대한 확실한 소식은 아무것도 받지 못하였습니다. 베롤 주교님에 의해 변문(邊門)[41]으로 파견되었다가 돌아온 연락원은 외교인 상인들한테서 들어서 안 것 외에는 아무것도 보고하지 못하였습니다. 그 연락원이 조선 상인들에게 물어보니 다음과 같이 말하더라고 합니다.

---

39 백가점 교우촌에 있었다.
40 양관(陽關. 현 요녕성 개주시 나가점)으로, 만주 대목구의 중심지였다. 브뤼니에르 신부와 최양업 신학생이 이곳으로 간 것은 11월 3일이었다.
41 본래는 의주(義州) 변문을 말한다. 조선과 중국 사이의 국경을 이루는 성문으로는 조선 측의 변문이 있었고, 중국 측에는 책문(柵門)이 있었다. 이 중 책문은 구련성(九連城)과 봉황성(鳳凰城) 사이에 설치되었으며, 변문과 책문 사이는 무인 지대였다. 다만 베롤 주교가 연락원을 보낸 변문은 의주 변문이 아니라 중국 측의 책문을 가리키는 것으로 생각된다.

"두 명[42]의 외국인이 3백 명의 조선인들과 함께 잡혀 다 같이 사형을 받았고, 왕의 통역관 유(劉) 아우구스티노[43]는 이 불행한 사건의 주모자로 몰려 참수된 후 그의 시체가 여섯 갈래로 찢겨 새들의 밥이 되었으며, 그의 온 가족이 멸족되었다."는 것이었습니다.

어째서 그 외국인들과 조선인들이 학살되었느냐고 연락원이 다시 물으니, 그 외국인들은 3개 국어 즉, 조선말, 중국말, 서양말과 글에 정통한 자들로서, 나쁜 종교로 조선 사람들을 부패시켰기 때문에 학살되었고, 조선인들은 사악한 종교를 받아들여 그 서양인들을 추종하였기 때문이라고 대답하더랍니다.

연락원이 세 번째로 질문하니까 그들은 대답하려 하지 않더랍니다.

그 밖에도 신부님들이 체포된 것은 거짓 신자[44]가 밀고했기 때문이라고 연락원이 보고하였습니다. 그 거짓 신자는 신부님들의 얼굴을 익혀 두려고 천주교를 믿고 신부님한테 세례를 받았다는 것입니다.

이렇게 상황이 불확실한 가운데 메스트르 신부님과 저는 12월 20일을 기하여 조선으로 출발할 준비를 하고 있습니다. 연락원들과 다른 사람들은 이 계획이 무모하고 극히 위험한 일이라고 단언하면서 조선과

---

42 두 명이 아니라 모방(P. Maubant, 羅伯多祿) 신부, 샤스탕(J. Chastan, 鄭牙各伯) 신부, 앵베르(L. Imbert, 范世亨) 주교 등 세 명이었다.

43 조선 교회의 밀사였던 성 유진길(劉進吉, 1791~1839)을 말한다. 그는 역관 출신으로 천주교 신자가 된 후 여러 차례 북경을 왕래했으며, 1824년 북경에서 세례를 받았다. "조선 교회의 암브로시오와 그 동료들"의 이름으로 교황에게 직접 성직자 파견을 청원하는 서한을 작성하여 북경 교회에 제출하는 등 성직자 영입 운동에도 적극적으로 참여하였다. 1839년 7월 17일(음 6월 7일)에 체포되어 9월 22일 서소문 밖 형장에서 순교했다.

44 기해박해 때의 배교자이자 밀고자였던 김순성(金順性, 요한)을 말한다. 한자 이름이 淳性으로도 나오며, '여상'이라고도 불렸다. 기해박해 때 교회의 주요 신자들을 밀고했고, 정화경(안드레아)을 속여 앵베르 주교를 체포하기도 하였다. 이 일로 관직을 얻었으나 1840년에 전라남도 신지도(薪智島)로 유배되었다. 1853년에 풀려났으나 1862년에 역모 사건에 연루되어 8월 21일(음 7월 26일) 참수되었다.

연락은, 하느님께서 큰 기적을 행하시지 아니하는 한 불가능한 일이라고 단정하고, 우리의 계획에 반대하고 있습니다.

그러나 우리로서는 우리 편의를 위해서가 아니고 다만 하느님의 영광을 위하여 이것을 계획하고 있느니만큼, 조선에 들어갈 가능성만 있다면 무슨 위험인들 마다하겠습니까? 더구나 메스트르 신부님의 출발은 아직 확정된 것도 아닙니다. 신부님은 저에게 어려움이 가중되지 않도록 저와 동행하는 것도 주저하고 계십니다.

스승님도 알고 계시는 바와 같이 위험이 없지 않고, 또한 주위 상황과 저의 무능과 허약함이 이 위험을 확인시키고 있습니다. 그러나 우리는 하느님의 자비와 복되신 동정 마리아의 은혜로 위험 중에 무사하기를 바라고 있습니다.

여행에 필요한 물건은 벌써 다 준비되었고, 옷과 신발은 가능한 한 같이 묶어 두었습니다. 조선에 들어갈 때는 더 쉽게 잠입하고 악마의 심부름꾼들 편에서 우리를 덜 주목하도록 거지로 위장할 작정입니다.

이곳은 모든 분이 다 안녕하시고 저도 허약하나마 그럭저럭 건강을 누리고 있습니다.

이만 편지를 끝내면서 스승님께 의지하는 이 작은 아들을 하느님과 성모님 대전에 항상 기억해 주시기를 청합니다.

만일 하느님께서 허락하시면, 조선에 들어간 후에 저에게 닥칠 모든 사항에 대하여 스승님께 편지를 올리겠습니다.

지극히 좋으시고 공경하올 스승님 내내 안녕히 계십시오.

공경하올 스승님께 부당한 아들 조선인 김 안드레아가 인사드립니다.

추신

이 편지를 개봉하고 새 소식을 추가합니다.

저는 매일 메스트르 신부님한테서 신학 공부를 하고 있으며, 토마스는 만주에서 페레올 주교님 곁에 있습니다.

저는 요즘 프랑스어 공부를 완전히 포기하고 있습니다. 메스트르 신부님이 유럽에서 온 서한을 받으시고 저에게 프랑스어 공부를 포기하도록 엄명하셨기 때문입니다.[45] 프랑스어 회화는 저에게 분명히 유익하지 않습니다만, 에리곤호에 오랫동안 머물러 있었기에 약간은 할 줄 압니다.

그러나 스승님도 아시는 바와 같이 프랑스어 독서는 저에게 무익하다고 보이지는 않습니다. 그러므로 애써서 배운 프랑스어 독서를 전적으로는 포기하지 않는 것이 바람직할 듯합니다. 만일 제가 불라사전(佛羅辭典)을 가지고 있었더라면 지금쯤에는 프랑스어책들을 이해할 수 있었을 것입니다. 제가 마카오에서 떠나올 때 리브와 신부님이 저에게 프랑스어책들을 주셨는데, 그 가운데서 몇 권은 메스트르 신부님의 분부로 버렸습니다.

토마스는 프랑스어책들을 읽을 허락을 받았는데, 그 프랑스어책들은 그가 마카오에서 떠나올 때 리브와 대표 신부님이 유럽에서 온 서한을 받은 후 불라사전과 나불사전(羅佛辭典)과 함께 주신 것입니다.

---

45   앞의 주 27 참조.

다섯 번째 서한

예수 마리아 요셉

리브와 신부님께

(백가점에서), 1842년 12월 21일

　우리는 계획한 대로 에리곤호를 타고 우리의 선교지에 들어가기를 희망하고 있었습니다. 이미 신부님께 알려드렸으리라 생각됩니다만, 아주 엉뚱한 다른 일들이 연거푸 일어난 뒤에 우리는 산동 대목구장이며 강남 직할 서리구장이신 존경하올 플로렌티노 베시 주교님께로 인도되었습니다.

　우리는 주교님으로부터 아주 환대를 받았고, 그분이 우리에게 신자의 배를 마련해 주셔서 약 보름이 걸려 우리가 목적했던 태장하 항구에 다다랐습니다. 이 항해는 순조로워 아무런 역경도 당하지 않았고, 다만 북풍이 우리의 항진을 더디게 하였을 뿐이었습니다. 배 안에서는 네 사람 외에는 모두 신자들이어서 이들은 우리를 잘 대우해 주었고, 신부님들께서는 매일 하느님께 미사를 봉헌하셨습니다.

　범 요한은 일을 주선하도록 요동 교우들에게 파견되었는데, 그는 자신의 이름으로 두 요셉이라고 하는 회장을 대신 보냈습니다. 공경하올 신부님들과 우리에게 신부님들을 밤에 내리게 하는 일이 맡겨졌으나, 주변 상황이 이를 허용하지 않았습니다.

그래서 날이 환히 밝은 후에야 외교인들의 작은 배로 짐을 보내고 우리는 두 요셉의 안내로 배에서 내렸습니다. 짐을 운반하기 위하여 두 명의 선원들이 우리 배에 올라탔는데, 그들은 신부님들을 보고 비웃으며 서양 사람이라고 단정하였습니다.

우리가 세관에 접근하였을 때, 두 요셉은 저에게 방금 물이 빠져서 대단히 질퍽거리는 강변에 신부님과 함께 내리라고 귓속말을 하였습니다. 그곳은 세관에서 마주 바라보는 곳이었습니다. 그는 신부님들이 세관에서 봉변당할까 봐 두려워했던 것입니다. 그러고 나서 그는 토마스(최양업)와 함께 세관으로 직행하였습니다.

우리는 메스트르 신부님과 브뤼니에르 신부님, 2명의 선원들, 그리고 저까지 5명이었는데, 모두 발이 진흙에 빠졌고 길도 아닌 곳을 허둥대면서 걷고 있었습니다. 외교인들은 신부님들을 보고 영국인이라고 떠들어 댔습니다.

잠시 길을 걷고 있을 때 세관 쪽에서 30명가량이 우리를 향해 고함을 치며 달려왔습니다. 우리는 이들이 경찰관인 줄 알았습니다. 이들 중에는 경찰관들도 있고 손님들의 안내자들도 있었습니다. 그들은 당황하고 있는 우리에게 많은 것을 질문하기 시작했습니다. 신부님들은 아무 대꾸도 하지 않고 걸어가셨고, 그들은 오랫동안 질문하여 우리를 괴롭힌 후, 자기 자리로 되돌아갔습니다.

우리는 백가점(白家店)이라 불리는 교우촌으로 길을 재촉하였고, 두 요셉의 집에 들어갔습니다. 이 촌락은 바다에서 60리가량 떨어져 있는 곳으로, 사방이 산으로 둘러싸여 있고 신자 약 200명가량이 살고 있는 곳입니다.

두 요셉의 가족 외에는 이곳 신자들은 신부님 영접을 꺼렸고, 더구나 신부님을 쫓아내려고 음모를 꾸미기까지 하였습니다. 이것은 조금도 이상할 것이 없습니다. 왜냐하면 그들은 베롤 주교님이 그들 집에 머무르시는 것도 원하지 않았기 때문입니다. 아직 인심이 안정되어 있지 못하여 주교님과 신부님들에게 불쾌한 일들이 많다고 들었습니다. 만일 편지지가 넉넉하다면 신부님께 그런 사정을 전부 알려드리고 싶습니다.

지금 브뤼니에르 신부님은 토마스와 함께 개주 부근에 있는 양관(陽關)이라는 교우촌에 계시고, 메스트르 신부님은 저와 함께 어떤 과부의 조그마한 집에 머물러 있습니다.

조선에서 온 소식에 관해서는 스승님께 확실하게 말씀드릴 수 있는 것이 아무것도 없습니다. 다만 존경하올 베롤 주교님이 변문(邊門)에 파견한 연락원이 외교인들한테서 얻어듣고 돌아와 주교님께 보고한 바를 전해 드릴 수밖에 없습니다.

들리는 바로는, 조선어와 중국어와 서양어에 아주 능통한 2명의 외국인이 종교의 이유로 조선인 300명과 함께 참수당했다고 합니다. 그리고 유 아우구스티노(유진길)는 그렇게 엄청난 범죄의 주모자로서 죽임을 당하고, 그의 시체는 여섯 조각으로 찢겨 새들의 밥이 되었으며, 그의 가족은 모두 멸족되었다고 합니다.

들리는 바에 의하면, 신부님들은 거짓 신자로부터 밀고를 당했다고 하며, 그자는 신부님 얼굴을 익히기 위해 입교하여 세례를 받았다고 합니다.

이와 같은 상황에서 우리는 공경하올 베롤 주교님과 메스트르 신부님의 계획대로 조선으로 갈 출발일을 12월 22일[46]로 정했습니다. 메스트르 신부님은 저와 함께 조선에 입국하고자 하였으나 스승님도 잘 알고 계시

---

46 이 날짜는 출발 예정일이었고, 실제로 출발한 날짜는 12월 23일이었다(다음의 여섯 번째 서한 참조).

는 바와 같이 위험이 없지 아니하므로, 존경하올 베롤 주교님께서 저에게 어려움이 더해질까 봐 염려하시어 메스트르 신부님과의 동행을 금하셨습니다.

만일 직접 대면하여 입으로 말씀드릴 수 있다면 아직도 스승님께 드릴 말씀이 많으나, 편지에 손으로 이 모든 사정을 일일이 적기는 어렵습니다. 그러므로 여기서 멈추고 공경하고 경애하올 스승님께 이 작은 아들을 기도 중에 항상 기억해 주시기를 청합니다.

지극히 공경하올 신부님 안녕히 계십시오.

공경하올 스승님께 순명하는 아들 김해 김 안드레아가 인사드립니다.

추신

새 소식을 추가하기 위하여 이 편지를 개봉하였습니다.[47]

---

47   그러나 추신은 보이지 않는다.

06 여섯 번째 서한

예수 마리아 요셉

지극히 공경하올 르그레즈와 신부님께

요동 (백가점)에서, 1843년 1월 15일

지극히 공경하올 신부님!

저는 계획한 대로 12월 23일에 떠나 나흘 후에 아무런 장애 없이 변문에 도착하였습니다. 변문에서 멀지 않은 곳을 지나가다가 길에서 아주 큰 무리를 거느리고 북경으로 들어가는 조선 임금님의 사신 일행을 만났습니다.

하느님의 안배로 그 일행 중에 김(金) 프란치스코[48]라는 조선의 연락원이 저에게 다가오고 있었는데, 저도 그를 몰랐고 그 역시 저를 알아보지 못하였습니다. 결국 제가 그에게 신자냐고 물었더니, 그는 그렇다고 대답하고 세례명은 프란치스코라고 말했습니다.

그래서 저는 함께 온 중국인 안내자들을 멀찍이 뒤따라오게 하고, 그

---

48 조선 교회의 밀사. 기해박해 이전부터 정하상, 유진길, 조신철 등과 함께 성직자 영입 운동에 앞장섰다. 조선 대목구 설정 이후에는 브뤼기에르 주교를 영입하려고 노력했으나 성공하지 못하였다. 1836년 1월 조신철 등과 함께 변문에서 모방 신부를 영접하였다. 1842년 12월에는 책문 근처에서 김대건과 만났다.

를 따라가면서 우선 조선에 계신 신부님들의 안부부터 물었습니다. 그의 대답을 들어 보니, 신부님들은 종교의 이유로 살해되었고, 200여 명의 신자도 사형되었는데 그들 중 대다수가 지도급 인사였다고 합니다.

저의 형제 토마스(최양업)의 부모도 살해되었는데, 부친(최경환 프란치스코)[49]은 곤장으로, 모친(이성례 마리아)[50]은 칼을 받아 순교의 화관을 받았다고 합니다.

제 부모 역시 많은 고난을 겪고 부친(김제준 이냐시오)[51]은 참수되셨고, 모친(고 우르술라)은 의탁할 곳 없는 비참한 몸으로 신자들의 집 이곳저곳을 떠돌아다니신다고 합니다.

이 밖에도 프란치스코가 저에게 이야기한 것이 매우 많으나 여기에 다 기록하기에는 너무 장황할 것 같습니다.

지극히 공경하올 (앵베르) 주교님은 이미 오래전부터 배신자와 포졸들의 수색을 받으시어 수원(水原)[52]이라는 곳에 은신하셨는데, 유다(김여상)가 지옥의 심부름꾼들을 거느리고 그곳에 당도하자, 주교님은 쉽사리 더 피신할 수 없음을 아시고 스스로 포졸들 앞에 나아가 재판소로 끌려가셨다고 합니다.

주교님은 (모방, 샤스탕) 신부님 두 분도 자수하지 않으면 천주교인이

---

49 최경환(崔京煥, 1805~1839) : 성인. 최양업 신부의 부친. 과천 수리산 교우촌의 회장. 기해박해 때 가족, 교우촌 신자들과 체포되어 1839년 9월 12일(음 8월 5일)에 순교하였다.

50 이성례(李聖禮, 1801~1840) : 복자. 최양업 신부의 모친. 기해박해 때 남편, 신자들과 함께 체포되었다. 어린 자식에 대한 모성애로 마음이 약해져 풀려났으나 다시 체포된 후에는 전에 했던 말을 취소하고 신앙을 증언했다. 1840년 1월 31일(음 1839년 12월 27일) 당고개에서 순교하였다.

51 김제준(金濟俊, 1796~1839) : 성인. 김대건 신부의 부친. 회장. 기해박해 때 체포되어 1839년 9월 26일(음 8월 19일) 서소문 밖 형장에서 순교하였다.

52 1839년 6월 3일 앵베르 주교는 수원 상게(상괴)로 피신하였다. 그러나 김순성에게 속은 정화경이 그를 앵베르 주교의 피신처로 데려오자 주교는 8월 11일에 스스로 나가 체포되었다.

라는 이름까지 전멸될 것이라는 말을 들으시고, 서한을 보내 두 분의 신부님들을 서울로 불러올려 다 같이 한 날에 순교의 화관을 받으셨다고 합니다.

오! 이분들은 참으로 찬란한 영광을 받으셨습니다. 그리스도의 깃발 아래 용맹하게 싸워 승리를 얻은 후, 황제의 붉은 옷을 몸에 두르고 머리에는 면류관을 쓰고 천상 성소에 개선 용사로서 들어가셨을 것입니다.[53]

그러나 조선은 얼마나 불행한 땅입니까! 그렇게나 여러 해 동안 목자들을 여의고 외로이 지내다가 갖은 노력을 들여가며 가까스로 맞이한 신부님들을 일시에 모두 잃었으니, 이 조선은 얼마나 불운합니까? 적어도 한 분만이라도 남겨 두었더라면 좋았을 것을, 모두 다 삼켜 버렸으니 조선은 참으로 안타깝고 괘씸합니다. 요새는 박해가 멎어서 신자들은 조금 안정을 누리고는 있지만, 신부님들이 계시지 않아 마치 목자 없는 양 떼처럼 탄식하며 방황하고 있답니다.

근년에 신앙을 받아들였다가 주요한 배반자가 된 김여상은 사형을 당했다고 합니다.[54] 그의 사형 이유는 그가 흉악한 인간으로서 남들을 공적으로 해친 것 외에 다른 이유는 없는 듯합니다. 역사를 보아도 이따위 인물은 사형을 받고 매도당하게 마련입니다.

다른 사람 하나는 자기 아내의 부모(장인과 장모)를 신고하여 국법에 따라 교살당하게 하였습니다. 신부님들과 수많은 신자를 체포한 포도대장[55]도 짐작하건대 남에게 불의한 짓을 저지른 탓으로 관직을 박탈당하

---

53 모방과 샤스탕 신부는 앵베르 주교의 권유에 따라 9월 6일 홍주(洪州)에서 자수했다. 그들은 혹독한 문초를 받은 뒤 9월 21일 새남터에서 군문효수형을 받고 순교하였다.
54 그렇지 않다. 김순성(김여상)은 밀고한 공로를 인정받아 오위장(五衛將)이 되었으나 1840년에 신지도로 유배되었다.
55 원문은 '포도대장'이라고 번역될 수 있으나 기해박해 때의 형조 판서 조병현(趙秉鉉)을 말한

고 유배된 후 사형을 받았다는 말들을 합니다.

　주변 상황이 허락지 않아서 그 밖의 소식을 더 오래 물어볼 수가 없었습니다. 메스트르 신부님을 인도하기 위하여 변문으로 되돌아갈 수 있느냐고 그에게 물었더니, 외교인들의 의혹과 박해의 위험이 없이는 불가능하다고 대답하였습니다. 그는 외교인 친구들이 있어 그들의 도움으로 중국에 들어가 북경까지 갈 수 있는 허락을 얻어서 사신들의 일행 중의 명단에 올라 수행하고 있는 중이라고 합니다.

　그는 저에게 인내심을 가지라고 충고하였습니다. 그리고 선교사 신부님의 입국에 대하여 다른 신자들과 함께 만반의 준비를 다 하도록 전력을 쏟겠다고 약속하였습니다. 저는 신부님들이 1년 후에나 담당 선교지인 조선으로 입국할 수 있으리라는 생각이 들어, 2월쯤에 신부님을 인도할 준비를 할 마음으로 제가 곧 조선에 들어가는 여행을 계속할 채비가 되어 있음을 그에게 밝혔습니다. 그리고 그에게 누구든 조선에 입국할 수 있느냐고 물어보았더니, 그는 국경을 통과하기가 몹시 어렵다고 잘라 말하면서 유일한 방법은 오로지 가난한 나무꾼 행세로만 입국할 수 있을 듯하다는 것이었습니다.

　저는 이쯤 듣고 나서 그가 가지고 온 편지들을 받고 그와 작별한 후 변문(즉 책문)으로 다시 돌아와 하루를 지냈습니다. 이튿날 밤 1시쯤 일어나서 옷을 갈아입고 중국인 안내자들과 작별한 뒤 길을 걷기 시작하였습니다. 해가 넘어갈 무렵에 의주 읍내가 멀리 보였습니다. 과연 무사히 통과할 수 있을까 하는 걱정이 마음을 졸아들게 하였습니다. 특히, 나무할 칼을 잊어버리고 변문에 놓고 왔기 때문에 더욱 걱정하지 않을 수 없었습니다. 그러나 하느님의 자비에 의지하고 예로부터 복되신 동정 성모님

다. 그는 1849년 7월(음)에 전라도 지도(智島)에 유배되었고, 8월에 사사(賜死)되었다.

의 보호하심에 의지하는 자는 아무도 버림을 받지 않는다고 확신하면서 성문을 향해 다가갔습니다.

성문에는 군인이 지키고 서서, 지나가는 사람마다 통행증을 내놓으라고 요구하였습니다. 저는 그때 마침 변문에서 소를 몰고 돌아오는 사람들 틈에 끼어 지나갔습니다. 그곳에 있던 군인이 저에게 통행증을 요구하려는 차례가 되자 세관원들한테로 갔습니다. 저는 요행히 몸집이 큰 소들의 덕을 톡톡히 보았습니다.

그러나 이것으로 위험이 끝난 것은 아니었습니다. 세관에서는 여행자들에게 한 명씩 세관장 앞으로 나와 성명을 대라고 하였습니다. 날이 어두웠으므로 불을 켜놓고 조사를 하고 있었습니다. 그 세관장 외에도 다른 세관원 한 사람이 높은 곳에 서서, 아무도 달아나지 못하도록 두루 살피고 있었습니다. 그러는 동안에 저는 어떻게 처신해야 할지 몰랐습니다.

한편에서는 먼저 조사를 받은 사람들이 떠나기 시작하기에 저는 슬그머니 그들 뒤를 따라나섰습니다. 그런데 저의 등 뒤에서 세관원이 저를 부르며 통행증도 내지 않고 가느냐고 호령하였습니다. 그가 연거푸 저를 부르기에 저는 통행증을 벌써 내주었다고 대답했습니다. 그러고 나서 그들이 저를 뒤쫓아 오는 줄 알고 달아나 성 밖의 변두리로 나왔습니다.

거기에는 저를 맞아 줄 집이 한 채도 없었으므로 대략 1백 리가량을 밤새도록 걸었습니다. 동이 틀 무렵 너무나 추워서 몸을 녹이려고 조그마한 주막에 들어갔더니 여러 사람이 앉아 있었습니다. 그들은 제 얼굴과 의복을 살펴보고, 또 말소리를 들어 보고는 외국 사람이라고 잘라 말했습니다. 그들은 저의 정체를 알아내려고 제 머리를 살펴보고 제가 신은 중국 버선을 검사하였습니다. 한 사람만 저를 동정하고 다른 사람들은 모두 저를 반대하여 제가 어디로 가든지 잡힐 것이라고 떠벌렸습니다.

그래서 저는 결백하고 또 조선 사람이니까 당신들이 무슨 말을 하든 저의 근본이 변할 리 없다고 대답하고, 또 혹시 제가 잡힌다고 할지라도 아무 죄가 없는 사람은 자기를 변호하기가 어렵지 않으니 제 마음은 편안하다고 대답했습니다. 그랬더니 그들은 이 말을 듣고서 저를 내쫓았습니다.

제가 조선의 수도 서울 즉 한양으로 간다고 하였기에 그들은 그런 줄 알고 간교하게도 사람 하나를 보내어 제가 어느 방향으로 가는지 정탐하게 하였습니다. 그런데 저는 포졸들의 손아귀를 피할 확신이 없었고, 만일 잡힐 경우에는 제 몸에 지닌 돈만 보더라도 도적의 혐의를 받고 사형을 당할 수도 있었습니다. 도적은 국법으로 모두 다 사형에 처하게 되어 있습니다.

저는 정탐꾼이 되돌아가는 것을 보고 나서 그 사람들에게 제가 정말로 서울 쪽으로 가더라고 설득시켰다고 생각하고, 그 조그마한 주막을 멀리 피하면서 우회하여 다시 중국으로 되돌아가기 시작하였습니다. 그러나 해가 뜬 다음에는 감히 길에 나서지를 못하고, 수목이 무성한 산속에 숨어 있었습니다. 해가 떨어져 어둠이 땅을 내리덮었을 때, 걸음을 재촉하여 밤 2시쯤 의주에 도착하였습니다. 거기에서 바다와 반대쪽 즉 읍의 왼편으로 방향을 정하여, 길도 없는 험악한 곳을 헤매었습니다. 이런 곳에도 사방에 집들이 보이기에 저는 국경 수비대 막사로 여겼습니다.

제가 압록강에 도착하였을 때는 벌써 해가 떠올라 사방을 환하게 비추고 있었습니다. 첫째 강과 둘째 강[56]을 건넌 뒤에 황막한 들길을 걸었습니다. 여기는 낮 동안 조선 사람들이 중국으로 들어가기도 하고 다시 고국으로 돌아오기도 하는 길목이었습니다. 저는 걸어가는 도중에 중국 의복으로 갈아입느라고 나머지 한나절을 다 허비하였습니다.

다시 일어나서 약 1백 리 길을 걷고 나니 해가 떠올랐습니다. 계속 길

56　의주 앞의 압록강은 가운데에 중지도(中之島)가 있어 강물이 두 갈래로 흐른다.

을 걸어 저녁때가 지나 변문에 도착하여 하룻밤을 지냈습니다. 그리고 몇 가지 물건들을 마련하고 5일 만[57]에 백가점에 도착하여 공경하올 메스트르 신부님에게로 돌아왔습니다.

지금 우리는 3월에 프란치스코가 돌아오기를 기다리며 편안히 지내고 있습니다.

기도 중에 하느님과 복되신 동정 마리아 대전에 정성껏 저를 기억해 주시기를 청합니다. 공경하올 신부님 안녕히 계십시오.

공경하올 사부님께 순명하는 아들 김해 김 안드레아가 올립니다.

---

[57] 1843년 1월 6일(다음의 일곱 번째 서한 참조).

일곱 번째 서한

예수 마리아 요셉

리브와 신부님께

요동 (백가점)에서, 1843년 2월 16일

지극히 공경하올 신부님!

먼저 써 놓은 편지를 아직 보내지 못하였으므로 새로 들은 소식을 추가하여 동봉합니다.[58]

12월 23일에 메스트르 신부님이 안배하신 대로 나흘이 걸려 아무런 장애 없이 변문에 도착하였습니다. 조선에서 온 연락원 김 프란치스코는 벌써 변문에 도착하여 여러 날을 머무르면서 우리와의 상봉을 기다리고 있었습니다. 그는 중국인 안내자들이 오지 않은 줄 알고, 외교인 친구들의 호의와 후원으로 그들을 수행하여 중국에 들어갈 허가를 얻어, 북경으로 들어가는 일행 명단에 올라서 조선 임금님이 보내는 사신들과 함께 가는 중이라고 하였습니다.

---

58 이 내용을 보고 본 편지를 바로 앞 편지(여섯 번째 서한)의 추신으로 잘못 생각할 수도 있다. 그러나 앞의 수신인은 르그레즈와 신부이고, 본 편지의 수신인은 리브 신부이다. 두 편지의 내용이 거의 같은 이유는 바로 이 때문이다. 따라서 본 편지는 추신이 아니라 완전히 별개의 편지로 보아야 할 것이다.

하느님의 안배로 변문에서 멀지 않은 길거리에서 사신 일행과 함께 가는 그를 만났으나, 저도 그를 모르고 그 역시 저를 알아보지 못하였습니다. 8년 전[59]에 단 한 번 서로 만나 본 일이 있었을 뿐이기 때문입니다. 제가 그에게 교우냐고 물었더니, 그가 자기는 교우이며 세례명은 김 프란치스코라고 대답하였으므로 저도 그에게 비슷한 대답을 하였습니다.

그리고 저는 그에게 북경행을 중지하고 변문으로 되돌아가서, 선교사 신부님을 담당 선교지인 조선으로 인도해 드릴 방도를 의논하자고 청했습니다. 그는 그렇게 하면 외교인 동료들이 수상하게 여길 것이고, 따라서 박해의 위험이 없지 않으므로 그렇게 할 수는 없다고 하였습니다. 이와 동시에 그는 장차 다른 신자들과 함께 모든 노력을 다하여 만반의 준비를 하겠다고 대답하였습니다.

그래서 저는 같이 온 중국인 안내자들과 함께 그를 따라가면서 우선 조선에 계신 신부님들의 안부부터 물었습니다. 그의 대답을 들어 보면 신부님들은 다 그리스도의 거룩한 종교를 위하여 살해되었고, 거의 200여 명이나 되는 신자들도 살해되었는데, 그들 중 다수가 지도급 신자였다고 합니다.

저의 형제 토마스(최양업)의 부모도 살해되었는데, 부친(최경환)은 곤장으로, 모친(이성례)은 칼을 받아 두 분 다 순교의 화관을 받았다고 합니다.

저의 부모 역시 많은 고난을 겪고 부친(김제준)은 참수되었고, 모친(고 우르술라)은 의탁할 곳 없는 비참한 몸으로 신자들 집을 떠돌아다니고 있다고 합니다.

이 밖에도 프란치스코가 저에게 이야기한 것이 매우 많으나 여기에

---

59 김대건 신학생이 성 정하상과 성 조신철 등의 안내를 받아 중국으로 떠날 때 김 프란치스코도 함께 따라갔고, 이때 그를 보았던 것 같다. 그때가 1836년 12월 3일이었다.

다 기록하기에는 너무 장황할 것 같습니다.

지극히 공경하올 앵베르 주교님은 이미 오래전부터 배반자와 포졸들의 수색을 받으시어 수원이라는 곳에 은신하셨는데, 유다가 지옥의 심부름꾼들을 거느리고 그곳에 당도하자, 주교님은 쉽사리 더 피신할 수 없음을 아시고, 스스로 포졸들 앞에 나아가 재판소로 끌려가셨다 합니다.

신부님 두 분도 자수하지 않으면 천주교인이라는 이름까지 전멸될 것이라는 말을 주교님이 들으시고, 편지를 보내 두 분 신부님들을 서울로 불러올려 다 같이 한 날에 순교의 화관을 받으셨다고 합니다. 오! 이분들은 참으로 찬란한 영광을 받으셨습니다. 그리스도의 깃발 아래 용맹하게 싸워 승리를 얻은 후, 황제의 붉은 옷을 몸에 두르고 머리에는 면류관을 쓰고 천상 성소로 개선 용사로서 들어가셨을 것입니다.

그러나 조선은 얼마나 불행한 땅입니까! 그렇게나 여러 해 동안 목자들을 여의고 외로이 지내다가 갖은 노력을 들여가며 가까스로 맞이한 신부님들을 일시에 모두 잃었으니, 조선은 얼마나 불운합니까! 적어도 한 분만이라도 남겨 두었더라면 좋았을 것을, 모두 다 삼켜 버렸으니 조선은 참으로 안타깝고 괘씸합니다. 요새는 박해가 멎어서 신자들은 조금 안정을 누리고 있지만, 신부님들이 계시지 않아 마치 목자 없는 양 떼처럼 탄식하며 방황하고 있답니다.

근년에 신앙을 받아들였다가 주요한 배반자가 된 김여상은 사형을 당하였다고 합니다. 그의 사형 이유는 흉악한 인간으로서 남들을 공적으로 해친 것 외에 다른 이유는 없는 듯합니다. 역사를 보아도 이따위 인물은 사형을 받고 매도당하게 마련입니다.

다른 사람 하나는 자기 아내의 부모를 신고하였으므로, 국법에 따라 교살당했습니다. 신부님들과 수많은 신자를 체포한 포도대장도 짐작하건대 남에게 불의한 짓을 저지른 탓으로 관직을 박탈당하고 유배된 후 사형을 받았다는 말들을 합니다.

　마지막으로 제가 그에게, 어째서 여러 해 동안 아무런 소식도 전하지 않았느냐고 물었습니다. 그랬더니 처음(1839년)에는 배반자들의 음모 때문에 감히 보내지 못하였고, 이어 밀사들을 보냈으나 도중에 사망하였고, 두 번째 보낸 자는 변문까지 가기는 했으나 중국인 안내자를 아무도 만나지 못해서 그대로 되돌아갔다고 대답하였습니다. 이번에도 프란치스코가 변문에 와서 중국인 안내자를 아무도 만나지 못해서, 자기가 북경까지 들어갈 작정이었다고 합니다.

　그러나 주변 상황이 허락지 않아 그 밖의 소식을 더 오래 물어볼 수가 없었습니다. 저는 이쯤 듣고 나서 프란치스코가 가지고 온 편지들을 받고 그와 작별한 후, 변문으로 다시 돌아와 하루를 지냈습니다.

　저는 신부님들이 1년 후에나 담당 선교지인 조선으로 입국할 수 있으리라는 생각이 들어, 2월쯤에 신부님을 인도할 준비를 할 마음으로, 제가 곧 조선에 들어가는 여행을 계속하려 하였습니다. 제가 프란치스코에게 조선에 들어갈 수 있겠느냐고 물어보았더니 그는 국경을 통과하기가 지극히 어렵다기보다 거의 불가능하다고 잘라 말하면서, 유일한 방법은 오로지 가난한 나무꾼 행세로만 입국할 수 있을 듯하다는 것이었습니다.

　그리하여 이튿날 밤 1시쯤 일어나서 전에 준비해 두었던 조선옷으로 갈아입고 중국인 안내자들과 작별한 뒤 길을 걷기 시작하였습니다. 저는 얼마 안 가서 어떤 길로 가야 할지 몰라 숲속에 들어가 있었습니다. 무슨 짐승이 가까이 오기에 생각하니, 나무할 칼을 잊어버리고 변문에 놓고 왔기에 변문으로 되돌아가 보았으나 찾지 못하였습니다.

　그 후 130리 되는 길을 걸어가니, 해가 넘어갈 무렵에 의주 읍내가 멀리 보였습니다. 과연 무사히 통과할 수 있을까 하는 걱정에 마음을 졸였습니다. 그러나 하느님의 자비에 의지하고 예로부터 복되신 동정 성모님의 보호하심에 의지하는 자는 아무도 버림을 받지 않는다고 확신하면서 성문을 향해 다가갔습니다.

성문에는 군인이 지키고 서서, 지나가는 사람마다 통행권을 내놓으라고 요구하였습니다. 저는 그때 마침 변문에서 소를 몰고 돌아오는 사람들 틈에 끼어 지나갔습니다. 그곳에 있던 군인이 저에게 통행권을 요구하려는 차례가 되자 세관원들한테로 갔습니다. 저는 요행히 몸집이 큰 소들의 덕을 톡톡히 보았습니다.

그러나 이것으로 위험이 끝난 것은 아니었습니다. 세관에서는 여행자들에게 한 명씩 세관장 앞으로 나와 성명을 대라고 하였습니다. 날이 어두웠으므로 불을 켜놓고 조사를 하고 있었습니다. 그 세관장 외에도 다른 세관원 한 사람이 높은 곳에 서서, 혹시 누가 달아나는가 하여 두루 살피고 있었습니다. 그러는 동안에 저는 어떻게 처신해야 할지 몰랐습니다.

한편에서는 이미 조사를 받은 사람들이 떠나기 시작하기에 저는 슬그머니 그들 뒤를 따라나섰습니다. 그런데 저의 등 뒤에서 세관원이 저를 부르며 통행증도 내지 않고 가느냐고 호령하기에, 저는 귀먹은 체하고 아무 대꾸도 하지 않았습니다. 그가 연거푸 저를 부르기에 "무슨 말씀이오. 통행증은 벌써 내드렸습니다."라고 대답하였습니다. 그들이 저를 뒤쫓아 오는 줄 알고 달아나 성 밖의 변두리로 나왔습니다.

거기에는 저를 맞아 줄 집이 한 채도 없었으므로 대략 1백 리가량을 밤새도록 걸었습니다. 동이 틀 무렵 너무나 추워서 몸을 녹이려고 조그마한 집에 들어갔습니다. 그 집 안에는 여러 사람이 앉아 있었는데, 그들은 제 얼굴과 의복을 살펴보고, 또 말소리를 들어 보고는 외국 사람이라고 잘라 말했습니다. 결국 그들은 진상을 알아보려고 제 머리를 살펴보고, 제가 신은 중국 버선을 검사하였습니다. 한 사람만 저를 동정하고 다른 사람들은 모두 저를 반대하여 제가 어디로 가든지 잡히리라고 떠벌렸습니다.

그래서 저는 결백하고 또 조선 사람이니까 당신들이 무슨 말을 하든 저의 근본이 변할 리 없다고 대답하고, 비록 잡힌다고 할지라도 아무 죄가 없는 사람은 자기를 변호하기가 어렵지 않으니 마음은 편안하다고 대답하였습니다. 그랬더니 그들은 이 말을 듣고서 저를 집 밖으로 내쫓았습니다.

그들은 제 말을 듣고 제가 조선의 수도 서울 즉 한양으로 가는 줄 알고 간교하게도 뒤로 사람을 보내서 제가 가는 방향을 정탐하였습니다. 그런데 저는 포졸들의 손아귀를 피하기가 지극히 어려웠고, 만일 잡힐 경우에는 제 몸에 지닌 돈만 보더라도 도적의 혐의를 받아 사형을 받게 될 염려가 있었습니다. 도적은 국법으로 모두 다 사형에 처하게 되어 있습니다.

저는 정탐꾼이 되돌아가는 것을 보고 나서 그 사람들에게 제가 정말로 서울 쪽으로 가더라고 설득시켰다고 생각하고, 그 조그마한 주막을 멀리 피하면서 우회하여 다시 중국으로 되돌아가기 시작하였습니다. 그러나 해가 뜬 다음에는 감히 길에 나서지를 못하고, 수목이 무성한 산속에 숨었다가, 해가 떨어져 어둠이 땅을 내리덮었을 때, 걸음을 재촉하여 밤 2시쯤 의주에 도착하였습니다. 거기에서 바다와 반대쪽에 있는 읍의 왼편으로 방향을 정하여, 길도 없는 험악한 곳을 헤매었습니다. 이런 곳에도 사방에 지붕들이 보이기에 저는 국경 수비대로 여겼습니다.

제가 압록강에 도착하였을 때는 벌써 해가 떠올라 사방을 비추고 있었습니다. 첫째 강과 둘째 강을 건넌 뒤에 황막한 들길을 걸었습니다. 여기는 낮 동안 조선 사람들이 중국으로 들어가기도 하고 다시 고국으로 돌아오기도 하는 길목이었습니다. 저는 걸어가는 도중에 중국 옷으로 갈아입느라고 나머지 한나절을 다 허비하였습니다.

다시 일어나서 약 1백 리 길을 걷고 나니 해가 떠올랐습니다. 계속 길을 걸어 저녁때가 지나 변문에 도착하여 모든 사람이 비웃는 가운데 하룻밤을 지냈습니다. 그리고 나서 하느님과 동정 성모님의 보호하심으로 몇 가지 물건들을 마련하고 5일 만에 백가점에 도착하여 공경하올 메스트르 신부님에게로 돌아왔는데, 이날이 1월 6일이었습니다.

지금 우리는 3월에 프란치스코가 돌아오기를 기다리며 평온하게 지내고 있습니다. 다른 사정은 신부님들의 편지를 보시면 더 자세히 아시게 될 것입니다.

조선의 주요한 사람들이 편지를 보냈는데, 제 짐작에 그 편지를 신부님 앞으로 보냈을 줄로 압니다. 그런데 그 편지는 물리(J.-M. Mouly)[60] 신부님께로 보내졌습니다.

기도 중에 하느님과 복되신 동정 마리아 대전에 정성껏 저를 기억해 주시기를 청합니다.

공경하올 사부님께 순명하는 아들 김 안드레아가 올립니다.

---

[60] 물리(Joseph-Martial Mouly, 孟振生, 1807~1868) : 프랑스 출신의 선교 수도회(라자리스트) 선교사. 1834년 마카오에 파견되었고, 1835년에 서만자(西灣子) 본당 신부가 되었다. 1840년 몽골 대목구장에 임명되었고, 1846년에는 북경교구장 서리를 겸임하였다. 1856년 1월에 북경 대목구장에 임명되었다가 5월에 북직례(北直隷) 대목구장에 임명되었다.

여덟 번째 서한

예수 마리아 요셉

리브와 신부님께

(소팔가자에서),[61] 1844년 5월 17일

지극히 공경하올 신부님!

5월 15일부로 신부님께서 보내 주신 편지를 아주 반가운 마음으로 읽었습니다. 작년 음력 3월과 9월경[62]에 장상(메스트르 신부)의 분부대로 저는 다시 변문으로 가서 조선에서 보내온 소식을 받아 왔습니다.

조선에 있는 신자들은 지금 평화를 누리고 있으나 목자들이 계시지

---

61 본래 이 서한에는 발신지가 없으나, 내용으로 볼 때 만주의 팔가자(八家子) 즉 '소팔가자(小八家子)'에서 쓴 서한임을 알 수 있다. 만주 지역의 오래된 교우촌인 소팔가자는 길림성(吉林省)의 장춘(長春)에서 서북쪽으로 약 75리 정도 떨어져 있으며, 1796년부터 천주교 신앙이 전파되기 시작하였다. 이후 이 지역의 교세는 점차 확대되어 교우촌을 형성하게 되었고, 1838년에는 요동 대목구(즉 만주 대목구)가 북경교구로부터 분리·설정됨과 동시에 파리외방전교회가 그 사목을 담당하면서 여기에 속하게 되었다. 한편 그 초대 대목구장이 된 베롤 주교(앞의 주 36 참조)는 소팔가자 일대에 광대한 토지를 매입하고 성당을 건립하였는데, 이때부터 이곳은 주요한 포교의 중심지로 성장하였으며(田口芳五郞, 『滿洲帝國とカトリック敎』, 東京: カトリック中央出版部, 1935, 57~58쪽), 조선 선교사들에게는 조선 입국의 주요한 거점이 되기도 하였다.

62 1843년 3월 김대건 신학생은 백가점에서 책문으로 나가 조선으로 귀국하는 조선 교회의 밀사 김 프란치스코를 만났고, 그 후 4월에 소팔가자로 거처를 옮겼으며, 9월에는 다시 책문으로 나가 사행원들과 함께 북경으로 가는 김 프란치스코를 만났다.

않아 암흑 속에서 신음하고 있다고 합니다. 박해자인 대비(大妃)[63]는 아직 생존해 있고 왕(즉 헌종)은 정신병에 걸려 때때로 정신 착란을 일으킨다는 소문이 퍼져 있습니다.

지금 계획으로는 만일 하느님께서 허락하신다면 어떤 신자 가족을 의주(義州)로 이사하게 하여 조선에 입국할 사람이 조금 더 쉽게 드나들 수 있게 해볼까 합니다. 우리는 하느님의 자비심에 의지하여 모든 것을 하느님의 섭리에 맡기고 날마다 입국할 날을 고대하고 있습니다.

지금은 지극히 공경하올 페레올(J. Ferréol, 高)[64] 주교님과 함께 몽골에 체류하고 있습니다. 2월 5일에 저는 공경하올 주교님의 사명을 받들어 북방을 통한 조선 입국의 길을 탐색하고자 약 두 달 동안 큰 장애 없이 모든 여정을 답사하고 돌아왔습니다.

만주어로 훈춘(琿春)이라고 불리는 홍시개 촌락은 우리가 체류하고 있는 팔가자(八家子)에서 2천 리나 떨어져 있습니다. 훈춘과 영고탑(寧古塔)[65] 사이에 5백 리나 뻗어 있는 사막을 가로질러 가야 합니다. 이 사막에는 여관이 전혀 없는데 유목민들이 일정한 거리를 두고 체류하면서 나그네들을 자기 움막에 유숙하게 합니다. 훈춘에서부터 조선 사람들의 도시들과 집들을 볼 수 있는데, 교역[66]이 열리는 기간 외에는 일체의 교섭

---

63 대왕대비 김씨, 즉 순조의 왕비인 순원왕후(純元王后, 1789~1857)를 말한다.
64 페레올(Jean Joseph Ferréol, 高, 1808~1853) : 파리 외방전교회 소속 선교사. 제3대 조선 대목구장. 1840년 1월 마카오에 도착하였고, 그 후 만주에 가서 조선 입국을 시도했다. 1843년 12월 31일 양관(陽關) 성당에서 주교로 서품되었다. 1845년 10월 12일 김대건 신부, 다블뤼 신부 등과 함께 조선에 입국하였다. 순교자들의 약전 자료를 정리하고, 다블뤼 신부와 함께 성모 성심회를 설립하는 등 활동하다가 1853년 2월 3일에 선종하였다.
65 청나라 때 만주의 지명으로, 지금의 흑룡강성 영안시(寧安市)이다. 청의 주요 거점지로, 영고탑장군(寧古塔將軍)이 관할하였다.
66 북관 개시(北關 開市)를 말한다. 북관 개시는 조선 후기 함경도 회령·경원에서 청나라와 공무역(公貿易)을 행하던 국제 무역 시장이다. 1406년에 경성·경원에 무역소(貿易所)를 설치

이 인정되지 아니합니다.

훈춘에서 8일을 묵고 안내자와 함께 조선인 도시(함경도 경원)로 가서 거기에서 조선인 연락원들을 만났습니다. 이들은 선교사 신부님의 도착을 기다리며 한 달 이상을 거기에 머물고 있었다고 합니다.

신부님들의 서한에서 더 자세히 기록한 것을 보시게 될 것이므로 저는 존경하올 스승님께 모든 것을 말씀드리지 않겠습니다.

존경하올 스승님! 만일 가능하시다면 성경책과 영신 수련을 위한 매일 묵상책, 그리고 보목(寶木, 진품 십자가 조각), 상본, 특히 성모님의 무염시태 상본과 십자고상과 묵주, 그리고 깃털 펜을 깎는 칼도 함께 보내 주시기를 청합니다.

토마스는 이번에는 스승님께 편지를 올리지 못하며 엎드려 인사드립니다.

공경하올 스승님께 지극히 겸손하고 부당한 아들 김해 김 안드레아가 올립니다.

하고 여진인에게 무역을 허락한 것이 북관 개시의 전신이었다. 1627년 정묘호란 직후부터 청나라가 조선에 강요해 회령을 개시했지만, 병자호란으로 중단되었다. 그러다가 1638년에 회령 개시가 재개되었다. 개시의 시기는 봄·가을 또는 겨울에 열렸으나 효종 때부터 동지 이후로 결정되었다. 1645년부터 경원에서도 무역이 시작되었고, 그 뒤에 격년제로 무역이 이루어졌다.

아홉 번째 서한 [67]

(페레올 주교에게 보낸 김 안드레아 부제의 서한)

몽골 (소팔가자에서), 1844년 12월 15일 [68]

주교님의 강복을 받고 주교님과 하직한 후(즉 1844년 2월 5일), 우리 [69] 는 썰매 [70] 를 타고 눈 위로 빨리 달려 몇 시간이 안 되어 장춘(長春) [71] 에 도착하였습니다. 그리고 거기서 밤을 지냈습니다. 이튿날 떠나 둘째 날 우리는 말뚝으로 둘러막은 울타리 [72] 를 넘어 만주로 들어갔습니다. 들판은

---

67 이 서한은 '훈춘(琿春) 기행문'을 페레올 주교에게 서한 형식으로 보낸 것으로, 원래 한문으로 작성되었다고 한다. 그러나 현재 전해지는 것은 프랑스어로 번역한 문서밖에 없다(파리 외방전교회 고문서고, vol. 577, ff. 767~780). 달레의 저술에 수록된 내용은 이 번역문을 토대로 하였음이 분명하다(Ch. Dallet 저, 안응렬 · 최석우 역주, 『한국 천주교회사』하, 한국교회사연구소, 1980, 45~59쪽).

68 김대건은 페레올 주교의 지시로 1844년 2월 5일부터 약 두 달 동안 북방을 통한 조선 입국의 길을 탐색했다(앞의 여덟 번째 서한 참조). 그는 그동안 기행문을 작성한 뒤, 12월 15일에 주교에게 올리게 된 것이다. 이때는 김대건이 부제품을 받은 직후의 일이었다.

69 다음의 서한 내용을 보면, 김대건은 중국인 교우 한 명과 함께 훈춘을 여행하는 것으로 나타난다.

70 '판리(板履)'라고 불리는 만주식 썰매를 말한다.

71 원문에는 Khouan-tcheng-tse로 되어 있는데, 이는 장춘을 당시의 만주어로 표기하고자 한 것이다. 장춘은 1799년 이후 청나라 조정에서 한족(漢族)의 만주 이주를 허가하면서 그 중심지로 성장하였으며, 당시에는 그 서남쪽에 바로 소팔가자 교우촌이 자리 잡고 있었다. 이처럼 김대건은 이 기행문의 지명을 모두 만주어 또는 중국어로 표기하였지만, 본 한글 역에서는 독자들의 이해를 돕기 위해 정확한 한자 지명만을 모두 한글 독법으로 고쳐 적었다.

72 이른바 장춘과 길림 사이에 있는 남북의 장책(長柵)으로, 만주와 몽골 지역의 경계선을 표시

온통 눈으로 덮여 어디를 보나 단조로운 백색뿐이었습니다. 그러나 한 집에서 다른 집으로 가기 위해 중국에서는 보기 드문 속력으로 달리는 수많은 썰매는 우리 눈에 흥미 있는 풍경으로 보였습니다.

우리가 처음 만난 도시는 길림(吉林)[73]이었는데, 길림은 같은 이름으로 불리는 성(省, 즉 길림성)의 수도이고, 장군(將軍) 혹은 부도통(副都統)이 주재하는 곳입니다. 길림은 송화강(松花江) 동쪽 강가에 자리하고 있는데, 그 강물은 2월의 추위로 아직 얼어붙어 있었습니다. 서쪽에서 동쪽으로 뻗은 한 산맥[74]이 (이때는 그 산봉우리들이 엷은 안개 속에 가려져 있었는데) 이 도시를 북쪽의 찬바람으로부터 막아 주고 있습니다.

중국의 거의 모든 도시처럼 길림에도 주목할 만한 것은 아무것도 없고, 벽돌이나 흙으로 지어진 단층의 초가집들이 무질서하게 빽빽이 들어서 있습니다. 이들 집에서 나오는 연기는 곧바로 올라가 얼마 안 되어 마치 푸르스름한 빛깔의 거대한 망토처럼 온 도시를 감싸며 대기 속으로 흩어집니다. 만주인과 중국인들이 이곳에 섞여 살고 있습니다. 그러나 중국인들이 훨씬 많습니다. 둘을 합치면 인구가 60만이 된다고 합니다. 그러나 인구 조사라는 것이 이 나라에는 알려지지 않았고, 또 중국 이야기의 첫째 특징이 과장이기 때문에 그 주민의 실제 수를 위해서는 거기에서 4분의 3을 빼야 할 것으로 생각합니다.

남쪽의 도시들처럼 거리가 매우 붐비고 거래가 아주 활발하였습니다.

하기 위해 설치한 것이다. 이 장책의 본 이름은 유조변(柳條邊)인데, 만주는 청나라를 세운 만주족의 본거지였으므로 '변리(邊裡)'라 불렀고, 몽골 지역은 이와 구분하여 '변외(邊外)'라고 불렀다.

73 청나라를 세운 만주족의 본거지로 요녕(遼寧)·흑룡강(黑龍江)과 함께 동삼성(東三省)의 하나였으며. 청나라 건국 이후 특별 행정 구역으로 설정되어 장군(將軍)과 그 아래의 부도통(副都統)이 행정을 관장하였다.

74 만주 북부의 흥안령(興安嶺)산맥을 말한다.

길림은 수없이 많은 종류의 짐승 가죽과 각계각층 여자들의 머리를 장식하는 가화(假花), 무명과 비단 옷감, 황제의 산림[75]에서 나오는 건축 목재들의 집산지입니다.

이 산림까지는 길림에서 별로 멀지 않습니다. 산림들이 그 시커멓고 민둥민둥한 머리를 눈이 부신 흰 눈 위에 드러내고 있는 것이 멀리 보였습니다. 이 산림들은 두 민족 사이의 모든 교통을 끊고, 또 마치 이 분열을 지속시키려는 넓은 장벽처럼 중국과 조선 사이를 가로막고 있었습니다. 이 가증스러운 분열은 조선인들이 반도로 격퇴당한 이래 존재하는 것입니다. 산림은 동쪽에서 서쪽으로 600리 이상의 면적을 차지하고 있는데 북쪽에서 남쪽까지의 면적은 얼마나 되는지 모르겠습니다. 만일 우리가 여기서 산림을 가로질러 곧장 조선으로 향할 수 있었다면 우리는 여정을 반으로 줄일 수 있었을 것입니다. 그러나 그 산림은 뚫고 들어갈 수 없는 성벽처럼 우리를 가로막고 있습니다. 우리는 먼 길로 돌아가야 했고, 또 트인 길을 찾기 위해 영고탑 방향으로 가야 했습니다.

한 가지 곤란한 일이 생겼습니다. 즉 우리가 영고탑으로 가는 길을 모르고 있었습니다. 그런데 천주님의 섭리가 우리를 도우러 오셔서 고향인 이 도시로 돌아가는 두 상인을 안내자로 보내 주신 것입니다. 우리는 그들을 따라 얼마 동안 강 얼음 위를 지치며 강 상류 쪽으로 거슬러 올라갔습니다. 울퉁불퉁한 땅, 군데군데 끊긴 산들, 그 우거진 숲, 트인 길이 없는 것 등이 여행자들에게 강 길을 택하게 만듭니다. 그래서 우리는 송화강을 떠나면서 북쪽에서 이 강의 지류와 합류하는 또 다른 지류를 찾아

---

[75] 백두산을 포함하는 장백산맥(長白山脈)을 말한다. 이 산맥은 '봉산(封山)' 즉 봉개 금지(封開禁止)된 산림 중의 하나로서, 청나라에서는 이처럼 특정 지역에 대해 개간 및 수렵을 국법으로 금지하였다.

갔습니다. 중국인들은 그것을 목단강(牧丹江)이라 부르고, 서양 지도에는 '후르시아(Hur-sia)'로 표기되어 있습니다. 그것이 달단(韃靼) 이름일까요? 모르겠습니다.

객줏집들이 강가에 늘어서 있었습니다. 하루는 그곳에서 한 교우 객줏집을 만나게 되어 놀랐고 또한 기뻤습니다. 거기서 형제처럼 대접을 받았습니다. 숙박비로 아무것도 요구하지 않았을뿐더러 음식까지도 부득이하게 거저 받았습니다. 이것은 중국인 교우들에게 인정해야 할 하나의 미덕입니다. 그들은 외국인과 그들의 형제들에 대해 가장 너그러운 무료 숙박을 실천하고 있는 것입니다.

우리는 길이 조금 덜 우둘투둘한 데를 찾아 때로는 강의 얼음 위로, 때로는 그 강의 왼쪽이나 오른쪽 강가를 따라 전진하였습니다. 좌우로 큰 나무들로 덮인 높은 산들이 우뚝 솟아 있었고, 또 거기에 호랑이·표범·곰·늑대, 그 밖의 맹수들이 살며 지나가는 사람들을 습격하려고 모여듭니다. 이 무서운 산간벽지 가운데로 경솔하게 감히 혼자서 지나가려고 하는 사람은 정말 불행합니다! 멀리 못 가서 잡아먹힐 테니까요. 이번 겨울에도 근 80명의 사람과 100마리 이상의 소와 말들이 이 육식 동물들에게 잡아먹혔다고 합니다. 그러므로 여행자들은 단단히 무장하고 또 무리를 짓지 않고서는 지날 수가 없습니다. 우리는 그 적들이 두려워할 만큼 떼를 지어 갔습니다. 이따금 맹수 몇 마리가 굴에서 나오는 것을 목격하였습니다. 그러나 그놈들은 우리들의 침착한 태도에 위압되어 우리를 습격할 생각을 못 하였습니다.

이 짐승들이 사람들을 해치려 하므로 도리어 사람들은 그놈들을 몰살시키려 합니다. 해마다 가을이 되면 황제가 이 산림으로 많은 사냥꾼을 보내는데 지난해에는 그 수가 5천 명이었습니다. 그 용사들 가운데서 몇 사람은 언제나 그들의 용맹 때문에 목숨을 잃습니다. 그런 용사 한 사람을 그의 동료들이 그곳에서 1천 리가 넘는 그의 조상 묘지로 데리고 가는 것을 보았습니다. 그는 싸움터에서 쓰러졌던 것입니다. 그의 관 위에는 그의 전리품인 사슴뿔과 호랑이 가죽이 자랑스럽게 펼쳐져 있었습니다. 장례 행렬의 두목은 종이돈을 이따금 길에 뿌리며 갔습니다. 그것은 죽은 사람의 혼이 그것을 주워서 저세상에서 쓰게 하기 위한 것이랍니다. 이 불쌍한 사람들은 슬프게도 신앙과 선행이 저세상에서 통하는 유일한 진짜 돈이라는 사실을 상상조차 못 하고 있었습니다. 황제만이 이 산림에서 사냥할 권리가 있습니다. 그렇다고 해서 아주 많은 중국인과 조선인 밀렵꾼들이 그들의 이익을 위해 이 산림을 이용하지 못하는 것은 아닙니다.

산림을 뚫고 지나 동쪽 바다로 통하는 길을 만나는 장소에 이르기 전에 우리는 너비가 70~80리 되는 작은 호수[76]를 건넜습니다. 호수는 그리로 흘러 들어가는 강과 마찬가지로 얼어 있었습니다. 그것은 황제를 위해 거기서 많은 진주를 채취하기 때문에 이 지방에서 유명합니다. 그 호수를 '헤후(Hei-hou)' 또는 '칭추멘(Tsing-tchou-men)'이라고 부르는데 흑호(黑湖) 또는 진주문(珍珠門)[77]이라는 뜻입니다. 진주 채취는 여름에 이루어집니다.

진주문에서 나와 우리는 한 객줏집에 들어갔습니다. 마침 큰 명절이요 큰 잔칫날이요 기쁜 날인 음력 설날(양력 1844년 2월 18일)이 임박해 있었습니다. 길손은 누구나 이 설을 지내기 위해 가던 길을 멈추어야 합니다. 객줏집 주인이 어디서 와서 어디로 가느냐고 우리에게 물었습니다.

---

76 흑호(黑湖)라 불리는 호수. 검은 조개가 많이 난다고 하여 붙여진 이름이다.
77 흑호에 많은 검은 조개에서 진주(珍珠)가 채취된다는 데서 붙여진 이름이다. 이곳에서 채취된 진주를 '동주(東珠)'라고 한다.

"장춘에서 훈춘으로 가는 길인데 그리로 가는 길을 모릅니다."라고 대답했습니다. "그렇다면 내 집에서 묵도록 하십시오. 설이 되지 않았소. 한 주일 후면 내 마차들이 같은 곳으로 가기로 되어 있으니 당신들의 짐과 일용품을 거기에 싣고 같이 떠나도록 하십시오. 그동안 대접은 잘해 드리겠소." 하고 그는 말했습니다. 우리는 이 제안을 고맙게 받아들였습니다. 실은 우리 말들이 지쳐 있었고, 그래서 며칠 동안의 휴식이 필요했었습니다.

설 무렵이 되면 외교인들은 미신에 빠집니다. 객줏집 사람들은 뜬눈으로 첫날 밤을 새웠습니다. 그런데 자정쯤에 제주(祭主)가 무엇인지 모를 괴상한 옷차림을 하고 제 잠자리인 '캉(khang)' 즉 온돌로 가까이 오는 것이 보였습니다. 저는 그가 왜 왔는지를 짐작하였고, 그래서 자는 척하였습니다. 그는 나를 깨우려고 여러 번 제 머리를 가볍게 두드렸습니다. 그때 저는 마치 깊은 잠에서 깨어나는 것처럼 "뭐지요? 무슨 일이 있소?" 하고 물었습니다. "일어나시오. 귀신들이 가까이 옵니다. 귀신을 마중 나가야 합니다." "귀신이 가까이 온다니! 어디서 오는 거요? 무슨 귀신들이오?" "그렇소. 귀신들, 큰 귀신들이 와요. 일어나시오. 그들을 마중 나가야 합니다." "여보, 잠깐 기다려요. 보다시피 나는 지금 잠 귀신에 접해 있소. 지금 오는 귀신 중에 나를 이만큼 기분 좋게 해줄 귀신이 또 있소? 제발 내 귀신과 조용히 즐기게 내버려 둬요. 당신이 말하는 그런 귀신들을 나는 모르오." 제주는 무슨 뜻인지 모를 말을 중얼거리면서 물러갔습니다. 아마 그는 귀신들에 대한 저의 공경심에 별로 감화를 받지 못했을 것이고, 따라서 제 여행의 전도가 불길할 것으로 예측했을 것입니다.

귀신들을 맞이하는 방법은 이렇게 진행됩니다. 시간이 되면, 다시 말해서 자정이 되면 남녀노소 모두가 각자 가장 좋은 옷을 입고 마당 한가운데로 나옵니다. 그들은 거기에 서 있고, 의식을 주례하는 가장은 하늘을 사방 휘둘러 봅니다. 그 사람만이 귀신들을 알아볼 특권이 있습니다. 귀신들이 그에게 나타나면 그는 곧 "귀신들이 온다! 모두 엎드려라! 저쪽에서 온다!"라고 소리칩니다. 그 순간 가리킨 방향으로 모두 엎드립니다. 짐승들의 머리와 수레 앞쪽도 그쪽으로 향하게 합니다. 자연계의 모든 것이 그 나름대로 귀신들을 맞이해야 한다는 것입니다. 만일 이 천상의 손님들이 도착하면서 말의 방둥이를 보게 되면 부당한 행위가 된다는 것입니다. 귀신들을 이렇게 맞이하고 나면 모두 집 안으로 들어가 귀신들을 위해 풍성한 잔치를 즐깁니다.

우리는 이곳에서 일주일을 머물렀습니다. 음력 정월 초 4일, 이후 소용이 없게 된 우리 썰매를 그곳에 남겨 두고, 우리 말에 안장을 얹고 객줏집 주인의 마차를 따라 길을 떠났습니다. 마차꾼들과는 약속된 값을 치르고 숲을 지나는 동안, 숲속에는 몸을 녹이고 취사할 나무밖에 없어 우리 말에게 여물을 주고 우리 생활필수품을 운반해 주기로 약속이 되어 있었습니다.

마침내 우리는 영고탑 근처에 있는 '마롄호(Ma-lien-ho, 馬蓮河)'에 도착하였는데, 6백 리 떨어진 바다에까지 이르는 길이 여기서 시작되었습니다. 7~8년 전만 해도 도중에 여행자들을 받아들일 만한 집이나 초막이 하나도 없었습니다. 길손들은 떼를 지어 가야 하였고, 또 밤이 되면 그 자리에서 야영하며 호랑이들을 쫓기 위해 아침까지 불을 계속 피워야 했습니다. 그러나 지금은 객줏집들이 큰길가에 들어서 있었습니다. 그 객줏집들이란 나뭇가지와 그 줄기들을 포개 놓고, 그 사이에 난 아주 큰 구멍들을 진흙으로 메워서 원시적으로 지은 큰 초가들입니다. 그것을 건축한 사람, 그리고 지금은 연기에 그을린 이들 숙소에 사는 집주인들은 이 지방 말로 '쿠앙쿤츠(Kouang-koun-tse, 光棍子)'[78]라고 불리는 두서너 명의 중국인들입니다. 그들은 가족이 없고 멀리서 왔으며, 대부분은 집을 뛰쳐나와 약탈을 일삼고 있는 사람들입니다. 이들은 겨울에만 여기서 살고 날씨가 따뜻해지면 그들의 초막을 떠나 산림으로 가서 밀렵하거나 '인삼(jen-seng)'을 찾아다닙니다. 이 진귀한 뿌리는 중국에서 같은 무게의 금값의 배로 팔립니다.

이 초막 안은 겉보다 더 더럽습니다. 한가운데 3개의 돌 위에 놓인 큰 솥 하나가 이 식당들을 위한 유일한 식기입니다. 그 밑에서 불을 때는데 연기가 사방으로 새어 나갑니다. 벽들의 그을음이 어느 정도일지는 주교님 상상에 맡깁니다. 그들의 총과 사냥 칼들 역시 다른 것과 마찬가지로 그을어 벽 구실을 하는 나무 기둥에 걸려 있습니다. 방바닥은 나무껍질로 덮여 있는데, 바로 이 풀 요 위에서 여행자는 그 지친 몸을 쉬고, 여행을 계속하기에 필요한 기운을 회복해야 합니다. 어떤 때는 1백 명이 넘는 사람들과 함께 서로 뒤죽박죽 포개진 채로 잔 적도 있었습니다. 저는 연기로 숨이 막히고 거의 질식되어 가끔 공기를 마시고 숨을 돌리려 밖으로 나가야 했습니다. 아침이 되어서는 밤새 들이킨 그을음을 뱉어냈습니다!

'쿠앙쿤츠'들은 손님들에게 잠자리와 물밖에 제공하지 않습니다. 그러므로 여행자들은 산림으로 들어가기 전에 반드시 필수품을 장만해야 합니다. 거기서는 동전이 통하지 않고 은화도 거의 통하지 않습니다. 객줏집 주인들은 숙박비 대신 쌀, 좁쌀, 증기나 재 속에서 구운 작은 빵, 고기, 고량주 등을 받습니다. 짐승들은 바깥에서 잡니다. 그래서 짐승들이 늑대와 호랑이에게 잡아먹히지 않도록 보초를 서야 합니다. 그놈들이 가까이 오면 말들은 울거나 겁이 나서 팽창된 콧구멍을 헐떡거립니다. 그

[78] '독신자'라는 뜻.

러면 사람들이 관솔불을 들고 북을 치고 소리 지르고 울부짖으며 짐승들을 쫓습니다.

이 산림들은 매우 오래되어 보였습니다. 나무들이 거창하고 키가 매우 컸습니다. 산림 가에서만 도끼로 나무를 찍어낼 수 있고, 안에는 늙어서 쓰러진 나무들이나 있을 뿐입니다. 이들 나뭇가지에 새들이 구름같이 모여듭니다. 그중에는 어린 사슴을 채가는 매우 큰 새들이 있는데, 그 이름은 모르겠습니다. 무엇보다도 꿩이 아주 많은데, 그것이 얼마나 많은지 상상할 수 없을 정도입니다. 독수리들은 이 꿩들에게 사납게 달려듭니다. 하루는 이 사나운 새가 꿩 한 마리를 덮치는 것을 보았습니다. 우리가 놀라게 했더니 그놈은 꿩 대가리만 물고 달아났고, 그래서 나머지는 우리들의 차지가 되었습니다.

훈춘까지 하룻길밖에 남지 않았을 때 우리는 둔한 마차들을 앞질러 가서 마침내 주교님을 하직한 지 한 달 만에(대략 1844년 3월 초) 우리의 여행 목적지에 도달하였습니다. 초소는 만나지 않았습니다. 훈춘은 바다에서 별로 멀지 않은 곳에, 그리고 조선과 만주를 갈라놓는 두만강(豆滿江) 어귀에 자리하고 있습니다. 그곳은 만주인 1백 가구가량이 살고 있는 작은 마을이지만, 남쪽에 있는 '풍변몐(Foung Piun-Men, 鳳邊門)' 다음으로 조선과 중국 사이의 접촉이 이루어지는 유일한 곳입니다. 만주 출신의 제2급 관리가 휘하 200~300명의 군사와 포졸들의 도움을 받아 치안을 유지하고 있습니다.

수많은 중국인이 아주 먼 데서부터 그리로 교역(交易)하러 옵니다. 그들은 조선인들에게 개, 고양이, 담뱃대, 녹용, 구리, 가죽, 말, 노새, 나귀들을 주고 그 대신 바구니, 식기, 쌀, 밀, 돼지, 소, 종이, 돗자리, 모피, 빠르기로 이름난 조랑말들을 받습니다. 이러한 거래는 일반 사람들을 위해서는 2년마다 한 번밖에 열리지 않고 그것도 한나절밖에 가지 않습니다. 상품의 교환은 훈춘에서 40리 떨어진 조선에서 제일 가까운 도시 경원(慶源)에서 이루어집니다. 만일 밤이 임박해서도 중국인들이 국경으로 돌아가지 않으면 조선 군인들이 허리에 칼을 차고 그들을 쫓습니다.

봉천, 길림, 영고탑, 훈춘의 몇몇 관리들에게는 좀 더 자유가 주어집니다. 즉 그들은 해마다 교역을 할 수 있고 또 그들의 일을 처분할 수 있도록 5일간이 허락됩니다.[79] 그러나 그들은 엄중한 감시를 받고 또 밤은 조선 땅 밖에서 보내야 합니다. 그들은 각기 장교 5명을 거느리며, 또 장교는 각기 5명의 주요 상인들을 거느리고 있어서 그것이 하나의 조그마한 대상(隊商)을 이룹니다. 그들은 산림으로 깊숙이 들어가기 전에 한 산 꼭대기에 천막을 치고 돼지를 잡아 산신들에게 제사를 지냅니다. 모두가 이 제물에 참여해야 합니다. 이렇게 1년에 몇 시간의 장사가 중국인과 조선인 사이의 유일한 교류입니다. 그 밖의 다른 때는 어느 쪽에서든지 국경을 넘는 자가 있으면 종이 되거나 가차 없이 학살당합니다.

두 나라 사이에는, 특히 중국인들이 조선에 들어와 어린이와 여자들을 납치해 간 때부터 깊은 증오가 존재하고 있습니다. 저는 한 주막에서 어릴 적에 부모로부터 강탈된 조선 젊은이 하나를 만났는데 20세쯤 되어 보였습니다. 그에게 집에 돌아가고 싶지 않으냐고 물어보았습니다. 그는 "절대로 돌아가지 않을 것입니다. 사람들이 저를 중국인으로 여기고 목을 자를 테니까요." 하고 대답하였습니다. 이어 조선말을 해보라고 하였습니다. 그는 모국어를 잊어버렸을뿐더러 제가 그 말을 알아듣지 못할

---

[79] 조선에서 만주의 여진족을 무마하기 위해 국초 이래로 허락해 온 공식적인 국경 무역을 말한다. 이 무역은 매년 5일간 열렸는데, 이를 통해 만주 지역의 관리들은 관청에서 필요한 물자를 조달하였다.

것이라고 변명하며 거절하였습니다. 그는 제가 바로 조선 사람이라는 것을 조금도 의심하지 않고 있었습니다.

또 훈춘은 제국 전체로 확대되고 있는 또 다른 종류의 장사로 이 지방에서 유명합니다. 그것은 해안에서 멀지 않은 곳, 일본 바다(즉 동해)에서 따내는 '해채(hai-tshai, 海草)'입니다. 그것을 따는 사람들은 배를 타고 해안으로부터 멀리 나가서 자루 같은 것을 허리에 차고 물속으로 들어갑니다. 자루가 차면 올라와 자루를 비우고 배가 가득 찰 때까지 물속으로 다시 들어갑니다. 중국인들은 이 해초를 아주 좋아해서 매우 많이 소비합니다. 큰길에서 해초를 실은 마차의 대열을 만나게 됩니다.

우리가 조선 국경에 도달하였을 때 시장이 열리기까지는 아직도 8일이 흘러야 했습니다. 시간이 지루해 보였습니다. 한시라도 빨리 약속된 신호로 조선 교우들을 알아보고 그들과 대면하고 싶었지만 기다리는 수밖에 없었습니다. 저는 혼자서, '슬프다! 이 백성들은 아직 외국인을 귀찮게 여기고 무서워하며 나라에서 내쫓아야 할 원수로밖에 여기지 않는 아주 비참한 야만 상태에 있구나.'라는 생각을 해보았습니다. 그리고 저로서는 사람이 이 세상에서는 영원한 거처가 없고 며칠 동안의 나그네에 지나지 않는다는 사실을 깊이 깨달았습니다. 저 자신이 중국에서 묶인된 것은 사람들이 저를 중국인으로 여겼기 때문이고, 저는 조국의 땅을 외국인의 자격으로 잠시만 밟아 볼 수 있었을 뿐입니다. 아아, 인류 대가족의 공동의 아버지인 성부께서 당신의 외아들 예수님을 통해 모든 사람에게 전하신 그의 사랑 안에 모든 자녀를 품으실 날이 언제나 올까요?

주교님께서는 제가 떠나기 전에 제가 지나게 될 지방에 관해 정보를 수집하도록 부탁하셨습니다. 저는 주교님의 뜻을 따르려고 노력하였습니다. 즉 저 자신이 관찰하고 다른 사람들에게 물어보고, 조선의 서당에서 지낸 저의 어릴 적 기억을 더듬기도 하며 정보들을 수집할 수 있었습니다. 이제 주교님께 가능한 한 간략하게 말씀드리고자 합니다.

이 지방 본래의 만주인은 제가 가지고 있는 서양 지도에서보다 훨씬 넓지 못한 땅에 분포하고 있습니다. 그들은 북위 46도 이북으로는 거의 살지 않고 있는데, 서쪽으로는 몽골과 갈라놓는 장책(長柵)과 송화강이 경계를 이루고, 북쪽은 '우긴(Ou-kin)'과 '유피타츠(Jü-pi-tatse, 魚皮韃子)'[80]라는 달단인들의 두 작은 나라가, 동쪽은 일본해(동해), 그리고 남쪽은 조선과 접경을 이루고 있습니다.

그들이 중국을 정복한 이후로 그들 나라는 황폐해졌습니다. 여행자들이 사람 하나 만날 수 없는 광대한 산림이 그 땅의 일부를 덮고 있습니다. 나머지는 약간의 주둔지가 차지하고 있습니다. 상당한 거리를 두고 함께 모여 사는 소수의 달단인 가족들도 만주인이라고 불러야 한다면 말입니다. 그 가족들은 황제의 비용으로 부양되고 있습니다. 그들에게는 농사짓는 것이 금지되어 있습니다. 그들은 그들이 거기에 살고 있다는 것을 과시하고 또한 산림 속에 널리 퍼져 있는, 그렇지 않아도 몹시 겁많은 북쪽의 토민(土民)들에게 "내려오지들 말아라. 이 땅은 점령되었다."라고 말하기 위해서만 거기에 있는 것 같습니다. 드문드문 이 지방 몇 군데에서 몰래 개간하고 있는 중국인들이 생계에 필요한 곡식을 그들에게 팔고 있습니다. 달단인 여자와 결혼하는 것이 그들에게 허락되어 있지 않아서 대부분은 가족이 없습니다.

만주는 땅이 매우 비옥해 보입니다. 그것은 사람 키 높이까지 무성하게 자라는 풀을 보아도 알 수 있습니다. 경작지에서는 옥수수, 조, 메밀,

---

80 흑룡강 유역에 거주하는 원주민인 허저족(赫哲族, 러시아에선 나나이인)을 말한다. 생선 가죽으로 의복을 만들어 입었기 때문에 '어피달자(魚皮韃子)'라고 불렸다.

밀이 납니다. 그러나 밀은 아주 조금밖에 안 납니다. 땅이 축축하고 안개가 자주 끼기 때문에 그런 것 같습니다.

주교님은 만주를 뒤덮고 있는 황폐의 원인이 무엇인지 물으실지 모르겠습니다. 그것은 중국의 지금의 왕조(즉 청나라)를 창시한 자가 만주를 정복할 당시 그 최초의 백성을 정복한 지방으로 옮겨 살게 한 정책 때문입니다. 그래서 그는 중국 제국을 점령하러 내려왔을 때 그의 모든 군인과 그 가족들, 다시 말해서 그의 신하들을 모두 데리고 왔습니다. 그중 일부는 요동에 남겨 놓았고 나머지는 중국의 주요한 도시들에다 두루 분포시켰습니다. 이렇게 그는 그들을 의무에 얽매이게 하고, 처음부터 반란을 억누름으로써 이 도시들의 소유를 보증하고 또 그의 제권(帝權)을 강화하려 하였던 것입니다.[81]

이러한 상태는 오늘까지 계속되고 있습니다. 중국인과 만주인은 두 세기 동안 비록 같은 성안에서 살며 같은 말을 하고 있을지라도 두 민족은 동화되지 않고 각기 자기의 혈통을 보존해 오고 있습니다. 그러므로 객줏집에 들어가서 모르는 사람을 만나 "니 슈 밍옌(Ming jen, 明人), 기옌(khi jen, 旗人)?", 즉 "당신은 중국인이오, 만주인이오?"라는 질문보다 더 흔한 질문은 없습니다. 중국 사람은 명나라 왕조의 이름을 따라 불리고, 만주 사람은 기(旗)[82]의 이름을 따라 불립니다. 그것은 원래 만주인들이 8개의 부족으로 나뉘어 있었으므로 부족마다 각기 다른 깃발 아래 모

---

81 누루하치(奴爾哈赤)가 만주 지역 동남쪽의 여러 부족을 통합하고 1616년에 스스로 칸(汗)에 오르면서 국호를 '후금(後金)'이라 하고, 동경(東京)에 도읍을 정하였다. 그 후 태종(太宗, 皇太極)은 1636년에 국호를 '청(淸)'이라 하였으며, 3대 세조(世祖, 順治帝)는 1644년에 입관(入關)하여 북경을 수도로 정하였다. 청조에서는 만한병용책(滿漢倂用策)을 표방했지만, 실제로는 관료 조직이나 군사 조직에서 만주 출신이 중심이 되었다.

82 '만주 팔기(滿洲八旗)'를 말한다. 만주 팔기는 청 태조가 처음 편성한 군사 조직으로, 여덟 가지 깃발의 색으로 각 기(旗)를 구분하였으며, 명나라가 멸망한 뒤에도 그 세력이 대단하였다.

이게 되면서 그 기의 이름으로 불리게 된 것입니다.

만주인들은 민족 문학을 갖고 있지 않습니다. 그들의 말로 쓰인 책들은 모두 북경에 설립된 특별 법정에서 중국 서적들을 번역한 것들입니다. 그들에게는 고유한 문자조차도 없습니다. 그들이 사용하는 글자들은 몽골인들에게서 따온 것입니다. 그들의 말은 조금씩 사라져 가고 있고, 그 말을 하는 사람도 아주 적어서 백 년 후에는 그 말이 책 속에서 과거의 추억으로밖에는 남지 않을 것입니다. 그 말은 우리나라 말과 매우 비슷합니다. 그것은 아마 수 세기 전에 조선이 엄밀한 의미에서의 만주인 나라 저쪽까지 국경을 넓혔을 때 두 나라가 같은 백성이 사는 하나의 왕국을 이루었었기 때문일 것입니다.[83] 아직 만주에는 조선인의 후손임을 입증하는 혈통을 보존하고 있는 가족들이 있고, 또 조선의 무기와 돈, 그릇과 서적들이 들어 있는 무덤들이 있습니다.

위에서 '우긴'과 '유피타츠(어피달자)'에 대해 말씀드렸습니다. 그들에 대해서는 아주 만족할 만한 정보를 얻을 수가 없었습니다. 중국인들은 '유피타츠'들이 어피(魚皮)로 만든 옷을 입기 때문에 그렇게 부릅니다. 그들은 송화강 강변과 그 지류들 강가에 살고 있거나, 아니면 숲속에서 유랑하는데, 고기잡이와 사냥에 종사하며 잡은 짐승의 가죽과 잡은 물고기를 중국인들에게 팝니다. 거래는 겨울에 이루어집니다. 물고기가 얼어 있어서 2천 리 이상 먼 시장에까지 공급됩니다. 대신에 그들은 옷감, 쌀, 고량주를 받습니다. 그들은 그들 고유의 언어를 가지고 있고, 중국 황제로부터 독립되어 있으며, 그네들 땅에 외국인들을 받아들이지 않습니다. 중국인들은 그들이 구역질이 날 정도로 불결하다고 말합니다. 그럴지도

---

[83] 고구려가 만주 지역까지 영토를 넓혔던 사실을 가리킨다. 이후 만주는 발해(渤海) 시대에 들어서면서 여진족이 득세하기 시작하였다.

모릅니다. 그러나 그들을 이렇게 비방하려면 그들 자신이 먼저 속옷을 좀 더 자주 갈아입고 또 그들을 뜯어먹는 기생충을 없애야 할 것입니다.

'유피타츠'들이 점령하고 있는 지방 너머, 그리고 아시아의 러시아령 국경에 이르기까지 또 다른 유목민들이 살고 있다고 생각할 수도 있습니다. 그러나 그 문제에 대해 아는 것이라곤 아무것도 없습니다. 이 부족이 사는 남쪽, 바다 쪽으로 '다초수(Ta-tcho-sou)'[84]라고 부르는 나라가 있는데, 얼마 전부터 아주 많은 중국인과 조선인 방랑자들이, 어떤 사람들은 독립 정신에서, 또 어떤 사람들은 그들의 범죄 때문에 받아야 할 벌을 피해서, 또는 빚쟁이들의 추격을 피하려고 그리로 모여들었고, 지금도 매일같이 모여들고 있습니다. 도둑질과 범죄에 익숙한 그들에게는 도덕도 원리 원칙도 없습니다. 그러나 그들이 그들의 무질서를 억압하고 생활을 할 수 있기 위해 두목을 하나 선택하였다고 합니다. 그들은 만장일치로 살인자는 누구나 생매장하기로 하였고, 또 그 법을 그들의 두목에게까지도 적용하기로 했습니다. 그들은 여자가 없으므로 여자를 만나면 어디서나 여자를 납치해 갑니다. 고대 로마의 초기와 좀 비슷한 이 작은 나라가 로마와 같은 발전을 할 수 있을까요? 두고 보아야 할 일입니다.

조선 국경에서 멀지 않은 곳인 산림 속에 태백산(太白山) 또는 큰 흰 산(즉 白頭山)이 구름 높이 솟아 있는데, 이 산은 지금 왕위에 있는 왕가의 시조인 '한왕(Han Wang, 汗王)'의 출생지로 중국에서 유명합니다.[85] 산의 서쪽 비탈에 그의 옛집이 보수한 덕분으로 보존되어 있는데, 종교 예식의 중국 미신으로 둘러싸여 있습니다. 그곳의 먼지 속에 이마를 조아리

---

84   지금의 간도(間島) 지역을 말한다.
85   누루하치는 지금의 요녕성 무순시 신빈(新賓) 만주족 자치현에 있었던 혁도아랍(赫圖阿拉, 허투아라)에서 출생하였다. 그가 후금을 건국한 곳도 바로 이 지역이었다. 혁도아랍은 태종 때 '흥경(興京)'으로 개칭되었다.

기 위해 경건한 순례자가 아주 먼 데서부터 옵니다. 한왕의 기원에 대해서는 역사가들의 의견이 나뉘어 있습니다. 어떤 이들은 그가 처음에 도둑의 두목으로서 주위의 지방들을 착취하였는데 도당의 수가 많아지자 왕권의 기초를 놓게 되었다고 말합니다. 또 다른 이들은 그(즉 한왕)의 명예를 구하기 위해, 처음에 달단에 많이 존재하던 작은 왕국의 하나였으나 조상으로부터 물려받은 유산을 확장하게 된 것이라고 주장합니다.

그 기원이야 어쨌든 그는 벌써 명조 말엽에, 중국의 황제가 크게 두려워할 만큼 세력이 강해졌던 것만은 사실입니다. 왕조의 마지막 황제 중 하나인 만력제(萬曆帝)[86]는 한왕의 세력을 약화하기 위해 그의 나라들을 위협하는 몽골인들과 싸우기 위해서라는 핑계를 대고 한왕에게 그의 군인 중에서 정병(精兵)을 보내 주도록 청하였습니다. 정병들이 그의 지배하에 들어오자 그는 한 사람만 제외하고 모두 죽이게 하였는데, 이 사람은 얼굴이 잘생겨 한 관리의 관심을 끌어 그의 하인이 되었다가 주인의 신임을 크게 얻고 그 집의 관리인이 되었습니다.

그로부터 얼마 후 다른 관리 하나가 이 관리를 방문하러 왔다가 이 달단 청년을 보게 되었습니다. 이에 그는 자기 동료에게, 이 금지된 사람을 살려 주고 있으니 황제의 노여움을 사게 될 위험이 있다고 말했습니다. 그 관리는 자신이 처분할 것이니, 우선은 연회를 즐겨야 하지 않겠느냐고 대답하였습니다. 그러나 그 청년이 이 말을 엿들었습니다. 그는 앞날이 염려되어 마부에게 중대한 임무가 생겼다고 말하며 주인의 말 중에서 제일 좋은 말을 골라 안장을 얹어 놓으라고 지시하였습니다.

말이 준비되자 그는 말에 올라타고 한왕에게 황제의 배신과 동료 군인들의 불행한 운명을 알리러 백두산까지 전속력으로 달려왔습니다. 분

---

[86] 명나라 황제 신종(神宗, 1573~1619 재위)으로, 연호가 '만력'이었다.

개한 한왕은 그의 10명의 아들 중 맏아들이 군대를 이끌고, 이미 중국인들이 조선인들로부터 탈취한 요동의 수도 봉천(奉天, 즉 瀋陽)을 점령하게 하였습니다. 왕자는 봉천에 도착하자 적의 숫자에 놀라 대항하지 않고 그대로 돌아왔습니다. 그의 아버지는 자식의 비겁함에 몹시 화가 나서 그를 자기 손으로 죽이고는 가족과 모든 신하를 이끌고 봉천으로 갔습니다. 성문이 열렸고, 그는 봉천을 왕도(王都)로 삼았습니다.[87]

그러는 동안 황궁의 두 내관, 즉 왕과 '두(Tou)'라는 사람이 만력의 후계자인 숭정제(崇禎帝)[88]를 거슬러 음모를 꾸미고 그 자리에 다른 황제를 뽑아 앉혔습니다. 숭정은 절망한 나머지 매산(煤山)[89]의 한 나무에 목매달아 죽었습니다.[90] 이 나무는 오늘날까지 보존되고 있습니다. 중국 사람들은 이 나무를 매우 숭배합니다. 그들은 그 나무가 황제의 죽음으로 성화(聖化)되었다고 말합니다.

숭정 황제 자리에 앉은 사람은 '추앙왕(Tchouang-wang, 闖王)'[91]으로 불렸습니다. 그는 경솔하게도 한 유력한 관리의 아내를 빼앗음으로써 그의 증오의 대상이 되었습니다. '우상귀(Ou-sang-koui, 吳三桂)'[92]란 이 관리는 그 강탈자를 추격하기 위해 봉천의 새 왕[93]에게 도움을 요청하였고, '추앙

---

87 후금은 1625년에 동경에서 심양으로 천도하였다.
88 명나라 의종(毅宗, 1628~1644년 재위)으로, 연호가 '숭정'이었다.
89 자금성 신무문(神武門, 북문) 맞은편에 있는 토산으로, '경산(景山)'이라는 이름으로 잘 알려져 있다.
90 명의 마지막 황제인 의종은 1644년 섬서(陝西) 지방에서 일어난 이자성(李自成)의 군대가 북경으로 쳐들어오자 매산에서 목매 자살함으로써 명조가 멸망하고 말았다.
91 틈왕 : 위에서 말한 이자성(1606~1645)을 말한다.
92 오삼계(1612~1678) : 명말의 장군. 북경을 지키는 요새인 산해관(山海關)을 방비하고 있다가 의종의 부름을 받고 북경으로 가던 중 청군과 결탁하였고, 의종이 죽은 뒤 이자성을 공격하여 패주시켰다. 이에 앞서 이자성은 북경을 함락시킨 뒤 오삼계의 가족을 농락한 바 있다.
93 청의 세조(世祖)를 말한다. 그는 1643년에 5살의 나이로 황제에 즉위하였고, 삼촌인 예친

왕'은 겁이 나서 남쪽 지방으로 달아나 버렸습니다.

그러는 동안(1644년) 교활한 한왕은 자기의 둘째 아들 순치(順治)를 보내 북경을 점령하게 하였습니다.[94] 이리하여 달단 만주 왕조(즉 청조)가 시작되었습니다. 순치는 강희(康熙)[95]의 아버지인데, 강희제의 치세 동안 한때 중국 전체가 그리스도교 신앙으로 개종할 희망을 보였습니다.[96] 그러나 이 희망은 다소간 천주교를 박해한 그의 후계자 옹정(雍正),[97] 건륭(乾隆),[98] 가경(嘉慶),[99] 도광(道光)[100] 황제들의 치세 아래서 사라져 버렸습니다.

여행 이야기로 다시 돌아가겠습니다. 정월 20일(양력 1844년 3월 8일) 경원의 조선 관장이 이튿날(양력 3월 9일) 시장이 열릴 것이라는 소식을 훈춘으로 보냈습니다. 날이 밝자마자 우리, 즉 저와 저의 동행은 서둘러 시장으로 갔습니다. 읍내 어귀에는 사람들로 들끓고 있었습니다. 우리는 손에는 흰 손수건을 들고 허리띠에는 붉은 색깔의 작은 차 주머니를 차고 군중 가운데로 걸어갔습니다. 이것이 조선 밀사들이 우리를 알아보도

왕(睿親王, 도르곤)의 보필을 받아 국정을 다스렸다.

[94] 앞에서 설명한 것과 같이 1644년에 북경을 함락시킨 것은 청의 세 번째 칸(汗)인 세조였다. 즉 위의 본문에서 말한 한왕은 '세조'를 말하는데, 청 태조는 1626년에 죽고, 그 뒤를 이은 태종은 1643년에 죽었으며, 그 뒤를 이어 어린 세조가 황제로 즉위하였다. '순치'는 세조의 연호임.

[95] 청 성조(聖祖, 1661~1722년 재위)의 연호.

[96] 실제로 강희제는 천주교에 대해 호의적이었고, 서양의 새로운 학문에도 관심이 컸으므로 선교사들을 우대하였으며, 1692년(강희 31)에는 선교사들의 전교 활동을 탄압하지 말라는 칙령까지 반포하였다. 그러나 이후 의례 논쟁(儀禮論爭)이 일어나고, 교황청에서 이 문제에 개입하게 되면서 이를 내정 간섭으로 여긴 강희제는 공자와 조상 숭배를 반대하는 선교사들에게 추방령을 내리게 되었다.

[97] 청 세종(世宗, 1722~1735년 재위)의 연호.

[98] 청 고종(高宗, 1735~1796년 재위)의 연호.

[99] 청 인종(仁宗, 1796~1820년 재위)의 연호.

[100] 청 선종(宣宗, 1820~1850년 재위)의 연호.

록 약속된 표였으며, 그들에게는 우리에게 접근하라는 표였습니다.

우리는 읍내로 들어갔다가 다시 나왔으나 아무도 나타나지 않았습니다. 이렇게 여러 시간이 흘렀습니다. 우리는 불안해지기 시작했습니다. 우리는 '그들이 만날 약속을 어긴 것일까?' 하고 서로 이야기했습니다. 마침내 우리가 말에 물을 먹이러 읍내에서 300보 떨어진 개천으로 갔을 때, 우리의 신호를 알아차리고 누군가가 우리에게로 오는 것이 보였습니다. 제가 중국말로 말을 걸었으나 그는 알아듣지를 못하였습니다. 그래서 조선말로 "당신은 누구요?" 하고 물었습니다. 그는 "한(韓)이라고 합니다."라고 대답하였습니다. "당신은 예수의 제자요?" "그렇습니다." 이제 성공했다고 저는 생각했습니다.

그는 우리를 그의 동료들한테로 안내하였습니다. 그들은 4명이었는데 한 달 이상 우리의 도착을 기다리고 있었던 것입니다. 우리는 함께 긴 이야기를 할 수가 없었습니다. 중국인들과 조선인들이 우리를 에워싸고 있었습니다. 가엾은 교우들은 슬픔으로 낙담해 있는 것 같았습니다. 우리들의 대화에서 풍기는 이상한 분위기가 외교인들의 호기심을 끌게 하였습니다. 그들이 우리들의 이야기에 주의를 덜 기울이는 것같이 보였을 때 우리는 우리 종교 일들에 관한 이야기를 몇 마디 하였습니다. 그리고는 즉시 가축 흥정 이야기로 돌아왔습니다. "얼마 받겠소?" "80냥이오." "너무 비싸오. 자, 50냥 줄 터이니 당신 짐승을 주시오." "80냥 이하는 절대로 안 되오." 이렇게 우리는 우리를 감시하고 있는 사람들을 속였습니다.

이 교우들로부터, 조선 교회가 박해 이후 상당히 평온하고, 많은 수의 교우들이 박해의 위험이 덜한 남쪽 지방으로 피신하였으며, 여러 가족이 신앙으로 개종하였고, 교우들이 서양 선교사를 그들의 집에 오래 숨겨두는 것이 어렵겠지만 천주님의 자비를 믿고 선교사를 영입하기 위해 최선을 다할 것이고, 북쪽으로의 영입은 한 국경에서 또 다른 국경을 넘어야 하는 어려움 외에 나라 전체를 통과해야 하므로 변문 쪽이 덜 위험할 것이라는 등의 소식을 들었습니다.

이야기가 끝나자 우리는 하직의 표로 손을 마주 잡았습니다. 그들은 흐느껴 울었고 눈에서 굵은 눈물이 흘러나왔습니다. 우리는 다시 읍내로 들어가서 군중 속으로 자취를 감추었습니다.

경원 시장은 우리에게 이상한 풍경을 제시하였습니다. 장사꾼들은 도착해서 즉시 그들의 상품을 늘어놓을 권리가 없었고 신호를 기다려야 했습니다. 해가 중천에 이르자 사람들이 깃발을 높이 올리고 북을 쳤습니다. 그 순간 성급한 군중이 밀집하여 광장으로 몰려들었습니다. 조선인, 중국인, 달단인 모두가 뒤섞여서 각기 자기 나라말을 하며, 머리가 띵할 정도로 소리소리 질렀습니다. 그리고 그 소란한 소리들이 근처 산에서 메아리쳐 왔습니다.

그들은 4~5시간밖에는 장사를 못 합니다. 그래서 사람들의 왕래, 싸움, 주먹질, 무장 약탈 같은 것이 경원을 시장이 아니라 습격당해 약탈당하는 도시처럼 느껴지게 하였습니다. 저녁이 되면 외국인들에게 돌아가라는 신호가 떨어집니다. 그러면 같은 무질서 속에 철거가 시작됩니다. 군인들은 그들의 무기로 낙오자들을 밀어냅니다. 우리는 그 혼잡 속에서 빠져나오는 데 무척 힘이 들었습니다.

우리가 훈춘으로 돌아가려 하였을 때 조선 교우들이 다시 우리한테로 오는 것이 보였습니다. 그들은 우리와 작별할 결심을 할 수가 없어서 우리와 좀 더 이야기를 나누고 마지막 작별 인사를 하고 싶어서 온 것입니다. 저의 동행은 그들에게 인사를 하려고 말에서 뛰어내렸습니다. 저는 우리를 둘러싸고 있는 포졸들이 우리를 장사 일이 아니라 다른 일로 온 사람으로 의심할까 두려워 그에게 다시 말에 오르라는 신호를 하였습니다. 그러고는 조선 교회의 수호천사에게 경의를 표하고, 조선 교회 순교자들의 기도에 우리를 의탁하며 두만강을 건너 달단 지방으로 돌아왔습니다.

돌아올 때는 길이 많이 변해 있었습니다. 먼저 미끄럼 타며 왔던 강의 얼음은 한창 녹고 있었습니다. 산 위에서 흘러 내려오는 시냇물들은 불어나 잡동사니와 묵은 나뭇등걸들과 거대한 얼음 덩어리들을 떠내려 보내고 있었습니다. 여행자들은 마차들을 가지고 여전히 도착하고 있었고, 그래서 강가들이 혼잡했습니다. 그들의 소리와 맹수들의 울부짖는 소리가 강물의 요란한 소리와 뒤섞여 이 골짜기를 무시무시한 광경으로 만들었습니다. 이 위험 속으로 감히 모험하려는 사람은 누구도 없었습니다. 해마다 많은 사람이 얼음 밑에 깔려 죽는다고들 합니다. 저는 우리를 그곳까지 인도해 주신 천주님의 안배에 의탁하고 건널 수 있는 데를 찾아 강을 건넜습니다. 제 동행은 좀 더 신중하게 안내인을 데리고 아주 멀리 돌아서 갔습니다. 우리가 잃은 것이란 우리 말 한 마리밖에 없습니다.

주교님께 인사 올리며,

주교님의 지극히 순종하고 지극히 부당한 아들 안드레아 김해 김.

조선 부제[101]

---

101 김대건은 여행기의 끝부분에 '부제'라고 썼다. 그가 부제였을 때 훈춘을 다녀온 것처럼 오해할 수 있다. 하지만 페레올 주교가 리브와 신부에게 보낸 1844년 12월 10일 자 서한(파리외방전교회 고문서고, vol. 579, ff. 196~198b)에서 "김대건과 최양업에게 부제품을 주었다."는 내용이 나온다. 이것을 근거로 김대건이 1844년 12월 10일 이전에 부제품을 받았음을 알 수 있다.

열 번째 서한

외방전교회 대표 리브와 신부님께

서울 한양에서, 1845년 3월 27일[102]

지극히 공경하올 신부님!

신부님이 이미 아시는 바와 같이 작년에 지극히 존경하올 페레올 주교님을 모시고 몽골에서 출발하여 변문까지 아무 일 없이 무사히 도착하였습니다. 거기에는 조선에서 온 신자들이 이미 도착해 있었습니다. 그들은 주교님께 담당 선교지인 조선에 입국하는 데는 여러 가지 난관이 많다고 말하였습니다. 그러자 주교님은 저를 먼저 조선에 파견하시어 제가 조선의 정세를 살펴보고, 가능성 유무에 따라 주교님의 입국을 주선하도록 하셨습니다.

그리하여 저는 페레올 주교님의 강복을 받고 한밤중에 신자들을 따라 출발하여, 해 질 무렵에 의주 읍내를 바라보게 되었습니다. 거기에 이르러 연락원들에게 어떠어떠한 곳에서 저를 기다리고 있으라고 약속을 하고서 연락원들을 먼저 앞세워 보내고 저는 홀로 의주에서 한 20리가량

---

102 정확히 말하면 당시 한양의 돌우물골[石井洞]에서 쓴 서한이다. 김대건 부제는 1844년 12월 말에 소팔가자를 떠나 봉황성 책문에 도착하였고, 조선 교회에서 파견한 밀사들과 함께 의주 변문을 통과하여 1845년 1월 15일에는 서울에 도착할 수 있었다.

떨어진 아주 은밀한 산골짜기를 찾아들어 울창한 숲속의 어두침침한 나뭇가지 밑에 몸을 숨기고 있었습니다.

눈이 사방에 깊이 쌓여 산촌이 모두 하얗고 싸늘한데 밤이 되기를 기다리자니 너무나 지루하여 묵주 기도를 수없이 거듭하였습니다. 해가 지고 천지가 어둠에 잠겼을 때, 하느님의 도우심을 구하면서 그곳을 떠나 읍내를 향해 가는데, 발소리마저 없게 하려고 신발을 벗고 걸어갔습니다. 강들을 건너고 길도 아닌 험한 곳을 달려갔습니다. 어떤 곳은 눈이 바람에 불려 다섯 자[103] 혹은 열 자나 높이 쌓여 있었습니다.

제가 겨우 약속하였던 곳에 이르러서 보니, 신자들의 그림자도 보이지 않았습니다. 걱정되고 근심이 되어 두 번이나 읍내로 들어가 사방으로 찾아보았으나 헛일이었습니다. 결국 약속한 곳으로 다시 돌아와서 어떤 밭에 앉아 있자니까, 처량한 생각이 소용돌이치기 시작하여 몹시 심란해졌습니다. 연락원들이 잡힌 것이 틀림없다는 생각이 들었습니다. 그들이 여기로 오지 못하는 다른 이유를 생각할 수 없었기 때문이었습니다.

연락원들이 절실히 필요한 이때에 저 혼자서 여행을 계속하여 서울로 가자니 극히 위험할 뿐 아니라 여비도 없고 옷도 없고, 그렇다고 중국으로 되돌아가자니 그것 역시 지극히 어려운 일이며, 더구나 선교사들을 조선으로 모셔올 길이 아주 끊어지지나 않을까 하는 등등의 걱정이 태산 같았습니다. 그때 저는 추위와 굶주림과 피로와 근심에 억눌려 기진맥진하여 남의 눈에 띄지 않으려고 거름더미 옆에 쓰러져 있었습니다. 인간의 도움을 전혀 기대할 수 없고 오로지 하느님의 도우심만을 고대하면서 먼동이 틀 때까지 녹초가 된 채 있었습니다.

---

103 자[尺]를 원문에서는 pedes라고 하였다. pedes는 라틴어로 다리[足]를 의미하며, 이를 자로 본다면 다섯 자는 1m 50cm, 열 자는 3m가 된다.

이때 마침 저를 찾아다니는 신자들이 그 장소에 나타났습니다.

그들은 저보다 먼저 약속한 이곳에 왔었는데, 저를 만나지 못하자 되돌아갔다가 두 번째로 다시 여기 왔다고 합니다. 여기서 얼마 동안 기다려도 제가 오지를 않으니 모두 걱정을 하면서 5리쯤이나 나가서 찾아보아도 저를 찾지 못하여 근심으로 밤을 새우고, 저의 도착에 대해 절망하고 낙심하여 자기들 집으로 돌아갈까 하던 참에 저를 만났다는 것입니다.

우리는 기쁨에 넘치는 마음으로 하느님께 감사를 드렸습니다.

7명의 신자가 말 두 필을 끌고 서울을 떠났는데, 중간에 오다가 4명은 신부님들을 영접하는 어려움과 위험 때문에 낙심하여 뒤에 떨어지고 세 명의 신자만 변문까지 왔던 것입니다. 현 가롤로(玄錫文)[104]와 이 토마스(李在誼)[105]와 두 명의 하인은 끝까지 오지 않았습니다.

해가 뜬 뒤에 신자 두 사람은 처리할 일이 있어서 뒤따라오도록 남겨두고 저는 신자 한 명만 데리고 의주를 떠났습니다. 저는 아픈 다리를 질질 끌며 30리를 겨우 걸은 다음 주막에 들어가 밤을 지냈습니다.

이튿날 말 두 필을 세내어 타고 길을 떠나 닷새 만에 평양(平壤)에 도착하였습니다. 거기서 말 두 필과 함께 우리를 기다리고 있던 현 가롤로와 이 토마스를 만났습니다. 모두 함께 길을 떠나 7일 만에 수도 서울 즉 한양에 도착하여 신자들이 마련해 둔 집(즉 돌우물골)에 들어갔습니다.

---

104 현석문(1797~1846) : 성인. 회장. 1837년에 샤스탕 신부가 입국하자, 그의 복사로 활동했다. 기해박해가 일어난 뒤, 앵베르 주교의 지시에 따라 순교자들의 행적을 수집하였다. 자신이 모은 자료와 여러 사람이 수집한 자료를 이재의(李在誼. 토마스)와 함께 정리하여 순교자전 『기해일기(己亥日記)』를 완성하였다. 1845년 김대건 부제와 함께 상해로 갔다가 페레올 주교 등과 함께 귀국했다. 1846년의 병오박해 때 체포되어 9월 19일 새남터에서 순교하였다.

105 이재의(1785~1868) : 이승훈의 손자이고, 이택규(李宅逵)의 아들이다. 앵베르 주교의 복사였고, 현석문과 함께 순교자들의 행적을 정리하여 『기해일기』를 완성하였다. 1845년에는 김대건 부제와 함께 상해로 가서 페레올 주교와 다블뤼 신부를 입국시켰다. 1868년에 체포되어 5월 28일(음 윤4월 7일)에 서소문 밖 형장에서 처형되었다.

신자들의 호기심과 말조심이 없는 수다스러움과 위험을 염려하여 필요한 신자 몇 명 외에는 아무에게도 저의 귀국을 알지 못하게 하였습니다. 제가 조선에 돌아왔다는 말을 저의 어머님(즉 고 우르술라)에게도 말하지 말라고 신자들에게 엄중히 당부했습니다. 조선 조정에서는 이미 우리가 마카오로 간 사실을 알고 있었으며, 우리가 귀국하는 대로 즉시 잡아 죽이게 되어 있었기 때문입니다.

　방안에 갇혀 있은 지 며칠이 지나니까 무슨 까닭인지 알 수 없는 여러 가지 근심 걱정이 저를 괴롭히더니 마침내 병에 걸렸습니다. 마치 오장육부가 끊어지듯이 가슴과 배와 허리가 참을 수 없을 만큼 지독히 아팠습니다. 때때로 심하게 아프다가 좀 낫기도 하고, 이렇게 한 보름 넘게 앓았습니다. 저는 병을 고치기 위하여 신자 의원과 외교인 의원을 청하여 그들이 주는 여러 가지 약을 먹었습니다.

　지금은 병은 다 나았으나 몸이 허약하여 글씨를 쓸 수도 없고 다른 것을 원하는 대로 행할 수도 없습니다. 한 20일 전부터는 눈병까지 생겨서 고통을 받고 있습니다. 이렇게 가련한 처지의 허약한 몸인데도 하느님의 도우심과 자비에 의지하여 페레올 주교님과 선교사 신부님들을 영접할 준비를 진행하고 있습니다.

　(현석문) 가롤로를 충청도로 보내어 해변에 집을 마련하라고 했는데,[106] 성공하지 못하고 돌아왔습니다. 그래서 서울에 집 한 채와 배 한 척을 샀는데, 그 값이 은 146냥[107]이었습니다.

---

[106] 해안 지방에 집을 마련하려고 한 이유는 육로를 통해 선교사들을 입국시키기란 거의 불가능하다고 생각되었고, 따라서 해로를 통해 입국할 때 그 집을 이용하기 위해서였다.

[107] 원문에는 그 단위가 'pataca'로 나온다. pataca는 은화를 뜻하는데, 이를 알기 쉽게 냥(兩)으로 번역한 것이다. 그러나 실제로 조선 화폐 단위로는 어떻게 설명하는 것이 옳은지 알 수 없다.

이제 중국 강남성(江南省)으로 가는 길을 개척할 참입니다. 그러나 신자 뱃사공들에게는 미리 겁에 질릴까 염려되어 어디로 간다는 말을 하지 않았습니다. 그들은 모두 신자들이기는 하지만 매우 두려워할 만한 이유가 있습니다. 더구나 그들은 먼바다에 나가 본 적이 없고, 대부분은 배를 조종할 줄 모르며, 다만 제가 항해술이 능통한 자로 그들을 설득시켰을 뿐이기 때문입니다.

더군다나 중국과 조선의 두 나라 사이에 약조한 것이 있습니다. 즉 조선 배가 국경을 넘어 중국 해변에 들어가면 중국에서 그 배에 탄 모든 사람을 잡아 북경을 거쳐 조선으로 되돌려 보내는데, 만일 조사해 보고 죄가 있음이 발각되는 경우에는 죽이게 되어 있고, 또 중국 배에 대해서도 조선에 오면 그렇게 하게 되어 있습니다.[108] 그러나 당신께 대한 경의와 인자하심을 기억하시는 하느님과 복되신 동정 성모 마리아께서 우리가 무사히 강남 여행을 마치고 돌아오게 해주실 것을 희망하고 있습니다.

끝으로 스승님께 몇 가지 청할 것이 있는데, 혹 저에게 유익하다고 판단하시면 컴퍼스, 철필(잉크 없이 글씨를 쓸 수 있는 검은 철심이 든 필기구), 세계 지도 특히 황해와 중국과 조선의 해변을 자세히 그린 지도, 그리고 눈을 보호하는 중국식 녹색 안경을 보내 주시기 바랍니다. 안녕히 계십시오.

지극히 공경하올 사부님께 무익하고 지극히 부당한 종 김해 김 안드레아 올립니다.

---

[108] 조선과 중국의 이러한 외교 관계는 어떤 약조에 의한 것이 아니라 국초 이래의 관행이었다.

추신

조선에서는 어린 아기들의 대부분이 반점(斑點)으로 얼굴이 흉해지는 병(즉 천연두)으로 죽어 가는데, 그 병을 퇴치할 수 있는 처방을 저에게 명확히 적어 보내 주시기를 스승님께 청합니다.

열한 번째 서한

하느님의 보다 더 큰 영광을 위하여

외방전교회 대표 리브와 신부님께

(서울에서), 1845년 4월 6일

공경하올 신부님,

제가 아직 중국에 있었을 때, 몇몇 주목할 만한 사람들한테 들었던 것인데, 조선에 계신 신부님들이 포졸들의 손에 자수한 것은 올바른 것이 아니었고,[109] 또 신자들이 배반자를 제외하고 마치 신부님들을 경멸하고 저버린 사람들처럼 비난받고 있다는 말들을 합니다.[110] 그러나 신부님들과 신자들이 처해 있던 주변 환경이 어떠했는지를 주목하고 인식한다면, 어김없이 그들의 운명을 불쌍히 여기고 동정하게 될 것입니다. 왜냐하면 그 당시 신부님들은 확실히 체포될 위험에 놓여 있었고, 또 탈출하기가 윤리적으로 불가능하였기 때문입니다.

---

[109] 모방 신부와 샤스탕 신부는 앵베르 주교로부터 자수하라는 서한을 두 차례 받고는 1839년 9월 6일 충청도 홍주에서 자수하여 서울로 압송되었다(앞의 주 52 참조).

[110] 이것은 사실과 다르다. 모방과 샤스탕 신부는 1839년 9월 6일 공동명의로 파리 외방전교회의 모든 회원에게 보낸 서한에서 조선의 교우들을 사랑하며, 그들은 매우 열심한 신자들이고, 순종적이라고 설명하였다(Ch. Dallet 저, 안응렬·최석우 역주, 『한국 천주교회사』 중, 한국교회사연구소, 1980, 458~459쪽).

신자들은 박해와 굶주림에 억눌려 있었고, 그들은 거의 모두가 집도 없이 떠돌아다니며 여기저기로 도망 다니면서 사방에서 체포되어 몰살당하는 비참한 상황에 놓여 있었습니다. 그래서 외교인들과 포졸들까지도 신자들을 동정할 정도였습니다.

신부님들은 모두 신자들을 위해서 계셨고, 또 신자들은 전부는 아니지만 거의 모두가 신부님들을 위해서 있었습니다. 신부님들은 신자들의 영혼과 육신의 구원을 열성적으로 돌보셨습니다. 또 신자들은 신부님들을 보호하려고 힘껏 애썼습니다. 신자들은 가능한 한 신부님들을 숨겨두려 하였고 신부님들을 위해서 목숨을 내놓을 각오까지 하였습니다.

신부님들은 자진하여 포졸들에게로 가셨고, 또 신자들은 신부님들을 한사코 만류하지는 않았으며, 어떤 신자들은 포졸들을 찾으러 나가기도 하였음을 저는 부인하지 않습니다. 그러나 윤리적으로 달리 행동할 수가 없었습니다.

이다지도 좁은 왕국에서 조정은 신부님들을 체포하라고 명령하였고, 주교님은 신부님들에게 여러 차례 편지를 보내시어 신부님들을 부르셨습니다. 포졸들이 사방에 깔려 있었고, 그들은 신부님들을 수색하면서 이미 문턱에 가까이 오고 있었습니다.[111] 주교님은 불가피한 사정에 몰려서 당신의 사랑하는 신부님들을 최후의 형장에 속히 오도록 명하신 것입니다.

신부님들은 주교님의 명령에 순명하였고, 또 탈출할 수도 없었습니다. 신부님들은 잠깐은 탈출할 수 있었겠지만, 당신들이 구하려고 온 자기 양들을 위하여 많은 환난을 무릅쓰고 죽음의 길을 떠났습니다. 그러므로 제 판단으로는 그것은 과오가 아니라 덕행이었습니다.

---

111 포교(捕校) 손계창(孫啓昌) 등은 모방과 샤스탕 신부를 체포했다. 이에 앞서 앵베르 주교는 신부들에게 자수를 권하면서 '손계창과 함께 오고 교우들이 따라오지 않게 하라'고 하였다.

마찬가지로 신자들은 신부님들의 명령에 순종하여 포졸들을 찾으러 갔습니다. 신부님들이 그리스도의 모범을 따랐음을 보십시오. 그리스도는 당신의 제자인 유다에 의해서 넘겨졌고, 신부님들은 그들의 제자인 신자에 의하여 넘겨졌습니다. 그리스도는 당신 아버지께 순종하시어 죽음을 향해 가셨고, 신부님들은 주교님께 순종하시어 죽으러 가셨습니다. 그리스도는 최후의 만찬을 끝내고 떠나가셨고, 신부님들은 최후의 만찬으로 미사성제를 봉헌하고 떠나가셨습니다. 그리스도는 당신 양들을 위하여 자의로 자신을 죽음에 내맡기셨습니다. 이처럼 신부님들은 자기 양들을 위하여 자의로 자신을 최고의 형벌에 내맡기셨습니다.

신부님들은 신자들이 사제를 필요로 하는 처지에 있음을 모르지 않았고, 또 그들의 목숨이 귀중하다는 것을 모르지 않았습니다. 신부님들은 당신들이 죽은 다음에 미래가 어떠하리라는 것을 똑똑히 알았고, 목자 없는 양들이 뿔뿔이 흩어질 것이요 장차 이리와 늑대들이 주님의 양 떼를 잡아먹으리라는 것을 예견하였습니다.

신부님들은 죽음의 길로 떠날 준비를 하였습니다. 신자들이 몰려와 모두가 슬픔에 젖어 목자들을 바라보면서 자기들을 고아로 남겨 놓고 죽음의 길로 떠나가지 마시라고 간청했습니다. 신부님들은 어머니와 같은 애정으로 성경 말씀을 들려주면서 그들을 위로하였고, 자기들은 웃어른의 명령으로 죽음의 길로 간다고 타일렀습니다. 신자들은 신부님들을 만류할 수 없게 되자 적어도 자기들도 신부님들을 따라갈 수 있게 해달라고 눈물로 애원하였으나, 그리하도록 허락되지 않았습니다.

마침내 신부님들은 미사성제를 봉헌한 다음, 길을 떠나려고 일어나시어 마지막으로 자기 양들에게 작별의 인사를 하였습니다. 신자들은 눈물을 흘리면서 이제는 더는 목자들을 뵐 수 없게 되었음을 통곡하였습니다.

신부님들이 떠나자 신자들은 눈물을 흘리며 탄식하였고, 비록 몸은 함께 가지 못할지라도 마음은 신부님들과 결합되어 있었습니다. 하염없이 눈물을 흘리면서 장차 닥쳐올 사태를 기다리며 자기 집으로 돌아갔습니다.

포졸들은 신부님들을 보자 관례를 벗어나 부드럽게 대하였고, 아주 예의 바르게 대우했습니다. 관장들도 많은 동정을 베풀었습니다. 여행하는 동안 아주 잘 대우하였고, 감시하지 않고 내버려 두었으며, 어디를 가든지 허락하였습니다. 밤에도 포졸들이 신부님들을 매우 신임하여 마음 놓고 편안히 주무실 수 있도록 물러갔습니다. 그들은 필요한 것을 모두 제공하였고, 말에 태워 조심스럽게 끌고 갔습니다.

서울에 끌려온 신부님들은 존경하올 주교님을 뵙고 나서 모두가 같은 의금부(義禁府) 감옥에 투옥되었습니다.[112] 그들은 고문을 많이 받았지만 하느님의 은총으로 용감히 참아 견뎌냈고, 지극히 가혹한 고문을 받으면서도 주 그리스도를 용감히 증언하였습니다. 그들은 조국으로 돌아가라는 명령을 받았으나 이를 받아들이지 않았습니다. 그들은 하느님을 저버리라는 경고를 받았지만 이에 놀라 큰 소리로 하느님을 증언하였고, 다른 신자들을 신고하라는 강요를 당하였으나 이를 무시하였습니다. 그래서 또다시 참을 수 없는 가혹한 고문을 당하였습니다.

그들은 모든 형벌을 극복하고 사형을 선고받아 1839년 9월 21일(음력 8월 14일)에 거룩한 피를 흘려 순교함으로써 하늘나라로 개선하였습니다. 거기서 그들은 영원히 다스릴 것입니다.

신부님들이 죽임을 당한 후에도 신자들은 2년 동안 더 박해로 시달렸

---

[112] 모방과 샤스탕 신부는 포도청에 갇혔다가 9월 14일(음 8월 7일) 앵베르 주교와 함께 의금부로 이송되었다.

습니다.[113] 마지막 박해가 4년 이상 계속되었습니다. 그동안 신자들은 비참과 가난에 쪼들리고 이루 형언할 수 없이 비참하게 되었으며, 박해뿐 아니라 무수한 재앙을 당했습니다.

4년 전부터 좀 멈추고 있지만 아직은 평온한 상태가 아닙니다.

오늘날은 신자들이 실제로 박해를 당하고 있지 않고, 또 신자들을 살해하려고 수색하는 적극적 박해는 없지만, 신자들이 예전보다도 더 비참한 생활을 하고 있습니다. 왜냐하면 포졸들은 신자들의 집이라는 혐의가 잡히기만 하면 즉시 그 집을 점거해 버리기 때문입니다. 그뿐 아니라 신자들은 모진 박해를 당한 끝에 맥이 빠지고 열성이 식어 대다수가 냉담교우가 되었는데, 예전과 같은 열성과 상태로 돌아올 희망이 전혀 보이지 않았습니다.

그러나 오늘날에는 전진하기 시작하고 있습니다. 신자들은 점차 열성이 오르고 그 수도 날로 늘어나고 있습니다. 배교자들은 참회하고 하느님께로 돌아오고 있습니다. 외교인들에게 아무도 설교한 사람이 없지만 많은 사람이 그들의 오류를 버리고 가톨릭 종교를 받아들이고 있습니다. 천주교 신자가 되려고 하는 외교인들이 많이 있으나, 신자들은 박해가 무서워서 자진하여 그들에게 종교를 전하려는 엄두를 감히 내지 못하고 있습니다.

거의 모든 백성이 그리스도의 종교를 찬양하고, 그 종교가 참된 종교임을 고백하며, 박해가 없었더라면 그들도 신자가 되었을 것이라고 말하고 있습니다. 따라서 오로지 박해가 무서워서 감히 귀의하지 못하고 있을 따름입니다. 포졸들도 서로 다음과 같이 수군거립니다.

"만일 박해가 없다면 누구라도 송아지 새끼가 아닌 이상 천주교 신자

---

113 1839년에 체포된 신자들의 처형은 1841년까지 계속되었다.

가 되기를 마다할 사람은 없었을 거야."

"천주교는 참으로 훌륭한 종교이기는 한데, 우리가 만일 신자가 되면 아무것도 우리가 원하는 대로 마음대로 행동해서는 안 된다는군. 온갖 모욕을 인내로 참아내고 언제 어디서나 겸손해야 한다네. 자기 자신과 세상 사물을 경시하며 모욕을 받더라도 보복을 해서는 안 된다네."

"그러니 비참할 거야. 세속적인 것은 아무것도 할 수 없으니 사람이 이 세상에서 산다는 것은 아무 소용이 없을 거야."

일반적으로 외교인들은 천주교 신자들이 정직하다고 알고 있고 신자들의 비참을 동정합니다. 박해 때에는 신자들에게 여러 가지로 은혜를 베풀어 주었습니다. 외교인들은 어떤 좋은 것이나 놀라운 것을 발견하면 '천주교인 소행'이라고 합니다. 외교인들끼리도 어떤 것을 올바로 행하면 "자네도 천주교 신자인가. 그래서 바르게 행동하려는 건가?"라고들 합니다.

중국인인 주문모(周文謨, 야고보)[114] 신부님을 죽인 왕후[115]를 제외하고는, 조선에서는 종교를 적극적으로 박해한 임금님이 없었습니다. 모든 박해는 벽파(僻派)[116]의 대신들로부터 시작되었고, 왕들은 흔히 마음이 내키지는 않았지만 벽파의 뜻을 감히 반대하지 못하고 그들이 하자는 대로

---

[114] 주문모(1752~1801) : 조선 천주교회 설립 이후 조선에 입국한 최초의 선교사. 포르투갈 이름은 벨로조(Vellozo). 중국 소주 곤산현 출신으로, 북경 신학교를 졸업하고 북경교구장 구베아 주교로부터 사제품을 받았다. 조선 선교사로 선발되어 1794년 12월 24일 조선에 입국했다. 신자 단체인 명도회(明道會)를 조직하고, 회장을 임명하는 등 교회 성장에 지대한 공헌을 했다. 1801년에 박해가 일어나 신자들이 고통을 겪자, 4월 23일에 자수하였고, 5월 31일(음 4월 19일)에 새남터에서 순교했다.

[115] 1801년에 수렴청정을 하던 영조(英祖)의 계비(繼妃)인 정순왕후(貞純王后, 1745~1805) 김씨를 말한다.

[116] 정조 연간에 생겨난 정파로, 사도세자 문제, 탕평(蕩平) 등을 두고 시파(時派)와 대립했다. 정조는 남인 인사들을 등용하였고, 그들은 시파에 가까웠다. 천주교 신자 중에는 남인이 많았으므로, 벽파는 천주교 문제가 생기자 박해를 강하게 주장하였다.

허락하였을 따름이었습니다. 1838년에 대왕대비[117]가 바로 그러하였고, 그다음 몇 해 동안의 마지막 박해 때에도 그러하였습니다. 대왕대비는 대신들의 뜻을 감히 반대하지 못했고, 마음속으로는 반대하면서도 대신들이 신자들을 가혹하게 박해하고 신부님들을 죽이는 것을 허락하였습니다.

그 당시 최고 권력자였던 김 대비의 오빠 김유근[118]이 살아 있었더라면 박해는 일어나지 않았을 것입니다. 그는 조선 안에 외국인 신부님들이 계신다는 것을 알고 있었고, 신자 중 누구도 박해하는 것을 허가하지 않았습니다. 그는 예비 신자이고 궁중의 2품 고관인 김정의[119]와 순교자 유 아우구스티노(유진길)와 아주 친분이 두터웠습니다. 마침내 그는 많은 사람으로부터 그리스도교인이 되었다는 평을 받았었습니다. 그런데 1838년경에 중병을 앓고 정신을 잃었으며, 1839년에 사망하였습니다.[120] 그래서 벽파들은 기회를 잡게 되었고 박해를 일으켰던 것입니다.

안녕히 계십시오. 공경하올 스승님께 김해 김 안드레아가 올립니다.

---

117 순조의 왕비 순원왕후(純元王后, 1789~1857) 김씨로, 헌종의 조모이다.

118 김유근(金逌根, 1785~1840) : 세도정치(勢道政治)로 유명한 안동 김씨 김조순(金祖淳)의 아들이다. 천주교에 비교적 온건한 태도를 보였다.

119 당시의 고관 중에서 '김정의'란 이름은 보이지 않는다. 이를 '추사(秋史) 김정희(金正喜, 1786~1856)'로 이해하는 경우도 있는데(柳洪烈, 『증보 한국 천주교회사』, 가톨릭출판사, 1962, 311쪽). 김유근과 김정희는 시·서·화 등을 통해 서로 가까운 교분을 유지했으며, 김정희는 1840년 이전에 대사성과 이조 참판 등을 역임하였다.

120 김유근은 1836년 무렵부터 중풍을 앓았으며, 1840년에 사망하였다.

열두 번째 서한

예수 마리아 요셉

리브와 신부님께

(서울에서), 1845년 4월 7일

조선 왕국의 대신들과 관장들 사이에는 어떤 계통, 즉 파벌이 있습니다. 그러나 이들의 실상은 아무것도 아니고 다만 공연한 이름만을 가지고 있을 뿐입니다. 그 하나는 벽파라 하고 하나는 시파라 하는데, 서로 반대하여 싸우고 있습니다. 이 두 파가 서로 대립하는 근본 이유는 각각 다른 의견을 서로 주장하는 데 있습니다.

이 당파 싸움은 처음에는 대수롭지 않았으나 지금은 가볍게 볼 수 없는 문제가 되어 있다고 합니다. 그래서 두 파 사이에는 시기, 비난, 논쟁, 학살 등이 연출되어 서로 도발하고 고발하여 서로 내몰고 귀양 보내기에 급급합니다. 그들 당파는 다시 노론(老論) 즉 북인(北人)[121]과 남인(南人)의 구별이 있어 각각 다른 당파를 이루고 있습니다. 그들은 대체로 노론은 벽파와 손잡고, 남인은 시파와 손잡고 있습니다.

---

[121] 이것은 김대건 부제의 착각이다. 노론은 서인(西人)이 소론과 나누어지면서 분파된 것으로, 북인과는 별개였다.

그들 사이에 그렇지 않은 예도 있기는 있습니다. 천주교는 시파에서는 용인되고 있으나, 벽파에서는 배척을 받고 있습니다. 그래서 벽파는 천주교를 적대시하고 있습니다. 김 대왕대비 즉 현 임금님의 조모는 시파에 속하고, 젊은 대비 즉 현 임금님의 모친[122]은 벽파에 속합니다. 그리고 대신들의 대부분은 벽파입니다. 그리하여 벽파가 시파에 반대하여 궐기하기를 원하는 때에는 그들의 모든 의견을 배척하는 동시에, 무엇보다도 무죄한 천주교 신자들을 근절할 행동을 취하므로, 여러 번 박해가 일어나 많은 순교자를 내게 되었습니다.

지금 천주교의 제일 큰 적은 조만영(趙萬永)[123]인데, 그는 젊은 대비의 부친입니다. 그가 오늘날 이 나라 정치의 최고 권력을 잡고 있으며, 그의 동생 조인영(趙寅永)[124]은 영의정이고 그의 아들(즉 趙秉龜)은 병조 판서입니다. 최근에 일어난 박해는 모두 다 주로 조만영과 조인영의 계획으로 벌어졌는데, 신자들을 가혹하게 박해하고 신부님들을 죽이라고 명한 자도 바로 그들이었습니다.

그러나 대신들은 신부님들을 죽이고 나서는 프랑스 사람들이 군함을 타고 들어와 그들에게 복수할까 봐 무서워하고 있습니다. 모든 백성은 나라에서 무죄한 피를 너무나 많이 흘리게 하였으므로 필연코 전쟁이 일어나 온 나라가 큰 재앙을 입을 것이라 단정하고 떠들어대고 있으며, 지금은 전쟁을 기다리기까지 하고 있습니다.

---

122 헌종의 모친 신정왕후(神貞王后, 1808~1890)를 말한다. 왕후는 풍양 조씨 조만영(趙萬永)의 딸이자, 순조의 아들인 효명세자(孝明世子)의 빈(嬪)이었다. 헌종의 즉위 후에 효명세자가 익종(翼宗)으로 추존되면서 왕대비가 되었다.

123 조만영(1776~1846) : 본관은 풍양(豊壤). 1819년에 딸이 세자빈에 책봉되었다. 풍양 조씨의 세도가로서 안동 김씨와 대립하였다.

124 조인영(1782~1850) : 본관은 풍양. 조만영의 동생으로, 헌종 때 형과 함께 풍양 조씨 세력의 중심인물이었다. 1839년 11월 23일(음 10월 18일)에 반포된 「척사윤음」을 지어 올렸다.

조선의 국법대로 하면 외국인들은 죽일 수가 없고 오히려 본국으로 돌려보내는 법입니다. 그러므로 중국인들, 달단인들, 일본인들은 필요한 것들을 주어서 반드시 돌려보냈습니다. 그러나 신부님들을 죽인 것은 확실히 종교 때문에 죽인 것입니다. 정부에서는 신부님들이 조선에 온 것을 교황님과 프랑스 왕이 파견해서 온 것으로 믿고 있습니다. 그래서 신부님들을 죽인 후에, 매우 무서워하지 않을 수가 없었습니다.

포졸이 하는 말을 들으면, 우리 정부가 신부님들을 죽임으로써 프랑스 왕을 모욕하는 불경죄를 범한 것인데, 한편 그들은 일찍이 영국인들로부터 서양의 왕들은 자기 백성이 피살된 경우에는 전쟁을 일으킨다고 하는 말을 들었기 때문입니다. 이와 비슷한 생각으로 번민하고 있던 우리나라 대신들은 함선들이 해변으로 지나간다는 보고를 듣고, 사실은 영국 함선들이었는데,[125] 프랑스 사람들이 신부님들의 살해를 보복하러 온 줄로 여기고 떨고 있었으며, 또한 백성들도 서양 함선들이 쳐들어온다는 소문을 퍼뜨리고 있었습니다.

그러나 지금은 프랑스 측에서 이미 여러 해 동안 아무런 말도 하지 않는 것을 보고 프랑스라는 나라는 믿었던 것보다 별로 무서워할 것이 못되는 나라라는 근거 없는 그릇된 확신을 갖고 있습니다. 그리하여 지금은 모든 공포를 떨치고 또다시 신부님들을 죽일 준비를 하고 있으니, 만일 대신들을 저들 마음대로 내버려 둔다면 신부님들이나 우리 신자들이나 살아남지 못할 것입니다. 실상 왕은 이런 일에 대하여 대체로 무죄합니다. 하느님께서 섭리하여 주소서!

---

125 실제로 1840년 12월(음)에 영국 함선 두 척이 제주도 가파도에 나타나 가축을 약탈한 일이 있었다. 1845년 6월(음)에는 영국 해군의 에드워드 벨처(Edward Belcher)가 지휘하는 사마랑(Samarang)호가 제주도, 거문도 등을 항해하면서 측량하여 해도와 항해기를 남겼다. 이 서한에서의 영국 함선은 전자를 말하는 것 같다.

만일 프랑스 군함이 조선에 온다고 할지라도 신부님들을 살해한 사건에 대하여 아무 말도 하지 않는다면 신자들의 처지가 더욱 참담하게 될 것입니다.

지금은 정부에서 우리가 귀국하는 대로 사형에 처할 작정으로 세밀한 주의를 기울여 기다리고 있습니다. 지금 제가 그들 가까이에 있어도 그들이 알지 못하는 것을 보면 그들의 경계도 충분하지는 못한 듯합니다. 그러니까 만일 제가 조선에 돌아온 줄을 대신들이 알게 되면 즉시 사방으로 수색할 것입니다.

신부님들이 순교한 다음에도 신자들은 2년 동안 박해를 더 받았습니다. 지금은 4년 전부터 안온한 상태에 있는데, 신자들의 기운을 회복시키고 외교인들을 입교시키며 모두를 완성해 줄 선교사 신부님들을 하루빨리 조선에 모시기를 모두가 원하고 있습니다. 지금은 신자 수가 나날이 증가하고 있으며, 신자 수는 신부님들이 순교한 후 오늘까지 줄어들지 않을 뿐 아니라 도리어 증가하여 최소한 1만 명은 될 듯합니다.

외교인들은 우리 종교의 진리를 깨닫고 하느님께로 귀화하는 사람이 매우 많으며, 그중에는 몇 마디 권고를 듣고서 즉시 입교하는 사람도 많습니다. 예전부터 우리 종교의 진리를 들어 보고자 하는 사람이 적지 않았으니, 지금 누가 용감히 나서서 그들에게 전교만 하면 종교를 수용할 사람이 무수히 많을 것입니다.

신자들 10명은 아직 감옥에 갇혀 있고, 5명은 귀양살이를 하고 있습니다.

왕의 조모 김 대왕대비는 아직 생존해 있으나, 여러 가지 고통으로 번민하여 조금이라도 위안을 얻으려고 불교를 신봉하고 있습니다. 대왕대비가 사망하면 우리 신자들에게 큰 환난이 닥쳐올 것입니다. 왕은 건강하지만 왕위에서 쫓겨날 위험이 있답니다. 대신들은 어느 날 밤에 회의를 열어 왕을 치우고 그 대신에 다른 사람을 왕으로 세우려고 모의하였다고 합니다.

왕은 19세 된 젊은이이지만 상당히 신중하고, 얼굴에 병으로 인한 흔적이 많이 있으나 코가 높고 얼굴이 못생기지 않았습니다. 먼젓번 왕비가 사망한 후, 15세 된 홍 씨를 새 왕비로 맞아들였습니다.[126]

우리 교회를 박해하는 대신들인 조만영과 조인영은 아직 살아 있어서 대단한 권세를 부리고 있습니다. 그리고 예비 신자인 2품 대신 김정의(즉 김정희) 판서는 아직 귀양에서 풀려나지 못하였습니다.[127] 조선 백성들은 평화를 누리고 배불리 먹고 있습니다. 그래서 전쟁 소문을 많이 퍼뜨리고 있습니다.

배반자 김여상(즉 김순성)은 귀양살이하면서 아직 첩과 함께 살아 있다고 하는데, 그 역시 많은 혹형을 당했다고 합니다.[128] 특히 포졸들과 관장들은 그를 미워하여, 있는 힘을 다해서 그를 매질하면서 "이놈아 너는 유다보다 더 악한 놈이야. 유다는 세상을 구원하기 위하여 죽으러 오신 예수님을 배반하였다 하거니와, 이놈아 너는 살려고 조선에 온 신부님들을 배반하여 죽였으니 너는 인간이 아니야."라고 엄히 꾸짖었다고 합니다.

저는 아직 눈병이 낫지 않았고 그동안 중병에 걸려 몹시 앓았으나, 요사이는 회복되어 허약한 머리를 진정시킬 수 있게 되었습니다. 제가 할 일은 태산같이 많으나 몸은 허약하기 짝이 없습니다. 아! 마음은 간절하

---

[126] 헌종의 왕비 효현왕후(孝顯王后, 1828~1843)는 김조근(金祖根)의 딸로, 왕후가 된 지 2년 만인 1843년에 16세의 나이로 요절하였다. 그러자 홍재룡(洪在龍)의 딸이 계비(繼妃) 효정왕후(孝定王后, 1831~1904)로 간택되었다.

[127] 판서가 아니라 이조 참판이었던 김정희는 윤상도(尹尙度)의 옥사에 연루되어 1840년부터 1848년까지 9년간 제주도로 유배되었다.

[128] 밀고자 김여상(즉 김순성)은 1840년에 신지도에 유배되었다(앞의 주 44 참조).

지만 한 일은 미미합니다.

　현재를 위해서나 장래를 위해서나 이곳 형편을 위해서, 북방의 길을 열어 놓는 일이나 강남(江南)으로 출발할 일을 생각하면 제가 준비해야 할 것은 산더미처럼 많지만, 병으로 허약해진 몸이 일하는 것을 허락하지 않습니다. 병중에 무능해진 저는 다만 이렇게 주저앉아 있을 뿐입니다. 주님의 이름은 찬미 받으소서.

　저는 지금 14세 된 학생 두 명을 가르치고 있으며, 또 다른 아이 두 명을 지명해 두었으나 아직 저에게로 오는 것을 허락하지는 않았습니다.

　비록 제가 병중에 있으나 가능한 대로 강남으로 가는 길을 준비하고 있으며, 머지않아 출발할 예정입니다.

　그뿐 아니라 신자들은 올해에 메스트르 신부님과 토마스(즉 최양업 부제)를 영접하기 위하여 북방으로 출발할 것입니다.

　중국 배나 서양 배 편으로 무엇을 조선에 보내는 것은, 그 배들이 오면 조정에서 곳곳에 군졸들을 배치하여 조선 사람들이 그 배에 가지 못하도록 지키고 감시할 것이기 때문에 어려울 것이라고 신부님에게 말씀드립니다.

　신부님께 조선종이 20장이 들어 있는 봉투, 조선 그림 석 장이 들어 있는 작은 봉투, 병풍이라고 하는 여덟 폭으로 된 그림, 밤에 사용하는 놋그릇(놋요강), 신부님들의 유해, 누런 주머니 세 개, 조선 지도,[129] 빗 세 개와 빗을 소제(掃除)하는 기구, 붓을 쓸 때 붓끝만 풀어서 쓰는 붓 네 자루, 돗자리 하나를 보내드립니다.

　안녕히 계십시오.

　공경하올 사부님께 가장 순명하는 불초 김해 김 안드레아가 올립니다.

---

[129] 김대건의 「조선 전도(朝鮮全圖)」를 말한다.

열세 번째 서한

예수 마리아 요셉

리브와 신부님께

상해에서, 1845년 6월 4일[130]

공경하올 신부님!

작년에 조선 대목구의 감목이신 공경하올 페레올 주교님으로부터 주교님의 선교지인 조선에 파견되었었습니다. 지금은 조선에서 준비를 끝내고 신자 11명[131]과 함께 배로 상해에 왔습니다. 그리고 페레올 주교님의 귀환[132]을 애타게 기다리고 있습니다.

지금 저는 대단히 분주하여 많은 것을 말씀드릴 수 없습니다. 후에 질서 정연하게 신부님께 편지 올리겠습니다. 안녕히 계십시오.

공경하올 스승님께, 조선인 학생 김 안드레아가 올립니다.

---

130 바로 이날 김대건 부제는 상해에 도착하였다.
131 당시 김대건 부제와 함께 상해로 간 신자는 현석문(가롤로), 이재의(토마스), 최형(崔炯, 베드로), 임치화(林致化), 노언익(盧彦益), 임성실(林聖實), 김인원(金仁元) 등이었다.
132 당시 페레올 주교는 마카오의 파리 외방전교회 극동 대표부에 있었다. 그는 마카오로 갈 예정이라는 것을 이미 김대건 부제가 조선에 입국하기 전에 일러주었으며, 마카오에 도착한 뒤에는 영국 영사관이나 강남교구 성직자들에게 그 거처를 일러두었다.

열네 번째 서한

조선 대목구장 페레올 주교님께

(상해에서, 1845년 6월 4일)[133]

지극히 공경하올 주교님!

지극히 존엄하올 주교님과 변문(즉 책문)에서 하직한 후, 저녁 무렵에 의주에 도달하였습니다. 거기서 밀사들을 먼저 보내고 저는 혼자서 밤에 강을 건너 관문(關門)을 통과하는 데 좀 어려움을 겪었습니다.

다음 닷새를 소비하여 평양이라는 도시에 다다랐습니다. 그리고 거기에서 서울까지 무사히 여정을 마쳤습니다. 서울에서는 신자들로부터 영접을 받았습니다. 그리고 여러 가지 피곤한 일들로 인하여 여러 차례 병을 앓았습니다.

지금은 11명의 신자와 함께 배로 상해에 와서, 지극히 공경하올 주교님의 도착을 기다리고 있습니다. 많은 일로 몹시 분주하여 많은 것을 보고드리지 못합니다.

지극히 존엄하올 주교님께 조선인 김 안드레아가 올립니다.

---

[133] 본래 이 서한에는 발신일이 적혀 있지 않지만, 내용으로 볼 때 앞의 열세 번째 서한과 같은 날 작성한 것으로 보인다.

열다섯 번째 서한

(이 서한은 김대건 부제가 6월 4일 상해에 도착한 뒤에 예수회의 고틀랑 신부에게 보낸 서한이다. 그러나 현재 이 서한은 유실되었고, 서한을 보냈다는 사실만이 '고틀랑 신부의 1845년 7월 8일 자 서한'에 나타나고 있다.)[134]

---

134 Ch. Dallet 저, 안응렬·최석우 역주, 『한국 천주교회사』 하, 74~75쪽. 고틀랑(C. Gotteland, 南格祿) 신부에 대해서는 다음의 본문 내용과 주 136을 참조.

열여섯 번째 서한

리브와 신부님께

(상해에서), 1845년 7월 23일

지극히 공경하올 신부님,

저는 모든 준비를 끝낸 후 11명의 교우와 함께 배에 올랐습니다. 그들 중에서 4명만이 사공이었고 나머지는 바다를 본 적이 없는 사람들이었습니다. 게다가 모든 것을 비밀리에 또 급히 추진하다 보니 유능한 사공을 구할 수 없었고 그 밖에 아주 필요한 물건들도 놓고 왔습니다.

이리하여 음력 3월 24일(양력 1845년 4월 30일) 돛을 펴고 바다로 나아갔습니다. 교우들은 바다를 보고 아주 놀라 어디로 가는 것이냐고 서로 물었습니다. 그러나 저에게는 어디로 가느냐고 감히 묻지를 못하였습니다. 왜냐하면 제가 하는 일에 누구든 질문하는 것을 금지했기 때문입니다.

처음 하루는 순풍을 따라 항해하였습니다. 그러나 갑자기 비를 동반한 큰 폭풍우가 일어나 사흘 동안 밤낮으로 계속되었습니다. 소문에 의하면 30척이 넘는 강남(상해) 배들이 유실되었다고 합니다.

우리 배는 바다에 나가 본 적이 없는 작은 배였는데, 비바람이 거세지자 배가 파도 때문에 몹시 흔들리고 무섭게 이리저리로 내던져져서 침몰

할 지경에 이르렀습니다. 그래서 저는 본선으로 끌고 오던 종선(從船)[135]을 끊어 버리라고 명령하였습니다. 그래도 위험이 계속되었으므로 결국 우리는 두 돛대를 다 베어 버리고 식량까지 바다에 던져 버려야 했습니다. 그러자 배는 짐의 부담이 조금 덜어지기는 하였으나 거대한 파도 가운데서 비바람이 부는 대로 사방으로 내던져졌습니다.

교우들은 사흘 동안 먹지 못하여 극도로 쇠약해졌고 또 삶에 대해 절망하여 슬퍼져서 울며 "이제는 끝장이다. 살아날 수 없을 거야."라고들 하였습니다. 저는 그들에게 하느님 다음으로 우리의 유일한 희망이신 성모님의 기적의 상본을 보이면서 "겁내지 마십시오. 우리를 도우시는 성모님이 여기에 우리와 함께 계시지 않습니까." 하고 말하였습니다. 그리고 이와 비슷한 말로 될 수 있는 한 그들을 위로하고 그들에게 용기를 주었습니다.

저도 신병 중이었지만 싫은 음식을 억지로 먹으면서 일을 하며 두려움을 드러내지 않았습니다. 동시에 제가 으뜸 사공으로 채용한, 이미 예비 신자인 외교인에게 세례를 주었습니다.

배의 키가 거센 파도에 부러져 나갔습니다. 그러자 배가 바람과 파도의 충격으로 대양으로 밀려 나갔습니다. 그래서 돛들을 묶어 바다에 던지고 단단히 붙잡고 있었습니다. 그러나 줄들이 끊어지면서 돛들이 떠내려갔습니다. 이어 나무토막들을 함께 멍석에 묶어 파도를 향해 던졌는데 다시 떠내려가고 말았습니다. 이제 우리는 모든 인간적인 도움을 잊고 오직 하느님과 복되신 동정 마리아께 기대를 걸고 잠을 자기 시작하였습니다. 잠에서 깨어나 보니 비도 그치고 바람도 약해져 있었습니다. 하루가 지나자 우리는 기운을 회복하기 시작했습니다. 그래서 사람들에게 음

---

135 만일을 위해 뒤에 달고 온 작은 배.

식을 들고 주님 안에서 희망을 갖자고 하였습니다.

원기를 회복한 후 우리는 항해를 계속할 준비를 하였습니다. 그러나 돛대도, 돛도, 키도, 종선도 없었으므로 어떻게 해야 할지 몰랐습니다. 지극히 영화로우신 우리 동정 성모님께 굳게 의지하고 배에 남아 있던 나무들을 다 거둔 다음 돛대들과 키를 만들었습니다.

역풍이었으나 닷새가량 항해한 뒤 우리는 강남 땅 해안에 도착하였고, 산도 보였습니다. 그러나 돛대도 약하고 또 항해에 필요한 물건들도 부족해서 상해까지 갈 수가 없어 낙심하고 있었습니다. 중국인들에게 도움을 청하고 아니면 적어도 길을 물어보고 싶었지만, 종선이 없어서 우리가 그들에게 갈 수 없고 그들도 우리에게 올 수가 없었습니다. 그들은 도리어 우리를 피해 도망갔습니다.

우리는 이렇게 인간적인 도움의 희망을 잃은 채 오직 하느님의 도우심만 기다리고 있었습니다. 마침내 뜻밖에 산동(山東) 배 한 척이 나타났습니다. 그러나 그 배는 우리를 보더니 겁을 먹고 지나가 버렸습니다. 저는 기를 흔들고 북을 치면서 그 배를 불렀습니다. 처음에는 오려고 하지 않더니 측은한 마음이 들었는지 왔습니다. 그래서 저는 그 배로 올라가 선장에게 인사하고는 우리를 상해까지 끌고 가 달라고 청하였습니다. 그러나 그는 저의 설명도 간청도 들으려 하지 않고 오히려 자기와 함께 산동으로 가서 관례에 따라 북경을 거쳐 조선으로 귀국하도록 저에게 권하는 것이었습니다. 저는 북경으로 해서 귀국하고 싶지는 않고 배를 고치기 위해 반드시 상해로 가야 한다고 대답하였습니다. 마침내 그는 1천 원(즉 1,000pataca)을 주겠다는 약속에 제 청을 받아들였습니다.

그래서 우리는 여전히 역풍을 안고 대략 8일 동안을 항해하였습니다. 폭풍우를 만났으나 하느님의 도우심으로 무사히 견뎌냈습니다. 그러나 우리를 끌고 가는 선장의 어떤 친구의 배는 난파하여 한 사람만 제외하고 모두 다 죽었습니다. 폭풍우가 지나자 이번에는 우리에게 해적들이 나타나 우리 선장에게 "그들의 배를 끌고 가지 마라. 그들을 약탈하련다."라고 말했습니다. 이 말을 듣고 저는 그들을 폭파하라고 지시하였습니다. 그러자 그들은 우리에게서 떠났습니다.

약 7일이 걸려 (5월 28일) 오송구(吳淞口)에 도착했습니다. 관가에서 포졸들을 보내 우리에게 어디서, 어떻게, 왜 왔는지를 질문하였습니다. 이에 대해 "우리는 조선 사람이오. 큰바람이 우리를 이곳에 흘러오게 하였소. 배를 수리하러 상해로 가려 하오."라고 대답하였습니다. 영국 배의 상관들이 우리한테 왔습니다. 저는 그들에게, 우리는 조선 사람인데 선교사들을 모시러 왔다고 설명하고 동시에 우리를 중국인들로부터 보호해 주고, 또 영사관을 알려 달라고 청하였습니다. 그들은 제 청을 아주 기꺼이 받아들이고 포도주와 고기를 주며 저를 식사에 초대하였습니다.

오송에서 하루를 머무르며 그곳의 관리들을 방문하였습니다. 그들은 많은 질문을 하였고, 또 황제에게 고발하여 우리를 육지로 조선에 돌려보내게 하겠다고 말했습니다. 이에 저는 이렇게 대답하였습니다.

"나는 두 민족 사이의 관례를 모르지 않소. 하지만 육지로 해서 조선으로 돌아가고 싶지는 않소. 황제에게 우리의 도착을 알리는 것도 원치 않으니 그에게 보고하지 마시오. 그러나 황제에게 보고하든 안 하든 내게는 별 상관이 없소. 배를 고치면 나는 조선으로 돌아갈 것이오. 그러니 우리 때문이라면 아무 걱정도 하지 마시오. 당신들은 내가 당신들 제국 해안에 상륙했다는 사실만 알고 있으면 되고, 나는 당신들 지방의 물을 마시고 그 땅을 밟기만 하면 되오. 다만 완전한 자유를 가지고 싶소. 이 밖에 또 조선 배가 배를 수리하러 상해로 갈 것이니, 상해 관장은 그 배 때문에 불유쾌하게 생각하거나 염려하는 일이 없도록, 그리고 상해 관리에게는 그 배가 방해나 어떤 불안 같은 것들을 겪지 않고 머무를 수 있게 허락해 주도록 그 관리에게 편지를 써 주기를 부탁하오."

관리들은 제가 영국인들과 교섭하는 것을 본 후에 "저 사람은 조선 사람인데 어떻게 영국인들과 친구처럼 친하게 지내고 그들 말을 알아듣는가?"라면서 대단히 놀라워했습니다.

오송에서 출범하여 상해 항구로 들어갔습니다(6월 4일). 두 영국인이 와서 그들과 같이 가자고 청해 왔습니다. 그래서 저는 배를 중국인 안내자에게 맡기고 영국인들의 작은 배로 내려가 타고 상해로 인도되었습니다. 거기서 영국인들에게 저를 영사에게로 인도할 안내자를 청하였습니다. 아서 존 엠슨(Arthur John Empson)이라는 영국인이 프랑스 말을 할 줄 알아서 저를 위해 영사에게 편지를 써 주었습니다. 영사로부터 우대를 받고 그에게 필요한 모든 것을 설명하고 또 우리를 중국인으로부터 보호해 달라고 부탁하였습니다. 페레올 주교님이 영사에게 우리의 도착을 미리 알려 놓았고, 또 우리를 보호하도록 부탁하였으므로 영사는 이미 우리가 올 것을 알고 있었습니다.

그 후 신자들한테로 와서 거기서 이틀을 기다렸더니 고틀랑(Gotteland)[136] 신부님이 오셨습니다. 그 신부님에게 580원(즉 580pataca)을 받았는데, 400원은 중국인 인도자에게 주고 약 30원은 신자들을 위해 썼습니다.

그러는 동안 상해의 관리들이 부하들을 조선인들에게 보내 많은 질문을 하게 하였고, 수비를 두어 밤에 감시하게 하였습니다. '타오태(Taottai, 道臺)'[137]도 직접 부하들을 거느리고 배를 보러 왔으며, 돌아가서는 쌀 스

---

[136] 고틀랑(Claude Gotteland, 南格祿, 1803~1856) : 프랑스 출신의 예수회 선교사. 1842년에 상해 부근의 오송에 도착하여 활동을 시작했다. 그는 1842년에 김대건 신학생에게 도움을 주었고, 1845년 상해에 온 김대건 부제 일행에게 고해성사를 주고 미사를 집전해 주었다.

[137] '도원(道員)'의 별칭으로, 청의 지방관이다.

무 말[138]과 고기 스무 근[139]을 보냈습니다.

배로 돌아오니 교우들이 당황해하고 있었습니다. 왜냐하면 관리들이 그들에게 많은 질문을 하였고, 또 중국인 수천 명이 구경하러 몰려들었기 때문입니다. 관리들은 제가 배로 돌아온 것을 알자 부하들을 보낸 이유, 각자의 이름과 나이와 체류지 등등을 묻게 하였습니다. 저는 아주 간단히 대답했습니다. 그러나 관리들에게 다시는 사람들을 보내 저를 귀찮게 하지 말아 달라고 충고하였습니다. 그런 다음 쌀과 고기를 돌려보내라고 지시하였습니다.

저는 여러 가지 일과 귀찮은 일들을 처리하기 위해 한두 번 관리들을 찾아갔었습니다. 상해의 관리들은 모든 것을 송강부(松江府)[140] 관리에게 보고하였습니다. 그러나 그 관리는 저를 알고 있으며, (아마 제가 세실 씨와 함께 있을 때 저에 관한 이야기를 들었을 것입니다.)[141] 제가 상해에 마음대로 머물러 있어도 좋다는 회답을 보냈습니다. 그런데 호기심에서 중국인들이 너무 몰려들었기 때문에 저는 몽둥이로 그들을 물러가게 하였고, 저에게 불법적으로 행동한 관가의 어떤 부하들은 말로 꾸짖었습니다. 이들은 그들의 관리들에게 처벌을 받았습니다.

상해 주민들은 저를 큰 인물로 생각하고 있고, 관리들은 제가 영국인들과 친하게 이야기하는 것을 보고 '쿠쿠애(Koukouai, 古怪)'[142]라고 하며, 많은 것에 대해 의심스럽게 곰곰이 생각하고 있습니다.

---

138 원문에는 20modius라고 나온다. modius는 양곡 단위.
139 원문에는 20libra로 나온다. libra는 추(錘)를 뜻하는 중량 단위.
140 중국 강남의 연해 지역에 있던 도시였는데, 지금은 상해시에 속해 있다.
141 이처럼 송강부 관리가 김대건을 안다고 한 이유는, 1842년 남경조약이 체결될 당시에 김대건 신학생이 세실 함장과 함께 그곳에 참석한 것을 보았기 때문일 것이다.
142 '기괴하다', '괴상하다'라는 뜻의 중국어.

하루는 관리들이 사람을 보내어 우리가 언제 떠나느냐고 물었습니다. 그들에게 "나는 배를 고치기 위해 아직 여기에 더 머물러 있어야 하오. 게다가 고관인 프랑스인 세실이 곧 이곳에 올 것이라는 말을 들었으므로 그를 만나기 위해서도 남아 있고 싶소." 하고 대답하였습니다. 관리들은 우리가 출발할 날을 무척 기다리고 있습니다. 관직을 잃게 될까 두려워들 하고 있기 때문입니다.

모든 것을 자세히 설명해 드릴 필요는 없다고 생각합니다. 사실 그럴 시간도 없습니다. 그래서 여기서 이만 줄입니다. 이미 배는 다 수리되었고 지금은 종선을 만들고 있습니다.

모두들 주님 안에서 잘들 있습니다. 조선의 주교님의 도착을 날마다 애타게 기다리고 있습니다. 영국 영사도 잘 있고 우리를 매우 잘 돌보아 주고 있습니다. 베시 주교님은 아직 돌아오시지 않았는데 도중에 병이 나셨습니다. 남경에 작은 박해가 일어났습니다.

사공들과 조선 포교지를 위해 수고를 많이 한 분들을 위해 신부님께 상본과 패(牌)들을 청합니다. 그 밖에 학자 성 토마스, 가롤로, 우리 주님의 양부이신 성 요셉, 성 요한 사도의 상본들과 십자가 상본들을 청합니다. 신부님을 위해 조선 물건들을 좀 가지고 왔습니다. 지금은 보내드릴 기회가 없습니다. 주교님이 오시면 보내드릴 수 있을 것으로 바라고 있습니다. 조선 포교지로 보내실 물건들은 모두 보내 주십시오. 그리고 제가 아는 신부님들에게 편지하실 때 제 인사를 전해 주십시오. 신부님께 벌써 편지를 올려야 했으나 여러 가지 일 때문에 못 하고, 게다가 고틀랑 신부님이 여기에 있는 보고서[143]들을 한번 읽어 보시기를 원하셨기 때문

---

[143] 이 보고서는 바로 김대건 부제가 서울에서 가지고 온 "1845년 3월과 4월에 쓴 조선 순교사와 순교자들에 관한 보고서"였다(이에 대해서는 다음의 보고서 내용 참조).

입니다.

조선에서 팔 만한 물건은 갖가지 색깔, 특히 흰색의 서양 포목과 여러 가지 색깔의 명주, 갖가지 색깔, 특히 붉은색과 녹색의 천, 중국 포목과 이와 비슷한 것들입니다.[144]

교우들이 신부님께 인사드립니다.

공경하올 신부님께 부당하고 무익한 아들 김해 김 안드레아가 올립니다.

추신

페레올 주교님께 간단한 편지[145]를 쓰겠습니다. 만일 그곳에 계시지 않고 출발하셨다면, 신부님께서 그 편지를 읽고 적당히 처리해 주십시오.

---

144 이 물건들은 바로 조선에 귀국하여 활동할 때 필요한 경비를 대기 위한 것들이었다.
145 이 편지가 바로 다음의 열일곱 번째 서한(1845년 7월 23일 자)이다.

조선 순교사와 순교자들에 관한 보고서[146]

(서울에서, 1845년 3~4월)[147]

1. 조선 순교사에 관한 보고서

제1부 : 조선 교회 설립에 관한 개요

조선은 처음부터 잡다한 여러 가지 미신과 우스꽝스러운 토속 신앙에 사로잡혀 있었습니다.

조상의 신령, 중국 철학인 유교, 석가의 불교, 또 성주(집을 지키는 신), 터주(집터를 지키는 신), 삼신(三神, 아기를 점지한다는 신), 제석(帝釋, 수호신), 구능(軍雄, 수호신), 말명(萬明, 선조들의 신성), 서낭당(城隍堂, 일반적인 수호

---

[146] 이 문서는 서한이 아니라 "1845년 7월 23일 자로 리브와 신부에게 보낸 서한"에 동봉된 '보고서(relationes)'였다. 이는 본 보고서의 맨 마지막 부분에서 "마카오에 계시는 존경하올 리브와 대표 신부님께 올립니다."라고 한 내용에 의해서도 뒷받침되고 있다. 이 보고서는 크게 두 부분으로 나뉘어 있는데, 첫 번째 부분은 "1839년까지의 조선 천주교회사"로, 여기에는 '조선 교회 설립에 관한 개요'와 '1839년 기해박해의 진상'이 설명되어 있으며, 두 번째 부분은 "1839년 기해박해의 순교자 전기"로 여기에는 '1839년에 순교한 성직자들의 행적(신부님들의 순교 및 조선의 형벌·감옥·재판 등에 대한 설명 포함)'과 '1839년에 서울에서 순교한 주요한 순교자들의 행적'이 수록되어 있다. 김대건 부제는 이 보고서를 1845년 서울에 있으면서 작성했음이 분명하며, 그 기초 자료들은 현석문(가롤로) 등이 그동안 수집해 온 자료들이었을 것이다. 그러므로 이 보고서 내용은 훗날 『기해일기』로 편집되는 원자료들의 일부였다고 할 수 있다. 현재 이 보고서는 라틴어 원본과 프랑스어 역본이 남아 있다.

[147] 이 보고서는 1845년 3월과 4월 사이에 작성되었다. 보고서 원문에는 발신일이 '1845년 7월 23일', 수신일이 '1845년 10월 14일'로 기록되어 있다.

신), 영등(靈登, 바람을 관장하는 신), 태백(太白, 선인과 악인을 상별하는 가족 즉 가정의 신), 관우(關羽, 전쟁의 신), 직성(直星, 사람의 나이에 따라 그 운수를 맡아본다는 9개의 별), 미륵(彌勒) 등을 주로 섬기고 있습니다.[148]

주요한 종파는 불교의 여러 종파, 무당, 하늘, 곤지학(Kontsihak), 대우긴(Taioukin), 소우긴(Sooukin) 등입니다.[149]

처음부터 이처럼 가소로운 오류들 가운데 처해 있으면서도 양심이 올바른 사람들 몇 명이 자연적이고 이성적인 빛으로 참 하느님을 인식하고 종교를 통하여 하느님을 섬겼습니다. 이럴 즈음에 북경에서는 예수회[150] 회원들이 높은 관직에 오르고 학자의 칭호를 얻은 이들도 있어서 그들의 명성이 자자했습니다. 북경을 드나들던 조선 사신들에 의하여 조선에 천주교 사상이 전파되었고, 천주교 서적들이 전해졌습니다. 같은 시기에 홍유한(洪儒漢)[151]이라는 철학자는 이미 만물의 창조주이신 하느님이 계시다는 것을 자연적 사물의 이치로 스스로 깨닫고, 가톨릭교회의 서적을

---

[148] 위에 적은 미신과 토속 신앙의 신들에 대한 설명은 대체로 그르지 않다. 그러나 이를 좀 더 보완 설명한다면, "제석"은 집안사람들의 수명·곡물·의류 및 집안의 안녕을 맡아보는 신으로 무당이 신봉하는 신의 하나이고, "구눙"은 무당의 열두 거리 굿에서 아홉 번째로 부르는 귀신의 하나이며, "말명"은 무당의 열두 거리 굿에서 열한 번째로 부르는 귀신의 하나로, 김유신(金庾信) 장군의 어머니를 신격화하여 위하는 신도 이에 속한다. 그리고 "영등"은 영등날 세상에 내려와서 집집마다 다니며 농촌 실정을 조사하고 20일 만에 하늘로 올라간다는 할머니 신, "관우"는 중국 삼국 시대 촉한의 무장인 관우를 신격화한 것이다.

[149] 여기서 말하는 곤지학, 대우긴, 소우긴 등이 무엇을 지칭하는 것인지는 알 수 없다.

[150] 예수회(Society of Jesus, 耶蘇會) : 1540년 9월 27일 교황 바오로 3세의 회칙에 의해 정식 설립된 성직 수도회. 로욜라의 이나시오(Ignatius de Loyola)와 6명의 동료가 1534년 8월 15일 파리에서 행한 서원에서 기원했다. 1773년에 해산되었다가 1814년에 재건되었다. 예수회는 1549년 일본에, 1582년 중국에 진출하였는데, 중국에서는 명말·청초에 황제의 인정을 받아 회원들이 궁정 학자나 관리로 활동하기도 하였다.

[151] 홍유한(1726~1785) : 호는 농은(隴隱). 조선 후기의 학자로 실학자였던 성호(星湖) 이익(李瀷)의 제자. 1757년 이래 서울 아현동에서 충청도 예산, 경상도 순흥 등지로 이주해 살다가 일생을 마쳤는데, 이 기간에 그가 천주교 교리에 입각하여 신앙생활을 하였다고 주장하는 이들도 있다.

연구함으로써 진리를 이해했으며, 비록 세례는 받지 않았지만 천주교 신자처럼 하느님을 공경하기 시작하였습니다. 그러나 아직 천주교에 대한 기초 지식도 없었고, 교회의 법규도 몰라서 단지 매달 일곱 번째 날을 거룩하게 지킬 정도였습니다. 물론 이것도 어느 정도 옛 전통을 따라 일곱 번째 날을 다른 날보다는 공경할 만한 날이라고 알았을 뿐이었습니다. 그는 천수를 누리고 성덕을 찬양받으면서 생애를 마쳤습니다.

그 이후로 다른 많은 철학자도 결국은 우주 만물을 창조하시고 섭리하시는 하느님을 인식하기에 이르렀습니다. 그들 중에서도 유명한 사람이 이벽(李檗)[152]이라는 분이었는데, 그는 후에 세례자 요한이라는 세례명으로 세례를 받았습니다. 그는 큰 학자로서 참 하느님의 교리에 대하여 많이 연구하였습니다. 그리고 당시 북경에서 하늘의 주님을 섬기는 종교 즉 천주교가 성행한다는 이야기를 듣고 사람을 보내 천주교 서적들을 가져오게 하려고 작정하고 있었습니다.

얼마 동안의 기간이 지난 후(1783년 겨울), 동지사(冬至使) 사절단이 북경을 향하여 출발하게 되었는데, 그 사절단의 제3인자인 서장관(書狀官)[153]의 아들 이승훈(李承薰)[154]이라는 사람이 이벽을 찾아가서 자기가 아

---

[152] 이벽(1754~1785) : 세례명은 요한 세례자. 호는 광암(曠菴). 서학서를 읽다가 천주교에 관심을 두게 되었고, 이승훈(베드로)과 함께 천주교를 전파하였다. 1784년 겨울, 서울 수표교 근처에 있는 그의 집에서 세례식이 거행되면서 조선 천주교회가 설립되었다. 그러나 1785년의 을사추조적발사건(乙巳秋曹摘發事件)으로 인해 집안에서 신앙을 버릴 것을 강요받다가 1785년에 병사하였다.

[153] 서장관은 사신 행차에서 정사와 부사 다음가는 직책이었는데, 당시 이승훈의 부친인 이동욱(李東郁, 1739~?)이 바로 1783년 겨울에 서장관으로 임명되었다.

[154] 이승훈(1756~1801) : 세례명은 베드로. 호는 만천(蔓川). 1783년 겨울, 연행사(燕行使)의 서장관(書狀官) 부친을 따라 북경에 가서 선교사들을 만났고, 1784년 봄에 세례를 받았다. 귀국한 후에는 이벽 등과 함께 조선 천주교회를 설립하였다. 그러나 1791년의 진산사건(珍山事件) 이후 교회 활동에서 멀어졌고, 1801년의 신유박해 때 체포되어 4월 8일 서소문 밖 형장에서 참수되었다.

버지를 따라 중국으로 떠나게 되었음을 알렸습니다. 그래서 이벽은 좋은 기회를 잡게 된 것입니다. 이벽은 이승훈에게, 북경에 도착하거든 예수회 회원들이라는 서양 사람들을 찾아가 만나서 그들로부터 천주교라는 종교의 서적을 얻어 오라고 일렀습니다. 그리하여 이승훈은 북경에 도착하자마자 북경의 주교님[155]을 방문하였습니다. 그는 주교님으로부터 큰 환영을 받고 세례를 받았는데[156] 세례 때에 베드로라는 세례명을 받았습니다.

그가 북경을 떠나올 때 가톨릭교회의 서적과 성물을 조선에 가지고 왔습니다. 이리하여 1784년에 천주교가 조선에 소개되었습니다. 그래서 많은 학자와 관인들이 가톨릭교의 진리를 깨닫고 여기에 매혹되어 그리스도께 가담하기 시작하였습니다. 지위나 신분의 높고 낮음을 막론하고 모든 계층의 많은 사람이 선조로부터 이어받은 오류를 벗어나 참 하느님께로 전향하기 시작하였습니다.

그 당시 이승훈, 권일신(權日身),[157] 이존창(李存昌) 즉 이단원,[158] 최창

---

[155] 이것은 오류인데, 북경교구장 구베아(A. de Gouvea, 湯士選, 1751~1808) 주교가 북경에 부임한 것은 1785년이었으므로 이승훈은 그를 만날 수 없었다.

[156] 이승훈에게 세례를 준 사람은 구베아 주교가 아니라 당시 북당(北堂)에 남아 있던 프랑스계 예수회원인 드 그랑몽(Jean-Joseph de Grammont, 梁棟材) 신부였다.

[157] 권일신(1742~1791) : 세례명은 프란치스코 하비에르, 호는 직암(稷菴). 권철신(權哲身, 암브로시오)의 동생. 경기도 양근(楊根) 출신으로 1784년 이벽의 권유로 입교하였고, 그해 겨울에 있은 세례식에서 세례를 받았다. 1786년에는 '가성직제도'에서 신부로 활동하였다. 1791년의 신해박해 때 제주도로 위리안치(圍籬安置)되는 형을 선고받았으나 유배지가 예산으로 바뀌어 그곳으로 가던 중에 선종하였다.

[158] 이존창(1759~1801) : 세례명은 루도비코 곤자가. '단원'은 별명. 충청도 예산의 여사울에서 태어났다. 경기도 양근의 권철신 형제에게 학문을 배우다가 1784년 겨울에 권일신으로부터 세례를 받았다. 이후 그는 충청도 내포(內浦) 지방에서 복음을 전파하는 데 힘써 '내포의 사도'라 불렸고, '가성직제도'에서 신부로 임명되어 활동하였다. 1791년 신해박해 때 체포되어 배교했으나, 곧 죄를 뉘우치고 신앙생활을 하였다. 1795년에 다시 체포되어 공주에서 옥살이하였다. 1801년 4월 10일 공주에서 처형되었다.

현(崔昌顯),¹⁵⁹ 유항검(柳恒儉)¹⁶⁰ 등이 아주 열성적이었습니다. 그들은 자기들끼리 주교와 사제들을 선출하고 세례, 견진, 고해 등 온갖 성사들을 집전하였습니다. 그리고 많은 신자가 모여 거창하게 미사를 드렸습니다.¹⁶¹

신자 수가 증가함에 따라 그 주교와 사제들은 조선 전체를 천주교로 전향시키려 진력하였습니다. 그러다가 그들은 우연히 자기들의 과오를 깨닫게 되자 즉시, 미사 거행과 성사 집전을 중지하고 북경 주교님에게 사람을 보내어 자기들의 포교 방법과 지금까지의 모든 행적을 보고하도록 했습니다.¹⁶²

이 모든 사실을 들은 북경 주교님은 앞으로는 그 주교와 사제들이 더 이상 성사를 집행하지 말도록 명하였습니다. 그들은 이 명령에 그대로 순종하였고 그들의 잘못을 뉘우쳤습니다. 그리고 나중에 박해가 일어나자 그들은 모두 신앙을 위하여 목숨을 바쳤습니다.

종교 활동은 별로 오래 자유를 누리지 못하였습니다. 조선에 천주교

---

159 최창현(1759~1801) : 세례명은 요한. 초기 교회의 총회장. 역관 집안 출신. 집이 입정동(笠井洞)에 있었기에 '관천(冠泉)'이라고 불렸다. 입교한 뒤 교회 서적을 필사하여 전파하는 데 앞장섰다. 신유박해 때 체포되어 문초를 받을 때 마음이 약해졌다가 곧 이를 뉘우치고 신앙을 증언한 뒤, 4월 8일 서소문 밖 형장에서 순교하였다.

160 유항검(1756~1801) : 세례명은 아우구스티노. 전주 초남이 출신. 권일신에게 천주교 교리를 배웠고, 이승훈에게 세례를 받았다. 이후 그는 고향으로 내려와서 복음을 전파하였고, '가성직제도'에서 신부로 활동하기도 하였다. 신유박해 때 체포되어 서울에서 대역부도의 판결을 받고 다시 전주로 이송되어 10월 24일 남문 밖에서 순교하였다.

161 이른바 '가성직제도(假聖職制度)'를 말한다. 이 제도는 1786년 가을부터 1787년 봄까지 시행되었으며, 이승훈 · 권일신 · 이존창 · 홍낙민 · 최창현 등이 사제로 활동하였다. 하지만 이것이 독성죄(瀆聖罪)에 해당하는 것을 알게 된 후에 폐지되었다. 현재 연구자들에 따라 '가성직제도' 대신에 '모방 성직 제도', '평신도 교회 운영제', '평신도 성직 제도' 등 다양한 용어로 사용되고 있다.

162 당시 조선 교회의 밀사로 선택된 사람은 윤유일(尹有一, 바오로)이었다. 그는 1789년 말에 북경에 가서 구베아 주교를 만나고 돌아왔으며, 이듬해에 두 번째로 북경을 다녀오게 되었다. 그는 첫 번째에 주교로부터 가성직제도를 폐지하라는 명령을 받아 왔고, 두 번째에는 성직자 파송의 약속과 조상 제사 금지령을 함께 받아 왔다.

가 소개된 지 7년 후, 즉 1791년에 조선 왕국의 조정 대신 중 벽파(僻派)가 시파(時派)를 반대하여 들고일어났습니다. 벽파의 반대파를 시파라 불렀는데, 시파에 의하여 천주교가 조선에 도입되었습니다. 그래서 벽파는 시파에 대한 모든 원한을 천주교인들에게 쏟았습니다. 그들은 천주교라는 이름을 말살하기 위하여 왕의 허가를 받아 박해를 일으켰습니다. 왕은 마지못해 억지로 허가하였습니다. 첫 번째 전국적 박해(신해박해)였습니다.[163]

이 박해에서 탁월한 학자인 윤지충(尹持忠) 바오로[164]가 그리스도의 신앙을 위하여 용맹하게 투쟁하다가 가톨릭교의 신앙을 위하여 거룩한 피를 흘려 순교하였습니다. 이분이 바로 조선의 첫 번째 순교자입니다.

그 후 몇 년 동안 비교적 평온한 상태가 계속되었으나, 1795년에 이르러 박해(즉 두 번째인 을묘박해)가 일어나 많은 신자가 죽임을 당하였습니다.[165] 바로 그 해에 중국인 주문모(周文謨) 야고보 신부가 조선에 파견되었습니다. 그 후 7년 동안 신자들은 평화를 누렸습니다. 그동안에 신자 수가 많이 늘어났습니다. 그러나 천주교인에게 관대하게 대하던 왕(즉

---

163 신해박해(辛亥迫害) : 1791년 전라도 진산(珍山, 현 충남 금산군 진산면) 땅에 살던 윤지충(尹持忠, 바오로)이 모친상을 당하였음에도 이종사촌 권상연(權尙然, 야고보)과 함께 교회의 가르침에 따라 제사를 하지 않은 일이 있었다. 이 일은 소문으로 확산되어 조선 정부에까지 알려졌다. 결국, 윤지충과 권상연은 1791년 12월 8일(음 11월 13일) 전주에서 순교하였다. 이 진산사건으로 다른 지방에서도 박해가 일어나 경기도에서 권일신 · 최창주(마르첼리노) 등이, 충청도에서 이존창 · 원시장(베드로) 등이, 서울에서 이승훈 · 최필공(토마스) · 최필제(베드로) 등이 체포되었다.

164 윤지충(1759~1791) : 세례명은 바오로. 자는 우용(禹用). 유명한 화가 윤두서(尹斗緖)의 증손자. 1783년 진사시 합격. 1786년경 고종사촌 정약전에게 교리를 배운 뒤 이듬해 이승훈에게 세례를 받았으며, 그의 명성을 듣고 찾아오는 사람들에게 교리를 가르쳤다. 폐제 분주(廢祭奔主) 사건으로 외종사촌 권상연과 함께 전주 풍남문 밖에서 참수되어 순교하였다.

165 을묘박해(乙卯迫害) : 1795년 한영익의 밀고로 주문모 신부의 입국 사실이 조정에 알려졌다. 주 신부는 피신했으나, 윤유일(尹有一, 바오로) · 최인길(崔仁吉, 마티아) · 지황(池璜, 사바)이 체포되어 포도청에서 매를 맞고 6월 28일(음 5월 12일)에 순교하였다.

정조)이 세상을 떠나자, 나라의 최고 권력이 김 대비(즉 정순왕후)에게로 돌아갔습니다.

그래서 노론이라고도 불리던 벽파 사람들은 여러 해 동안 남인의 세력 밑에서 숨을 죽이고 있다가, 이제 남인들에게 반기를 들고 일어났던 것입니다. 벽파 사람들은 천주교를 적대시하고 있었고, 남인들은 대개가 시파로 천주교에 호의적이었습니다. 남인 중 많은 사람이 천주교 신자였습니다. 이제 나라의 실권이 남인에서 노론에게로 넘어간 것입니다.

이리하여 노론의 벽파에 속한 정순왕후(貞純王后)는 벽파 노론의 대신들의 권고대로 주로 천주교 신자들을 박해하여 조선에서 천주교 신자들의 이름을 말살하려고 광분하였습니다. 그리하여 모든 그리스도의 종들이 사형되도록 칙령을 내렸습니다.[166] 이것이 조선에 천주교가 들어온 지 18년 만에, 즉 1801년에 일어난 세 번째 박해(辛酉迫害)였습니다.

이 박해로 수많은 고관과 양반들, 또 왕의 제수 등 왕족의 신자 부인들[167]까지 죽임을 당하였습니다. 주문모 야고보 신부님도 김여삼(金汝三)[168]이라는 마귀 같은 신자의 배반으로 순교의 화관을 받았습니다.

그러나 마침내 박해자 김 대왕대비가 죽자 몇 년 동안 신자들에게 평화가 주어졌습니다. 그러나 얼마 지나지 않아 1816년에 신자들에 대한 대박해가 맹위를 떨쳤습니다.[169] 이 네 번째 박해에서 조선 신자들 사이

---

166 1801년 1월 10일(음력), 대왕대비(정순왕후 김씨)의 이름으로 이른바 신유박해를 알리는 「척사윤음(斥邪綸音)」이 반포되었다.

167 정조의 이복동생인 은언군(恩彦君)의 부인 송 마리아와 며느리 신 마리아는 세례를 받은 일과 주문모 신부를 숨겨준 일이 드러나 1801년 4월 29일에 사사(賜死)되었다.

168 김여삼 : 배교자이자, 밀고자. 충청도 출신으로 서울로 이주한 뒤 교우인 형제들의 만류에도 신자들을 밀고하거나 금품을 갈취했다.

169 신유박해 이후의 박해로는 1815년에 경상도에서 일어난 을해박해(乙亥迫害), 1827년에 경상도·전라도·충청도 등지에서 일어난 정해박해(丁亥迫害)가 있는데, 위의 본문 내용으로 볼 때 1816년의 박해는 이 중에서 1827년의 정해박해를 가리키는 것 같다.

에 유명한 김군미 암브로시오[170]는 그리스도의 신앙 때문에 자진하여 잡혔습니다. 전하는 말에 의하면 그는 하느님의 지시에 따라 46일 동안 옥중에서 음식 한 톨, 물 한 모금도 입에 대지 않고 감옥 안에서 사망하였다고 합니다.

거의 같은 시기에 왕의 총애를 받고 있던 황사영(黃嗣永) 알렉시오[171]라는 고명한 철학자가 이 땅의 천주교가 너무나도 억압당하고 괴로운 처지에 있음을 보다 못해, 교황청에 교묘하게 편지를 써서 종교의 자유를 폭력으로 얻기 위하여 군함을 보내 주시도록 청하였습니다. 그러나 이 편지는 의주(義州)에서 포졸들에게 들켜 압수되었습니다.[172] 이 편지를 뜯어보니 흰 종이 외에는 아무 글씨도 보이지 않았습니다.[173] 이 편지가 교묘하게 쓰인 것을 알아차린 자들이 읽는 방법을 알아내서 모든 내용을 판관에게 보고하였습니다. 그 편지를 전하려던 사람[174]도 잡혀 수도인 서

---

170 김군미(1761~1828) : 본래 이름은 김세박(金世博). 관명은 언우. 서울의 역관 집안에서 출생. 교회 설립 직후에 입교했고, 지방으로 내려가 교회 서적을 필사하여 팔며 선교에 열중하였다. 1827년의 정해박해 때 안동 진영에 자수하였고, 1828년 대구 감영으로 이송되어 갇혀 있다가 12월 3일(음 10월 27일)에 옥사로 순교하였다.

171 황사영(1775~1801) : 세례명은 알렉시오. 1790년 정약용의 맏형 정약현의 딸 명련(일명 난주, 마리아)과 결혼했고, 정씨 형제들과 가깝게 지내면서 천주교를 접하게 되었다. 1791년 이승훈에게서 천주교 서적을 얻어 보고 교리를 이해하고, 정약종 등과 함께 교리에 관해 연구하고 입교하였다. 명도회(明道會)의 주요 회원으로 활동했고, 교회 서적을 필사하여 교우들에게 나누어주기도 하였다. 신유박해가 일어나자. 제천 배론으로 피신하여 북경의 선교사들에게 박해의 소식을 알리고, 교회 재건을 위한 도움을 받기 위해 「백서(帛書)」를 작성하였다. 그러나 체포되어 1801년 12월 10일(음 11월 5일) 서소문 밖 형장에서 처형되었다.

172 황사영의 「백서」는 의주에서 압수된 것이 아니었다. 「백서」는 본래 황심(黃沁, 토마스)이 소개한 옥천희(玉千禧, 요한)를 통해 북경의 구베아 주교에게 전달할 계획이었다. 그러나 옥천희가 1801년 6월(음)에 북경에서 돌아오다 의주에서 체포되었고, 10월 22일에 황심이 체포되었다. 황심의 자백으로 황사영이 배론에서 체포될 때 「백서」도 압수되었다.

173 「백서」가 눈에 보이지 않도록 비밀스럽게 쓰였다는 말은 훗날 신자들 사이에 과장되어 전해진 것으로 생각된다.

174 황심(黃沁, 토마스)과 옥천희(玉千禧, 요한).

울로 압송되었습니다.

  이후로는 신자들에 대한 박해가 더욱 악랄해졌습니다. 알렉시오는 단지 종교 문제 때문뿐만 아니라 자기가 작성한 이 편지로 인하여 더욱 혹독한 형벌을 당하였고, 그의 시체는 여섯 토막으로 찢기었습니다.

  그 후 1819년, 1828년, 1833년, 1836년에도 신자들에 대한 박해가 일어나[175] 많은 신자가 신앙을 위하여 극복될 수 없는 항구심으로 많은 피를 흘렸습니다. 특히 조선의 두 번째 지역인 충청도[176]에서는 여러 차례 박해가 일어나 많은 교우촌이 파멸되었습니다.

  이렇게 조선의 신자들은 33년 동안[177] 목자 없이 지냈습니다. 그동안 하느님의 보호로 신자들의 수는 줄지 않고 나날이 늘어갔습니다.[178] 마침내 자비로우신 하느님께서 조선에 목자들을 허락하셨습니다. 그리하여 1831년에 중국인 유 파치피코(劉方濟) 신부가 입국하였다가, 1835년에 중국으로 되돌아갔습니다.[179] 이윽고 1834년에 파리 외방전교회 소속의 모방(P. Maubant) 신부님이 조선에 들어왔고, 1835년에는 샤스탕(J. Chastan) 신부님이, 그리고 1836년에는 조선 대목구장이신 앵베르(L. Im-

---

[175] 신유박해 이후 1839년의 기해박해 때까지 지방에서 일어난 박해로는 을해박해와 정해박해를 들 수 있다. 그러나 1816년, 1828년, 1833년, 1836년에 구체적으로 어떠한 박해가 있었는지는 정확히 밝히기 어렵다.

[176] 원문에는 충청도가 '두 번째 지역'으로 되어 있지만, '당시 조선 천주교회에서 두 번째로 신자가 많았던 지역'으로 이해하는 것이 옳을 것 같다.

[177] 1801년의 신유박해로 주문모 신부가 순교한 뒤부터 1834년 1월에 중국인 유 파치피코(유방제, 余恒德) 신부가 조선에 입국할 때까지를 말한다. 유 파치피코 신부는 3년간 활동하다가 모방 신부의 지시로 1836년 12월에 중국으로 돌아갔다. 그 후, 자신의 연고지인 섬서(陝西)·산서(山西) 대목구에서 사목하다가 1854년에 선종하였다.

[178] 조선 천주교회의 신자 수는 1801년 무렵에 약 1만 명이었다가 신유박해로 감소했고, 1838년 말에 9,000명으로 늘었다가 기해박해로 다시 줄어들었다. 신자 수가 다시 1만 명이 된 것은 1846년경이었다.

[179] 유 파치피코 신부가 조선에서 활동한 기간은 1834년 1월부터 1836년 12월까지였다.

bert) 주교님이 입국하였습니다.[180]

이리하여 외교인들의 전향이 쉬울 것같이 보였습니다. 신자들의 수도 많이 늘어나고 신앙의 열성이 증가할 뿐만 아니라 모든 일에 활기를 띠기 시작하였습니다. 그러나 조선에 천주교가 도입된 지 55번째 (해인) 1839년에 김여상 요한(즉 김순성)이라는 새 신자가 돈에 눈이 어두워 먼저 일반 신자들, 그리고 다음에는 신부님들까지 밀고하였습니다. 그 결과 조선 교회에 다섯 번째 박해(己亥迫害)가 일어났습니다.

대왕대비는 이러한 박해를 말리려 하였으나 당시 세력을 뻗기 시작한 벽파 대신들, 특히 영사(領事) 조만영(趙萬永)의 뜻을 꺾을 수가 없었습니다. 이 박해에서 조선 대목구장이신 앵베르 주교님, 모방 신부님, 샤스탕 신부님과 거의 200여 명이나 되는 신자들이 순교하였습니다. 이제 조선 교회의 순교자 수는 800명 또는 그 이상을 헤아리게 되었습니다.

1839년 이후 오늘까지 5년 동안은 신자들이 평화를 누릴 수 있었습니다. 그러나 목자 없이 울고 탄식하며 지내야 했습니다.

저는 자비롭고 은혜로우신 아버지 하느님께서 조속히 조선에 목자들을 보내시어 흩어진 양들을 모으시고, 한 목자 아래 한 양우리를 이루게 되기를 간절히 희망하고 있습니다.

제2부 : 1839년 기해박해(己亥迫害)의 진상

실로 서글픈 일은, 갓 태어난 교회 초창기부터 언제 어디서나 거짓 형제들이 있었다는 사실입니다. 사도들 시대에도 성 바오로가 증언한 대로

---

[180] 이 기록도 사실과 다르다. 모방 신부는 1836년 1월 12일에, 샤스탕 신부는 1836년 12월 31일에, 앵베르 주교는 1837년 12월 19일에 조선에 입국하였다.

교회의 요람에서조차 열두 사도들 가운데 배반자 유다가 있었고, 그는 적잖은 자기 제자들을 사방에 만들어 놓았다는 사실이 저에게는 그리 놀랍게 보이지 않습니다.

여기 조선에서도 거짓 신자들 때문에 여러 번 박해가 일어났습니다. 그들 중에 특히 김여삼은 1801년에 조선 교회에 큰 해악을 끼쳤습니다.

김여상(즉 김순성)은 요한이라는 세례명으로 신자를 자처한 자인데, 1839년에 신자들에게 최대의 재난을 가져다주었습니다. 그는 양반 출신으로 20세 때에 아내와 함께 천주교에 입교하여, 처음에는 천주교 법규를 충실히 준수하였습니다. 그는 신앙 때문에 부모에게 가혹한 박해를 받았으나 잘 견디어 냈습니다. 결국에는 가족 전체에게 시달림을 당한 그는 하느님을 섬기기 위해 모든 것을 버리고 그의 아버지 집에서 도망쳐 나왔습니다. 그는 30세가 되었을 때 극도의 빈곤에 시달리면서 지극히 가난하게 살았습니다. 그러나 그의 악한 생활 태도 때문에 신자들에게 존경받지 못하였습니다.

그 후 1838년 11월쯤에 그는 포졸한테 가서 돈을 받고 몇몇 신자들을 배신하여 팔아넘겼습니다. 그다음 그가 알고 있던 모든 신자의 이름을 적은 수첩을 포졸들에게 갖다 바쳤습니다. 그때 제2 재판소인 포청(즉 포도청)의 판관들인 김영(金煐)과 구신희(具信喜)[181]는 포졸들에게 어디에서든 신자들을 체포하라고 명령을 내렸습니다.

이것이 왕후에게 제청되어 조병현(趙秉鉉)이라는 사람을 제1 재판소인 형조의 판관으로 임명하였습니다.[182] 으뜸 판관이 된 이 사람이 우선 2품

---

181 구신희는 1836년 3월 5일(음) 좌포도대장에, 김영은 1839년 6월 11일(음) 우포도대장에 임명되었다.
182 조병현은 1839년 2월 20일(음)에 형조 판서에 임명되었다.

의 궁중 신하 즉 조신(朝臣)인 김정의[183]에게 갔습니다. 김정의는 예비 신자로, 지금 귀양 가 있습니다. 김정의는 그와 아주 친한 사이였으며, 그에게 신자들을 괴롭히는 것을 미구에 끝낼 것이라고 단언하였습니다.

그러자 조신인 김정의가 판관을 칭찬하고 주교님께 불안을 떨치고 마음 편히 계시라고 알려 드렸습니다. 동시에 신자들에게 가장 신중하게 경계하고 혹시라도 그들 중 누가 체포되면 굳센 정신으로 신앙을 옹호하고 형벌의 공포 때문에 다른 이를 배신하지 말라고 격려하였습니다. 그래서 가까운 미래에 신자들에게 평화가 인정될 것으로 여겼습니다.

그러나 슬프게도 인간의 희망은 자주 반대로 됩니다. 김 대비의 오라버니인 김유근(金逌根)은 신자들을 애호하였으나 중병을 앓고 사망하였습니다. 이 사람이 나라의 최고 실권자였는데, 진정 하느님께 회두할 것으로 보였던 사람입니다.

그리하여 최고 통치 권력이 대신 조만영에게로 옮겨 갔습니다. 그는 권력을 잡자마자 이지연(李止淵),[184] 천주교를 맹렬히 반대하는 집의(執義) 정기화(鄭琦和)[185]와 더불어 대왕대비 즉 현 임금님의 조모(즉 순원왕후)의 뜻을 거슬러 모든 그리스도의 제자들을 체포하도록 새로 명령하였습니다.

그래서 위에서 언급한 김영과 구신희는 지극히 포악하게 신자들을 괴롭히도록 설득되었습니다. 그 결과 체포된 신자들을 잔인하게 고문하고 도망간 신자들을 가혹하게 추격하기 시작하였습니다. 남자들과 여자들뿐 아니라 어린아이까지도 학살하였고, 그들의 재산은 모두 약탈하였습니다.

---

183 앞에서 설명한 것과 같이 '김정의'를 '김정희'로 이해하기도 한다(앞의 주 119 참조).

184 이지연(1777~1841) : 본관은 전주(全州). 1837년에 우의정이 되었고, 1838년에 영의정이 되었으나, 좌의정이 사직하면서 홀로 상신(相臣)의 자리에 있었다. 1839년에 박해를 주청했다. 그러나 1840년에 탄핵을 받아 함경도 명천(明川)에 유배되었고, 그 배소에서 사망하였다.

185 정기화는 1839년 3월 20일(음)에 천주교 탄압을 주장하는 척사 상소를 올렸다.

조병현은 신자들의 박해가 증폭되지 않도록 무진 애를 썼습니다. 그리하여 어떤 포졸도 신자들의 재산에 손대지 말아야 하고 이미 탈취한 것은 모두 되돌려 주라고 명령하였습니다. 이 명령은 오래 지속되지 못하였습니다. 이 명령을 어긴 많은 포졸이 유배형을 받았습니다.[186] 포도청의 판관들에게 더 잘 임무를 수행하도록 노력하지 않으면 대비에게 고발하겠다고 엄중히 경고하였습니다. 그러고 나서 무죄한 신자들을 사형에 처하기를 원치 않아서 자신의 관직을 버렸습니다.[187]

거의 같은 시기에 조정 대신 중의 한 명인 조인영(趙寅永)은 포도청 재판소의 판관들에게 신자들에 대한 소란을 새해가 오기 전에, 즉 1839년에 타결을 짓고 결판을 내도록 명령을 내렸습니다. 그러나 악한 판관인 구신희는 이를 나쁜 쪽으로 이해하여 신자들을 모두 처형하라는 줄로 여겼습니다. 그리하여 어린아이와 시종들까지 수감자들을 모조리 학살하였습니다. 이 때문에 구신희는 관직을 박탈당하고 백성들로부터 비웃음을 받았습니다. 이윽고 박해가 커지자 신자들이 혼잡하게 피신하기 시작하였습니다.

그때 배신자 김여상이 1839년 음력 7월쯤, 주교님과 신부님들을 체포할 권한을 받았습니다. 그는 많은 포졸을 데리고 교우촌으로 갔습니다. 신자들이 거처하고 있는 지방들을 모두 거쳐 가면서 끔찍한 해악을 저질렀고, 모든 재산을 약탈하면서 온통 난동을 피워 신자들을 모질게 박해하였습니다. 그는 신자들에게 이루 말할 수 없는 모욕과 지극히 포악한 형벌을 가하면서 배교를 강요하였습니다. 그는 자기가 신자들을 모

---

186 이와 유사한 내용이 『헌종실록』 헌종 5년(1839) 5월 25일 기사에도 나온다. 그러나 당시 포졸들이 실제로 유배형을 받았는지는 알 수 없다.
187 형조 판서 조병현은 1839년 4월 21일(음) 사헌부 대사헌에, 7월 11일(음) 병조 판서에 임명되었다.

욕과 고문의 폭력으로 꺾어서 신부님들을 배신하도록 하려는 계획이 성과를 거둘 수 없음을 알아차리자 다른 방법을 궁리해 냈습니다.

그리하여 야만적인 방법을 버리고 가장 신심 깊은 신자처럼 위장하여 포졸들과 함께 천주교 신자의 표지를 지니고 다니면서 먼저 수리산(修理山)[188]으로 갔습니다. 수리산 지방의 주민들은 포졸들을 보고서 하느님을 위하여 굳센 정신으로 피를 흘리기로 서로 격려하였습니다. 그리고 거의 60명이나 되는 사람들이 아이들을 업고 안고 하여 이사하는 모양으로 행렬을 지어서 법정으로 행진하였습니다. 그러나 그들 중 많은 이들이 고문의 폭력에 꺾이어 하느님을 저버리고 자기 집으로 돌아갔습니다.

거의 같은 시기에 서울에서는 여인 50명이 법정에 자수하기로 의논하고 입고 갈 옷을 짓고 있었는데, 어떤 사람이 그들의 결심을 제지하였습니다.

그 후 배신자가 한터골(Hantecol)[189]이라는 곳에 가서 자기 마음대로 많은 거짓말을 꾸며 젊은이들을 오류로 꾀어냈습니다. 포졸들을 데리고 온 마귀 같은 놈은 이렇게 말했습니다. 즉, 천주교가 자유를 얻게 되었고, 우리나라의 대비와 대신들이 종교의 진리를 깨달아 그리스도께 가담할 결심을 하였으며, 신부님들이 조선에 입국하여 계신다는 것을 알고 있어서, 그 신부님들을 궁궐로 모셔 오도록 자기들을 파견하였는데, 다른 사람들은 신부님들이 계신 곳을 모르니 신자 중에 누구든 신부님들이 거처하는 장소를 알려 줄 필요가 있다는 것이었습니다.

그래서 (김)여상이라는 신자에게 가서 주교님이 계시는 곳을 대라고

---

188 지금의 경기도 안양시 안양3동에 있었던 뒤뜸이 교우촌을 말한다. 최경환(崔京煥, 프란치스코) 가족이 1838년경에 정착하여 교우촌을 이루었다.

189 한터골 : '한덕동'(지금의 용인시 처인구 이동면 묵리)으로 추정된다. 한덕동(寒德洞)은 김대건 신부의 가족이 이주했던 곳이었다. 최양업 신부의 작은아버지 최영겸(崔榮謙)이 이주해 살았던 곳이기도 하다.

매우 혹독하게 고문하였습니다. 그는 고통에 못 이겨 자기는 주교님의 소재를 모르지만 정 안드레아[190]라는 사람은 아마 알고 있을 것이라고 말했습니다.

그래서 배반자와 포졸들은 김(여상)과 함께 정 안드레아한테로 갔습니다. (김)여상은 그 후에 체포되어 살해되었습니다.[191] 포졸들이 정 안드레아를 붙들고 위에서 언급한 대로 여러 가지 우스꽝스러운 말을 꾸며대면서 속이려 들었습니다.

한편 이런 일이 벌어지는 동안에 지극히 공경하올 (앵베르) 주교님은 손 안드레아의 집[192]에 숨어 계셨습니다. 그리고 자진하여 박해자들의 손에 잡힐 마음을 항상 갖고 계셨습니다. 이에 대해서는 신부님들과 의논이 되어 있었습니다.

그때 마침, 주교님은 이(재의) 토마스라는 자기의 복사를 왕도인 서울에 보내어 돈과 소식을 가져오게 시켰습니다. 그동안에 정 안드레아는 속아서 유다 김여상과 포졸들과 함께 주교님 계신 곳으로 갔습니다. 정 안드레아는 혼자서 주교님이 계시는 집에 들어가서 기쁜 낯으로 공경하올 주교님께 자기가 들은 대로 대비와 모든 대신이 신자가 되고 싶어 한다는 등의 말을 털어놓았습니다.

이 말을 들은 주교님은 "너는 마귀한테 속았구나." 하고 대답하셨습니다. 그러고서 미사성제를 거행하고 자진하여 체포되었습니다. 손 안드레아가 이 광경을 보고 울면서 주교님을 뒤따라 가면서 자기도 주교님과

190 정화경을 말한다. 그는 충청도 정산(定山) 출신으로 열심한 신자였으며, 피난처를 마련하느라 고생하였기 때문에 앵베르 주교의 처소를 알고 있었다.
191 이 내용은 사실과 다르다. 배교자 김여상(김순성)은 박해 후 관직을 얻었으나 1840년에 유배되었고, 1853년에 해배되었다가 1862년에 죽임을 당하였다.
192 손경서(안드레아)가 수원의 상게(상괴)에 마련한 은신처를 말한다(앞의 주 52 참조).

함께 죽으러 가도록 허락해 주시기를 청하였습니다. 그러나 그 당장에는 허락되지 않았는데, 나중에 체포되어 하느님을 위하여 피를 흘리고 죽었습니다.

포졸들은 공경하올 주교님을 교자(轎子)에 태워 서울로 모셔 왔습니다. 서울에 도착한 주교님께 유(진길) 아우구스티노, 정(하상) 바오로, 조(신철) 가롤로, 김(제준) 이냐시오(저의 아버지)와 그 외의 많은 신자를 데리고 왔습니다. 그래서 그들은 자기들의 목자의 면전에서 힘을 얻고 각기 자기 감옥으로 돌아갔습니다.

그 후에 포졸들이 두 분 신부님(즉 모방과 샤스탕 신부)들을 체포하도록 사방으로 파견되었습니다. 같은 시기에 신부님들은 주교님의 체포 소식을 듣고서 배를 타고 피신하려고 하였습니다. 그때 이(재의) 토마스와 최(崔炯) 베드로[193]가 신부님들의 분부를 받들어 군푸대(Kounputai)[194]에서 돈을 가져오기 위하여 서울로 파견되었습니다.

그들이 하룻길을 여행하였을 때에 정 안드레아가 그들을 길에서 만났습니다. 그는 울면서 자기 잘못으로 주교님께서 포졸들의 손에 잡힌 사정을 말했습니다. 그들이 어떤 장소를 지나고 있는데 포졸들이 여관에서 갑자기 몰려나와서 정 안드레아를 체포하였습니다. 그리고 토마스와 베드로는 그냥 가도록 허락하였습니다. 그들도 신자인 줄을 포졸들이 몰랐기 때문입니다.

석방된 그들은 밤을 지내려 어떤 신자 집에 들어갔습니다. 그러는 동

---

[193] 최형(1814~1866) : 성인. 김대건, 최양업과 함께 마카오에 유학 갔다가 죽은 신학생 최방제의 형이다. 모방 신부의 복사로 활동하였고, 1845년에는 김대건 신부를 도와 페레올 주교, 다블뤼 신부를 입국시켰다. 베르뇌 주교의 명으로 서울에 인쇄소를 세워 교회 서적을 간행했다. 병인박해 때 체포되어 1866년 3월 9일(음 1월 23일) 서소문 밖 형장에서 순교하였다.

[194] 달레의 기록에는 과천(果川) '군포내'로 나오는데, 이곳에 '주 씨'라는 교우 과붓집이 있었다고 한다(Ch. Dallet 저, 『한국 천주교회사』 중, 450쪽).

안에 포졸들이 처음부터 속은 정 안드레아를 데리고 한밤중에 어떤 신자 집을 덮쳤습니다. 그 집은 토마스와 베드로가 손님으로 머물고 있던 집이었습니다. 그들은 포졸이 오는 것을 보자 한 사람은 궤 속에 숨고 한 사람은 건초더미 속에 숨었습니다.

  포교와 포졸들이 그 집을 겹겹이 포위하고 그 집을 샅샅이 뒤졌습니다. 먼저 베드로가 건초더미 속에 숨어 있는 것을 찾아냈고, 다음에 토마스를 궤 속에서 꺼내 체포하였습니다. 포졸들은 그들을 여관으로 평화롭게 끌고 가면서 매우 친절히 대해 주며 다음과 같은 달콤한 말로 그들에게 타일렀습니다.

  "천주교 신자들은 참으로 엄청난 박해를 받고 있는데, 우리가 생각해 보니까 옛날의 임금님들과 대신들이 신자들을 박해한 것은 아무 이유도 없이 전후 사정도 고려하지 않고 함부로 마구 행하였던 것이지만, 오늘날 김 대비와 대신들은 종교를 더 깊이 연구하여 그 진리를 인식하고 있습니다. 그래서 이제는 모두가 그리스도께 가담하기를 원하고 계십니다. 이즈음에 대비가 주교님을 당신에게 모시고 오도록 명하였고, 주교님을 만나보자 더할 수 없이 기뻐하였으며 주교님이 궁궐에 거처하도록 조치하셨습니다. 이와 동시에 주교님에게 가장 좋은 옷감으로 옷을 만들어 드리도록 명하였습니다. 대비께서 모든 대신과 수령들과 더불어 의논하여 오늘날 모든 조선 백성이 참 하느님께로 전향하도록 조치하였습니다. 그런데 이 일은 신부님들이 모이지 않고서는 유효하게 이루어질 수 없기에 신부님들을 궁궐로 모셔 오도록 우리를 파견한 것입니다.

  이제 더 곰곰이 생각해 보면, 이것이 천주교를 가장 진정한 종교로 인정하게 되는 가장 쉬운 길인 줄 알 것입니다. 오로지 신부님들의 행동 양식만이 천주교의 진리를 우리에게 설명할 것입니다. 그들이 조국을 떠나서 부모, 형제, 친구, 친지들을 영원히 하직하고 수만 리 떨어진 이 먼 타국에 구사일생으로 가까스로 와서 아무것도 바라는 것 없이 자기들의 돈과 자기들의 물건을 사용하고 있으니, 그들이 거짓말을 하려고 이렇게 먼 곳까지 왔겠습니까? 그들이 설교하는 종교가 진정한 종교가 아니라면, 정신이 미치지 않고서야 어떻게 그렇게 행한단 말입니까?

이제 우리에게 보고된 바로는 당신들이 신부님들의 복사들이라고 하니, 당신들은 의심할 여지도 없이 신부님들이 어디에 머물고 계시는지 알고 있을 것입니다."

이에 대하여 제자들은 자기들이 바다에서 신부님들에게 하직 인사를 드렸고, 따라서 그분들이 어디로 가셨는지 모른다고 대답하였습니다. 그 밖의 것들에 대해서는 신부님들을 배반하도록 이처럼 교활한 말로 속이는 것보다는 차라리 형벌로 강요하는 것이 더 적절할 것이라고 말했습니다. 그러자 포졸들은 분통이 터져 고문하는 형틀을 가까이 가져다 놓았습니다.

그때 포졸들이 자기들끼리 "아! 틀림없이 이 정부에 재난이 덮칠 거야. 이 나라가 죄 없는 사람들의 피를 이렇게 흘리게 하면서 어떻게 평화로이 지탱할 수 있겠는가?" 하고 말하였습니다. 토마스가 "그렇다면 왜 당신들은 우리를 박해합니까?" 하고 되물었습니다. 포졸들은 "우리는 다만 명령에 따라 실행할 뿐이오. 그래서 우리에게는 죄가 없소. 우리도 믿음과 사랑을 가지고 있으나, 다만 희망은 아직 가지고 있지 못하오."라고 대답하였습니다.

그다음에 토마스는 정 안드레아와 함께 신부님들을 찾으러 가기 위해 풀려났습니다. 그리하여 신부님한테 당도하여 자기들에게 일어났던 모든 사정을 이야기하였습니다. 그러고 나서 토마스는 포졸들한테로 되돌아가려고 했으나 신부님이 이를 금지하였습니다.

그동안 포졸들은 토마스의 귀환을 기다리다가 실망하여 베드로를 괴롭히기 시작하였습니다. 그때 마침 손 씨[195]라는 포교가 주교님의 편지를 가지고 도착하였습니다. 지극히 공경하올 앵베르 주교님은 주변 사정이 이처럼 비참한 상태로 돌아가자 신부님들에게 조속히 죽음을 향해 달려오도록 편지를 쓰셨습니다.

같은 시각에 거의 모든 신자가 비탄에 빠져 자기들도 목자들과 함께 죽을 마음밖에 없었습니다. 그래서 실제로 목자들의 죽음을 전후하여 많은 신자가 포졸들에게 자수하여 잡혔습니다.

그때 베드로는 손 씨와 함께 서울로 왔습니다. 그리고 주교님에게 새로운 편지를 받고 손 씨와 포졸들과 함께 신부님들 계신 곳으로 떠났습니다. 그러나 길을 가는 도중에 베드로는 포졸들을 속여서 따돌리고 도망쳤습니다. 그리고 편지는 어떤 신자 편으로 신부님들께 보내드리고 자기 자신은 산속 절벽에 숨어 버렸습니다.

그동안 포졸들은 베드로가 도망친 것을 눈치채고 눈물로 한탄하며 새로운 방법으로 신부님들을 찾기 시작하였습니다. 한편, 신자들은 가능한 방법을 다 동원하여 신부님들을 숨겨 드리고 신부님들을 더 깊이 숨겨 드릴 만한 장소를 물색하였습니다. 그러나 신부님들이 주교님의 편지를 받아 읽고서 신자들에게 "이제 다 끝났소. 주교님의 명령이 떨어졌소. 우리는 급히 서울로 가야 하오."라고 말했습니다.

신자들은 이 말을 듣고 눈물을 흘리며 통곡하였습니다. 그리고 신부님들과 더불어 자기들도 죽으러 가기를 원하였으나, 거절당했습니다. 그런 다음 신부님들이 두 명의 신자들을 앞서 보냈습니다. 한 사람은 김 알렉시오라는 사람이었는데 장사꾼 모습으로 변장하였고, 또 한 사람은 농사꾼 모습으로 길을 떠났습니다.

---

195 포교 손계창(孫啓昌)을 말한다(앞의 주 111 참조).

포졸들이 멀리 있지 않았으므로 그들은 포졸들과 마주쳤습니다. 신부님들은 눈앞에 있는 신자들은 말로 위로하고 현장에 없는 신자들에게는 편지로 위로하고서 미사성제를 드린 다음, 최상의 형벌을 받으러 출발하였습니다. 그러자 신자들은 울음바다를 이루었습니다.

해가 진 다음, 신부님들은 홍주읍 근처에 사는 어느 신자 집에 유숙하게 되었습니다. 막 저녁 식사가 끝날까 말까 할 무렵에 김 알렉시오가 도착하여 포졸들이 문 앞에 와서 서 있다고 알렸습니다. 그래서 신부님들은 마당에 나가 멍석을 깔고 그 위에 앉았고, 그 자리로 인도된 포졸들이 신부님들께 인사를 드렸습니다. 그다음에 포졸들의 대장인 손 씨가 누가 모방 신부님이고 누가 샤스탕 신부님인지 물었습니다. 신부님들은 아무런 대꾸도 하지 않았으나 손 씨는 눈치로 두 분을 구별하였습니다.

그런 다음 포도대장은 신부님들에게 "우리는 명령에 따라 신부님들을 찾으러 왔습니다. 그러나 신부님들은 어떻게 하기를 원하십니까?" 하고 물었습니다. 신부님들이 그들에게 "당신들과 함께 가겠습니다."라고 대답하셨습니다. 포졸들이 "그렇다면 신부님들은 우리를 따라올 필요가 없습니다. 이제 한밤중이 가까이 되었으니 길에 이슬이 많아서 신부님들의 옷을 버리게 될 것입니다. 그러니 오늘 밤은 여기서 조용히 지내십시오. 우리는 여관에서 자고 내일 아침에 신부님들을 모시러 오겠습니다." 하고 말하였습니다.

신부님들은 포졸들의 말을 듣고 "그렇지 않습니다. 지금 같이 갑시다." 하고 말했습니다. 그래서 신부님들이 포졸들과 함께 여관으로 갔습니다. 포졸들은 신부님이 주무실 침실을 마련해 드리고 자기들은 밖에서 잤습니다.

포졸들이 아침에 일어나서 알렉시오에게 "우리는 상급자의 명령에 따라 신부님들을 모시러 왔을 뿐입니다. 그러나 다른 사람을 해치는 것은 도리가 아니라고 생각합니다. 그러니 관장이 당신에게 질문하거든 우리와 똑같이 대답해야 합니다. (포졸들은 먼저 그 지역의 관장에게 들러가야만 했습니다.) 그런즉 신부님들이 어떤 신자 집에서 체포되었다고 관장에게 절대로 말하지 마십시오. 길에서 우리가 신부님들을 마주쳤다고 말해야 합니다."라고 일러두었습니다.

이렇게 서로 약속하고서 홍주 읍내에 들어갔습니다. 홍주읍의 영장이 신부님들을 자기 앞에 대령시키라고 명하였습니다. 신부님들을 대령시키고 머리에서 갓을 벗기고 무릎을 꿇게 하자 신부님들이 "우리가 어떻게 맨땅에 꿇을 수 있겠습니까?" 하고 말했습니다. 그래서 그들이 멍석을 갖다 주어 앉았습니다.

영장은 신부님들을 보고 "이 가난뱅이들, 가히 동정할 만하다." 하고 말했습니다. 그런 다음 신부님들에게 포대(包袋)를 입히고 볏짚으로 만든 바구니 안에 앉혀서 말 위에 올려놓고 서울을 향해 출발하였습니다. 김 알렉시오가 뒤따랐으나, 신부님들이 반대하여 되돌아갔습니다.

서울에 도착한 신부님들은 주교님께로 인도되었습니다. 주교님은 거의 한 달 동안 감옥에 갇힌 다음, 그리고 신부님들은 10일 동안 감옥에 갇힌 다음 세 분이 같은 날 함께 살해되었습니다.[196]

신자들은 목자들의 사망 후에도 2년 이상이나 박해를 받았습니다. (1839년에 전국에 극단적인 흉년이 들었습니다.) 신자들은 집도 없이 떠돌아다니며 구걸하여 연명하고 있습니다. 그래서 신자들의 애덕이 식어지고 영신적으로 무기력하게 되었습니다. 그러나 요즈음에는 신자들이

---

[196] 모방과 샤스탕 신부는 1839년 9월 11일(음 8월 4일) 포도청에서 신문을 받았고, 9월 14일에는 앵베르 주교와 함께 의금부로 이송되었다. 세 명의 선교사들은 9월 21일(음 8월 14일) 새남터에서 순교하였다.

차차 신앙심이 불타올라 열성이 자라
고, 배교자들은 뉘우치고 회두하며
사방에서 외교인들이 입교한다는 소
문이 들립니다.

천주교는 지금 찬미를 받고 신자
들은 정직한 사람들로 칭송받고 있습
니다. 그러나 안타깝게도 추수할 것
은 많은데 일꾼이 적으니 추수 주인에
게 추수할 일꾼들을 보내 주시도록 청하여 주십시오(마태 9,38).

2. 조선 순교자들에 관한 보고서[197]

1839년에 순교한 몇몇 주요한 순교자들의 행적
―조선의 수도 서울, 즉 한양에서 그리스도의 신앙을 위하여 피를 흘린 순교자들

갑사 명의 주교, 범(范世亨) 라우렌시오 앵베르(Imbert) : 조선 대목구장

라우렌시오 앵베르 조선 대목구장은 1837년 (12월 18일)에 담당 선교지인 조선에 도착하였습니다. 그는 2개월 안에 조선말을 충분히 익혀서 고해성사를 집전할 수 있었습니다.

처음에는 서울에서 지내다가 신자들을 방문하기 위해 다른 지방으로 갔습니다. 그는 말과 모범으로 신자들을 가르쳤으며 믿을 수 없을 만큼 큰 열정에 사로잡혀 있었습니다. 교리서와 기도서를 조선말로 번역하는 일에 극진히 진력하였습니다. 그는 자주 기도와 묵상에 열중하였습니다. 한 주간에 세 번 금식재(禁食齋)를 지켜 자기 육신을 학대하는 등 극도로 엄격한 생활을 하였습니다.

신자들을 방문하는 때에는 걸어서 여행하였습니다. 자기 양들을 가장 큰 애덕과 아버지다운 사랑으로 호위하였고, 신자들의 미숙과 무지를 믿기지 않을 만큼 큰 인내심과 온정으로 참아냈습니다.

그 후 그는 다시 서울로 돌아왔습니다. 약 2년 동안 자기의 직무 수행으로 세월이 흘렀을 때, 여러 지역에서 박해들이 일어났고 많은 신자가 학살되었습니다. 그때 지극히 공경하올 주교님은 이러한 재난 중에 극진

---

[197] 앞에서 설명한 것처럼 이 보고서는 훗날 『기해일기』로 편집되는 원자료들에 기초하였으므로, 그 순서 또한 『기해일기』의 수록 순서와 동일하다.

한 애덕으로 도와주고 살아남은 신자들을 위로하며 살해된 신자들을 묻어 주었습니다. 그러나 박해자들이 더욱 잔악해지자, 그는 시골(즉 송교 마을)로 피신하여 손 안드레아(손경서)라는 신자 집에서 숨어 지냈습니다. 이 사람은 부자였고 후에 순교하였습니다.

그러는 동안에 김여상 요한(김순성)이라는 신자의 마음속에 마귀가 들어갔습니다. 그가 마귀와 그의 부하들과 더불어 결탁하여 주교님을 배신하기로 작정하였습니다. 자기의 제안을 더 잘 달성하기 위하여 많은 거짓말을 꾸며냈습니다. 그는 포졸들과 함께 묵주, 십자가, 가르멜산의 성모회[198] 복장 등을 지니고 다녔습니다.

그는 산속에 숨어 사는 신자들을 찾아가서 "안심들 하시고 두려워하지 마십시오. 이제 천주교가 자유를 얻었습니다. 대비와 주변 사람들이 종교의 진리를 이해하고 신자들이 되기를 원하고 있습니다. 그리하여 그들이 우리에게 주교님을 찾아 궁궐로 모셔 오도록 파견하였습니다는 등등. 그러나 우리는 주교님이 어디 계신지를 모릅니다. 그런즉 당신들이 우리에게 주교님이 머물고 계시는 그 장소를 일러주십시오." 하고 말하였습니다.

이처럼 많은 말을 지껄이면서 대단한 종교심과 열성을 과시하였습니다. 이윽고 정 안드레아(정화경)라는 사람이 이 말을 듣고 더할 수 없는 환희로 가득 찼습니다. 그는 나중에 순교하였습니다. 그는 기쁨에 겨워 춤을 추면서 환성을 질렀습니다. 자기가 주교님이 계시는 장소를 알고 있다고 신나게 떠벌리면서 포졸들과 함께 갔습니다. 유다와 포졸들은 그가

---

[198] '가르멜 수도회'에서 가르멜산의 복되신 동정 성모 마리아 신심을 상징으로 내세우는 데서 붙여진 이름이다. 이 수도회는 이스라엘의 하이파 동남쪽에 있는 가르멜산의 골짜기에 은수자들이 모인 데서 비롯되었다. 크게 봉쇄 수도회와 활동 수도회로 구분되는데, 성모 신심의 상징으로 '갈색 스카풀라'를 내세운다.

속은 것을 보고 온 힘을 다해 그를 붙들어 두었습니다.

지극히 공경하올 주교님이 계신 곳에서 멀지 않은 지방에 이르자 정 안드레아는 배신자 유다와 포졸들을 떼어놓고 혼자서 주교님한테 가서 그가 듣고 믿었던 모든 것을 아뢰었습니다. 이 말을 들은 지극히 공경하올 주교님은 "네가 속았다."라고 말했습니다.

주교님은 신부님들께 편지를 쓰고 미사성제를 거행한 다음 포졸들한테로 나아가 체포되었습니다. 그때 주교님의 복사 이 토마스(즉 이재의)에게는 돈을 가져오도록 서울로 심부름을 보냈었습니다. 주교님과 함께 있던 손 안드레아는 재난을 막을 힘이 없었으므로 주교님과 함께 잡혀 죽기를 원하였으나, 지극히 공경하올 주교님께서 이를 금하였습니다.

유다와 포졸들은 주교님을 보고 땅에 엎드려 절하였습니다. 그때 지극히 공경하올 주교님은 그들에게 천주교의 진리를 많이 논증하였습니다. 이 교리 설명을 들은 외교인들이 그 가르침에 박수갈채를 보냈습니다. 그런 다음 포졸들이 주교님을 공경스럽게 보교(步轎)에 태워 서울의 판관에게 인도하였습니다.

포교와 포졸들은 그들 나름대로 주교님을 아주 잘 인정 있게 대접하여 길을 가는 중에는 포박하지 않았고, 음식을 제때에 제공하였으며, 주교님을 신임하여 감시하지도 않았습니다. 그 박해 중에 실로 많은 포졸이 신자들에게 매우 자비롭게 대했습니다.

판관이 정 바오로(정하상), 유 아우구스티노(유진길), 조 가롤로(조신철)를 주교님께로 데려오게 하였습니다. 주교님은 그들에게 순교를 격려하고 "두 분 신부님들이 계신다는 사실은 이미 발각되었소. 그러나 그분들이 계시는 장소는 알리지 말아야 합니다."라고 말했습니다. 그러자 판관이 주교님께 주리(周牢)를 틀었습니다. (그 형벌에 대한 묘사를 참조하십시오.)

두 신부님이 토설하도록 다음과 같이 심문하였습니다. "너는 왜 조선에 왔느냐?" 그들은 신부님들이 어느 나라에서 왔는지 이미 알고 있었으면서도 그렇게 물은 것입니다.

주교님이 대답하였습니다. "사람들의 영혼을 구원하러 왔습니다."

판관, "몇 사람들에게 가르쳤느냐?"

주교, "몇백 명 됩니다."

판관, "네가 가르친 사람들 전부를 토설하라."

주교, "그들을 대면 그들에게 해를 끼치는 것이 됩니다. 그러니까 나는 그렇게 할 수 없습니다."

판관이 그때 주교님께 하느님을 버리라고 명령하였습니다.

이 말을 들은 주교님이 소리쳤습니다. "나는 하느님을 버리지 않습니다."

이런 문초가 끝나자 주교님을 감옥으로 보냈습니다.

주교님이 주변 사정을 검토한 후, 두 분 신부님에게 속히 재판소(즉 포도청)로 나오도록 편지를 써 보냈습니다. 신부님들은 주교님 말씀에 순명하여 재판소에 출두하고 체포되어 주교님한테로 이끌려 왔습니다.

그때 판관은 세 분, 즉 주교님과 두 분 신부님에게 최대한 교만을 부리면서 심문하였습니다. "누구를 주인으로 삼았느냐?" (어떤 이를 주인으로 삼는다는 조선말은 어떤 이의 집에 고정적 거처를 마련해 두고 있음을 의미합니다.)

"돈과 재물은 어디에서 조달하였느냐? 누가 너희를 파견하였느냐? 누가 초청하였느냐?"

신부님들이 대답했습니다. "정 바오로가 주인입니다. 돈은 우리나라에서 가져다 썼습니다. 우리는 교황님으로부터 파견되었고, 조선 사람들이 우리를 초대하였습니다."

판관, "너희 조국으로 돌아가라."

이렇게 문초와 채찍질로 신부님들을 3일 동안 괴롭혔습니다. 그리고 신자들을 토설하도록 세 차례나 치도곤(治盜棍)으로 때렸습니다(형벌 묘사 참조).

신부님들이 대답했습니다. "사람들에게 해를 끼치는 것은 불가합니다."

판관, "너희 왕국으로 되돌아가라."

신부님들의 대답, "우리는 돌아가기를 원치 않습니다. 우리는 사람들의 영혼을 구원하기 위하여 당신들 나라에 왔습니다. 여기서 죽을 작정입니다."

그 후 신부님들은 (의)금부(義禁府)라는 감옥으로 보내졌습니다. 의금부는 왕국의 대신들, 고관들, 지방 수령들, 같은 신분의 피의자들만 가두는 감옥입니다. 거기서 신부님들은 70대의 매를 맞았습니다(형장 · 형벌 묘사 참조).

그 후 1839년 9월 21일 마태오 사도 축일에 지극히 공경하올 주교님은 두 신부님과 함께 그리스도의 신앙을 위하여 장엄하고 영광스럽게 피를 흘려 개선하였습니다. 그의 나이 43세가 되는 1839년에 서울에서 10리 떨어진 노들(새남터의 다른 명칭)이라는 장소에서 살해되었습니다.

■ 신부님들 순교의 간략한 묘사

신부님들이 의금부 재판소에서 사형 선고를 받았을 때, 군인들이 짚으로 만든 바구니에 올려놓고 노들까지 운반해 갔습니다. 그때 대장이 마치 전쟁터에 나가듯이 무장한 군인들 128명의 부대를 이끌고 갔습니다. 노들에 도착하자 마치 적들을 향해 전투에 들어가는 것처럼 대오를 지어 군인들을 배치하였습니다. 백성들이 운집하여 인산인해를 이루었습니다.

이처럼 배치하고 나서 신부님들의 양팔 아래에 긴 막대기를 집어넣

고, 두 귀에는 화살을 꽂고, 얼굴에는 횟
가루를 뿌리고서 떠메고는 모든 사람이
보고 사형의 이유를 읽을 수 있도록 주
변을 맴돌았습니다. 그다음 희광이[199]들
이 신부님들을 내려놓고서 죽였습니다.
그리고 나서 잘린 머리들을 대장에게 가
져가 바쳐서 눈으로 보고 확인하게 하였
습니다.

그 모든 것이 끝난 다음 강변 모래사장에 시신을 매장하였습니다. 그
리고 군인들에게 그 무덤을 지키도록 명하고 나서 떠나갔습니다.

순교자들의 시신들을 몰래 가져가기를 원하는 신자들은 온갖 방법을
써서 훔쳐 가려고 시도하였으나, 불가능하였습니다. 한번은 신자 3명이
장사꾼 차림으로 갔는데, 그들 중 한 명인 오 씨가 무덤 근처에 접근하여
발로 조금 건드렸습니다. 이것을 본 포졸들이 다가와서 누군데 왜 무덤
을 건드리느냐고 물었습니다. 신자 두 명은 도망갔고 신자 한 명이 대답
하였습니다.

"나는 길을 가던 중인데 많은 사람에게서 여기 서양인들이 묻혀 있다
는 말을 들었습니다. 그래서 그들의 얼굴이 어떻게 생겼는지 보고 싶은
호기심이 생겼습니다." 그러자 포졸들이 그를 결박하여 재판소로 끌고
갔습니다.

그는 거기서 많은 고통을 당하였으나 다행히 석방되었습니다. 포졸들
은 그가 천주교 신자인 줄을 알아보지 못했고 물어보지도 않았던 것입니
다. 만일 그들이 알았더라면 틀림없이 그 신자를 죽였을 것입니다.

---

199 상급의 형 집행만을 맡는, 망나니보다 약간 높은 신분의 형리(刑吏).

또 한번은 신자 8명이 죽음을 각오하고 밤중에 그곳에 갔는데, 만일 포졸이 다가오면 그들을 포박하고 무덤을 파기로 의논하였습니다. 시체들은 서로 구별할 수가 없었습니다. 뼈만 남아 있었고 더구나 밤중이어서 아무것도 잘 볼 수가 없었기 때문입니다. 개들이 무덤을 파헤치고 대부분을 뜯어먹었습니다.

그러나 가능한 대로 뼈들을 주워 모아서 노고산(老姑山)[200]에 매장하였습니다. 약 7개월 후에 무덤을 이장하였습니다. 거의 3년이나 걸려 신자들이 더 잘 준비하여 관악산(冠岳山)에 묘지를 만들고 뼈에서 떨어져 나간 파편들을 모아 함께 묻었습니다.[201]

- 형벌, 감옥, 재판에 대하여

(신부님들이나 다른 신자들이 받은 주요 형벌들을 기술한 것입니다. 이 밖에 다른 형벌이나 그 당시 널리 사용하던 욕보임[凌辱]은 이루 다 말씀드릴 수가 없습니다. 주먹으로 치고 발로 차며 쇠망치로 이빨을 깨고 뺨을 때리며 매질하고 구타하고 돌로 치는 등등.

순교자들 자신이 감옥에서 보낸 기록들은 신자들이 감시인들의 눈 때문에 모두 태워 버렸기 때문에 전부 말씀드릴 수는 없습니다. 그러므로 여기서는 신자들이 보관할 수 있었던 일부분만 설명한 것입니다.)

형벌 : 주리질, 치도곤, 주장질, 학춤, 삼모장, 톱질, 형장 등 여러 가지가 있습니다.

---

200 서울시 마포구에 소재한 서강대학교의 뒤편에 있는 산이다.
201 정확히 말하면, 선교사들의 유해는 1843년에 관악산 줄기의 하나인 삼성산(三聖山)으로 이장되었다. 1901년 10월 21일에 용산의 예수성심신학교에 옮겨졌다가 11월 2일에 명동 대성당 지하 성당으로 다시 옮겨졌다.

1. 주리(周牢)질에는 가위주리, 줄주리, 팔주리 등 여러 종류가 있습니다.

1) 가위주리 : 두 무릎과 발목을 동시에 꽁꽁 묶은 다음, 두 개의 나무 막대기를 정강이 사이에 끼워 양 끝을 반대로 틀면 아래 그림과 같이 활처럼 휩니다.

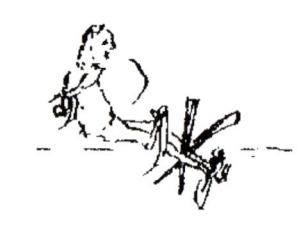

2) 줄주리 : 발목을 묶고 굵다란 나무를 정강이 사이에 끼우고 굵은 줄로 넓적다리를 엇갈리게 묶은 다음, 포졸들이 양쪽에서 힘껏 잡아당기는 것입니다.

3) 팔주리 : 발목을 엇갈리게 하여 무릎을 꿇게 하고 두 팔을 어깨가 맞닿도록 뒤로 묶은 다음 나무를 팔 속에 똑바로 세웁니다. 숙달되지 않은 형리일 경우에는 팔이나 다리가 단번에 부러지지만 숙달된 형리가 이 벌을 가하면 팔이나 다리가 활처럼 휠 뿐입니다.

2. 치도곤(治盜棍)은 참나무로 만든 형벌 도구인데, 길이는 5자이고 손가락 세 개 정도를 합친 굵기로,[202] 넓적다리를 뒤에서 때리면 뼈까지 부러지게 됩니다.

---

[202] 정확히 말하면, 치도곤의 길이는 5자 7치, 너비 5치 3푼, 두께 1치였다.

3. 주장(朱杖)²⁰³질은 팔과 머리털을 뒤에서 엇갈리게 세게 묶고 사금파리 위에 무릎을 꿇게 한 뒤 양쪽에서 포졸들이 다리를 두들겨 패는 형벌입니다.

4. 학춤은 양팔을 뒤로 엇갈리게 하여 묶어 높이 매달아 놓고 양쪽에서 때리는 형벌입니다.

5. 삼모장(三—杖)은 나무로 만든 칼이나 도끼(곡괭이)로 다리 부분의 살점을 떼어내는 것입니다.

6. 톱질은 털로 켠 실(줄)로 다리를 돌려 감고 양쪽에서 당겼다 놓았다 하는 형벌인데, 살이 찢어지게 됩니다.

7. 형장(Ieng tsang)²⁰⁴은 정강이를 때리는 나무입니다.

감옥과 재판

서울에는 특히 이중 재판 기관이 있었는데, 그 하나는 포청(즉 포도청)이라 하였고, 또 하나는 형조(刑曹)라 불렀습니다.

---

203 붉은 칠을 한 몽둥이를 말하는데, 의례용으로 사용하기도 했고, 죄인을 신문할 때 형구로 사용하기도 하였다.

204 무엇인지 정확히 알 수 없다. 다만, 설명 내용에서 볼 때 태형(笞刑)에서 사용하는 작은 회초리인 '형장(荊杖)'을 말하는 것으로 추정되므로 이렇게 고쳤다.

포청에서는 사실을 예심, 심문하고 사실이 밝혀지면 소송 사건과 함께 형조로 보내 재판을 합니다. 여기서 사형 언도를 받거나 석방되거나가 확정되는 것입니다.

그 밖에 사관청(仕官廳)[205]이라고 하는 재판 기관이 있는데, 포청보다 규모가 작습니다.

조선 선교지의 대목구장 직무 대행(provicarius)인 모방(Maubant) 나 베드로(羅伯多祿)

지극히 공경하올 모방 신부님은 1834년 음력 12월 7일에 조선 선교지에 입국하였습니다.[206] 4년 동안[207] 자기의 선교지에서 많은 수고를 하였습니다. 이 4년 동안에 그가 얼마나 큰 고초를 겪었는지는 여기서 이야기하지 않겠습니다.

그는 영혼들을 구하려는 열정이 믿을 수 없을 만큼 컸습니다. 자주 금식재를 지켜 자기 육신을 학대하였습니다. 여러 번 목마름과 굶주림에 지쳐서 쓰러졌었습니다. 매우 자주 밤중에 신자들을 방문하려고 깊은 산속을 걸어갔고, 어느 때에는 눈과 얼음에 뒤덮인 길을 갔습니다. 그러한 상황에서 어떤 때는 신발이 없어서 맨발로 걸어가기도 하였습니다. 신자들을 방문하는 때에는 한 번도 말을 타지 않고 항상 걸어 다녔습니다. 그렇게 참으면서 즐거워하였고 "이것이 좋다."고 말하곤 하였습니다.

백성들을 말과 모범으로 가르쳤고 정성을 기울여 성사로 양육하였으며, 미숙한 신자들은 더욱 자주 가르쳤고 의문스러운 것은 자상하게 설

---

[205] 포교(捕校)들이 공무를 보던 청사(廳舍)로, 포장(捕長)의 사택(私宅) 가까이에 있었다.
[206] 모방 신부는 1836년 1월 12일 자정쯤 변문을 떠나 이튿날 밤에 의주성의 수문(水門)을 통과해 조선에 입국하였다.
[207] 정확히는 1836년 1월부터 1839년 9월까지 3년 8개월.

명하였습니다. 가난한 자들에게 돈과 옷을 후하게 나누어 주었습니다.

  박해가 심해지자 숨고자 하였습니다. 그리하여 먼저 샤스탕 신부님한테로 갔습니다. 두 신부님이 함께 지내는 동안 지극히 공경하올 주교님은 당신이 계시는 곳으로 즉시 오라는 기별을 전하였습니다. 그래서 두 신부님이 주교님한테로 가서 2일간 함께 지냈습니다. 그다음 두 신부님은 용당리(龍塘里)[208]라는 교우촌으로 갔습니다. 그 두 분은 도망가기보다는 죽기를 더 원하면서 거기서 고해성사를 집전하며 며칠 동안을 머물러 지냈습니다.

  여러 날이 지난 후 최 베드로 복사에게 서울로 가서 소식을 듣고 오라고 보냈습니다. 그리고 두 분은 도망하려고 배를 탔습니다. 그러는 동안에 주교님이 체포되어 서울로 끌려가시고, 얼마 후에는 이 토마스(이재의)와 최 베드로 두 복사도 잡혔습니다. 주요한 신자들이 모두 벌써 체포되었습니다.

  이러한 풍파 중에 주교님은 두 분 신부님께 편지를 쓰셨습니다. "착한 목자는 자기 양 떼를 위해 목숨을 내놓는 법이오. 속히 이리로 오시오. 그러나 어느 신자도 그대들을 따라오도록 허용하지 마시오." 이 같은 내용의 편지를 두 번, 세 번[209] 보냈습니다.

  그래서 두 신부님은 포졸들에게로 자진해 나아가서 체포되어 서울로 끌려왔습니다. 그리고 주교님과 함께 같은 날 순교의 월계관을 썼습니다. 모방 신부님은 그때 나이 35세였습니다.

---

208 지금의 충남 아산시 선장면 가산리(佳山里).
209 앵베르 주교가 두 신부에게 자수하라는 서한을 보낸 것은 두 번이었다.

샤스탕(Chastan) 정 야고보(鄭牙各伯) 신부

공경하올 샤스탕 신부님은 천성이 유순하고, 이웃 사람들에 대한 애덕이 특출하며, 인내심도 적지 않았습니다. 신자들의 고해를 들을 수 있을 만큼 조선말을 충분히 익히자 시골 여러 지방을 돌아다니며 복음을 전하였습니다. 그동안에 목마름, 굶주림, 추위와 그 밖의 무수한 간난신고(艱難辛苦)를 겪었습니다. 그뿐만 아니라 겸손, 절제와 그 밖의 덕행들도 감탄할 만큼 두드러졌습니다.

신자들을 만날 때 가장 좋은 어머니와 같은 사랑으로 대하였고 좋은 아버지처럼 가르쳤습니다. 특히 비참함을 견디어 내면서도 그것을 오히려 행복으로 여겼습니다. 가난한 이와 비참한 신자를 보면 몸소 위로하였고 자기가 가지고 있는 것은 무엇이든지 후하게 나누어 주었습니다. 자기 옷마저 그들에게 주는 경우가 자주 있었습니다.

박해가 일어나자 이곳저곳으로 피신하면서 신자들을 위로도 하고 도움도 주며 아버지다운 사랑으로 감싸 주었고, 감옥에 갇힌 양들을 위하여 구호금을 모아 도와주었습니다. 나날이 하느님의 사업에 더욱 열중하였습니다. 신자들이 성사를 받아 튼튼해지도록 더욱 배려하였습니다.

마침내 재판소로 오라는 주교님의 명령을 받은 그는 마치 잔칫집에 가는 것처럼 보일 만큼 기뻐하였습니다. 그때 편지로 신자들을 다 위로하고 체포되었습니다. 모방 신부님도 이처럼 하였습니다. 두 분 신부님은 체포되기 전에 모든 신자에게 두 통의 편지를 각각 썼고, 동시에 두 분이 함께 한 통의 서한[210]을 썼습니다.

많은 신자가 신부님들과 함께 죽으러 가기로 하였으나 금지되었습니다. 그 풍파 중에 살기를 바라는 신자는 거의 없었습니다. 그래서 많은

---

[210] 1839년 9월 6일 파리 외방전교회의 모든 회원에게 보내는 서한(앞의 주 110 참조).

신자가 법정에 나아가 살해되었습니다.

　샤스탕 신부님은 주교님과 같은 방법으로 같은 때에 살해되었습니다. 그의 나이는 35세였습니다.

　지극히 공경하올 신부님들!

　당신들은 그리스도와 영혼들의 구원을 위하여 육지에서나 바다에서나, 집에서나 길에서나, 외인들 편에서나 신자들 편에서나, 박해자들로부터나, 거짓 형제들로부터나 얼마나 많은 고초를 겪으셨습니까!

　또 목마름, 굶주림, 헐벗음, 가난, 그 밖의 여러 가지 비참, 또한 잔혹한 고문과 죽음까지도 견디어 내셨습니다. 그러나 이제 당신들은 얼마나 복되십니까! 천상의 군대 중에 개선하시어 찬란한 왕관을 쓰셨고, 천사들과 모든 선민과 함께 연년세세에 다스리십니다.

　이 눈물의 골짜기에 갇혀 있고 사방으로부터 적들한테서 공격을 받고 있는 비참한 우리를 자비로운 눈길로 굽어보소서. 당신들은 얼마나 큰 사랑으로 당신들의 선교지를 사랑하시고 모든 영혼을 구원하기를 열망하셨습니까!

　이제 당신들은 우리 아버지 하느님 곁에서 권능을 가진 분들이니 이제는 하실 수 있습니다. 우리를 위하여 우리 주 예수 그리스도와 복되신 마리아께 당신들의 기도와 공로로 전구해 주십시오. 우리를 위하여 구원에 필요한 것들을 얻어 주십시오. 하느님께 처음부터 지금까지 흘린 순교자들의 피를 갚아 주시도록 청해 주십시오.

　우리를 불쌍히 여기시고 가엾이 여기십시오. 우리의 영혼을 찾는 자들이 눈앞에 서 있습니다. 우리는 상처 입고 쓰러져 있습니다. 무수한 개들이 우리를 에워싸고 우리를 잡아먹으려고 짖어 대고 있습니다. 우리를 보십시오! 우리를 버리지 마십시오! 갑자기 늑대들이 달려와서 당신의 양들을 둘러싸고 덤벼들어 주님의 양 떼가 큰 상처를 입고 흩어졌습니다. 사나운 개들이 양 떼를 추격하여 양들을 깊은 웅덩이 속에 처넣었습니다. 거기에 버려진 양들이 자기들을 그 웅덩이에서 꺼내어 양우리에 모아들이며 상처를 치료해 줄 목자를 보내 주시도록 당신들에게 울부짖고 있습니다.

저의 탄식과 영혼의 고통을 고려하시고 잊지 말아 주십시오. 저의 기도가 부당하오나 당신들의 공로에 호소합니다. 이루어지소서! 이루어지소서!

1839년에 서울에서 순교한 주요한 순교자들의 행적
—살해된 시간 순서에 따라서

이 아우구스티노(李光獻) 회장 : 조선 이름 치문[211]
—그의 아내 권 바르바라, 그의 딸 아가타

아우구스티노 치문은 저명한 양반 가문에서 출생하였습니다. 처음에는 외인이었고 노름에 탐닉하여 나쁜 생활을 하였습니다. 30세가 되었을 때, 아내와 형제들과 함께 천주교에 입교하였습니다. 과거의 생활을 뉘우쳐 울고, 지극한 열성으로 종교 생활을 준행하기 시작하였습니다. 이처럼 생활이 변한 모습을 보고서 다른 이들이 그에게 탄복하였습니다.

그는 여러 차례 박해를 받는 동안에 재산을 모두 다 잃어버렸으나, 평

---

211 이광헌(1787~1839) : 성인. 여기에서는 이름이 "치문이(TSIMOUGNI)"라고 되어 있으나, 『기해일기』에는 "치운"으로 나온다. 1839년 5월 24일(음 4월 12일) 서소문 밖 형장에서 순교하였다.

온한 마음으로 감수하였습니다. 그 후 나날이 더욱 열성적으로 하느님을 섬기면서 냉담한 신자들을 격려하였고, 외인들을 진정한 하느님께로 전향시켰으며, 많은 이들을 회두시켰습니다.

1839년 음력 2월쯤에 10명 이상인 가족 전체와 함께 체포되어 심문 법정(즉 포도청)으로 끌려갔습니다. 관장이 그를 가혹하게 고문하면서 하느님을 버리고 다른 신자들을 배신하도록 명하였습니다. 그러나 그의 항구함에 지쳐서 판결 법정인 형조로 이송하였습니다.

판관은 처음에 아우구스티노의 아이들(즉 남매)을 온화하게 타일렀으나, 용맹하게 대항하는 그들을 고문하도록 명하였습니다. 무수한 고문에도 불구하고 그들의 항구심을 꺾을 수는 없었습니다. 패배한 판관은 그들을 괴물이라고 불렀습니다. 법률이 어린이들을 참수하는 것을 허용하지 않기 때문에 판관은 그들에게 참수형을 선고하지 못하고, 다시 심문 법정으로 되돌려 보냈습니다.

그때 판관이 아우구스티노에게 말했습니다. "만일 네가 하느님을 버리면 너뿐 아니라 네 아내와 형제들과 자녀들을 석방하겠고, 모든 재산도 되돌려 주겠다."

아우구스티노가 대답하였습니다. "하느님을 버리는 것은 불가능합니다."

그러자 판관이 분노하여 그를 고문하도록 명하고 나서 말하였습니다. "너는 죽기를 두려워하지 않는다만 네 아내와 자녀들은 어찌 구하려 하지 않느냐?"

그리고 포졸들에게 향하여 말했습니다. "그를 죽도록 매를 쳐라."

온몸의 살이 갈기갈기 찢어지고 피로 뒤덮였습니다. 둘러서 있던 자들은 너무나 끔찍해서 감히 바라보지도 못하였습니다.

이렇게 세 차례 고문을 당하였으나 끝끝내 굴복하지 않고 버티었습니다. 사형 선고를 받고 음력 4월 12일에 순교의 팔마를 받았습니다. 그의 나이는 53세였습니다.

아우구스티노의 아내 권 바르바라(權喜)[212]

외교인이었다가 하느님께로 전향한 다음, 열절한 마음으로 하느님을 섬겼습니다.

여러 차례의 박해에 시달려 모든 재산을 잃어버렸으나, 그는 지극한 인내심으로 모든 어려움을 감수하였습니다. 자기의 집에 공소집을 차리고 주교님과 신부님들을 영접하여 정성껏 시중들었습니다. 그리고 성사를 합당하게 받도록 다른 이들을 자주 권면하였습니다.

1839년 음력 2월 25일 한밤중에 포졸들이 들이닥쳐 가족들을 체포한 뒤 심문 법정으로 끌고 갔습니다. 거기서 자녀들에 대한 자연적 애정으로 큰 고통을 겪었습니다. 그곳에서의 모든 형벌을 이겨낸 다음 판결 법정으로 이송되었습니다. 그곳에서 세 차례 고문을 당한 후, 1839년 음력 7월 26일에 순교의 화관을 영광스럽게 받았습니다. 그녀의 나이는 46세였습니다.

아우구스티노의 딸 (이) 아가타[213]

심문 법정으로 다시 이송된 아가타는 잔혹한 고문을 받으면서도 끝까지 항구하였습니다. 이 연약한 작은 육체는 전염병에 걸렸으면서도 300대 이상의 태형(笞刑)과 치도곤 90대를 맞았습니다. 마침내 1839년

---

212 권희(1794~1839) : 성녀. 1839년 9월 3일(음 7월 26일) 서소문 밖 형장에서 순교하였다.
213 이 아가타(1823~1840) : 성녀. 포도청에서 교수형으로 순교하였다. 그런데 순교일이 자료마다 다르게 기록되어 있다. 본문에는 1839년 12월 10일(음 11월 5일), 페레올 주교의 『1839년 박해 순교자들의 행적』에는 1840년 1월 13일(음 1839년 12월 9일), 『기해일기』와 다블뤼 주교의 『비망기』에는 1840년 1월 9일(음 1839년 12월 5일)로 되어 있다. 현재 성인 관련 자료에는 순교일을 1840년 1월 9일이라 하고 있다.

음력 11월 5일에 목이 졸려 하느님께로 날아갔습니다. 그녀의 나이는 17세였습니다.

남 다미아노(南明赫) 회장 : (조선) 이름 문화[214]
— 그의 아내 이 마리아 순교자

양반인 다미아노는 30세에 천주교의 진리를 이해하고 하느님께로 전향하여 유방제(劉方濟) 파치피코 신부님에게서 세례를 받았습니다. 지극한 정성으로 신앙생활을 준행하였고 교리를 부지런히 배워 익혔습니다. 모든 외인 친구들을 멀리 피하였고 이웃 사람들에 대한 애덕이 컸습니다. 가족을 잘 교육하고 냉담 교우들을 격려하며 외인들을 전향시키고 그들의 아기들에게 세례를 주는 일에 특히 힘썼습니다.

1839년 음력 2월 25일(혹은 29일) 한밤중에 가족 전체와 함께 체포되어 법정에 끌려갔습니다. 포졸들이 다미아노의 아내를 얼마나 멸시하며 다루었던지 그녀가 포졸들을 맹렬히 비난하였습니다. 이 소리를 들은 다미아노는 자기 아내에게 죽음으로 끌려가는 양처럼 신자답게 떳떳이 하느님을 위하여 모든 것을 인내로 견디어 내야 한다고 애덕으로 격려하였습니다.

다미아노는 하느님을 버리고 다른 신자들을 배신하며 장신구가 누구의 것인지 일러바치라고 경고를 받았습니다. 그것은 주교님의 용품이었습니다. 그러나 관장의 명령을 무시한 그는 형벌을 받으러 끌려나갔습니다.

그래도 여전히 굴복하지 않아 판결 법정으로 이송되었습니다. 거기서

---

214 남명혁(1802~1839) : 성인. 『기해일기』에는 성인의 세속 이름이 나오지 않으나, 『승정원일기』에는 "명혁(明赫)"으로 나온다. 1839년 5월 24일(음 4월 12일) 서소문 밖 형장에서 순교하였다.

세 차례 혹독한 고문을 당하면서, 하느님을 버리고 다른 신자들을 배신하라는 명령을 받았으나 부정적으로 대답하였습니다. 그래서 사형이 선고된 그는 자기 아내에게 편지로, 자기는 하늘에서 그녀를 기다리고 있겠노라고 써 보냈습니다. 그는 38세에 순교하였습니다.

남 다미아노의 아내 (이) 마리아(李連熙)[215]

그녀는 하느님과 사람에 대한 신심이 지극히 뛰어났습니다. 1839년 기해박해 때 체포되어 많은 모욕과 고문을 불굴의 정신으로 이겨냈습니다. 특히, 다른 감옥에서 비인도적인 고문을 당하였고 병을 앓으면서도 후에 살해당한 12세 된 자기 아들에 관한 많은 이야기를 자주 듣고서도 더욱 꿋꿋하게 이겨냈습니다.

항구심으로 모든 고문을 이겨낸 후 판관에게로 이송되었습니다. 그 판관으로부터 지극히 혹독하게 세 차례 고문을 당한 후 6개월간 감옥에 갇혀 있다가 칼로 목이 잘렸습니다. 그때는 1839년 음력 7월 26일이었고, 그의 나이는 36세였습니다.

권 베드로(權得仁) 선도[216]

베드로 권선도는 신자 부모한테서 태어났습니다. 신앙이 빛나고 이웃에 대한 애덕이 뛰어났습니다. 1838년 음력 11월쯤에 가족 전체와 함께 법정에 끌려가서 가혹하게 고문을 받았습니다. 천주교를 준행한 것을 비

---

215 이연희(1804~1839) : 성녀. 『기해일기』에는 성녀의 세속 이름이 나오지 않으나, 『승정원일기』에는 "연희(連熙)"로 나온다. 1839년 9월 3일(음 7월 26일) 서소문 밖 형장에서 순교하였다.

216 권득인(1805~1839) : 성인. 원문에는 "선도(SENTO)"로 되어 있지만, 『기해일기』에는 "성도"로 나온다. 『기해일기』에는 성인의 세속 이름이 나오지 않지만, 『승정원일기』에는 "득인(得仁)"으로 나온다. 1839년 5월 24일(음 4월 12일) 서소문 밖 형장에서 순교하였다.

웃는 자에게 대답하였습니다. "하느님은 만물의 창조주이고 주인이십니다. 이 세상의 사람들은 하느님의 무수한 은혜를 입고 있습니다. 그러므로 하느님께 그 은혜를 어떤 방법으로든지 보은하는 것은 지당한 일입니다. 따라서 이성을 타고난 인간은 하느님을 섬겨야 합니다."

관장이 분노하여 그리스도의 이름을 지닌 자들을 대라고 그를 수없이 매질로 고문하라고 명령했습니다. 선도가 대답하였습니다. "우리 천주교에서는 사람들을 해치는 것을 엄히 금합니다. 그러므로 저는 입으로 사람을 감히 죽이지 못합니다."

그래서 판결 법정으로 이송되었고 전옥(典獄)[217]에 투옥되었습니다. 감옥 안에서 포졸들한테 채찍질을 몹시 당하여 두 번씩이나 반죽음이 되었습니다. 고문이 혹독할수록 그의 신앙과 용맹과 열정이 커졌습니다.

마침내 삼모장으로 지극히 혹독하게 맞아서 몸 전체가 찢어져 피로 범벅이 된 다음 사형이 선고되었습니다. 사형장에 끌려갔을 때 기쁨으로 넘쳐 있어서 목이 잘린 다음에도 그의 얼굴에는 미소가 띠어져 있었습니다. 그는 35세에 순교하였습니다.

이 아가타(李召史) : 과부[218]

아가타는 신망이 두터운 부모한테서 태어났습니다. 그녀는 아버지를 여의고 어떤 남자와 결혼하였습니다. 남편이 죽자 천주교에 입교하여 자기의 열성과 모범으로 다른 사람들의 마음을 감동하게 하였습니다. 자기 손으로 수고하여 가족들을 먹여 살리면서 간난신고를 인내로 버티어 나

---

[217] 형조에서 관장하던 감옥인 전옥서(典獄署)를 말한다.
[218] 이 아가타(1784~1839) : 성녀. 『기해일기』에는 "(이)호영 매씨"라 했을 뿐 그 이름이 나오지 않지만, 『승정원일기』에는 "이소사(李召史)"로 나온다. 1839년 5월 24일(음 4월 12일) 서소문 밖 형장에서 순교하였다.

갔습니다.

1835년에 자신의 남동생 이호영과 함께 체포되었습니다. (이호영 역시 뛰어난 순교자입니다.) 하느님을 버리고 동료 신자들을 배신하라는 경고를 받았으나, 그 명령을 무시하여 형벌을 받았습니다. 그래서 온몸이 찢어졌습니다. 고문자들은 무수한 모욕을 하면서 괴롭혔습니다. 그리고 옷을 전부 벗기고 높은 데에 매달아 놓고 몸 전체를 채찍으로 힘껏 난타하였습니다. 그래도 불굴의 항구심으로 참아 받으면서 천주교의 진리를 증거하였습니다. 그리하여 고문자들마저 몹시 경탄하였습니다.

이처럼 고통스럽게 투쟁하면서 4년 동안이나 감옥에 갇혀 있다가 1839년 음력 4월에 칼 아래 순교의 화관을 받고 하느님께로 올라갔습니다. 그녀의 나이는 56세였습니다.

김 막달레나(金業伊) : 과부[219]

김 막달레나는 천주교의 기본 교리를 배우자마자 아직 어린 소녀인데도 동정을 서원할 결심을 하였습니다. 그러나 어머니가 이를 금하고 신자에게로 시집보냈습니다.

오래지 않아 남편이 죽었으므로 그녀는 독신 생활을 하며 천성이 까다롭고 괴팍한 어머니와 함께 화목하게 살았습니다.

많은 외인을 진정한 하느님께로 전향시켰고 죽어 가는 이웃 사람들에게 세례를 주었습니다. 언제나 하느님을 위하여 피 흘릴 원의를 가지고 있었습니다. 마침내 종교의 이유로 포도청 법정에 끌려가서 관장에게 하

---

[219] 김업이(1774~1839) : 성녀. 『기해일기』에는 "(김)복이 매씨"라고 하였을 뿐 그 이름이 나오지 않지만, 『승정원일기』에는 "업이(業伊)"로 나온다. 1839년 5월 24일(음 4월 12일) 서소문 밖 형장에서 순교하였다.

느님의 계명을 설명하였습니다. 여러 번 혹독한 고문을 당하였으나, 한결같은 항구심으로 견디어 냈습니다. 그래서 형조 법정에 이송되어 사형이 선고되었습니다.

(1839년 큰 박해 중에 주교님과 신부님들과 그 밖의 신자들이 살해되었습니다.) 그녀는 감옥에 3년 동안 갇혀 있다가 기해년 음력 4월쯤에 칼로 살해되었습니다. 그녀의 나이는 66세였습니다.

한 바르바라(韓阿只) : 과부[220]

한 바르바라는 아기 때부터 종교의 기본 교리를 배웠으나 지키지는 않았습니다. 그리고 외인에게 시집을 갔습니다. 남편이 죽자 어머니 집으로 되돌아왔습니다.

어느 때인가 김 막달레나에게 권고를 받아 전적으로 하느님께로 전향했습니다. 그때부터 열성을 가지고 신앙생활을 준행하며 자주 금식재를 지켜 자기 육신을 단련하였습니다. 냉담 교우들을 회두시키고 외인들을 참 하느님께 전향시키기 시작하였습니다. 위급하게 앓고 있는 많은 외인의 아기들에게 세례를 주었습니다.

하느님을 위하여 자기의 피를 흘리기를 몹시 원했습니다. 그러다가 김 막달레나와 함께 체포되어 관장 앞에서 천주교 진리를 아주 거침없이 설명하였습니다.

3년 동안 감옥에 갇혔고 하느님을 위하여 많은 고문을 용맹하게 견디어 냈습니다. 드디어 사형 선고를 받고 기해년 음력 4월쯤에 칼 아래 살

---

[220] 한아기(1792~1839) : 성녀. 「기해일기」에는 "순길의 모친"이라고 하였을 뿐 그 이름이 나오지 않지만, 「승정원일기」에는 "아기(阿只)"로 나온다. 1839년 5월 24일(음 4월 12일) 서소문 밖 형장에서 순교하였다.

해되었습니다. 그녀의 나이는 48세였습니다.

박 안나(朴阿只)[221]

박 안나는 나이가 어릴 때부터 신앙생활을 부지런히 준행하였습니다. 18세 되었을 때 천주교 신자 집안으로 시집갔습니다. 자녀들에게 천주교의 기본 교리와 계명을 가르쳤습니다. 자주 주님의 오상(五傷)을 묵상하면서 눈물을 펑펑 쏟았습니다.

기해년 음력 2월쯤에 가족과 함께 포도청 법정에 끌려갔습니다. 지극히 혹독한 고문을 받으면서도 하느님을 거침없이 선포하였습니다. 관장이 패배하여 천만 가지 방법으로 그녀가 하느님을 배반하도록 협박과 아부와 형벌로 노력하였습니다. 그러나 이 모든 것에도 굴복하지 않았고 지극히 혹독한 고문 가운데 종일토록 버티어 냈습니다. 온몸이 찢어졌고 살점이 떨어져 나가 뼈가 드러났습니다. 그런데도 그녀는 항상 기쁨을 지녔습니다.

그녀가 배교할 것을 희망하면서 자주 찾아오는 부모를 더욱 큰 노력으로 신앙생활의 완전한 준행을 격려하였습니다. 집, 부모, 남편, 자녀들 및 재산에 대해서는 아무것도 마음을 쓰지 않고 오로지 하느님을 위하여 죽을 것에만 진력하였습니다.

그녀의 항구심에 정복된 관장이 형조 법정으로 이송하였습니다. 판관이 그녀를 보고 말했습니다. "네 남편과 네 아들들은 이미 석방되었다. 만일 네가 한마디만 하면 너도 살 것인데 이것이 세상의 행복 아니겠느

---

221 박아기(1783~1839) : 성녀. 『기해일기』에는 "(태)득손의 모친"이라고 하였을 뿐 그 이름이 나오지 않지만, 『승정원일기』에는 "아기(阿只)"로 나온다. 1839년 5월 24일(음 4월 12일) 서소문 밖 형장에서 순교하였다. 그녀의 남편 태문항(太文行, 프란치스코)과 아들 태응천(太應天)은 배교하여 5월 12일(음 3월 29일)에 석방되었다.

냐?" 안나가 대답하였습니다. "이것은 사람의 자유로운 결정에 속하는 일입니다. 저는 다만 하느님을 위하여 죽기를 원합니다." 판관이 분노하여 고문하도록 명하고 사형을 선고하였습니다.

기해년 음력 4월에 칼로 목이 잘렸습니다. 그녀의 나이는 57세였습니다.

김 아가타 : 과부[222]

김 아가타는 천성이 매우 아둔하였으나 신앙은 굳세었습니다. 개종하기 전에는 자기 남편과 함께 귀신들, 즉 심술궂은 수호신들을 섬겼습니다.

어느 날 자기 오라버니로부터 그 모든 것이 거짓된 미신이라는 것을 듣고서 즉시 그것들을 파괴하였고 외인들의 경고에 개의치 않고 천주교를 받아들였습니다.

그러나 지능이 모자라서 심오한 신비나 기도를 배우지 못하고 다만 "예수 마리아"만 알았습니다. 그러다가 종교의 이유로 체포되었습니다.

관장이 그녀를 보고 물었습니다. "네가 천주교 신자냐?"

그녀가 대답했습니다. "저는 예수 마리아만 압니다."

관장이 물었습니다. "네가 고문받다가 죽을 터인데 그래도 예수 마리아를 버리지 못하겠느냐?"

"그렇습니다. 제가 죽어야 할지라도 하느님을 버릴 수는 없습니다."

그리하여 관장은 잔인한 고문을 하도록 명령하였습니다. 그런데도 끝까지 자기는 예수 마리아를 버릴 수 없다고 같은 말만 되풀이하였습니다. 판관이 패배하여 형조 법정으로 이송하였고 거기서 문초를 받은 그녀는 똑같은 대답을 하였습니다.

---

[222] 김아기(1790~1839) : 성녀. 『기해일기』에는 그 이름이 나오지 않지만, 『승정원일기』에는 "아기(阿只)"로 나온다. 1839년 5월 24일(음 4월 12일) 서소문 밖 형장에서 순교하였다.

그래서 판관이 그녀를 감옥으로 보냈습니다. 감옥 안에 있던 신자들이 아가타를 보고 기뻐하며 잘 준비시켜서 세례를 주었습니다.

마침내 판관이 다시 그녀를 고문하라고 명하였으나 배교를 시키지 못한 그는 사형을 선고하였습니다. 감옥에 4년 동안 갇혀 있다가 8명의 다른 신자들과 함께 칼 아래 순교의 화관을 받고 예수 마리아께 날아갔습니다. 그녀의 나이는 50세[223]였습니다.

박 루치아(朴喜順) : 동정녀[224]
―그의 언니 마리아

박 루치아는 궁녀였습니다. (궁녀는 왕의 여러 가지 일을 보살피기 위하여 조정에서 뽑은 처녀들입니다.) 루치아는 몸가짐이 신중하고 부지런하며 천성이 올곧아서 처녀들 중에 출중하였습니다.

어머니가 죽은 후, 조정에 의하여 궁녀로 뽑혀 궁궐에 들어갔습니다. 그녀는 고상한 삶으로 사람들에게 뛰어난 모범을 보였습니다. 30세쯤 되었을 때 천주교 교리를 듣고 즉시 이를 받아들였습니다. 그런데 궁중에서는 신앙생활을 준행할 수 없음을 알고서 병을 핑계 삼아 궁궐에서 나갈 허가를 받고 어떤 친척 집으로 가서 몸 붙여 살았습니다. 자기 아버지는 천주교를 몹시 미워하는 원수였기에 아버지의 집으로 갈 엄두를 내지 못하였기 때문입니다.

얼마 지나지 않아 가족을 모범과 설득으로 참 하느님께로 전향시켰습니다. 자주 하느님께 감사하며 마음속 깊이 간직하였습니다. 세상의 명

---

[223] 『기해일기』에도 50세로 나오나, 페레올 주교의 『1839년 박해 순교자들의 행적』에는 54세, 다블뤼 주교의 『비망기』에는 53세로 기록되어 있다.

[224] 박희순(1801~1839) : 성녀. 『기해일기』에는 그 이름이 나오지 않지만, 『승정원일기』에는 "희순(喜順)"으로 나온다. 1839년 5월 24일(음 4월 12일) 서소문 밖 형장에서 순교하였다.

예와 영광을 아무것도 아닌 것으로 여기고 신앙생활을 부지런히 준행하였습니다. 자주 기도와 묵상에 열중하였고 거친 의복과 음식을 사용하였고 자기 자신을 학대하기에 힘썼습니다. 자주 주님의 수난을 회상하고 감사의 눈물을 흘렸습니다.

마침내 박해가 심해지자 가족 전체가 어느 신자 집[225]으로 피신하였습니다. 포졸들이 이를 알아채고 그 집을 덮쳤습니다. 그때 루치아는 하느님의 섭리임을 인정하고, 한편으로는 신자들을 격려하면서 위로하고 다른 한편으로는 포졸들을 매우 친절하게 대접하였습니다.

포교를 따라서 사관청 법정(仕官廳 法廷, 죄인을 심문하는 첫 법정)에 끌려 갔습니다. 거기서 사실을 고백하고 포도청으로 끌려갔습니다.

판관이 물었습니다. "너는 궁녀이면서 어찌하여 천주교를 믿느냐?"

루치아가 대답하였습니다. "하느님을 섬기는 것은 모든 사람의 의무입니다."

또다시 루치아는 하느님을 버리고 다른 신자들을 배반하라는 명을 받았으나 이를 거절하였습니다. 그녀는 그 때문에 고문을 당하였으나 용맹하게 대항하여 형조 법정으로 이송되었고 가혹한 고문을 당하였습니다. 그래서 살이 찢어지고 뼈가 드러났습니다. 루치아는 한결같은 항구심으로 견디어 내면서 그리스도의 고통을 어느 정도 본받는 것 때문에 기뻐하였습니다. 며칠 후 모든 상처가 완전히 나아서 건강을 회복하였습니다. 이 사실이 확증되자 포졸들은 마술로 된 일이라고 말들을 하였습니다.

형벌을 받는 중에 천주교의 진리에 대하여 많이 설명하여 원수들을 혼란케 하였습니다. 배교시키지 못한 판관은 결국 사형을 선고하였습니

---

[225] 『기해일기』에는 "권 아가타의 집"으로 나오지만, 페레올 주교의 『1839년 박해 순교자들의 행적』과 다블뤼 주교의 『비망기』에는 "전(경협) 아가타"를 찾아갔다고 나온다.

다. 루치아는 사형장에 끌려갈 때 매우 행복해하면서 하느님께 기도 바치는 것을 중단하지 않았습니다. 목이 잘리어 주님께로 날아갔습니다. 그녀의 나이는 39세였습니다.

루치아의 언니 마리아(朴大阿只)[226]

천주교를 받아들인 후 하느님의 계명을 성실히 준수하였습니다. 선행을 실천하기에 매우 힘썼고 가난한 이들을 자선 모금으로 도와주었습니다.

체포된 후 많은 고문을 견디어 냈습니다. 그러나 어떻게 대답을 하였는지, 어떤 종류의 형벌을 당하였는지는 알려지지 않았습니다. 한결같은 용맹으로 5개월간 감옥에 갇혀 있다가 기해년 음력 7월 26일[227]에 칼 아래 순교의 팔마를 얻었습니다. 그녀의 나이는 54세였습니다.

이 요한 경삼[228]

요한은 외인이었다가 참 하느님께 전향한 후 열성적으로 하느님을 섬겼습니다. 북경에서 세례받고 귀국한 후[229] 더 큰 신심으로 신앙생활을 준행하였습니다. 그 후로는 고기를 전혀 맛보지 않고 동정으로 살았습니다. 항상 하느님을 위하여 죽을 원의를 지니고 있었습니다.

---

226 박큰아기(1786~1839) : 성녀. 『기해일기』에는 그 이름이 나오지 않지만, 『승정원일기』에는 "큰아기(大阿只)"로 나온다. 1839년 9월 3일(음 7월 26일) 서소문 밖 형장에서 순교하였다.

227 페레올 주교의 『1839년 박해 순교자들의 행적』에는 5월 24일(음 4월 12일)에 순교했다고 되어 있지만, 『승정원일기』, 『기해일기』 등에는 9월 3일(음 7월 26일)로 나온다.

228 이광렬(1795~1839) : 성인. 다블뤼 주교의 『비망기』와 『기해일기』에는 "경삼"이라고도 되어 있다. 『승정원일기』에는 "광렬(光烈)"로 나온다. 1839년 7월 20일(음 6월 10일) 서소문 밖 형장에서 순교하였다.

229 이광렬은 조선 교회의 북경 밀사로 활약했었는데, 관찬 기록에는 1836년에 조신철(가롤로), 정하상(바오로) 등과 함께 책문에서 샤스탕 신부를 영입한 사실만이 나온다(『日省錄』 헌종 기해 6월 10일 조).

그러다가 기해년 음력 2월쯤에 체포되어 가장 참혹한 고문을 용맹한 정신으로 견디어 냈습니다. 감옥에 6개월간 갇힌 후 불굴의 용사는 7명의 다른 신자들과 함께 칼을 받았습니다. 기해년(1839년) 음력 6월 10일, 성모 몽소승천(蒙召昇天) 축일 5일 후에 살해되었습니다. 그의 나이는 45세[230]였습니다.

이 막달레나(李英喜), 허 막달레나(許季任), 데레사(李梅任), 바르바라(李貞喜) : 친척들[231]

이 막달레나는 저명한 가문에서 태어났습니다. 천주교에 대한 아버지의 박해 위협 때문에 이 막달레나는 어머니 허 막달레나와 그의 언니 바르바라와 함께 몰래 서로 신심을 본받으면서 하느님을 섬겼고 동정 생활을 하였습니다. 그런데 그의 아버지가 동정을 지키려는 그녀의 결심에 반대하여 어느 외인과 정혼하였습니다. 그래서 그녀는 백방으로 도망갈 길을 궁리하였습니다.

어느 날 우연히 좋은 기회를 만나게 되었습니다. 부모 모르게 낡아서 해진 헌 옷을 입고, 자기가 입던 옷은 자신의 피를 묻혀 조각조각 찢어놓고 서울의 자기 언니 집[232]으로 도망갔습니다. 그때 부모는 그녀가 호랑이한테 잡아먹힌 줄 알고 통곡하였습니다. 어느 날 그녀의 아버지는 막

---

[230] 페레올 주교의 『1839년 박해 순교자들의 행적』에는 39세로 나오지만, 『기해일기』와 다블뤼 주교의 『비망기』에는 45세로 나온다.

[231] 모두 성녀로, 허계임(1773~1839)과 그녀의 딸 이정희(1799~1839)와 이영희(1809~1839), 이 자매의 고모인 이매임(1788~1839)이다. 『기해일기』에는 이름이 나오지 않지만, 『승정원일기』와 『일성록』에 나온다. 이영희와 이매임은 1839년 7월 20일(음 6월 10일)에, 이정희는 9월 3일(음 7월 26일)에, 허계임은 9월 26일(음 8월 19일)에 각각 서소문 밖 형장에서 순교하였다.

[232] 페레올 주교의 『1839년 박해 순교자들의 행적』, 다블뤼 주교의 『비망기』에는 "고모 (이매임) 데레사의 집", 『기해일기』에는 "서울 고모의 집"으로 나온다.

달레나가 숨어 있는 서울의 큰딸 집에 갔습니다. 그리고 그의 작은딸이 호랑이에게 잡아먹혔다고 말했습니다. 이 말을 듣고 그의 아버지가 말한 대로 믿는 것처럼 그 집이 울음바다가 되었습니다.

이렇게 막달레나는 부모가 모르는 가운데 천상의 삶을 살았고, 지극히 가난하면서도 동정 생활을 지켰습니다.

이윽고 기해년에 신자들에 대한 혹독한 박해가 일어나자 그녀는 자기 어머니 허 막달레나와 고모 데레사와 언니 바르바라와 다른 2명의 신자인 김(성임) 마르타와 김(누시아) 루치아와 더불어 굳센 정신으로 하느님을 위하여 죽기로 작정하였습니다.

(이 바르바라는 외인인 아버지로부터 외인에게 시집가도록 강요받았을 때, 동정을 지키기 위하여 3년 동안 다리를 절뚝거리는 것처럼 꾀병을 앓고 아버지가 보지 않는 때에만 조심스럽게 잠깐씩 걷곤 하였습니다. 그러다가 필요에 못 이겨 어느 신자에게 시집갔습니다.)

이리하여 6명의 여인이 신자들을 수색하고 다니던 포졸들한테 자진하여 갔습니다. 그들이 어떤 신자 집[233]에 모여 있다는 말을 듣고 그리로 갔습니다. 집 전체가 울음과 통곡으로 가득 찼습니다. 이것을 본 포졸들이 무슨 까닭인지 물었습니다. 여인들이 포졸들에게 대답했습니다. "우리는 천주교 신자들입니다."

포졸들은 어리둥절하여 믿으려 하지 않고 천주교 신자라는 징표를 보이라고 요구하였습니다. 그때 이 막달레나 동정녀와 다른 여인들이 묵주와 십자가와 성패를 보여 주었습니다. 이런 증거물로 그 여인들은 체포되어 법정으로 끌려갔습니다. 처음에 하느님을 버리도록 강요받았습니다. 그러나 그 여인들은 명령을 무시하여 지극히 혹독한 주리로 고문당

---

[233] 남명혁(다미아노)의 집.

하였습니다. (특히 그들이 자수하였기 때문에 더 죄과가 크다고 하여 더욱 잔인하게 고문당하였습니다.)

닷새 후에 감옥에서 끌려 나온 여인들에게 관장이 말했습니다. "그만큼 고문을 받았으니 그 체험을 통하여 잘못을 인정하고 하느님을 떠나기를 원하느냐?"라고 물었습니다.

그 여인들이 한목소리로 대답하였습니다. "만일 하느님을 떠나기를 원하였다면 무엇 때문에 자진하여 잡혀 왔겠습니까? 저희는 달리 말할 줄 모릅니다. 우리나라의 법률에 따라서 저희를 죽여 주십시오."

관장이 괘씸하게 여겨 그 여인들을 또다시 주리 틀어서 살가죽을 벗기라고 명령하였습니다. 그 여인들은 한결같은 용맹으로 희광이들의 고문을 이겨내고 형조로 이송되었습니다. 형조에서 그 여인들은 거침없이 하느님을 고백하고 모든 고문을 이겨낸 후, 사형을 선고받았습니다.

그리하여 기해년 음력 6월 10일에 막달레나 동정녀는 31세의 나이로, 자기 고모 데레사는 52세 나이로 함께 살해되었습니다. 막달레나의 언니는 감옥에 6개월간 갇혀 있다가 기해년 음력 7월 26일에 41세의 나이로 참수되었습니다. 모친 막달레나 과부는 감옥에 7개월간 갇혀 있다가 기해년 음력 8월 19일에 67세 나이로 순교의 화관을 썼습니다.

김 마르타(金成任) : 일명 부평집[234]

김 마르타는 50세의 나이로 음력 6월 10일에 순교의 팔마를 얻었습니다.

---

[234] 김성임(1790~1839) : 성녀. 『기해일기』에는 그 이름이 나오지 않으나, 『승정원일기』에는 "박성임(朴成任)"으로 나온다. 그러나 『기해일기』와 『헌종실록』 등의 내용에서 볼 때, 박성임은 곧 김성임임을 알 수 있다. 김성임은 1839년 7월 20일(음 6월 10일) 서소문 밖 형장에서 순교하였다. 김성임의 나이는 『기해일기』에는 50세, 다블뤼 주교의 『비망기』에는 53세, 페레올 주교의 『1839년 박해 순교자들의 행적』에는 54세로 나온다.

이 바르바라 : (이) 막달레나 동정녀의 혈족[235]

이 바르바라는 15세의 나이로 가혹한 고문과 굶주림과 병으로 삶을 마쳤습니다.

김 루시아[236]

김 로사(金老沙) 과부 : 일명 감골집[237]

김 로사는 남편이 죽은 후, 참 하느님께 대한 경배로 전향하였습니다. 하느님의 사랑으로 불타서 부지런히 기도와 선행에 열중하였고 자기 손으로 일하여 부모에게 생활필수품을 마련해 드렸습니다.

그 후 신자들에 대한 박해가 일어나자 법정으로 끌려가서 하느님을 거침없이 고백하고 가혹한 고문을 당하였으나 한결같은 항구심으로 모든 형벌을 이겨냈습니다. 배교를 강요당했을 때는 "우리 신자들이 섬기는 하느님은 만물의 최고 주님이십니다. 하느님은 착한 사람들에게는 상을 주시고 악한 사람들에게는 벌을 주시는 분이십니다. 하느님의 계명을 준수하는 사람은 하늘에서 영원한 행복을 누릴 것이고 배반하는 사람은 지옥에서 영원한 형벌로 처벌될 것입니다. 이러한 이유로 저는 하느님을 저버릴 수 없고 다른 신자를 배반하면 그들에게 해를 끼치는 것이니까

---

235 이 바르바라(1825~1839) : 성녀. 이 바르바라와 이영희(막달레나)는 조카와 이모 관계다. 1839년 5월 27일(음 4월 15일) 포도청에서 순교하였다. 페레올 주교의 『1839년 박해 순교자들의 행적』에는 "감옥에서 목이 졸려 순교했다."고 되어 있지만, 다블뤼 주교의 『비망기』와 『기해일기』에는 옥사한 것으로 나온다.

236 김 루시아(1818-1839) : 성녀. 편지 원문에는 13쪽에 있다는 표시(v.p. 13)가 나와있는데, 뒤에 나오는 '만물집 딸 김 루시아'를 가리킨다. 예전에 김 안나로 알려진 것은 『기해일기』의 순서로 볼 때 김장금 안나로 여겨졌기 때문이다.

237 김 로사(1784~1839) : 성녀. 『기해일기』에는 그 이름이 나오지 않으나 『승정원일기』에는 "노사(老沙)"로 나온다. 1839년 7월 20일(음 6월 10일) 서소문 밖 형장에서 순교하였다.

그렇게 할 수는 없습니다."라고 대답하였습니다.

　이 말을 들은 관장은 분노하여 가혹한 형벌로 그녀의 항구심을 꺾어 보려고 시도하였으나 실망하고 그녀를 형조로 보냈습니다. 그녀는 형조에서 고문을 받는 중에 하느님을 고백하였습니다. 그리고 그녀는 8개월 간 감옥에 갇혀 있다가, 기해년 음력 6월에 56세의 나이로 칼 아래 목이 잘려 하느님께로 올라갔습니다.

원 마리아(元貴任) : 동정녀[238]

　원 마리아는 어린 나이에 부모를 잃고 친척 집에서 매우 가난하게 자랐습니다. 마리아는 자기 손으로 일하여 먹을 것을 마련하였습니다. 하느님께 대한 사랑이 열렬히 불타올라 동정을 서원하였습니다. 지극한 신심과 겸손이 뛰어났고 품행이 본받을 만하여 모든 이에게서 귀여움을 받았습니다.

　박해가 계속되자 포졸들이 덮쳐 와서 포승으로 묶여 포장 앞에 끌려 갔습니다. 판관이 그녀를 보고 "너는 천주교 신자냐?" 하고 물었습니다. 마리아는 "네, 그렇습니다." 하고 대답하였습니다.

　판관이 다시 "만일 네가 하느님을 떠나면 즉시 너를 석방해 주겠다." 라고 타일렀습니다. 마리아는 "이미 굳은 결심으로 하느님을 섬기고 그리하여 제 영혼을 구원하기로 작정하였습니다. 그러므로 더 이상 묻지 마십시오. 제발 저를 죽여 주십시오." 하고 대답하였습니다.

　분노한 판관이 마리아를 주리와 주장질로 고문하라고 명령하였습니다. 몸이 찢어지고 피가 펑펑 흘렀으나 마리아는 끝끝내 굽히지 않았습니다.

---

[238] 원귀임(1818~1839) : 성녀. 『기해일기』에는 그 이름이 나오지 않으나 『승정원일기』에는 "귀임(貴任)"으로 나온다. 1839년 7월 20일(음 6월 10일) 서소문 밖 형장에서 순교하였다.

판관이 지쳐서 마리아를 형조의 판관에게 보냈습니다. 형조의 판관은 백방으로 유인하였으나 마리아의 용맹으로 허사가 되자 실망하여 목 잘라 죽이라고 명령하였습니다. 그리하여 마리아는 22세의 나이[239]로 음력 6월 10일에 하느님께로 올라갔습니다.

김 루치아(金累時阿) : 일명 만물집 딸, 동정녀[240]

김 루치아는 어린 나이에 천주교의 규율을 배웠으며 양순하고 겸손하였습니다. 14세 때 하느님께 동정을 서원하였습니다. 하느님께 대한 더 큰 사랑이 불타서 선행에 더욱 열중하였습니다.

박해가 심해지자 이(영희) 막달레나 등과 의논하여 포졸들에게 가서 자수하였습니다. 판관이 미인인 루치아를 보고 "이처럼 우아하게 잘생긴 여인인 네가 정말로 천주교 신자들의 미신에 빠졌단 말이냐?" 하고 물었습니다. 루치아는 "네, 저는 천주교 신자입니다."라고 대답하였습니다.

판관이 "네가 한마디만 하면 내가 너를 살려 주마." 하고 말했습니다. 루치아는 "비록 죽어야 할지언정 저는 하느님을 저버릴 수 없습니다."라고 말하였습니다.

판관이 "왜 그리할 수 없는지 그 이유를 대라."고 말하였습니다. 루치아는 "하느님은 모든 사람과 만물의 창조주이시고 관리자이십니다. 선인들과 악인들에게 상이나 벌을 내리시는 최고의 어버이이십니다. 그러기에 천만번 죽을지라도 하느님을 저버릴 수는 없습니다."라고 대답하였습니다.

---

239 원귀임의 나이는 페레올 주교의 『1839년 박해 순교자들의 행적』에는 21세로 나오지만, 『기해일기』와 다블뤼 주교의 『비망기』에는 22세로 나온다.

240 김 루치아(1818~1839) : 성녀. 『기해일기』에는 "자근손의 누이"라 하였을 뿐 그 이름이 나오지 않지만, 『승정원일기』에는 "남 루시아(南累時阿)"로 나오며, 그 내용을 볼 때 이 사람이 김 루치아임을 알 수 있다. 1839년 7월 20일(음 6월 10일) 서소문 밖 형장에서 순교하였다.

판관이 "누구한테서 천주교를 배웠느냐? 너는 몇 살이냐? 네 친구는 몇 명이냐? 너는 왜 결혼하지 않았느냐? 네가 말하는 영혼이란 도대체 무엇이냐? 너는 죽음이 무섭지도 않으냐?" 하고 물었습니다. 루치아는 "아홉 살 때 어머니한테서 천주교를 배웠습니다. 우리 천주교에서는 남을 해치지 말라고 엄하게 금합니다. 따라서 저는 죽을지언정 남을 배신할 수는 없습니다. 저는 스무 살인데 결혼하기에 너무 늦은 것은 아닙니다. 더구나 결혼에 대하여 말하는 것은 소녀들의 정숙에 어긋나는 말입니다. 영혼은 신령한 존재로서 육신의 눈으로는 볼 수가 없습니다. 저는 죽기를 두려워합니다마는 살기 위하여 하느님을 저버리라고 명하시니, 죽는 것을 무서워하지만 죽기를 더 원합니다."라고 대답하였습니다.

판관이 "도대체 영혼이 어디에 있느냐?"고 물었습니다. 루치아는 "영혼은 몸 전체에 있습니다." 하고 대답하였습니다.

판관이 "너는 하느님을 본 적이 있단 말이냐?"고 물었습니다. 루치아는 "궁궐에서 멀리 떨어져 사는 백성이 어떻게 임금님이 계신 줄을 믿을 수 있다고 여깁니까? 그들이 자기 눈으로 임금님을 본 다음에 믿는다고 생각하십니까? 백성이 임금님을 눈으로 보지 못해도 임금님 계신 줄은 압니다. 마찬가지로 창조된 만물을 보면 자연의 어버이이신 하느님이 존재하심을 충분히 인식할 수 있습니다."라고 대답하였습니다.

판관은 달래기도 하고 위협하기도 하였으나 루치아의 용맹을 극복할 수가 없자 격분으로 미쳐 날뛰었습니다. 루치아를 주리와 주장질로 고문하라고 명하였습니다. 그런데 루치아는 고문 중에 즐거워하였고, 놀라운 항구심으로 적들을 혼란에 빠뜨렸습니다. 그들은 몹시 감탄하여 "단단히 마귀에 씌웠구나." 하고 서로 수군거렸습니다.

지친 판관은 루치아를 형조 판관에게로 보냈습니다. 그 판관은 루치아를 변심시키려고 백방으로 노력하였으나 할 수 없음을 알자 매를 때리기 시작했고, 결국 사형을 선고하였습니다. 그리하여 루치아는 22세의 나이로 기해년 즉 1839년 음력 6월 10일에 하느님께로 갔습니다.

박 요한 명관(朴厚載)[241]

박 요한은 어릴 때 아버지를 여의고서 가난하고 비참하게 성장하였습니다. (그의 아버지는 그리스도의 신앙 때문에 살해되었습니다.)[242] 요한은 자기 어머니께 극진한 효성을 드렸고, 자기 손으로 일하여 어머니께 생활필수품을 마련해 드렸습니다.

장성하여 천주교 교리를 부지런히 배우고 열성으로 하느님을 섬겼습니다.

박해가 심해지자 판관에게 끌려갔습니다. 하느님을 저버리고 다른 신자들을 배신하라는 명령을 받았으나 이 명령을 무시하여 치도곤과 주리형벌을 받았습니다. 몸이 갈기갈기 찢어져서 기절하였다가 살아났습니다. 그런데도 요한은 낮이나 밤이나 하느님을 설교하고 종교의 진리를 주장하기를 그치지 않았습니다.

마침내 형조의 판관에게 이송되어 그는 많은 고문을 당한 후 5개월간 감옥에 갇혀 있다가 41세의 나이[243]로 1839년 음력 7월 26일에 최후의 형벌을 받았습니다.

---

241 박후재(1799~1839) : 성인. 『기해일기』에는 "명관"으로 나오며, 『승정원일기』에는 "후재(厚載)"로 나온다. 1839년 9월 3일(음 7월 26일) 서소문 밖 형장에서 순교하였다.

242 박후재의 부친은 『기해일기』, 다블뤼 주교의 『비망기』 등에 따르면 1801년의 신유박해 때 순교했다고 한다.

243 박후재의 나이는 페레올 주교의 『1839년 박해 순교자들의 행적』에는 40세로 나오지만, 『기해일기』와 다블뤼 주교의 『비망기』 등에는 41세로 나온다.

정 바오로(丁夏祥)[244]

정 바오로는 본래 명문가 집안 출신이었는데, 천주교 신앙으로 더욱 유명하게 되었습니다. 그의 아버지와 형[245]은 1801년에 천주교 박해가 일어났을 때 체포되어 종교를 위하여 용감하게 싸우다가 전사하였습니다.

바오로는 아버지가 죽은 후 7세 때 종교 때문에 자기 어머니[246]와 함께 체포되었으나 재산만 모두 몰수당하고 석방되었습니다.

바오로는 장성하자 몇 년 동안 집도 없이 아는 친구들 집으로 이리저리 떠돌아다녔습니다. 마침내 그는 모든 친척(그들은 다 외교인이었습니다.)으로부터 어머니와 함께 도망하여 이름을 바꾸고 홀로 살았습니다. 가난과 비참 중에 성장하였습니다. 신앙 때문에 받은 많은 박해를 견디어 냈고 결코 배교하지 않았습니다.

그는 조정은 물론 모든 친지와 친척들로부터도 박해를 받았습니다. 또다시 그들을 피하여 조 베드로 순교자의 집으로 가서 살았습니다. 그 집에서 숨어 지내면서도 가난과 굶주림과 헐벗음 등 온갖 고난을 견디어 냈습니다. 어떤 때는 친척들의 박해로 자기 어머니와 누이[247]마저 떠나지 않을 수 없었습니다. 그러한 재난 가운데에서도 낮이나 밤이나 기도와 선행에 열중하기를 잠시도 쉬지 않았습니다. 그는 죽을 때까지 동정을 지켰습니다.

하느님께 우리 민족을 회두시킬 목자를 보내 주시도록 자주 기도로 간청하였습니다. 그 자신이 양반이면서도 종노릇을 자청하고 사신(使臣)

---

244 정하상(1795~1839) : 성인. 1839년 9월 22일(음 8월 15일) 서소문 밖 형장에서 순교하였다.
245 1801년에 순교한 정약종(丁若鍾, 아우구스티노)과 정철상(丁哲祥, 가롤로).
246 1839년 11월 23일(음 10월 18일) 포도청에서 옥사로 순교한 성녀 유소사(柳仙任, 체칠리아).
247 1839년 12월 29일(음 11월 24일) 서소문 밖 형장에서 순교한 성녀 정정혜(丁情惠, 엘리사벳).

들의 수행원들을 좇아 여덟 번인가 아홉 번 북경에 왕래하였습니다. 그는 북경 주교님께 간청하여 (유방제) 파치피코 신부님을 파견하시게 하였습니다.

고향 집에 돌아온 그는 신자들에 대한 박해가 심해지자 어머니와 누이를 데리고 서울로 피신하였습니다. 서울에서 하느님께 대한 최대의 신심으로 불타오른 그는 모든 이로부터 환영을 받았습니다. 사순절 때에는 조선 신자들의 관습 외에 날마다 금식재를 지켰습니다. 연중 기간에도 자주 주간에 금식함으로써 자기 육신을 학대하였습니다. 자기도 가난하면서 궁핍한 이들에게 자주 자선을 베풀었습니다. 하느님과 사람들에 대한 사랑이 강력하여 다른 이들에게 좋은 모범을 보여 주었습니다.

그 후에 그는 변문에 도착하여 모든 신부님을 우리나라 안으로 인도하여 자기 집에 모셔다가 성심껏 정성을 다하여 시중들었습니다. 앵베르 주교님이 바오로를 사제품을 받게 할 신학생으로 선발하였습니다. 그러나 신자들에 대한 박해가 나날이 심해져서 그는 주교님을 따라 피신하였습니다. 이윽고 서울에 남겨둔 물건들을 지키도록 돌아가라는 주교님의 명에 따라 자기 집으로 돌아왔습니다.

거기서 자기 어머니와 누이와 함께 정신을 가다듬고 하느님의 섭리를 기다렸습니다. 그리하여 기해년 음력 6월 6일[248]에 포졸들이 바오로에게 덮쳐 와서 포승으로 결박하여 그의 어머니와 누이와 함께 법정으로 끌고 가서 한 차례 문초를 한 다음 감옥에 처넣었습니다.

사흘째 되는 날 판관이 바오로를 감옥에서 끌어내어 심문하였습니다.

---

[248] 페레올 주교의 「1839년 박해 순교자들의 행적」에도 7월 16일(음 6월 6일), 「기해일기」에는 7월 11일(음 6월 1일)로 되어 있다. 다블뤼 주교의 「비망기」에는 유소사 체칠리아가 7월 19일(음 6월 9일)에 체포되었다고 나온다.

"너는 조선의 미풍양속을 경멸하고 다른 나라의 가르침을 추종하며 사람들을 타락시켰다." 바오로는 "다른 나라의 사물이라도 유용한 것이면 우리는 그것을 이용합니다. 그런데 어찌하여 가장 좋은 천주교만 남의 나라 것이 우리나라에 온 것이라 하여 배척해야 합니까? 그러면 안 되지 않습니까? 모든 사람이 천주교를 받아들여야 합니다."라고 대답하였습니다.

판관이 "남의 나라의 미신을 좋은 것이라고 네가 말하고 있는데 그것은 임금님의 명령을 경멸하는 것이다."라고 했습니다. 그때 바오로는 오로지 종교를 위하여 죽기를 바란다고 말하면서 판관에게 소책자[249] 하나를 바쳤습니다. 그 소책자는 바오로가 체포되기 전에 천주교에 관하여 저술해 두었던 것입니다. 그리고 종교의 진리에 대하여 많은 것을 변론하였습니다.

판관은 그 소책자를 읽고서 "네가 말하는 것이 다 옳다. 그러나 조정에서 금하는 것을 어찌하여 사람들에게 가르치느냐?"고 했습니다. 바오로를 사슬로 결박하고 주리로 온몸을 바짝 조이라고 명하였습니다. 그래서 바오로는 양팔이 떨어지고 부서진 뼈들이 드러났습니다.

며칠 후 다시 감옥에서 끌려나와 주리와 주장질 등 거의 모든 종류의 고문을 다 받았습니다. 형리들이 바오로를 밧줄로 단단히 묶고서 이리저리 잡아끌어 팔다리가 해체되었습니다. 그래도 마음에 차지 않아서 삼모장이라고 부르는 나무 도끼로 그의 양 정강이를 모조리 찍어서 벗겨내고 골수까지도 뜯어내려고 기를 썼습니다. 그래서 온몸이 조각조각 찢어지고 피가 펑펑 흘러내려 땅을 흥건히 적셨습니다. 그런데도 바오로는 기쁜 낯으로 모든 것을 한결같은 항구심으로 견디어 냈습니다.

그다음 며칠 간격을 두고 다시 감옥에서 끌어내어 모방 신부님과 샤

---

[249] 정하상이 쓴 호교서인 「상재상서(上宰相書)」.

스탕 신부님 및 그 밖의 신자들을 배신하도록 잔인하게 고문하였습니다. 바오로는 어린 양처럼 모든 형벌을 참아 받은 후, 유(진길) 아우구스티노와 함께 1839년 9월 22일(양력)에 순교의 화관을 받았습니다. 그의 나이는 45세였습니다.

유 아우구스티노 용선(劉進吉) : 관리[250]

유 아우구스티노는 고귀한 집안에서 높은 벼슬을 한 부모한테서 태어났습니다. 어린 나이에 학문을 공부하고 재능이 뛰어나고 근면하여 칭송이 자자하였습니다. 그래서 얼마 지나지 않아 학자의 영예를 얻었습니다. 관리 벼슬을 받은 후에도 재산과 명예를 귀하게 여기지 않고 계속 학문에 열중하였습니다.

이윽고 세상 만물의 구조와 우주의 존재를 깊이 고찰하여 세상 만물의 창조주가 반드시 존재한다는 이치를 스스로 깨달았습니다. 그리하여 창조주를 탐구하는 데 십 년 이상 노력하여 자기가 찾아볼 수 있는 모든 서적을 탐독하였습니다.

어느 날 많은 이들이 천주교라는 종교 때문에 피를 흘린다는 말을 듣고 그 종교를 믿는 이들을 만나보고서 과연 그 종교가 진정한 것인지 들어 보고 싶은 욕망이 간절하여 천주교인들을 찾기 시작하였습니다. 한번은 우연히 길을 가다가 작은 종이쪽지를 보게 되었습니다. 그 쪽지를 보니 사람의 영혼에 관하여 언급되어 있었습니다. 그래서 여러 조각으로 찢어진 그 쪽지들을 맞추어 천주교에 관한 글을 읽게 되었습니다.

---

[250] 유진길(1791~1839) : 성인. 다블뤼 주교의 『비망기』에는 "용심"이라고도 되어 있다. 역관(譯官) 출신이므로 '관리'라고 한 것인데, 그는 사역원 당상역관(司譯院堂上譯官)의 자리에까지 올랐다. 1839년 9월 22일(음 8월 15일) 서소문 밖 형장에서 순교하였다.

그래서 하느님을 알고 싶은 호기심이 더욱 불타올라서 천주교 신자들을 사방으로 수소문하여 찾기 시작하였습니다. 결국 천주교 신자를 찾아내 얼마 동안 그 교리를 들어 본 후 즉시 자기도 신앙을 받아들였습니다.

1년 후 역관의 직무를 받아 사신들을 수행하여 북경에 가게 되었습니다.[251] 그는 북경에서 세례의 샘물로 죄를 씻었습니다. 그런 다음에 조정으로부터 여러 차례 북경에 파견되었습니다. 북경에 갈 때마다 우리 교회의 업무를 심혈을 기울여 보살폈습니다.

그런데 그의 아내가 재산이 점차 줄어들고 또한 남편이 명예와 높은 벼슬을 얻기 위하여 아무런 노력도 하지 않는 것을 보고 대단히 화가 나서 남편을 여러 해 동안 집안일로 박해하였고, 천주교와 천주교 신자들을 모욕하고 모독하는 일에 골몰하였습니다. 아우구스티노는 이 모든 것을 하느님을 위하여 기쁜 마음으로 견디어 냈고, 자주 묵상과 기도에 열중하고 하느님을 모르는 이들에게 진리를 가르쳤습니다.

기해년에 천주교 신자들에 대한 박해가 광폭해지자 모든 것을 하느님의 섭리에 의탁하고 정신을 가다듬고 결과를 기다렸습니다. 음력 6월쯤[252]에 포졸들이 아우구스티노를 체포하도록 파견되었습니다. 이 소식이 아우구스티노 친척들의 귀에 들어가자 모두가 외교인들인 친척들이 아우구스티노에게 몰려와서 눈물과 탄식으로 아우구스티노를 붙들고 간청하였습니다. 배교의 말 한마디만 하고 아우구스티노 자신뿐 아니라 자기네들도 망하지 않게 구해 달라고 애걸하였습니다. 그러나 아우구스티노는 그 모든 청을 물리치고 용감한 정신으로 판관에게 끌려갔습니다.

---

251 유진길은 조선 사신단의 통역으로 북경에 여러 번 다녀왔고, 1824년에 북경 천주교회에서 세례를 받았다.

252 『승정원일기』에 따르면 유진길은 1839년 7월 17일(음 6월 7일)에 체포되었다.

판관은 그를 예의 있게 영접하고 기교를 다하여 간청도 하고 권고도 하면서 하느님을 저버리도록 유도하였습니다. 그러나 아우구스티노는 이 모든 것을 무시하고 형벌을 받으러 끌려갔습니다.

판관이 "조정에서 금하는 미신을 누구에게 배웠느냐? 몇 명에게 천주교를 가르쳤느냐? 또 천주교 책을 몇 권이나 가지고 있느냐?"고 심문하였습니다. 아우구스티노는 "전라도 출신인 이 바오로[253] 순교자로부터 천주교를 배워서 저는 신자가 되었습니다. 복음을 설교한 것으로 말하면 제 아내조차 회두시키지 못하였습니다. 저는 그 밖의 다른 책들은 갖고 있지 않습니다."라고 대답하였습니다.

판관은 "네가 책을 가지고 있지 않다고 말한다면, 네가 가지고 있는 만큼 많은 책을 가지고 있는 사람은 아무도 없다."고 말했습니다. 판관은 이 말을 하고서 모질게 고문하라고 명하였습니다.

그다음 서양인 사제들이 어떻게 해서 조선으로 오게 되었는지 아우구스티노한테서 알아내려고 하였습니다. 아우구스티노는 "신부님들이 조선에 온 목적은 하느님의 영광을 더 크게 하고 사람들에게 하느님의 계명을 지키며, 하느님을 섬김으로써 영혼을 구하도록 가르치고, 그렇게 함으로써 죽은 후 영원한 지옥 벌을 면하고 천당에서 무한한 행복을 누릴 수 있게 하기 위함입니다."라고 대답하였습니다.

"그처럼 거룩한 가르침을 설교한다면서 어찌하여 그처럼 사악한 자들로 고발되느냐?"

(아우구스티노는) "만일 그들이 가짜라면 무슨 배짱으로 감히 남에게

---

[253] 1827년의 정해박해 때 전주에서 순교한 복자 이경언(李景彦, 바오로)인 것 같다. 왜냐하면 그는 정하상·유진길 등과 가깝게 지냈으며, 그들과 함께 성직자 영입 운동에 노력했기 때문이다.

성덕을 설교할 수 있겠습니까? 첫째 그들은 자기 자신을 많은 덕행과 순결로 단련한 후에 다른 나라에 가서 많은 사람에게 성덕을 설교합니다. 만일 그들이 높은 명예나 부귀나 추악한 욕망 때문에 이런 것을 보여 준다면, 어떻게 다른 고장보다 더 유명한 지역에 사는 유럽인들이 더 부유하고 더 애착이 가는 조국을 떠나서 거의 9만 리나 멀리 떨어진 이 낯선 나라에까지 죽음을 무릅쓰고 왔겠습니까?"

"더구나 그들은 주교님의 품위에까지 올랐는데 또 무슨 영예를 더 바라겠습니까? 그리고 그들은 자기 조국에서 재물을 가져다가 사용하고 있으니, 어떻게 재물 때문에 우리나라에 왔다고 고발될 수 있겠습니까?"

"그들은 하느님께 봉헌된 사람들로서 평생 동정을 지킬 것을 맹세로 서원하였고, 육신의 순결을 지켜 거룩한 품위에 오른 분들입니다. 어떻게 추악한 욕망을 탐하는 자들로 고발될 수 있겠습니까?"

이 말을 들은 판관은 "그들을 누가 조선으로 인도하였느냐?"고 물었습니다. 아우구스티노는 "제가 그들을 인도하였습니다."라고 대답하였습니다.

그 후 두 신부님을 배반하도록 잔인하게 고문하였으나 아우구스티노는 아무 대답도 하지 않았습니다. 이윽고 지극히 공경하올 주교님의 충고를 받고서 조선 안에 신부님 두 분이 계신다는 것만 실토하였습니다. (주교님이 이렇게 말하도록 지시하셨습니다.) 그러나 신부님 두 분이 계신 곳은 발설하지 않았습니다.

그러자 이미 상처투성이가 된 그를 또 주리로 고문하였습니다. 굵은 밧줄로 양쪽 넓적다리를 묶고 이리저리 톱질하듯 밧줄을 잡아당겨 살점을 찢어냈습니다. 그때 아우구스티노는 활활 불타는 숯불 위에 올려놓은 것처럼 보였습니다. 그다음 날은 나무 도끼로 정강이를 몰인정하게 문질러서 살을 뼈에서 발라냈습니다. 그러나 아우구스티노는 얼굴색 하나 변하지 않고 모든 형벌을 평온한 정신으로 극복하였습니다.

마침내 불굴의 용사는 신부님들과 함께 의금부 감옥으로 이송되었습니다. 그곳에서 다시 두 차례나 세 차례 끌려 나와서 고문을 받은 다음 사형이 선고되었습니다.

아우구스티노는 49세의 나이로 정(하상) 바오로와 함께 칼 아래 순교하였습니다. 외교인들인 아우구스티노의 아내와 형과 둘째 아이는 유배형을 받았습니다.[254]

조 가롤로 명철[255]

조 가롤로는 강원도 출신인데 30세가 되었을 때 유(진길) 아우구스티노에 의해 참 하느님께 대한 경배로 전향하였습니다. 몇 달이 지난 후 그는 아우구스티노를 따라 북경에 갔습니다. 거기서 세례와 견진과 성체의 지극히 거룩한 성사를 받고 집으로 돌아왔습니다. 그때 하느님께 대한 지극한 사랑에 불타올라 하느님을 섬겼고, 겸손과 인내도 뛰어났습니다.

자기도 가난하면서 궁핍한 이들을 자주 도와주었습니다. 그는 고집 센 자기 아내를 기도와 권고로써 하느님께로 돌려놓았습니다. 많은 외교인이 조상으로부터의 미신을 떠나 천주교를 받아들이도록 영향을 끼쳤습니다. 하느님에 관한 설교를 매우 즐겨 하였습니다. 묵상과 기도 중에 자주 깊은 신심에서 우러나오는 눈물을 흘리곤 하였습니다. 조선 교회에 많은 선익을 가져다주었습니다. 그는 항상 순교의 화관을 얻고 예수 그리스도를 위하여 많은 고난을 받을 원의를 품고 있었습니다.

1839년에 중국에 갔다가 조국으로 돌아오는 길에 예수님이 베드로

---

[254] 유진길의 처 한소사(韓召史)는 경상도 창원부(昌原府)로, 아들 근철(斤哲)은 칠원현(柒原縣)으로, 유진길의 형 운길(運吉)은 평안도 선천부(宣川府)로 각각 압송되었다.

[255] 조신철(1795~1839) : 성인. 1839년 9월 26일(음 8월 19일) 서소문 밖 형장에서 순교하였다.

사도와 바오로 사도를 거느리고 높은 산에 서 계시는 꿈을 꾸었습니다. 꿈속에서 주님이 그에게 "금년에 내가 너에게 순교의 화관을 주겠다."고 하시는 말씀을 들었습니다. 그러자 가롤로는 땅에 엎드려 감사를 드렸습니다. 가롤로는 이런 꿈을 두 번씩이나 꾸었습니다.

　집에 돌아오자 가롤로는 온 가족이 하느님을 위하여 박해를 받고 순교하도록 정신 무장을 시키기 위하여 말로 가족들을 설득하고 권고로 격려하기 시작하였습니다.

　1839년 음력 5월쯤에 포졸들이 그의 집을 덮쳐서 가족 전체를 잡아갔습니다. 가롤로는 그때 집을 떠나 있었는데, 마침 집에 돌아오면서 보니 포졸들이 자기 아내와 가족을 잡아서 막 집을 떠나는 것이었습니다. 가롤로는 그들을 뒤쫓아 법정에까지 갔습니다. 법정에서 가족들이 형벌을 받으러 끌려가는 것을 바라보고 있는데, 포졸들이 주변에 서 있던 사람들을 관아에서 내쫓았습니다.

　그때 가롤로도 관아를 나가도록 강요를 받았으나 그는 한 발짝도 물러서지 않았습니다. 왜 안 나가느냐고 묻는 사람에게 가롤로는 "지금 잡혀 온 이 사람들의 가장(家長) 되는 주인이 바로 저입니다."라고 대답했습니다. 포졸들이 이런 대답을 듣자 당장 그를 판관에게 끌고 갔고, 판관은 그를 하옥하라고 명하였습니다.

　그 후 감옥에서 끌려 나온 가롤로에게 판관이 "네가 가지고 있는 이 물건들은 누구에게 속한 것들이냐?"고 심문하였습니다. (그 물건들은 포교지를 위하여 북경에서 사 가지고 온 것들이었습니다.) 가롤로는 "이 물건들은 제가 북경에서 사 온 것들입니다." 하고 대답하였습니다. 판관은 엄중하게 나무랐습니다. 그리고 가롤로가 그리스도를 항구하게 고백하고 자기의 경고를 무시하는 것을 보고 그에게 주리를 틀어 온몸을 괴롭히도록 명하였습니다. 그러나 이 혹독한 형벌로도 그리스도의 용사를 꺾을 수 없었습니다. 가롤로는 판관이 말한 악에 순종하지 않고 오히려 더욱 굳세게 끝까지 신앙을 선언하였습니다.

가롤로를 매우 높은 기둥에 매달고서 몽둥이와 채찍으로 무수히 난타하였습니다. 그래서 주리의 매를 35대 맞고 온몸이 너덜너덜하게 찢어졌으며 주장질로 살이 벗겨졌습니다. 몸이 성한 데가 거의 한 군데도 없고 선혈이 낭자하여 반죽음이 된 몸뚱이를 끔찍한 감옥 안에 가두어 두었습니다.

며칠이 지난 후 다시 끌려 나와서 주리와 나무 도끼의 형벌을 받았습니다. 그러나 가롤로는 이 모든 형벌에도 굴복하지 않고 신부님들과 함께 의금부 법정으로 이송되었습니다. 그곳에서 세 차례 매를 맞은 다음 사형이 선고되었습니다.[256]

소달구지에 실려 최후의 형장으로 끌려 나갈 때 어떤 군인에게 "이제 나는 편안히 안식하는 곳으로 가고 있으니, 우리 가족들도 내 뒤를 따라오기를 바란다는 말을 우리 가족들에게 전해 주시오." 하고 부탁하였습니다. 군인이 그리하겠다고 승낙하고 눈물을 쏟으면서 실행하였습니다. 가롤로는 45세의 나이[257]로 1839년 성 마태오 축일 5일 후에 기쁜 낯으로 웃으면서 목을 희광이에게 내밀었습니다.

유(劉) 베드로 대철 : 관리이며 순교자인 아우구스티노의 아들[258]

순교자 (유진길) 아우구스티노의 아들인 베드로는 어려서부터 천성이 유순하고 인정이 많았습니다. 어린 소년으로서 불성실한 어머니를 따

---

256 조신철은 의금부로 이송되었다가 다시 형조로 이송되어 9월 22일(음 8월 15일)에 판결을 받았다.
257 조신철의 나이는 교회 자료에 45세로 나오는데, 「추안급국안(推案及鞫案)」에는 44세로 나온다.
258 유대철(1826~1839) : 성인. 1839년 10월 31일(음 9월 25일) 포도청에서 교수형으로 순교하였다.

르지 않고 신심 깊은 아버지를 따라 천주교를 받아들여 놀라운 신심으로 하느님을 섬겼습니다.

그의 어머니와 누이는 하느님 나라를 몹시 미워하는 적들이어서 베드로를 자기들과 같은 미신으로 되돌리려고 설득도 하고 위협도 해가며 백방으로 노력하였습니다. 베드로는 지극한 항구심으로 저항하고, 자기는 참 신앙을 저버릴 수 없음을 말과 행동으로 표시하자 그녀들은 분노하여 그를 혹독하게 박해하고 몹시 거친 말로 괴롭혔습니다. 그러나 효성 깊은 아들은 박해하는 어머니를 사랑과 공경으로 존중하였습니다. 그리고 어머니와 누이의 혹독한 말을 부드러운 말로 응답하며 어머니와 누이의 무지를 효성심으로 애통해하였습니다.

하느님의 법률을 준수한 베드로는 종교 교리를 부지런히 익히고 성사로 자기 자신을 튼튼하게 강화하였습니다. 하느님께 대한 더 큰 사랑으로 불타서 그리스도 하느님을 위하여 피를 흘릴 원의를 품고 있었습니다.

박해가 일어나 많은 신자가 체포되어 순교하였을 때, 그들의 영광을 부러워하여 경쟁이나 하듯 숨 가쁘게 헐떡거리며 말하였고 자기도 그들과 동참하게 되기를 바랐습니다.

어느 날 하느님을 위하여 피를 흘릴 원의가 간절하여 판결 법정으로 성큼성큼 걸어갔습니다. 판관이 물어서 그가 천주교 신자임을 알게 되자 그를 감옥에 가두었습니다. 다음 날 베드로를 감옥에서 끌어 내와 하느님을 저버리고 다른 신자들을 배신하라고 말로 타이르고 위협으로 겁주었지만, 베드로가 하느님을 항구하게 고백하는 것을 보자 판관은 분노하여 매를 때리고 여러 가지 고문으로 괴롭히라고 명하였습니다.

용맹한 신앙 증거자는 채찍질과 여러 가지 고문을 당하였지만, 고문의 폭력으로도 가혹한 말이나 유순한 말로도 그의 결심을 돌릴 수는 없었습니다. 베드로를 때려 그 몸을 찢고 실신시키고서 다시 아주 협소하고 더할 수 없이 불결하고 더러운 것으로 가득 찬 감옥으로 보냈습니다. 그리하여 베드로는 어두컴컴한 감옥에 감금되어 포졸들에게 매우 가혹하고 잔인하게 매를 맞았습니다. 포졸들은 상처 위에 상처를 입혀 가면서 배교의 말 한마디만 하고 감옥에서 나가라고 무자비하게 두들겨 팼습니다.

그러나 그리스도의 충실한 용사는 이 모든 고문을 강인한 정신과 쾌활한 얼굴로 참아 받으면서 도저히 극복할 수 없는 말로 종교의 진리를 옹호하였습니다. 포졸 중 한 명이 다가와서 달콤한 말로 판관의 말에 순종하여 죽음을 피하라고 권고하였습니다. 베드로는 그에게 "왜 이러한 의견을 저에게 제안하십니까?" 하고 물었습니다. 이 말을 듣고 포졸이 "너는 정말 진실을 말하는구나. 오 대철아, 너에게 한마디 청한다. 내가 너를 도와줄 수 있도록 해다오. 만일 나를 잠깐 도와주면 나는 구원받을 수 있겠다."고 말했습니다. 그는 엄청나게 가혹한 형벌을 받고 있으면서도 감옥에 갇혀 있는 동료 신자들을 격려하였고, 배교자들이 하느님의 은총으로 되돌아오도록 신심 깊은 말로 설득시키기 위해 노력하였습니다.

베드로는 감옥에서 끌려 나와 다시 형벌을 당하였습니다. 600대 이상의 매를 맞고 40대의 치도곤을 맞았을 때 그의 육신은 마비되고 갈기갈기 찢어졌으나, 그의 영혼은 더욱 굳세고 더욱 열렬히 불타올라 마음속의 환희를 밖으로 표현하였습니다. 이 모든 형벌을 극복하고 베드로는 14세의 나이[259]로 1839년 음력 9월 25일에 목이 졸려 하느님께로 올라갔습니다.

---

[259] 유대철의 나이는 『기해일기』에 14세로 되어 있다. 페레올 주교의 『1839년 박해 순교자들의 행적』에는 13세로, 다블뤼 주교의 『비망기』에는 "14세, 유럽식으로 13세"라고 되어 있다.

정국보(프로타시오)[260]

정국보는 양반 가문 출신이었습니다. 혈기가 왕성한 30세가 되었을 때 천주교의 진리를 깨닫고 그리스도께 가담하였습니다. 세례의 샘물로 깨끗해진 지 2년 후에 하느님께 더욱 밀접히 결합되기 시작하였습니다. 신자들에게 애덕의 의무를 많이 실행하였고, (유방제) 파치피코 신부님의 명에 따라 모든 신자를 손님으로 받아들였습니다. 가난과 여러 가지 비참을 당하였으나 하느님을 위하여 인내로 견디어 냈습니다.

1839년 음력 7월에 신앙 때문에 체포되어 포도청 법정에 끌려갔습니다. 거기서 하느님이 창조주이심을 거침없이 고백하여 가혹한 형벌을 받았습니다. 그러나 지극한 항구심으로 신앙의 진리 안에 머물러 있었습니다.

결코 그의 결심을 꺾을 수 없자 형조 법정으로 이송하였습니다. 그러나 슬프게도 그는 굴복하여 하느님을 저버리고 즉시 석방되었습니다. 집에 되돌아온 그는 자기 잘못을 깨닫고 낮이나 밤이나 가책을 받고 탄식하기 시작하였습니다. 그러다가 어떤 신자의 권고에 감동되어 곧바로 형조 법정으로 달려갔습니다. 포졸들이 왜 왔느냐고 묻자 그는 하느님께 대한 자기의 불충을 고백하고 하느님을 위하여 죽게 해 달라고 청하였습니다.

그러나 포졸들은 그를 미쳤다고 여기고 쫓아 보냈습니다. 그는 같은 모양으로 두 번이나 쫓겨났습니다. 결국 지쳐서 병이 났고 마음의 고통과 참혹한 상처로 탈진하여 걸을 수 없게 되었습니다. 그래서 돈을 주고 고용한 짐꾼들에 의해 법정으로 운반되었습니다.

그러나 이번에도 다시 쫓겨나서 법정 밖에서 신세를 한탄하며 누워 있었습니다. 이윽고 판관이 그 법정에서 나올 때 그는 소리소리 질렀습

---

[260] 정국보(1799~1839) : 성인. 『기해일기』에 그의 세례명이 "프로타시오"로 나온다.

니다. "저는 하느님을 저버렸음을 뉘우치고 있고, 이 죄 때문에 죽기를 원합니다." 하고 소리쳤습니다. 판관은 그를 쫓아 보내라고 명하였습니다. 그러나 그는 울부짖으면서 자기의 청원을 들어 달라고 애원하였습니다. 그래서 판관은 어쩔 수 없이 그를 감옥에 처넣으라고 시켰습니다.

그런 지 며칠 후에 그를 포도청 법정으로 되돌려 보냈습니다. 거기서 치도곤 25대를 맞고 몸이 찢어 발겨져, 1839년에 41세의 나이로 감옥 안에서 죽었습니다.[261]

이번에는 여기까지 말씀드립니다.[262]

마카오에 계시는 공경하올 리브와 대표 신부님께 올립니다.

---

[261] 정국보의 순교일은, 페레올 주교의 『1839년 박해 순교자들의 행적』에는 5월 10일(음 3월 27일), 『기해일기』에는 음력 4월, 다블뤼 주교의 『비망기』에는 5월 20일과 21일 사이의 밤으로 나온다.

[262] 그러나 김대건 신부는 더 이상 순교자들에 대한 기록을 리브와 신부에게 보낼 수 없었다. 왜냐하면 순교자 전기를 정리할 시간이 없었고, 1846년 5월에 서해 입국로를 개척하러 나갔다가 6월 5일에 체포되기 때문이다.

열일곱 번째 서한

예수 마리아 요셉

조선 대목구장 페레올 주교님께

(상해에서), 1845년 7월 23일

지극히 공경하올 주교님!

공경하올 주교님께 벌써 편지를 올려야 하였습니다만 여러 가지 일들로 인해 드리지 못하였습니다. 주교님께서 보내신 서한은 영국 영사로부터 최근에 받았습니다. 참으로 그것은 우리에게 기쁨과 위로가 되었습니다.

저는 주교님에 의해 조선에 파견된 후 하느님의 도우심으로 무사히 입국하였고 서울에서 교우들의 영접을 받았습니다. 그간 여러 번 고된 병에 걸려 심하게 앓았습니다. 교우들은 지금 박해를 받지 않고 편안히 지내고 있습니다만 목자가 없어서 탄식하고 있습니다. 신자 수가 날로 증가하고, 열심이 더해지고, 배교자들이 더 좋은 결실을 위해 돌아오고 있으며, 많은 외교인들이 가정에 전해 오는 오류들을 버리고 참 하느님께로 회두하고 있습니다. 그리고 천주교에 대해 아주 좋은 견해가 외교인들 사이에 널리 퍼지고 있습니다.

신자 수는 최소한 1만 명으로 추산되고 순교자 수는 처음부터 800명으로 전해지고 있습니다. 오늘날 교우들이 실제로 또는 확실한 박해를 받고 있지는 않을지라도 그러나 매일같이 죽을 위험에 처해 있습니다. 그들은 정말로 가난하고 불쌍합니다.

주교님을 위해 집 한 채[263]를 사서 그것을 어떤 교우에게 맡겼습니다. 또한 강남으로 오기 위해 배 두 척을 샀는데, 하나는 크고 또 하나는 (작은데) 폭풍우로 바다에서 잃었습니다. 강남으로 오는 데 근 한 달이 걸렸고 두 번 폭풍우를 겪었습니다. 조선에서 저와 함께 떠난 교우들의 부모와 아내들의 행방은 모릅니다. 우리가 강남 근방의 바다에 있을 때 해적들을 만났습니다. 그러나 우리의 동정 성모 마리아의 보호로 감히 우리를 약탈하지 못했습니다. 오송과 상해에 도착했을 때 영사와 영국인들이 우리를 매우 친절하게 맞이하고 보호해 주었습니다.

중국 관리들은 우리가 육지로 해서 조선으로 돌아가기를 원하였고, 그래서 관례대로 우리의 도착을 황제에게 고발하려 하였습니다. 그러나 저는 계속 그렇게 하지 못하도록 막았습니다.

지금은 그 관리들이 저에게 경의를 표하고 이곳에 마음대로 체류하도록 허락하고 있습니다. 그뿐만 아니라 제가 영국인들과 친하게 지내고 그들의 말을 알아듣는 것을 보고는 매우 놀라워합니다. 또 제가 중국말을 잘하는 것을 보고 저를 중국인으로 여기는 사람들도 있습니다.

영국 영사가 주교님이 보내신 편지를 받았다고, 그 사실을 저더러 주교님에게 보고하라고 하며 주교님으로부터 받은 편지를 제게 건네주었습니다. (그러나 통역 없이 제게 이 말을 하였으므로 그 말을 잘 알아듣지는 못하였습니다.)

더 명확하게 또 더 자세하게 주교님께 편지를 쓰고 싶습니다만 주위의 많은 일 때문에 하지 못합니다. 그리고 미구에 주교님을 만나 뵐 것이

---

[263] 서울 돌우물골[石井洞]에 매입해 놓은 집을 말한다.

고 또 리브와 신부님에게 자세히 이야기하였으므로 이 편지에서는 모든 것을 말씀드리지 않겠습니다.

여기서 우리는 주교님의 도착을 날마다 애타게 기다리고 있습니다. 배에 자리가 충분하기 때문에 오실 때에는 가능한 한 무엇이든 가지고 오십시오.

조선에서 팔 만한 물건들은 서양 포목, 천, 비단과 이와 비슷한 것들입니다. 조선 은전은 이런 모양입니다. 어떤 모양과 덩어리(즉 크기)에 관계없이 다 통용될 수 있습니다.

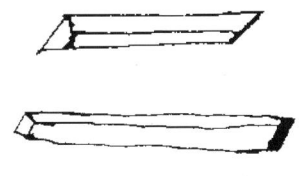

조선의 대신들은 프랑스 왕에 의해 조선에 파견되었다고 생각되는 프랑스 신부님들을 죽인 후에 몇 해 동안은 프랑스인들이 보상을 요구하러 오지 않을까 두려워하였습니다. 왜냐하면 그들이 말하는 대로 왕이 보낸 사람들을 죽임으로써 프랑스 왕을 모욕한 것이 되기 때문입니다. 지금은 몇 해가 지나고 프랑스인들이 보상을 요구하러 오지 않는 것을 보자 다시 대담해져서 다시 죽이려 하고 있습니다.

베시 주교님은 아직 돌아오지 않으셨는데 도중에 병에 걸리셨습니다. 고틀랑 신부님으로부터 580원을 받았습니다.

교우들이 주교님께 문안드립니다.

지극히 공경하올 주교님께 가장 순종하는 아들 불초 김 안드레아가 올립니다.

열여덟 번째 서한

리브와 신부님께

(서울에서), 1845년 11월 20일

지극히 공경하올 신부님!

9월경에 강남을 출발하였습니다.[264] 큰 바다로 밀려나와 여러 번 폭풍우에 시달렸습니다. 다음 바람이 거세지고 키가 부러지게 되어 난파하지 않도록 돛대들을 베어 버렸습니다.

그러고는 항해를 계속하였는데 강한 역풍으로 제주도까지 밀려갔습니다.[265] 마침내 여러 날이 걸려 강경(江景)이라는 항구에 도착하였고,[266] 하느님의 도우심으로 아무런 재앙 없이 교우들의 영접을 받았습니다.

지극히 공경하올 페레올 주교님과 공경하올 다블뤼(A. Daveluy, 安敦伊)[267] 신부님은 주님 안에서 평안히 계시며 조선말을 공부하고 있습니

---

[264] 김대건 신부는 1845년 8월 17일 상해 김가항(金家巷) 성당에서 사제로 서품되었고, 8월 24일 횡당(橫堂) 신학교에서 첫 미사를 봉헌했다. 페레올 주교, 다블뤼 신부, 조선인 신자 11명과 함께 8월 31일에 조선을 향해 출발하였다.

[265] 김대건 신부 일행이 제주도의 용수포구에 표착한 것은 1845년 9월 28일이었다. 원문에는 제주도를 당시 유럽인들이 썼던 단어인 "Quelpaert"로 기록하였다.

[266] 김대건 신부 일행이 강경에 도착한 날은 10월 12일이었다.

[267] 다블뤼(M.N.A. Daveluy, 安敦伊, 1818~1866) : 성인. 파리 외방전교회 선교사. 제5대 조선 대목구장. 1845년 페레올 주교, 김대건 신부 등과 함께 조선에 입국하였다. 1857년 3월 25일에 주교로 서품되었고, 부주교로서 베르뇌 주교를 보좌했다. 1866년 3월 7일 베르뇌

다. 우리는 메스트르 신부님과 (최양업) 토마스 부제를 영입할 여행을 준비하고 있습니다.

박해자들인 왕과 대신들은 아직 살아 있습니다. 박해 소문이 교우들을 괴롭히고는 있습니다만 지금 그들은 평온을 누리고 있습니다. 올해 음력 7월경에 영국 배 한 척이 제주도에 왔습니다.[268] 그때 대신들과 백성들은 이들이 살해된 신부님들의 피를 보복하러 온 줄로 여기고 두려워하였습니다. 이렇게 서양 배들이 조선에 자주 드나드는 것은 신자들에 대한 외교인들의 증오심을 일으키게 합니다.[269] 왜냐하면 그들은 교우들의 안내와 연락으로 서양인들이 온다고 믿고 있기 때문입니다. 어떤 외교인들은 우리가 강남에 다녀온 것을 의심하고 조사하면서 나쁘게 이야기하고 있습니다.

표현이 미숙해서 감히 많이 쓸 수 없습니다. 또 공경하올 페레올 주교님과 공경하올 다블뤼 신부님이 신부님에게 편지를 쓰실 것이고, 또 저는 뜻과 원의로밖에는 한 일이 거의 아무것도 없으므로 보고드릴 것이 많지도 않습니다. 이 밖에 탁월하신 저의 리브와 신부님과 공경하올 르그레즈와 신부님에게 진심으로 모든 행복과 성공을 기원합니다. 신부님, 기도와 미사성제 때 저를 기억해 주십시오.

신부님의 부당하고 무익한 종 안드레아가 올립니다.

주교가 처형되자, 제5대 조선 대목구장이 되었다. 하지만 그해 3월 11일에 체포되어 3월 30일 충청남도 보령 갈매못에서 순교하였다.
[268] 1845년 6월(음)에는 영국 해군의 벨처(E. Belcher)가 지휘하는 사마랑(Samarang)호가 제주도, 거문도 등을 항해하면서 측량하여 해도와 항해기를 남겼다.
[269] 사마랑호가 제주도에 도착한 이후 조선 조정에서는 일체의 접촉을 거부하고, 이후 이 사실을 청나라와 일본에 통보하고, 해안 경비를 강화하도록 조치하였다.

열아홉 번째 서한

예수 마리아 요셉

감옥 안에서, 음력 1846년 6월 8일[270]

지극히 공경하올 베르뇌[271] 신부님,
메스트르 신부님,
리브와 신부님,
르그레즈와 신부님께

지극히 공경하올 신부님들에게 한 장의 편지를 보내게 되니 결례가 되는 것 같습니다. 그러나 이곳의 환경과 공경하올 신부님들에 대한 생각과 애정이 이렇게라도 하지 않을 수 없게 합니다.

음력 3월경에 지극히 공경하올 페레올 주교님의 뜻을 따라 백령도(白翎島)로 항해하였습니다.[272] 거기에 중국 어선들이 와 있었고, 그 어선들

---

270 양력으로는 '7월 30일'이었다. 서한 원문에는 본래 발신지와 발신일이 맨 뒤에 적혀 있으나, 독자들의 이해를 돕고 체제를 맞추기 위해 앞으로 끌어다 적었다.
271 베르뇌(S.F. Berneux, 張敬一, 1814~1866) : 성인. 파리 외방전교회 선교사. 제4대 조선 대목구장. 1853년 2월 3일에 페레올 주교가 병사하자, 만주에서 활동하던 베르뇌 신부가 조선 대목구장에 임명되었다. 1854년 12월 27일에 주교로 서품되었고, 1856년 3월 27일 서울에 도착하였다. 1866년 2월 23일에 체포되어 3월 7일 서울 새남터에서 순교하였다.
272 김대건 신부는 서해를 통한 선교사 입국로를 개척하라는 페레올 주교의 지시에 따라 5월

을 통해 신부님들에게 보내는 여러 편지를 보냈습니다.[273] 그것들은 그 후 조선 포졸들에게 압수되었습니다. 그 편지들은 라틴어와 한문으로 쓰여 있었습니다.

돌아오면서 네 명의 교우들과 함께 체포되었습니다. 우리를 포승줄로 함께 묶고 수도로 이송하였습니다.[274] 가는 도중에 읍내들을 지나며 밤을 지냈습니다. 모든 무리들이 우리를 구경하기 위해 달려들 왔습니다.

저는 마치 외국인처럼 체포되었습니다. 서울에는 여러 신자들이 잡혀 있었습니다. 곧 현(석문, 玄錫文) 가롤로도 포교지를 위해 봉사하던 다섯 여교우들과 함께 체포되었습니다.[275] 또한 제 집에 있던 물건들도 압수되었는데 그것들은 돈과 가구 등등이었습니다. 지금은 포졸들이 교우들을, 특히 공경하올 페레올 주교님의 복사인 이(재의) 토마스를 체포하기 위해 사방에 파견되었습니다. 주교님과 신부님이 잡힐까 봐 두렵습니다.[276] 그렇게 되면 큰 박해가 될 것입니다. 저는 편지들 때문에 많은 문초를 받았

13일(음 4월 18일)에 신자들과 함께 출발하였다. 연평도, 순위도 등을 거쳐 5월 29일에 백령도에 도착하였다.

[273] 김대건 신부는 중국에 있는 선교사들에게 보내는 편지를 중국 배에 전달했으나, 조선 관헌들에게 압수되고 말았다. 옹진 마합포에서 전달했던 편지는 상해로 보내는 것으로, 지도 1장과 라틴어 편지 6장이었다. 장연에서 전달했던 편지는 모두 3통으로, 상해로 보내는 1통에는 지도 1장, 한문 편지 2장, 라틴어 편지 2장이 들어 있었다. 백가점으로 보내는 편지는 2통이었는데, 하나는 지도 1장, 한문 편지 1장, 라틴어 편지 1장이 들어 있었고, 다른 하나는 한문 편지 2장이 들어 있었다.

[274] 김대건 신부는 6월 10일에 해주 감영으로 압송되었고, 6월 21일에 서울 포도청으로 이송되었다. 이때 그와 함께 체포된 신자는 임성룡(林成龍), 엄수(嚴壽, 嚴秀)였고, 임성룡의 부친 임치백(林致百, 일명 군집), 김성서의 부친 김중수(金重秀)도 체포되었다.

[275] 1846년의 병오박해를 말한다. 7월 15일(음 5월 22일) 포졸들은 이간난(李干蘭, 아가타)의 집을 찾아내 우술임(禹述任, 수산나)을 체포하였고, 그녀를 앞세워 현석문, 김임이(金任伊, 데레사), 정철염(鄭鐵艶, 가타리나), 이간난 등을 붙잡아 포도청으로 압송하였다.

[276] 병오박해 때 페레올 주교와 다블뤼 신부는 체포되지 않았다. 이재의는 체포되었으나 배교한 뒤 석방되었다. 그 후, 이재의는 1868년에 체포되어 5월 28일(음 윤4월 7일)에 서소문 밖 형장에서 처형되었다.

습니다.²⁷⁷ 함께 갇혀 있는 교우들에게 저는 고해성사로 힘을 북돋우고 있고, 또 두 예비 교우에게 세례를 주었습니다. 여기에 우리는 10명이 있습니다. 다른 감옥에는 아마 7~8명이 갇혀 있을 것입니다.

저는 판관들에게 프랑스의 강하고 그 관대함에 관하여 많은 이야기를 하였습니다. 믿는 것 같았으나 프랑스 신부님들을 죽인 후에도²⁷⁸ 프랑스인들로부터 아무런 해를 입지 않았다고 말하고 있습니다. 프랑스인들 때문에 저를 죽이기를 좀 두려워하지만, 위에서 말한 이유로 다시 두려워하지 않고 있습니다.

지금은 하느님의 안배가 없으면 조선 교우들에게 선교사들을 영입하고 보호할 대책과 방법이 없을 것입니다.

만일 프랑스 영사가 중국 황제에게 신부들을 죽이는 데 대한 잘못을 설득시키고, 또 황제가 조선 왕에게, 프랑스인들을 그렇게 쉽게 깔보고 죽이지 말도록, 그리고 신자들에게 자유를 주도록 명하게끔 황제에게 편지를 보낸다면 대단히 좋을 것입니다. 만일 중국 황제가 조선 왕에게 명한다면 (조선 왕은) 따를 것입니다. 후에 교우들이 선교사들을 영입하러 가지 못하게 될지라도 신부님들이 영국 배로 오도록 도와주시기 바랍니다.

이만 줄입니다. 공경하올 신부님들께 마지막으로 인사드립니다.

지극히 공경하올 베르뇌 주교님 안녕히 계십시오.

지극히 공경하올 메스트르 신부님 안녕히 계십시오.

지극히 공경하올 리브와 신부님 안녕히 계십시오.

지극히 공경하올 르그레즈와 신부님 안녕히 계십시오.

미구에 천당에서 영원하신 성부 대전에서 다시 만나 뵙기를 바랍니

---

277 김대건 신부는 6월 23일(음 5월 30일)부터 7월 19일(음 윤5월 26일)까지 문초를 받았다.

278 1839년에 앵베르 주교, 모방 신부와 샤스탕 신부를 죽인 사실을 말한다.

다. 저를 대신하여 다른 모든 신부님들께도 인사를 드려 주십시오.

지극히 사랑하는 나의 형제 토마스, 잘 있게. 천당에서 다시 만나세. 나의 어머니 (고) 우르술라를 특별히 돌보아 주도록 부탁하네.

저는 그리스도의 힘을 믿습니다. 그분의 이름 때문에 묶였기 때문입니다. 하느님께서 형벌을 끝까지 이겨낼 힘을 저에게 주실 것을 기대합니다.

하느님, 우리를 불쌍히 여기소서, 우리를 불쌍히 여기소서.

우리의 환난을 굽어보소서. 주께서 만일 우리의 죄악을 살피신다면 주여, 누가 감히 당할 수 있으리까!!!

지극히 공경하올 신부님들 안녕히 계십시오.

무익하고 부당한 종, 그리스도를 위하여 묶인 조선의 교황 파견 선교사 김 안드레아 올림.

산동 어선들은 백령도로 음력 3월에 왔다가 음력 5월에 돌아갑니다.[279]

---

[279] 산동의 어선들이 이 시기에 조선 해역으로 오는 이유는 조기잡이 때문이었다.

스무 번째 서한[280]

지극히 공경하올 주교님께

감옥 안에서, 1846년 8월 26일

주교님께서는 우리[281]가 하직한 이후로 서울에서 일어난 일들을 알고 계실 것입니다. 여행 준비가 되자 우리는 닻을 올리고 순풍을 타고 연평(延坪) 바다에 무사히 도착하였습니다. 당시 바다는 많은 어선으로 뒤덮여 있었습니다. 저의 일행은 생선을 사 가지고 그것을 다시 팔기 위해 순위도(巡威島) 항구로 갔습니다. 사는 사람이 아무도 없어서 그들은 생선을 땅에 내려놓고 사공 한 사람을 시켜 소금에 절이게 하였습니다.

거기서부터 우리는 항해를 계속하여 소강(蘇江)과 마합(馬哈), 터진목(Thetsinmok),[282] 소청(小靑), 대청(大靑) 섬들을 돌아 백령도 근처에 정박하였습니다. 거기에 1백 척가량의 산동(山東) 배들이 고기잡이를 하고 있

---

280 이 서한은 원래 라틴어로 쓰였다. 그러나 라틴어 원본은 이후 유실되었고, 현재는 프랑스어 역본만 전해진다. 페레올 주교는 김 신부의 8월 26일 자 서한을 프랑스어로 옮겨, 파리 신학교 교장에게 보내는 1846년 11월 3일 자 서한에서 소개한 다음, 라틴어 원본은 자신이 직접 간직하려 했던 것이 확실하다. 그러나 원본은 그 후의 잇단 박해로 유실되고 말았다.
281 김대건 신부가 해로 탐색을 위해 떠날 때 동행한 사람은 선주 임성룡(林成龍), 하인 이의창(李宜昌), 사공 엄수(嚴秀), 김성서(金性西), 노언익(盧彦益), 안순명(安順命), 박성철(朴性哲) 등 7명이었다(『일성록』, 헌종 병오 5월 26일 조).
282 장연군(長淵郡) 서대면(西大面) 대진포(垈津浦)이다.

었습니다. 그 배들은 해안 아주 가까이까지 와 있었습니다. 그러나 선원들은 뭍에 내릴 수가 없었습니다. 해변의 높은 곳과 산꼭대기에서 군인들이 그들을 감시하기 위해 보초를 서고 있었기 때문입니다.

인근 섬들에서 조선인 군중이 구경하러 중국인들한테로 모여들었습니다. 저도 직접 밤에 그들한테 가서 배 주인과 이야기를 나눌 수 있었습니다. 그리고 그에게 주교님 편지들을 전하였습니다. 또 저는 베르뇌 신부님, 메스트르 신부님, 리브와 신부님과 두 중국 교우에게 편지 몇 장을 써 보냈고, 거기에 황해 해안의 섬들과 바위와 그 밖에 주의해야 할 것들에 대한 설명과 함께 조선 지도(地圖) 두 장을 첨부해 보냈습니다.[283] 이 장소는 중국인들의 중개(仲介)를 조심해서 이용한다면 선교사들을 입국시키고 편지를 전달하는 데 매우 유리할 것으로 생각됩니다. 그들은 해마다 음력 3월 초쯤에 고기잡이하러 거기에 모이고, 음력 5월 말경에 돌아갑니다.

주교님, 우리는 주교님의 명령을 이행한 후 다시 떠나 순위 항구로 돌아왔습니다. 그때까지 저의 여행은 그 징조가 좋아 보였고, 그래서 순조롭게 끝날 것으로 기대했습니다. 그런데 해변에 내려놓았던 생선이 아직 마르지 않아 이 항구에서의 우리의 체류가 길어지게 되었습니다. 제 하인 베난시오[284]는 박해가 두려워 7년 동안 숨어 있던 집에 맡겨둔 돈을 찾

---

[283] 그 후 이 서한들을 압수한 황해도 감사 김정집(金鼎集)이 조정으로 보낸 품목 안에도 서한 6장과 지도 1장이 들어 있었던 것으로 나타난다(『일성록』, 헌종 병오 5월 29일 조).

[284] "김대건 신부의 하인 베난시오"라면 그와 동행한 이의창(李宜昌)을 말한 것으로 생각된다(『일성록』, 헌종 병오 윤5월 8일 조 및 윤5월 23일 조 ; 5월 26일 조). 그렇다면 베난시오는 이의창의 세례명임이 분명하다. 이의창은 기호남인의 학자로 신유박해 때 단천(端川)으로 유배되어 사망한 복암(茯菴) 이기양(李基讓, 1744~1802)의 손자요 천주교회의 초기 연구 모임에 참석한 적이 있는 이총억(李寵億)의 아우인 이방억(李龐億)의 아들이다. 당시의 기록에서는 이의창(베난시오), 앵베르 주교의 복사인 이재의(李在誼, 토마스), 그리고 또 다른 인물인 이재영(李在永)과 이기원(李基元, 또는 起元) 등을 혼동하고 있으며, 김대건 신부도 이들에 대해 혼동하고 있다. 그러나 이 중에서, 첫째로 이승훈(李承薰, 베드로)의 손자 이재의(토마스)는 이재용(李在容)과 같은 인물이고, 둘째로 이재영은 현석문(玄錫文, 가롤로)이

으러 가게 하선할 허락을 제게 청하였습니다.²⁸⁵ 그가 떠난 후 관장²⁸⁶이 부하들을 거느리고 우리 배로 와서 중국 배들을 물리치기 위해 우리 배를 사용하게 해달라고 청했습니다. 조선 법은 공사(公事)로 양반의 배를 사용하는 것을 허락하지 않습니다. 어떻게 해서 그렇게 되었는지는 모르겠습니다만 어쨌든 저는 주민들 사이에 이 나라의 지체 높은 가문의 양반으로 통하게 되었습니다. 그래서 관장에게 저의 배를 양보하면 제 체면을 잃게 되고, 또 이후의 우리 원정에도 장애가 될 것이었습니다. 게다가 베난시오는 이런 경우에 취해야 할 행동 기준을 저에게 가르쳐 주었습니다. 그래서 저는 관장에게 내 배는 내가 사용해야 하고 따라서 그에게 양보할 수 없다고 대답하였습니다.

포졸들이 제게 욕을 퍼부으며 제 사공을 데리고 갔습니다. 그들은 저녁 때 다시 와서 둘째 사공을 붙잡아 관가로 데리고 갔습니다.²⁸⁷ 이 사공들에게 저에 관하여 여러 가지 질문을 하였는데 그들의 대답이 저에 관해 중대한 의혹을 일으키게 하였습니다. 관장은 한 사공의 조모가 천주교인이라는 사실도 알게 되었습니다. 포졸들은 회의를 하고 이렇게 말했습니다. "우리는 서른 명이다. 만일 저자가 정말 양반이라 하더라도 우리가 다 죽지는 않을 것이다. 한두 명만 죽고 나머지는 살아남을 것이다. 그러니 그자를 잡으러 가자." 그들은 밤에 기녀들 여럿을 데리고 와서는 격분하여 제게 달려들었습니다. 그들은 제 머리털을 잡아 한 움큼 뽑아

한때 불리던 이름이며(『일성록』, 헌종 병오 윤5월 22일 조 ; 윤 5월 23일 조 ; 윤 5월 26일 조), 셋째로 이기원은 이승훈의 아들 이신규(李身逵, 마티아)임이 분명하다(『일성록』, 헌종 병오 5월 30일 조 ; 李晚采, 『闢衛編』 권7, 己亥治邪).

285 실제로 김대건 신부의 하인이던 이의창(베난시오)은 사공 노언익(盧彦益)과 함께 미리 하선하여 한양으로 올라갔다.
286 즉 등산첨사(登山僉使).
287 처음 체포된 사람은 선주 임성룡과 사공 엄수였다.

내고, 저를 줄로 묶고, 발로 차고, 주먹으로 때리고, 매질하였습니다. 그러는 동안 남아 있던 선원들은 야음을 타서 배 안으로 슬그머니 들어가 노를 저어 달아났습니다.[288]

해변에 이르자 포졸들이 제 옷을 벗기고, 저를 묶고, 저를 다시 때리고 비웃고 조롱하며 관장 앞으로 끌고 갔습니다. 그곳에는 아주 많은 사람이 모여 있었습니다. 관장이 "당신이 천주교인이오?" 하고 물었습니다. 저는 "그렇소." 하고 대답하였습니다.

"왜 왕명을 거슬러 그 종교를 믿는 거요. 그 교를 버리시오." "나는 그 교가 참되기 때문에 믿는 것이오. 그 교는 천주를 공경하도록 나를 가르치고 나를 영원한 행복으로 인도해 주오. 배교하기를 거부하오."

저는 신문을 받았습니다. 관장이 "배교하지 않으면 곤장으로 쳐 죽이게 하겠소." 하고 말했습니다. "좋을 대로 하시오. 그러나 나는 절대로 내 천주를 배신하지 않을 겁니다. 내 교의 진리를 듣고 싶으면 들어 보시오. 내가 공경하는 천주는 천지 신인 만물의 조물주이시고 상선벌악(賞善罰惡)을 하시는 분이오. 그러므로 사람이라면 누구나 그에게 공경을 드려야 하오. 관장님, 천주님의 사랑을 위해 고문을 받게 해준다면 감사하오. 그리고 내 천주께서 당신을 더 높은 벼슬에 오르게 하여 그 은혜를 갚아 주시기를 기원하오." 이 말에 관장은 모인 사람들과 함께 웃어댔습니다.

곧이어 여덟 자 길이의 칼을 가지고 저에게 왔습니다. 저는 즉시 그것을 들어 직접 제 목에 썼습니다. 좌중 곳곳에서 웃음이 터져 나왔습니다. 이미 배교한 두 사공과 함께 저를 옥에 가두었습니다. 제 손과 발, 목과 허리는 단단히 묶여 있어서 걸을 수도 앉을 수도 누울 수도 없었습니다. 저는 또 저를 구경하러 모여든 군중들에게서도 괴롭힘을 당했습니다. 저

---

288 사공 김성서, 안순명, 박성철 등 3명이 탈출하였다.

는 밤의 일부를 그들에게 천주교를 설교하는 데 보냈습니다. 그들은 제 말을 관심 있게 들었고 그것이 임금에 의해 금지되어 있지만 않다면 믿을 것이라고 서슴지 않고 말했습니다.

포졸들은 제 보따리에서 중국의 물건들[289]을 발견하였으므로 저를 그 나라 사람으로 믿었습니다. 이튿날 관장이 저를 자기 앞에 출두시키고 저더러 중국인이냐고 물었습니다. 저는 "아니오. 조선 사람이오." 하고 대답하였습니다. 그러나 그는 제 말을 믿지 않고 "중국의 어느 지방 출신이오?" 하고 물었습니다. "나는 광동(廣東) 지방의 마카오에서 자랐고 천주교인이오.[290] 호기심에서 또 나의 종교를 전파하고 싶어서 이 해역에 오게 되었소." 그는 저를 다시 옥에 가두게 하였습니다.

닷새가 지난 후[291] 아주 많은 포졸을 거느린 한 작은 관리가 도(道)의 수부인 해주(海州)로 저를 압송하였습니다. 감사(監司)가 저더러 중국인이냐고 묻기에 저는 섬의 관리에게 한 것과 같은 대답을 하였습니다.[292] 그는 천주교에 관하여 제게 많은 질문을 하였습니다. 저는 즉시 이 기회를 이용하여 그에게 영혼의 불멸(不滅)함과 지옥과 천당, 천주의 존재와 사후의 행복을 위해 그분을 공경할 필요성을 이야기했습니다. 감사와 그의 부하들은 "당신이 하는 말이 옳고 합리적이긴 하지만 임금이 천주교인이 되는 것을 허락하지 않지 않소." 하고 대답하였습니다.

---

289 언문으로 된 작은 책자[諺錄小册] 1권, 비단 주머니[錦囊] 1개, 둘레를 꿰맨 비단 조각[縫線錦片] 2개(그중 하나에는 인물이 그려져 있고 다른 하나에는 풀이 그려져 있었음), 남색 명주[藍紬] 한 조각 등이었다. 이 가운데 비단 조각 2개에 그려져 있는 그림 중 하나는 성모와 아기 예수상이었고, 다른 하나는 성심상이었다(『일성록』, 헌종 병오 5월 20일 조 ; 5월 26일 조).

290 문초 기록에는 광동인(廣東人)으로 나온다. 그리고 김대건 신부는 실제로 처음의 문초에는 광동성 오문현(吳門縣 ; 澳門, 즉 마카오) 사람 우대건(于大建)이라고 하였다.

291 6월 5일(음 5월 12일)에 체포되었으므로 6월 10일.

292 황해 감사의 문초는 6월 13일(음 5월 20일)에 있었다.

이어 그들은 교우들과 포교지를 위태롭게 할 수 있는 많은 것들에 대하여 제게 질문하였습니다. 저는 그들에게 절대로 대답을 하지 않았습니다. 그들은 성난 어조로 "사실대로 말하지 않으면 여러 가지 형벌로 고문을 하겠소."라고 다시 말하였습니다. "마음대로 하시오." 하고 말하고 저는 형구들이 있는 곳으로 달려가서 그것들을 감사 발밑으로 집어 던지며 "자, 준비가 다 되었으니 치시오. 나는 당신들의 고문을 무서워하지 않소."라고 감사에게 말했습니다. 포졸들은 즉시 그것들을 치워 버렸습니다. 감사의 이 하인들은 제게 다가와서 이렇게 말하는 것이었습니다. "누구나 감사에게 말할 때는 자신을 소인(小人)이라고 하는 것이 관습이오." "그게 무슨 말이오. 나는 대인(大人)이고 양반이오. 나는 그런 말은 모르오."

며칠 후 감사가 저를 다시 출두시키고 중국에 관한 질문으로 저를 괴롭혔는데, 어떤 때는 제가 정말 중국 사람인지 알려고 통역을 통해 저에게 말을 걸기도 하였습니다. 그리고 마침내 그는 제게 배교를 명하였습니다.[293] 저는 어깨를 으쓱하며 가엾다는 표시로 빙그레 웃었습니다. 저와 함께 붙잡힌 두 교우는 잔인한 고문에 못 이겨 제가 서울에서 살던 집을 일러바쳤고, 또 주교님의 복사인 이(재의) 토마스와 그의 동생(삼촌의 오류) 마태오(마티아의 오류)와 그 밖의 몇몇 교우들을 고발하였습니다.[294] 또 그들은 제가 중국 배들과 연락한 사실과 그중 한 배에 서한들을 전달한 사실을 자백하였습니다. 즉시 포졸 한 부대가 중국 배들이 있는 쪽으

---

293 김대건 신부는 해주 감영에서 모두 4차례의 문초를 받았다.
294 임성룡과 엄수는 해주 감영에서 각각 3차례의 문초를 받았는데, 이때 임성룡은 김대건 신부가 중국 선박에 서한을 전한 사실과 소공동(小公洞)의 이가(李哥), 남경문(南景文), 김순여(金順汝), 구순오(具順五) 등을 고발하였으며, 엄수는 임성룡의 부친인 임군집(요셉)을 고발하였다(『일성록』 헌종 병오 5월 26일 조). 다만 여기에서 김대건 신부가 이재의(토마스)와 이신규(마티아)를 형제로 본 것은 잘못이다. 이재의는 이승훈의 손자였고, 이신규는 이승훈의 셋째 아들이었다(앞의 주 284 참조). 따라서 이재의는 이신규의 조카가 된다.

로 보내져서 그 편지들을 감사에게 가져왔습니다.[295]

그들은 우리를 아주 엄중하게 감시하였습니다. 우리를 각기 딴 감옥에 가두어 두고는 병사 4명이 밤낮으로 우리를 지켰습니다. 우리의 손과 발에는 쇠사슬이 묶여 있었고 목에는 칼이 씌워져 있었습니다. 또한 우리 허리들은 하나의 긴 줄로 서로 묶여 있었기 때문에 우리 세 사람은 필요한 배설을 하러 갈 때마다 그 줄 끝을 붙들어야 했습니다. 제가 겪어야 했던 괴로움이 어떠하였을지는 주교님의 상상에 맡깁니다. 제가 마카오에서 병을 앓았을 때 치료받은 흡각(吸角)[296] 때문에 제 가슴에 생긴 일곱 상처 자국을 보고 병사들은 북두칠성이라고 하며 갖은 희롱으로 저를 놀리며 좋아들 하였습니다.

임금은 우리의 체포 소식을 접하자마자 우리를 서울로 압송하기 위해 포졸들을 보냈습니다. 임금에게는 저를 중국인이라고 보고하였던 것입니다. 길을 가는 동안에도 우리는 감옥에서처럼 포승줄로 묶여 있었습니다. 그뿐만 아니라 도둑이나 중죄인들처럼 우리의 팔을 홍사(紅絲)로 졸라매었고, 머리를 거무스름한 천 자루로 씌웠습니다. 길을 가면서 우리는 큰 피로를 견디어 내야 했습니다. 군중이 우리를 괴롭혔기 때문입니다. 저는 외국인으로 통하였으므로 제가 지나가는 것을 보려고 사람들이 나무나 지붕 위에 올라갔습니다.

서울에 도착하여 우리는 포도청에 갇혔습니다. 포청 사람들은 제가 하는 말을 듣고는 "이 사람은 조선 사람이다."라고 말했습니다. 다음 날

---

295 비장(裨將) 유상은(俞相殷)과 역학(譯學) 김용남(金龍男), 장교(將校) 황길승(黃吉昇) 등이 상인으로 가장하고 중국 선박에 전해진 김대건의 서한을 교묘하게 빼앗아 왔다(『일성록』, 헌종 병오 5월 29일 조).

296 거머리를 몸에 달라붙게 하여 병을 치료하면서 생겨난 흠집.

판관들 앞에 출두하였습니다.[297] 그들은 저더러 어느 나라 사람이냐고 물었습니다. 저는 "조선 사람이오. 중국에서 자랐소."[298] 하고 대답하였습니다. 그들은 저와 이야기를 하도록 중국어 통역들을 오게 하였습니다.

1839년의 박해 중에 그 배반자[299]가 3명의 조선 소년이 서양말을 배우기 위해 마카오에 보내졌다고 밀고했었습니다. 그러므로 제 신분이 오랫동안 알려지지 않고 있을 수가 없었습니다. 게다가 붙잡힌 교우 중 한 사람이 제가 이 나라 사람이라고 그들에게 고해바쳤던 것입니다. 그래서 저는 제가 그 세 소년 중 한 사람인 김 안드레아라고 고백하였습니다. 그리고 그들에게 제가 고국에 돌아오기 위해 겪어야 했던 일들을 모두 이야기하였습니다. 이 이야기를 듣고 판관들은 구경꾼들과 함께 "가엾은 젊은이! 어려서부터 고생이 많았군!" 하고 말하였습니다.

그들은 임금의 명령에 따라 저에게 배교를 명하였습니다. 저는 "임금 위에 천주님이 계시는데 그분이 자신을 공경하도록 명하시므로 그분을 배반하는 것은 임금의 명령이 정당화시킬 수 없는 범죄요."라고 대답하였습니다. 교우들을 고발하라는 독촉에 저는 그것은 이웃을 사랑하라는 사랑의 의무와 천주의 계명을 어기는 것이라고 말하였습니다. 천주교에 관한 질문을 받고 저는 그들에게 천주의 존재와 그 단일성, 창조와 영혼의 불멸함과 지옥, 창조주를 흠숭할 필요성과 이교의 허위성 등을 자세히 설명하였습니다. 제 이야기가 끝나자 판관들은 "당신의 종교가 좋소. 그

---

297 서울로 압송된 김대건 신부는 처음에 포도청 옥에 갇혔다가 의금부로 이송되었다.
298 김대건 신부는 포도청의 문초에서도 처음에는 "중국인 우대건"인데 조선에 와서 "김가(金哥)"로 성을 바꾸었다고 하였다. 그러나 7월 19일(음력 5월 30일)의 여섯 번째 문초에서 비로소 조선 사람으로 용인 태생인 "김재복(金再福, 김대건 신부의 아명)"이라고 하였다(『일성록』, 헌종 병오 5월 30일 조).
299 김순성(金順性) 즉 김여상을 말한다.

렇지만 우리 종교도 좋소. 그래서 우리가 그것을 믿는 것이오."라고 대답하였습니다. 저는 즉시 이렇게 다시 말하였습니다. "만일 당신들의 의견이 그렇다면 우리를 조용히 내버려 두고 우리와 평온하게 살도록 해야 하오. 그러나 그러기는커녕 도리어 우리를 박해하고 우리를 최악의 죄인들보다 더 가혹하게 다루고 있소. 여러분은 우리 종교가 좋고 참되다고 자백하면서 그 종교를 사교(邪敎)로 괴롭히고 있으니 여러분 자신은 자기모순에 빠진 것이오." 그들은 저에 대한 대답으로 바보스럽게 웃었습니다.

압수한 편지들과 지도들을 제게 가지고 왔습니다. 판관들이 한문으로 쓰인 두 편지를 읽었습니다. 거기에는 안부의 말밖에 없었습니다. 그들은 서양어로 된 편지들을 주며 번역하라고 하였습니다. 저는 우리 포교지에 아무런 영향을 미치지 않게 그들에게 설명하였습니다. 그들은 베르뇌, 메스트르, 리브와 신부님에 관해 질문하였습니다. 그들은 중국의 학자들이라고 대답하였습니다. 판관들은 주교님의 편지와 제 편지에 차이가 있음을 발견하고, 누가 그 편지들을 썼느냐고 물었습니다. 보통으로 제가 쓴 편지들이라고 말하였습니다. 그들은 주교님의 편지들을 보이며 그와 같이 써 보라고 명하였습니다. 그들은 꾀를 부렸고 저는 같은 꾀로 그들을 이겼습니다.

저는 그들에게 "이 글자들은 철필로 쓴 것이오. 그 철필을 가져다주시오. 그러면 만족시켜 드리지요." 하고 말했습니다. "우리는 철필이 없소." "철필이 없으면 이 글자들과 같은 글자를 만들 수 없소." 그들이 새 깃을 가지고 왔습니다. 판관이 그것을 제게 주며 "이걸로 쓸 수는 없소?" 하였습니다. "똑같지는 않지만 서양 글자에서는 같은 사람이 다르게 쓸 수 있다는 것을 보여 줄 수는 있소." 그러고는 깃을 아주 가늘게 깎아서 아주 작은 글자로 몇 줄 썼습니다. 그다음 뾰족한 끝을 자르고 큰 글자들을 만들었습니다. "보는 바와 같이 이 글자들은 다르지 않소." 하고 그들에게 말하였습니다. 이것이 그들을 만족시켰고 그래서 그들은 편지 문제에 대해 더 고집하지는 않았습니다. 주교님께서는 조선의 우리 학자들이 서양의 학자들과 같은 수준이 아님을 이해하실 것입니다.

저와 같이 붙잡힌 교우들은 서울에서 아직 아무런 형벌도 받지 않았습니다. (현석문) 가롤로는 자기와 함께 잡힌 사람들과 같이 다른 감옥에 있습니다. 우리는 서로 아무런 연락을 취할 수 없습니다. 이곳에 우리는 10명입니다. 그중 4명은 배교하였으나 3명은 그들의 배교를 뉘우치고 있습니다.

1839년에 배교하였던 이(신규) 마티아가 지금은 용기로 가득 차 순교자로 죽기를 원하고 있습니다.[300] 그의 표양을 제 사공 선실의 아버지[301] 와 남(경문) 베드로[302]가 본받고 있는데, 남 베드로는 전에 교우들에게 나쁜 표양을 보였었습니다. 우리가 사형장으로 언제 끌려갈지는 모르겠습니다. 주님의 자비에 온전히 맡기고, 그분께서 우리에게 마지막 순간까지 그의 거룩한 이름을 고백할 힘을 주시기를 기원합니다.

정부에서는 주교님의 복사인 (이재의) 토마스와 또 몇몇 주요 인물들을 반드시 붙잡으려 합니다. 포졸들은 약간 지쳐 있는 듯하고, 그래서 교우들을 찾아내는 데 열이 좀 식은 것 같습니다. 그들은 이천(利川)과 양지(陽

---

300 과연 이신규(문초 기록에는 이기원으로 나옴)는 이번에 신앙을 고백하였다. 그러나 얼마 안 되어 다시 배교하고 석방되었다(『일성록』, 헌종 병오 5월 30일 조 ; 윤5월 8일 조 ; 8월 1일 조).

301 임치백(林致伯, 致百, 군집, 1803~1846) : 성인. 세례명은 요셉. 선주 임성룡의 부친으로 서울에서 태어났다. 일찍부터 천주교 신앙에 호감을 갖고 있었으나 입교하지 않았다. 포도청에서 김대건 신부를 만나 교리에 대한 설명을 듣고는 성사를 받았다. 1846년 9월 20일 포도청에서 교수형으로 순교하였다.

302 남경문(南景文, 베드로, 1796~1846) : 성인. 서울의 중인 집안에서 출생하여 20세 때 허바르바라와 혼인한 뒤 입교하였다. 그러나 1839년의 기해박해 때 체포되어 배교하고 석방된 후 방탕한 생활을 하였으며, 김대건 신부가 입국하자 회두하여 순교를 각오하고 열심히 신앙생활을 하였다. 그러던 중 1846년의 병오박해 때 체포되어 신앙을 고백하고 9월 20일에 포도청에서 교우들과 함께 교수형으로 순교하였다.

智)와 은이,[303] 그리고 충청도와 전라도에까지 갔었다고 우리에게 말하였습니다. 주교님과 다블뤼 신부님께서는 저의 사형 이후까지 숨어 계시기 바랍니다.

판관이 프랑스 것으로 생각되는 군함 3척이 외연도(外煙島) 근처에 정박하였다는 소식을 제게 전하였습니다.[304] 또 그는 이 배들이 프랑스 황제—이들 나라에서는 적절한 표현입니다—의 명령에 의해 와서 조선에 큰 불행이 있을 것이라고 위협하고 있는데 두 척은 내년에 다시 올 것이라고 단언하며 떠났고, 셋째 배는 아직 조선 바다에 있다고 하였습니다. 조선 정부는 겁을 먹고 있는 것 같습니다. 1839년에 순교한 프랑스인 3명의 죽음을 기억하고 있기 때문입니다. 이 배들이 온 이유를 아느냐고 제게 묻기에 저는 그들에게, 그것에 대해서는 아무것도 모르지만, 어쨌든 프랑스인들은 이유 없이 어떠한 해도 입히지 않을 것이기 때문에 전혀 두려워할 것이 없다고 대답하였습니다. 저는 또 그들에게 프랑스가 강국이지만 그 정부가 아량이 있음을 이야기하였습니다. 그들은 그 말을 믿는 것 같았습니다. 그러나 그들은 3명의 프랑스인을 죽였지만 아무런 해도 입지 않았다고 반박하였습니다. 실제로 프랑스 선박들이 조선에 왔는지 주교님께서는 그 사실을 아셔야 할 것입니다.

그들은 영국의 세계 지도 한 장을 번역하라고 제게 주었습니다. 채색

---

303 지금의 경기도 용인시 처인구 양지면 남곡리에 있는 마을. 유서 깊은 교우촌으로, 김대건 신부가 성장한 골배마실 교우촌과 이웃하였다.

304 실제로 중국에 있던 프랑스 함대 사령관 세실 함장이 1846년 8월 9일 클레오파트르(Cléopâtre)호, 빅토리외즈(Victorieuse)호, 사빈(Sabine)호 등 군함 3척을 이끌고 충청도의 외연도 근처에 나타난 적이 있었다. 이때 세실 함장은 1839년에 3명의 프랑스 선교사를 학살한 일에 대해 조선 정부에 항의하는 서한을 전한 뒤 8월 10일에 그곳을 떠났다(『韓佛關係資料, 1846~1856』, 『敎會史硏究』 제1집, 한국교회사연구소, 1977, 151~162쪽, 197~213쪽 ; 『헌종실록』 12년 7월 3일 조 ; 『일성록』 헌종 병오 7월 7일 조 ; Ch. Dallet 저, 안응렬·최석우 역주, 『한국 천주교회사』 하, 116~117쪽).

한 지도 두 장을 만들었는데, 그것이 그들의 마음에 들었습니다.[305] 한 장은 임금을 위한 것입니다. 지금 저는 대신들의 지시로 작은 지리(地理) 개설서를 편찬하고 있습니다. 그들은 저를 큰 학자로 여기고 있습니다. 불쌍한 사람들이지요!

제 어머니 (고) 우르술라를 주교님께 부탁드립니다. 10년이 지나 며칠 동안 아들을 볼 수 있었으나 다시 곧 아들과 헤어져야 했습니다. 부디 슬퍼하실 어머니를 위로해 주십시오. 정신적으로 주교님의 발아래 엎드려 지극히 사랑하올 저의 아버지이시며 지극히 공경하올 저의 주교님께 마지막으로 인사를 드립니다. 베시 주교님께도 마찬가지로 인사드립니다. 다블뤼 신부님께 안부 전해 주십시오. 천국에서 다시 뵙겠습니다.

예수 그리스도를 위한 포로이며 사제인
김 안드레아

추신[306]

8월 29일. 저는 프랑스 배들이 조선에 왔다는 확신을 오늘 얻었습니다. 그들은 우리를 쉽게 석방시킬 수 있을 것입니다. 그러나 그들이 위협만 하고 그대로 돌아가 버린다면 (조선) 포교지에 큰 해를 끼치고 또한

---

305 이에 관한 분명한 기록은 없지만, 『일성록』 헌종 병오 윤5월 7일, 8일 조에 '金大建 試劃書 畵 封上'이라는 내용이 있음을 보아 이러한 사실이 있었음을 짐작할 수 있다.

306 김대건 신부는 1846년 8월 26일 자의 스무 번째 서한을 옥중에서 작성한 뒤 이를 발송하지 못하다가 8월 29일 자로 추신을 첨부한 뒤에 발송하였다. 이 추신 또한 본래 라틴어로 작성되었으나 원본은 유실되었고, 그 프랑스어 역본이 페레올 주교가 파리 외방전교회 신학교의 바랑 신부에게 보낸 1846년 11월 3일 자 서한에 삽입되어 있다.

저는 죽기 전에 무서운 형벌에 처하게 될 것입니다.[307]

주님! 모든 일을 좋은 결과로 이끌어 주소서!

---

[307] 실제로 7월 25일(음력)의 어전 회의에서 영의정 권돈인(權敦仁)은 프랑스 군함을 불러들인 것이 바로 천주교 신자들이라고 생각하였고, 따라서 김대건 신부를 역적으로 다스려야 한다고 주장하였다. 그 결과 김대건 신부에게는 군문효수의 판결이 내려졌고, 이튿날인 7월 26일(양력 9월 16일) 새남터에서 형이 집행되었다.

스물한 번째 서한(마지막 회유문)[308]

―김대건 신부 마지막 회유(廻諭)[309]

(옥중에서, 1846년 8월 말)[310]

교우들 보아라.

우리 벗아! 생각하고 생각할지어다.

천주께서 무시지시(無始之時)로부터 천지 만물을 배치하시고, 그중에 우리 사람을 당신 모상(模像)과 같이 내어 세상에 두신 목적과 뜻을 생각할지어다.

온갖 세상일을 가만히 생각하면 가련하고 슬픈 일이 많다. 이 같은 험하고 가련한 세상에 한 번 나서 우리를 내신 임자를 알지 못하면 태어난 보람이 없고 살아도 쓸데가 없다. 비록 주님의 은혜로 세상에 태어나고 주

---

[308] 흔히 "김대건 신부가 조선 교우들에게 보낸 마지막 회유문(廻諭文)"으로 불리는 이 서한은 김대건 신부의 서한 중에서는 유일하게 한글로 쓰인 것이다. 현재 그 원본은 유실되었고, 오늘까지 전해지는 가장 오래된 필사본은 1885년에 필사된 것으로, 절두산 순교성지 내 한국 천주교 순교자 박물관에 소장되어 있다. 이 필사본은 1885년 당시 시복 조사를 담당하고 있던 뮈텔(G. Mutel, 閔德孝) 신부가 명동 대성당에서 발견하여 시복 조사의 기록을 담당하고 있던 로베르(P. Robert, 金保祿) 신부에게 필사하게 한 것이다.

[309] 한글 필사본에 쓰여 있는 제목이다. 이 편지에는 한자어가 없기 때문에 "회유"의 한자 표기를 정확히 알 수 없으나, 보통 回諭 혹은 廻諭로 표기하여 '교우들에게 깨우침을 주는 글을 주어 돌려보라'는 뜻으로 해석하고 있다. 그러나 회유(誨諭)라는 뜻으로도 볼 수 있다. 이 편지의 내용이 교우들에게 마지막으로 천주 신앙을 가르치는 글이기 때문이다.

[310] 이 회유문을 작성한 날짜는 정확히 알 수 없다.

님의 은혜로 영세 입교하여 주의 제자가 되니, 그 이름이 또한 귀하거니와 실천이 없으면 그 이름을 무엇에 쓰겠는가? 세상에 태어나 입교한 효험(效驗)이 없을 뿐 아니라, 도리어 주를 배반하고 그 은혜를 배반하니, 주님의 은혜만 입고서 오히려 주님께 죄를 짓는다면 아니 태어남만 못하다.

밭을 심는 농부를 보면, 때를 맞추어 밭을 갈고 거름을 넣고, 더위에 수고를 아끼지 않고 아름다운 씨를 가꾸어, 추수할 때에 이르러 곡식이 잘되고 염글면,[311] 마음의 땀낸 수고를 잊어버리고 오히려 기뻐 춤추며 탄식할 것이요, 곡식이 익지 않고 밭 거둘 때에 빈 대와 껍질만 있으면, 주인이 땀낸 수고를 생각하고 오히려 그 밭에 거름 내고 들인 수고로써 그 밭을 박대할 것이다. 이처럼 주께서 땅으로 밭을 삼으시고 우리 사람으로 벼를 삼아, 은총으로 거름을 삼으시고 강생구속(降生救贖)하여 (구속의) 피로 우리에게 물을 주시어, 자라고 염글도록 하셨으니, 심판날 거두기에 이르러 은혜를 받아 염근 자 되었으면 주님의 자녀[義子]로 천국을 누릴 것이요, 만일 염글지 못하였으면 주의 자녀로서 원수가 되어 영원히 마땅한 벌을 받으리라.

우리 사랑하올 제형들아, 알지어다.

우리 주 예수께서 세상에 내려 친히 무수한 고난을 받으시고 괴로운 가운데로조차 성교회를 세우시고 고난 중에 자라나게 하신지라. 그러나 세상 풍속이 아무리 치고 싸우나 능히 이기지 못할지니, 예수 승천 후 사도(宗徒) 때부터 지금까지 이르러 성교회 무수히 가난함 중에 성장하였으니, 이제 우리 조선에 성교회가 들어온 지 오육십 년에 여러 번 박해로 교우들이 지금까지 이르고, 또 오늘날 군난(窘難)이 치성(熾盛)하여 여러 교우와 나까지 잡히고, 아울러 너희들까지 환난(患難)을 당하니, 우리 한 몸이 되어 애통한 마음(哀痛之心)이 없겠으며, 육정(肉情)에 차마 이별하기 어려움이 없으랴.

---

311 '여물다'의 옛말.

그러나 교회의 가르침[聖敎]에 말씀하시되 '작은 털끝이라도 주께서 돌아보신다' 하고 '모르심이 없이 돌보신다' 하였으니, 어찌 이렇듯한 군난이 주의 명[主命]이 아니면 주님의 상이고 주님의 벌(主賞主罰) 아니겠는가? 주의 거룩한 뜻[聖意]을 따르며, 온 마음으로 천주 예수의 대장의 편을 들어, 이미 항복 받은 세속·마귀를 물리칠지어다.

이런 황망한 시절을 당하여, 마음을 늦추지 말고 도리어 힘을 다하고 역량을 더하여, 마치 용맹한 군사가 병기를 갖추고 전장에 있음같이 하여 싸워 이길지어다.

부디 서로 우애(友愛)를 잊지 말고 돕고, 아울러 주 우리를 불쌍히 여기시어 환난을 물리칠 때까지 기다려라. 혹, 무슨 일이 있을지라도 부디 삼가고 극진히 조심하여 주님의 영광만을 위하고(爲主光榮) 조심을 배로 더하고 더하여라.

여기 있는 자 이십 인[312]은 아직 주님의 은혜로 잘 지내니 설혹 죽은 후라도 너희가 그 사람의 가족들을 부디 잊지들 말라.

할 말이 무궁한들 어찌 지필(紙筆)로 다하리. 그친다.

우리는 미구에 전장에 나아갈 터이니, 부디 착실히 닦아 천국에 가서 만나자. 사랑하는 마음 잊지 못하는 신자들에게, 너희 이런 어려운 시기[難時]를 당하여 부디 마음을 허투루 먹지 말고 주야로 주님의 도움[主祐]을 빌어, 삼구(三仇)[313]를 대적하고 고난을 참아 받아, 주님의 영광을 위하고 너희들(汝等)의 영혼 대사(大事)를 경영하라.

이런 환난 때에는 주의 시험을 받아, 세속과 마귀를 쳐 덕공(德功)을 크게 세울 때니, 부디 환난에 눌려 항복하는 마음으로 주님을 섬기고 구

---

312 김대건 신부와 함께 옥에 갇혀 있는 사람들을 말한다.
313 천주교 교리에서 말하는 인간 영혼의 세 가지 원수가 되는 육신, 세속, 마귀를 말한다.

원받는 일(事主救靈事)에 물러나지 말고 오히려 지나간 성인 성녀의 자취를 만만코 다스려[修治] 성교회의 영광을 더하고 천주의 착실한 군사와 의로운 자녀가 됨을 증거하고, 비록 너희 몸은 여럿이나 마음으로는 한 사람이 되어, 사랑을 잊지 말고 서로 참아 돌보고 불쌍히 여기며, 주의 자비하신 때를 기다려라.

할 말이 무수하되 거처가 타당치 못하여 못 한다. 모든 신자들은 천국에 만나 영원히 누리기를 간절히 바란다. 내 입으로 너희 입에 대어 사랑을 친구(親口)하노라.

부감[314] 김 안드레아.

세상 온갖 일이 주님의 명령 아닌 것이 없고(莫非主命), 주님의 상벌 아닌 것이 없다(莫非主賞主罰). 그러므로 이런 환난도 또한 천주께서 허락하신 바이니, 너희는 감수하고 인내하여 주님을 위하고 오직 주님께 슬피 빌어 빨리 평안함을 주시기를 기다려라.

내가 죽는 것이 너희 육정과 영혼의 일에 어찌 거리낌이 없겠는가? 그러나 천주께서 오래지 아니하여 너희에게 나보다 더 착실한 목자를 주실 것이니, 부디 서러워 말고 큰 사랑을 이루어, 한 몸같이 주님을 섬기다가 사후에 한가지로 영원히 천주 대전에 만나 길이 누리기를 천만 천만 바란다.

잘 있거라.

김 신부 사정 정표(情表)

---

314 '조선 대목구의 부감목(副監牧)'으로 추정된다.

라틴어 · 프랑스어 판독문

다음에 실린 라틴어 · 프랑스어 판독문은 한국교회사연구소 홈페이지(www.history.re.kr)에 있습니다.

01

J. M. J

Manilae die 28 februarii anno 1842

R. P. Legregeois

Reverendissime Pater,

Quùm proficisci debeam ad Coream, occasionem sumo patri scribendi parvam epistolam. Tam permultae elapsae fuerunt dies, ex quibus pater a nobis digressus est. Circa sexdecimam diem Februarii, procurator Libois disposuit, ut Pater Maistre mecum viam acciperet ad Coream ; hoc iter, quamquam sit difficile, speramus tamen in Deum, qui nos custodiet incolumes. Vadimus per navim bellicam Gallicam, quae adduxit ad Macaum D. Jensigni Commissarium Philippi regis Galliae apud Sinas.

Nunc jam profecti ex Macao, Deo adiuvante, prosperè Manilam appulimus, et indè, comparatis pro viā rebus necessariis, profecturi sumus circa finem februarii. Precor, ut semper sit Patri bona salus. Hic omnes Patres et nos bonā fruimur sanitate.

Scolam linguae Gallicae, post Patris profectionem, non habuimus usque hodie. De caeteris rebus taceo, quia Patri scribent procuratores. Nunc Thomas solus manet.

Scribendi finem faciens, Patrem rogo, ut mei meminetur in suis orationibus, quod item illi praestabo.

Valeat. Paternitati vestrae

And. ind. filius Kim-ay-kim

02

(이 두 번째 서한, 즉 주산에서 리브와 신부에게 올린 서한은 유실되어 현존하지 않는다.)

03

J. M. J.

Reverendissimo Patri
N. Libois procuratori
M. extranearum
in Macao

Reverendissime Pater,

Dùm adhuc essemus in Chou-san parvam Patri scripsi epistolam. Iterum illi mitto parvam epistolam. Tandem ex Chou-san vela solvimus et unā cum viginti navibus Anglicanis in Yang-tze-kiang provecti sumus. Ibi expectando diem profectionis usque hodie mansimus. Semper ut dux promisit, sperabamus per Erigonam nos in Coream ituros. Verùm nunc rerum status maximè fuit mutatus, et spes eundi in Coream propè destituta est. Etenim dux Cecile vela solvit Manillam iturus, et nos in domum cujusdam pagani ad littus Yang-tze-kiang contulimus unā cum rebus. Eramus jam jam profecturi in Erigonâ, et dux Cecile dicebat, se adhuc spem tenere in Coream eundi, verum affirmabat, si in viâ ventus contrarius surgeret, cursu mutato, quem versùs Coream erat suscepturus, iter arrepturum pro Manillā. Cùm tali incerta promissione Pater Maistre statuerat permanere in Erigona. Verum in hâc circumstantiā res gerenda erat juxta dispositionem providentiae divinae et Episcopi Chantong. Itaque expectabamus magnopere Joannem Fan, qui a Patre de la Brunière in Sanghai ad Episcopum erat missus. Verùm non redeunte Fan, Pater de la Brunière unā cum Thomā ad eum paganum, apud quem nos moramur, ivit, nos verò eramus profecturi in Erigona. Cumque vela facere inciperemus, Joannes Fan ex Sang-hai cum naviculā christianorum advenit, itaque Pater Maistre, statim mutato consilio, apud paganum, de quo suprà mentionem feci, cuique nomen est 黃世興, mecum sese contulit. Dominus Cecile Manillam profectus est. P. de la Brunière et Thomas die 11a septembris in navim bellicam Anglicam iverunt comitante Joanne Fan cum navicula Christianorum, ut ibi, mutato habitu in Sang-hai apud Episcopum adirent. Nunc nos, destituti omni praesidio humano, apud paganum Houang-se-sing manemus et expectamus occasionem aliò eundi et in Coream proficiscendi.

Angli hic, ut forsan novit Pater, expugnatis aliquot civitatibus sitis ad dexteram fluvii, et ipsa urbe Sang-hai, versùs Nan-king profecti sunt. In itinere expugnaverunt urbem quamdam muro atque naturā loci munitam ceperunt. Haec urbs vocatur Tsin-kiang-fou ; prope canalem impreialem, ad sinistram hujus civitatis ascendo fluvium reperitur insula vocata Kin-san 金山 seu insula auri.

Posteaquam Angli ad Nan-king pervenerunt, copias ex navibus in montem, qui situs est ad septentrionem Nan-king, eduxerunt civitatem capturi. Hoc spectaculo territi mandarini, miserunt ad Anglos, ut pacem peterent. His conspectis rebus Angli eorum propositionem acceptarunt, et pacem composuerunt atque signarunt die 29 Augusti. Haec sunt nomina mandarinorum, cum quibus Angli pacem composuerunt : Kien, avunculus imperatoris, I-li-po, plenipotens imperii Sinensis, Ti generalis dux Tartarus, Gniou-king prorex Kiang-nan. Tunc temporis advenerat epistola imperatoris, quā declarabat se acceptare pacem et conditiones pacis. Conditiones pacis sunt : viginti una milliones patagarum ; commercium in sex portubus Sinarum et legatio apud imperatorem in Peking.

Dominus Cecile desiderabat ascendere Nan-king. Eo consilio sibi curavit naviculam Sinicam, cui, propter vetustatem atque foetorem, nomen dedit 不中用 pu-tsong-iong. Verùm cùm comperisset undas aquarum undique penetrare, misit ad Sang-hai Domin. Dupré et me, ut navim meliorem illā quaereremus. Quare ascendentes prope civitatem (adjuvante mandarino) navim satis magnam procuravimus. Verùm milites propter differentem navigandi modum bis atque ter ad terram impegerunt. Alterā die missi majori numero milites perduxerunt. Hāc navi adductā Dom. Cecile secum assumens off. Dupre, commissarium Phil. et geographum, me et 20 ferè nautas in Nan-king in spatio sexdecim dierum pervenit, in ea die, quā pax fuit signata ; ipse asistitit(*sic*) ad signaturam pacis et vidit omnes mandarinos 4. Sequenti die visitavimus turrim Nan-king et suburbia : ingressus vero in civitatem intra muros prohibitus erat omnibus Anglis excepto uno.

Angli ad capiendam Tsin-kiang-fou, de quā supra dixi, ut fertur, perdiderunt centum quinquaginta homines. Universa civitas destructa foetorem emittit. Hujus civitatis magnus mandarinus, cum vidisset Anglos victores existere, domum rediens, congregatis filiis et uxore se et eos consumpsit igne.

Non multa refero, quia P. Maistre scribit. Rogo Patrem ut mei memor sit in suis orationibus, et opto ut bene valeat.

Reverentiae vestrae

F. Inut. Andreas Kim-ay-kim,

Comperi per P. Maistre, Superiorem in Paris nos probuisse(*sic*) linguae gallicae studere. Dixit mihi Pater Maistre, ut perconter reverendum Procuratorem, quid agere debeam circa studium linguae gallicae, utrum oporteat continuare vel omninò abjicere. Verùm videtur non esse necesse percontari, ut reverendus Pater sciabat, quid faciendum sit circa studium ling. G., utrum abjicere vel continuare, nam continuare non permittit rerum status, nec video rationem propter quam omnino abjiciam quod jam scio…….

04

J. M. J

R^{mo} Patri L. Legregeois
Procuratori Missionum ext.

ex Leao-Tong 9^a decembris 1842

Reverendissime Pater,

Quum adhuc Manillae essemus, epistolam Patri misi, iterum ad Paternitatem vestram scribo, itineris nostri relationem faciens.

Tandem Manillam reliquimus, et secundo vento navigantes, ad insulam Formosa vecti, parvam tempestatem et ventum contrarium habuimus. Haec insula, (ut scit vestra reverentia) complectitur sexaginta leucas longitudine, arboribus, herbis, sylvis generatim distincta laetam speciem prae se fert, et videtur fecunda valdè. Continet ex parte montes praealtos, quorum summitatem dealbant nives. Huius insulae habitantes particulari idiomate uti videntur. Quidam ex eis, ut pisces venderent, ad nos venerunt ; ad eorum loquelam aures praebens, nec unum comprehendere potui vocabulum. Dein insulam deserentes, interjectis paucis diebus, ad Cheou-san anchoravimus. Haec circumdatur multis parvis insulis montosis atque aridis. Invisendae urbis, ac Patrum Lazaristarum causā, qui nuper venerant, aliquoties fui in civitatem Cheou-san, et nihil novi vidi, nisi Indios, quos nigros diabolos appellant Sinenses, et despiciunt, regum more arreptā manu virgā territantes Sinenses.

Caeterùm in Cheou-san morati sumus mensibus circiter duobus, et quùm Angli pro expeditione Nankinensi proficiscerentur, eos secuti, consumptis quatuor diebus, in fluvium Yang-tze-kiang vecti sumus. In medio huius fluvii exurgit insula sat grandis vocata Tchong-ming, arboribus, sylvis, arundinibus, herbisque cooperta, atque populo frequens, habet civitatem eiusdem nominis. Hic generatim campi sunt virentes, amoeni, fertiles, quos fecundant rivuli inter se concurrentes. Ad dexteram fluvii reperiuntur duae civitates, quarum uni Pao-san, alteri U-song-keou nomen est ; verum hoc secundo nomine designatur etiam fluvius Yang-tze-kiang ad mare. Hae civitates erant derelictae ab incolis, et bello desolatae, quippe Angli illas oppugnarunt. Ex parte civitatis U-song-keou duo flumina (seu potius canales) in Yang-tze-kiang decurrunt, horum minus vocatur Ountso-pang, et maius nomine Hoang-pou transit per civitatem Sanghai, quae distat a mari quatuor leucis, et est una de portubus Anglis concessis.

Exeunte mense julio Angli oppugnatum Nan-king petere coeperunt, et post quindecim ferme dies pervenēre ad civitatem nomine Tchin-kiang-fou apud Sinas secundae classis. Urbem oppugnare agressi parvo spatio ceperunt, atque milites in praesidium collocarunt. In hāc pugnā (ut dicitur) plusquam centum Angli et tria millia Tartarorum prostrati sunt. Dux primus tartarus in hac civitate, quum, desperata victoria, in domum recepisset, uxorem, liberos, universamque familiam secum igne consumpsit.

Intereà nos expectando diem profectionis, cum magno taedio tempus transibamus in U-song-keou. Sed Dominus Cecile cupidus invisendae urbis Nan-king, sibi conduxit navim sinicam, quippe pro Erigone difficilis erat ascensus. Cumque cuncta necessaria comparasset, assumens tres officiales et nautas profectus est, et ego pro interpretatione linguae fui secutus. Pater Maistre vero in Erigone remansit. Sextaā circitèr die profectionis ad Tsin-kiang-fou pervenimus. Per unam diem circuimus civitatem deambulando, erat ruinis cooperta, quae partim per bellum, partim per latronum incursiones factae fuerant, foetorem undique emittebat. Constat duobus oppidis, quorum unum Tartarorum proprium habitaculum, alterum Sinensium. Haec aedificata est ad dexteram Yang-tze-kiang ; ex parte contrariaā canalis ille Imperialis defluit, quem Un-liang-ho appellant Sinenses, habet (ut narratur) novem praecipuas januas ad aquarum cursus dirigendos. Inter Tchin-kiang-fou et canalem imperialem percelebris apud Sinas existit insula nomine Kin-san seu insula auri. Vestita arboribus, herbis ornata, complectitur duos tumulos imperatorum, imperiale fanum (in quo ut dicitur, ante pugnam ter mille bonzii fuēre) et totius imperii bibliothecam ab antiquitate celebratam.

Indè anchoram elevantes ad Nan-king demisimus. Civitas erat intacta, Angli et Sinenses de componendā pace negotium habebant, quippe Sinenses jam Anglorum appropinquantium fortitudine commoti, praesentium vi perterriti pacem petierunt. Hac de re imperator deputavit quatuor mandarinos venerabiles dignitate, qui rem tractarent. Itaque negotio peracto, pacem signarunt die 29 augusti, quam non diù duraturam affirmant multi Sinenses. In Nan-king (ut forte Patri notum est) existit turris celeberrima in Sinis, quam ad videndam cùm officiales irent, eos secutus, turrim atque universam civitatem conspicatus sum. Urbs (ut fertur) continet millionem habitantium, omnino plana desecatur per duos canales, magna et ampla, sed non pulchra. Ad partem civitatis septentrionalem sunt montes, super quibus Angli castrati erant. Turris ad ducentos pedes altitudinis elevata, in medio fani, cui nomen est Pao-in-se, locatur. Constat lapidibus variis coloribus ornatis, atque deauratis, super quibus deorum imagines sculptae sunt. Exteriùs verò vestitur diversi coloris tegulis, octo angulos, centum quinquaginta campanulas, duos globulos auri habet, insupèr duodecim lampades notabiles, quarum virtute sursùm triginta tres coelos illuminari, et deorsùm hominum corda, eorumque bona atque mala opera dignosci superstitiosè credunt Sinenses. In summitate turris inveniuntur nongentarum ponderis librarum ollae duae et quadrigentarum quinquaginta ponderis catinus, quem vocant Tien-pan, id est coeli catinus. Turrim suo fulgore mundum illustrare putant. In extremitate reperiuntur plures circuli, quorum pondus (ut dicunt) refertur ad ter mille sexcentas libras.

Praettereà ornatur quinque lapidibus pretiosis, quos vocant : Je-ming-tchou (lapis illuminans per noctem), Pi-soue-tchou (lapis pretiosus expellens pluvias), Pi-ho-tchou (expellens incendium), Pi-foung-tchou (evitans tempestates seu ventos), Pi-chen-tchou (turrim a pulveribus preservans).

Tres insupèr apud Sinas sacri libri quos appelant Tchang-king (liber mysticus), Ho-mi-to-fou-king (liber precum), Tchei-in-fou-king (liber hortatorum circa cultum Fou etc) in illā repositi sunt.

Talis turris et fani fundamentum fuit positum ante bis mille cir-citèr annos. In primis turri nomen erat Go-i-ouang-ta, sed imperator quidam nomine Tsee-ou anno imperii sui tertio templum vetustate deformatum restauravit, atque Kien-tcho-se (quod est primum templum) appellavit : verùm vir quidam Soun-kao dictus, fanum ferro destruxit. Mox reaedificatum ab imperatore Kien-un ex familia Tchin, nomen accepit Tchang-kan-se, sed ad dynastiam Uen vigesimam (quippe viginti duae familiae numerantur in imperio Sinarum usque ad familiam Tchin praesenter regnantem) penitùs incendio deletum, perduravit, donec imperator Jung-le ex familiā 21^a surgens in pristinum statum restitueret. Reaedificatum in spatio novem decim annorum. Pro sola turri (si credatur eorum computationi) consumptus fuit ferè quatuor milliones patacarum. Dein ad imperatorem Kiatchin tertia pars turris tonitru fuit destructa et nuper restaurata.

Peractā visitatione, nobis ad Usong-keou redeuntibus occurrit navis Favorita, quae tunc expectabatur. Per illam certior factus de adventu reverendi P. De la Brunière et duorum itineris eius sociorum Thomae atque Johannis Fan, dolere et gaudere coepi ; laetandum quippè, cùm omnes essemus reuniti, tristandum verò, quum in difficiliorem statum devenerat res nostra.

Caeterùm in Erigonem adveniens reperi patres cum sollicitudine expectantes Fan, quem in urbem Sang-hai (de qua supra dixi) ad Christianos miserant, ut componeret ad deducendum P. De la Brunière et res Illust^{mi} Episc. Verrolle. Etenim dominus Cecile profectionem mox futuram declararat. Quum frustrà expectassemus per unum diem, et crederetur illum non statim reversurum, Patribus visum est, ut Rdus De la Brunière et Thomas unā cum rebus in terram deponerentur, atque reditum Fan expectarent. Verùm res factu longè difficilior quam dictu erat. At misericordiā Dei ita disponente vir quidam gentilis nomine Hoang xe-sing, qui ad littus maris tectum habens, jam a longo tempore intimā nobiscum familiaritate utebatur, apud nos venit ad diei vesperam, quae praecessit diem profectionis Erigone. Quare ad illum (ita eo consentiente) P. De la Brunière et Thomas cum rebus sese contulēre. R^{dus} P. Maistre et ego, ut erat dispositum, sperabamus per Erigonem in nostram missionem intrare, sed Dominus Cecile propter multitudinem aegrotantium in navi, et brevitatem temporis, in quo suum iter perficere statuerat, circa viam pro Coreā erat dubius. Quamobrem P. Maistre quaerenti conditionate respondit, se iter suscepturum versùs Coream, verùm si contrarius undè surgat ventus, cursum mutaturum pro Manilla. In tali rerum circumstantiā positus R^{dus} Pater nesciebat quid certò ageret, timendum enim erat ne Manillam regrederemur.

Facto tempore, quum vela faceremus, adveniens Fan R^{mo} Maistre narravit, quomodò Illust^{mus} Episc. Bezi Provinciae Xan-tong et Administrator Kiang-nan, qui tunc propè Sang-hai residebat, disposuisset pro rebus. Quo audito, Pater tutiorem partem sequens mecum ad Houang-xe-sing se recepit. Tum Pater de la Brunière cum Fan et Thomā in navim Anglicam, quae erat propè, conscendens, mutatis habitibus ad R^{um} Episc. Bezi advolavit. Nos, interjectis quinque diebus apud gentilem, ascendimus in eamdem navim (quae bellica) hospitium rogantes. Dein navis nos optimè recepit. Post unam diem ivimus ad Illust^{um} Episcopum. A quo benignè tractati, eodemque disponente, per christianam navim, consumptis quindecim circitèr diebus, fuimus vecti ad portum To-Tchouang-ho, quem tendebamus.

In hāc navigatione nihil nobis adversitatis evenit, nisi, quod contrarius ventus bis atque tèr nos coegit regredi, unde exieramus.

Joannes Fan, ut res componeret, ad christianos missus, ipse remansit, misitque ad nos quemdam catechistam, cui nomen est Tou Josephus. Disposueramus Patres per noctem descendere, sed hoc non permisit rerum circumstantia. Itaque per diem, rebus per aliam navim missis, duce catechista descendebamus. Quidam gentiles, visis patribus, Europeos esse affirmabant. Cùm appropinquaremus telonio, volens ductor molestias interrogantium evitare, iussit nos ad littus, quod erat valde lutosum, quippè aqua nuper exierat, quodque ex telonio conspiciebatur, descendere atque locum examinis subire. Ipse vero cum Thoma ad telonium pro rebus directè pergebat. Eramus quinque : R^{dus} Maistre, de la Brunière, duo nautae et ego.

Ut pagani nos per loca lutosa ac devia errantes vidēre, ex unā parte Patres esse Anglos clamitant, ex alia parte (ex telonio) viginti fermè viri (erant hospitum conductores, quos nos pro satellitibus habuimus, reverā aliqui satellites) sublata voce concurrunt. Tum submonui nautas jungere cum patribus, nempe propter loci difficultatem erant separati. At illi prae timore mutatā facie, nec caput elevare volebant. Advenientes homines nos tenuerunt et multa interrogare coeperunt. Patres nihil respondentes ibant. Multùm timebam propter libros, quos in manicis portabamus. Cùmque perseverarent nos comprehendere atque interrogare, eos voce iratā allocutus sum, quod homines innocentes injuriose haberent, quum essent ipsi a gubernio constituti pro bono ordine. Postea nobis relictis abierunt.

Intereà catechista Tou et Thomas fuerunt consternati, existimabant enim nos captos duci ad tribunal. Deinde curru fuimus vecti ad domum Josephi. At christiani, exceptā familiā Tou, noluerunt R^{dos} Patres recipere : neque mirum, quùm nec voluissent Illust^{mum} Verrolle apud illos remanere. Indè Pater de la Brunière, Fan et Thomas ad aliam christianitatem propè Kaitcheou petierunt. Pater Maistre et ego in domunculā conductā cujusdam viduae manemus expectantes diem seu occasionem profectionis in Coream.

De Coreā nullum certum nuntium accepimus. Reversus cursor, quem Illust^{mus} Verrolle ad Pien-moun miserat, nihil, nisi quae per paganos mercatores rescivit, refert. Ipsi narrarunt cursori quaerenti, fuisse duos extraneos comprehensos cum trecentis Coreanis, et simul cum eis occisos ; atque Augustinum Iou interpretem regium tanquam auctorem tanti mali decollatum, corpusque eius in sex partes divisum avibus projectum, ac universam familiam fuisse deletam. Cursori, cur illi extranei et Coreani essent occisi, denuò quaerenti responderunt, illos extraneos trium regionum, nempe Coreae, Sinarum et Europeae linguā, litteris peritissimos, religione malā coreanos corrumpere, et ideò fuisse occisos ; pro Coreanis verò, eo quòd pravam religionem amplectentes illos sequerentur. Quumque cursor tertiò interrogasset, noluerunt respondere. Caeterùm cursor refert, Patres fuisse denuntiatos per falsum christianum, qui eo consilio, ut patrum vultus dignosceret, christianam religionem amplexus, ab eisdem fuerat baptizatus. In hāc rerum incertitudine positi R^{dus} Pater Maistre et ego ordinamus profectionem in Coream pro 20^a die Decembris.

Verùm cursores et multi alii hoc temerarium ac periculosissimum affirmant, relationemque cum Coreā, nisi Deus grande patraverit miraculum, impossibilem esse affirmantes, nostrum dispositum reprobant.

At non pro nostrā commoditate, sed pro gloria Dei illud aggredimur, quid igitur periculi curandi nobis est, dum sit probabilitas intrandi? Caeterùm profectio R^{di} Patris Maistre non est omnino certa, quia ipse haesitat mecum ire, ne mihi augeantur difficultates, cum non desint pericula, quae Reverentiae Vestrae optimè nota sunt, atque de illis eam certiorem reddunt rerum status, ac mea impotentia imbecillitasque. Speramus tamen in Dei misericordiam et B. V. Mariam, quod erimus praeservati a periculis. Pro rebus itineris necessariis jam parata habemus : vestimenta, calceos, ut potui, consui. Disponimus intrare sub habitu mendicantium, ut facilior ingressus, et minor nostrum attentio oriatur ex parte ministrorum diaboli.

Hic omnes bene valent, et ego secundā etsi debili utor sanitate.

Finem scribendi faciens Patrem rogo, ut sine intermissione coram Deo et B. V. Maria filioli vestri clientis reminiscatur.

Postquam (si Deus permiserit) ingressus fuero in Coream, Patri scribam de omnibus, quae potuerunt accidere.

Vale Reverendissime ac optime Pater.

Paternitatem vestram salutat

indignus filius Andreas Kim Coreanus.

Aperui hanc epistolam, ut novam simul mitterem. Nunc cotidie vaco theologico studio apud R^{dum} Patrem Maistre. Thomas est cum Illust^{mo} Ferreol in Mantsouriā.

In his diebus omninò abieci visitationem(*sic*) linguae Gallicae, nam R. Pater Maistre, accepta ex Europā epistola, absolutè iussit me illam derelinquere. Certè mihi utilis non est locutio gallica, quam tamen paululùm scio loqui propter diuturnam mansionem in Erigone. Sed lectio gallicae linguae, ut Paternitas vestra cognoscit, inutilis non mihi videtur. Itaque desiderarem non omninò abjicere lectionem, quam cum labore didici. Pro nunc libros gallicos, si haberem dictionarium gallico-latinum, intelligerem. Libellos gallicos, quos momento profectionis ex Macao P. Libois mihi donarat, jussu P. Maistre aliquot deserui. Thomas habet licentiam legendi libros gallicos, quos Procurator Libois tempore eius profectionis, quae fuit post receptionem epistolae ex Europā, dedit, et simul dictionarium gallico-latinum, latino-gallicum.

05

J. M. J.

Reverendissimo Patri
N. Libois procuratori
Missionum extranearum

21 decem. 1842

Reverendissime,

Uti fuerat compositum, sperabamus nos per Erigonem in nostram missionem intrare, verùm rebus longè aliter succedentibus (quae ut puto, Patri jamdudum perlata sunt) fuimus ducti ad Illust^{mum} Episcopum Florentinum Bezy, V. Apostolicum Xan-tong et Administratorem Kiang-Nan. A quo benignissimè suscepti, eodemque nobis navim christianam procurante, consumptis quindecim circiter diebus fuimus vecti ad portum Ta-tchouang-he, quem tendebamus. Prospera fuit haec navigatio, nihilque nobis adversitatis occurrit, praeter quod ventus borealis cursum nostrum retardavit. In navi exceptis quatuor omnes erant christiani, qui nos optimè tractarunt, et Patres quotidie Deo Missae sacrificium obtulerunt. Joannes Fan, ut res componeret, ad christianos Leatong missus, suo nomine remisit catechistam quemdam nomine Josephus Tou. Ab Reverendis Patribus et nobis erat dispositum, ut Patres per noctem deducerentur, sed hoc non permisit rerum circumstantia. Itaque post multam diei lucem, rebus per naviculam paganorum missis, duce Josepho Tou descendebamus. Duo nautae, qui navim nostram ad merces deferendas conscenderant, patres conspicati Europeos subridentes affirmabant. Deinde cùm appropinquaremus telonio, me praemonuit Josephus catechista ; ut cum patribus in littus, quod erat valdè lutosum, quippè aqua nuper exierat, et ex telonio conspiciebatur, descenderem : timebat enim pro patribus. Ipse cum Thomā directe ad telonium, nos vero (eramus quinque : P. Maistre, de la Brunière, duo nautae et ego), per loca devia errantes pergebamus pedes in lutum immergentes. Pagani, visis patribus, Anglos esse contendebant. Quùmque aliquantisper processissemus iter, ex telonio triginta prope viri (quos pro satellitibus habuimus, dùm praeter aliquos erant hospitum conductores) elevato clamore super nos advolabant, et terrentes multa interrogare coeperunt. Patres sine responsione ibant. Postquam diu quaestionibus nos vexarunt, ad sua rediēre.

Exinde curru ad christianitatem Pai-kia-tien vocatam, ibi in domum Josephi Tou evecti sumus. Haec a mari distat sex leucis, constat ducentis ferè christianis sitaque inter montana loca. Verùm christiani, exceptā familiā Tou, noluerunt patres suscipere, imo quidam ejicere machinabantur ; neque id mirum videri debet, quum nec Illustrissimum Episcopum Verrolle apud illos manere voluissent. Adhuc nondum sunt captato animo, et multa contra episcopum et patres injucunda audio, quae si longitudo papyri sufficeret, Patri refferrem. Nunc Reverendus Pater de la Brunière cum Thomā commoratur in Christianorum pago nomine Iang-kouan prope Kaitseou ; et pater Maistre mecum in conductā cujusdam viduae domunculā.

De nuntiis ex Coreā nihil Patri certò scribere possum, refero itaque ea, quae cursor ab Illust[mo] Episcopo Verrolle missus in Pien-moun per paganos audita attulit. Fertur, duos extraneos, Coreae, Sinarum et Europeae linguā, litteris peritissimos, cum trecentis Coreanis, causā religionis fuisse decollatos, et Augustinum Iou tanquam auctorem tanti mali fuisse occisum, corpusque ejus in sex partes divisum avibus projectum, universamque eius familiam esse deletam. Narratur Patres fuisse denuntiatos per falsum christianum, qui eo consilio, ut patrum vultus cognosceret, chistianismum amplexatus fuerat baptizatus.

In tali rerum statu positus, disponente Illustrissimo Episcopo Verrolle et P. Maistre, ordinavi profectionem pro die 22^a Decembris. Composueramus, Reverend. P. Maistre mecum simul intrare, sed Illustrissimus Verrolle prohibuit, timens ne mihi augeantur difficultates, quum non desint pericula, quae Patri optimè sunt nota. Multa quidem adhuc Patri dicerem, si os ad os loquerer, sed manu difficile est hoc praestare. Igitur hic sistens rogo Patrem meum reverendissimum atque amantissimum, ut filioli vestri in suis orationibus incessantèr recordetur.

Vale, Reverendissime Pater.

paternitatem vestram salutat

Obsequens filius Andreas Kim-ai-kim

Pai-kia-tien, die 21^a decembris 1842.

Hanc epistolam aperui, ut mitterem nova nuntia.

06

J. M. J.

R^{mo} Patri L. Legregeois
Procuratori M. extr.

Leao-tong, 15 jan, 1843

Reverendissime Pater,

Sicut compositum erat, die 23^a Decembris profectus, post quatuor dies in Pien-moun sine ullo offendiculo perveni. Quum adhuc in viā non longè à Pien-moun iter agerem, obviàm habui deputatos Coreae regios, turmā comitante numerosā, Pekinum pergentes. Inter multitudinem, ita Deo disponente, occurrit mihi Franciscus Kim cursor coreanus, qui à me incognitus, me ignorabat. Interrogatus demùm, utrum esset christianus, affirmativè respondit, seque Franciscum appellari. Tum illum sequendo, cursoribus sinensibus, qui mecum erant, longiùs comitari praemonitis, primùm interrogavi de salute Patrum. At ille omnes causā religionis interfectos respondit, et ducentos fermè christianos nece affectos, et maximè inter ipsos primores. Fratris mei Thomae parentes pariter occisi sunt : pater verberibus, mater gladio martyrii coronam receperunt. Parentes mei similitèr multa passi sunt, pater decollatus est, mater verò sine refugio inter christianos afflicta vagatur. Haec et alia multa, quae hic referre longius foret, mihi Franciscus nuntiavit. Illustrissimus Episcopus jamdudùm proditorum et satellitum investigationibus agitatus latebat in loco, cui nomen est Souen, dein adventantibus, duce Judā, ministris infernalibus, cùm minùs facilis fugiendi daretur exitus, liberè procedens ad tribunal magistratuum perductus est. Demum audiens christianum nomen esse delendum, nisi duo patres sese proderent, eos litteris advocavit ; sicque unā eādem die martyrii coronā decorati fuēre. O quali gloriā ornati sunt! Sub Christi vexillo fortitèr certarunt, habitāque victoriā, circumdati purpurā, diademate super caput imposito, coelestia tabernacula triumphantes intrarunt.

Verùm quàm infelix Corea! quae per tot annos pastoribus remansit et cum tanto labore habuisset, iterùm uno momento omnes amisit! O infelicem et indignam! Ad minus si unum reservasset, sed omnes devoravit!

In iis diebus cessarunt persecutiones, et pace fruuntur christiani ; et sine patribus, velut oves sine pastore, errant et gemunt. Proditor praecipuus, qui recenter religionem erat amplexus, nominatur Kim Ye-sam i, fuit occisus ; eius mortis ratio alia non videtur, nisi quod improbus sit, et publicè nocens aliis ; tales nempè poenā morteque mulctatos historia narratur.

Alter, eo quod uxoris suae parentem denuntiasset, juxta legem est strangulatus. Dux satellitum, a quibus comprehensi fuēre patres et christiani plurimi, ob injustitiam aliquam, ut opinor, patratam, dignitate privatus, atque in exilium missus, morte damnatus dicitur.

Caeterum multa interrogare nequivi, quippè id circumstantia non permisit. Rogatus deindè à me, ut in Pien-moun reverteretur ad introducendum R^{dum} patrem Maistre, se id sine paganorum suspicione atque persecutionis periculo praestare non posse respondit. Habebat enim gentiles socios, et eorum gratiā in Sinas atque Pekinum eundi licentiam obtinuerat, eratque adscriptus in numero legatos comitantium. Ipse me patientiam habere obtestatus, de missionariorum introductione cum christianis aliis negotium habiturum, et omni conatu dispositurum pollicitus est. Ego verò considerans Patres nonnisi post annum in suam missionem ingredi posse, ipsi exposui me paratum esse iter continuare ad Coream, ut disponere possem pro Patrum introductione circa februarium ; simul ab eo quaesivi, utrùm ingressus aliquis foret. Difficillimum esse transitum asserens ille, unicum, more scilicet pauperum, ligna vehentium, introitum patere retulit.

Post haec, relicto illo, acceptisque litteris, quas attulerat, in Pien-moun regressus, mansi diem unam. Sequenti die circa primam horam consurgens, posteaquam habitum mutavi, cursoribus Sinensibus valedictis, iter procedere coepi. Deinde ad occasum solis à longè visa est civitas Itsou. At dubius ingressus me angebat, maximè quùm non haberem ad ligna colligenda cultrum, quem in Pien-moun per oblivionem reliqueram. Sed in Dei misericordia fretus, et B. M. Virginis, de quā non est auditum à seculo quemquam ad illius currentem praesidia esse derelictum, urbis portae appropinquavi. Stabat miles ad limina, tabulas licentiae exigens singulorum. Tùm me locavi in medio virorum, qui ex Pien moun revertebantur cum bobus. Miles cùm jam in eo esset, ut a me exigeret, adiit ad telonii praefectos. Boves magnitudine corporis multum mihi favebant. Nondum tamen finis erat ; jubebantur enim singuli sese praesentare coram telonii praeside, et profiteri nomina, quae accensā luce (nam tenebrae visum obnubilarant) examinabantur. Praeter haec praefectus alter in altiori loco sistens cavebat, ne quis fugere tentaret. Intereà ego nesciebam quid agendum. Jam incipiebant abire, qui primi examen subierant. Hos clàm sequens ibam. At me retrò appellabat praefectus arguens, quod non datā tabulā abirem. Cùm perseveraret vocare, respondi : tabulae tradiate sunt. Deindè cùm crederem illos parare ad me persequendum, fugiens me recepi in suburbium ; ibi nulla me recipiente domo per totam noctem feci iter circitèr decem leucarum.

Circà auroram frigus expellendi gratiā, in domunculam ingressus reperi viros sedentes, qui, me viso, figurā, habitu, linguā extraneum esse affirmabant. Scrutare demum aggressi ; tibiale, quod erat sinicum et caput visitarunt. Praeter unum, qui mei miserebatur, omnes adversum me loquebantur, et quocumque petiero, capiendum dicebant. Quibus me insontem et coreanum, ideò omnia, quae proferebant verba, naturam nullā ratione mutari posse reposui, atque etsi comprehendendus forem, animum pace frui, cùm innocenti causam suam defendere non sit difficile. His auditis me ejecerunt. Ipsi sciebant me versùs Seorum seu Hangnan, quae est urbs capitalis Coreae, iter agere ; miserunt itaque dolose, qui examinaret, quam tenderem plagam. Caeterùm manus satellitum effugere incertissimum erat et sola pecunia, quam gestabam, ex suspicione latrocinii mihi mortem parare poterat, omnis enim latro ex lege occiditur.

Postquam vidi vigilem regressum, hominesque persuasos me Seorum petere, circuitu domunculam evitans ad Sinas redire coepi.

Verum post solis ortum viam procedere non audens, in monte arboribus distincto me abscondi. Dein solis ad occasum, quum terram operuissent tenebrae, celeri passu Ietsou perveni circa horam secundam noctis. Indè eligens partem urbis sinistram, quae contra mare est, per loca ardua et invia errando (in his omnibus locis erant tecta, ut puto, custodum confiniorum) ad fluvium Yalo deveni; iam sol oriens cuncta luce illustrabat. Interjecto primo et secundo flumine, solitudinem petens (quae per diem frequentatur Coreanis in Sinas advenientibus et patriam repetentibus) vestimenta in formam sinicam consuere aggressus reliquam diem consumpsi.

Surgens cùm fecissem iter decem ferè leucarum, sol apparuit. Vesperè iter persecutus in Pien-moun pernoctavi, et quintā die comparatis rebus, in Pai-kia-tien ad R^{dum} Patrem Maistre perveni.

Nunc expectantes reditum Francisci ad martium, pace fruimur.

Pia relatio per spiritum coram Deo et B. M. V.

Vale Reverendissime Pater.

Vestrae Paternitati

                              Obsequens filius Andreas Kim-ay-Kim.

07

J. M. J

Reverendissimo Patri
N. Libois procuratori
Missionum extranearum

Lea-tong die 16ᵃ Februarii 1843

Reverendissime Pater,

Quùm prima epistola non fuerit missa, hanc solùm addo illi referens nova, quae recepi, nuntia. Disponente R^{dissimo} Patre Maistre die 23ᵃ decembris profectus, interjectis quatuor diebus, in Pien-moun sine ullo offendiculo perveni. Cursor ex Coreā nomine Franciscus Kim, jamdudùm in Pien-moun adveniens, dies multos manserat expectando nostrum occursum. Quùm crederet Sinenses cursores non esse venturos, gratiā sociorum gentilium, quos secutus fuerat, et eorum favore in Sinas veniendi licentiam obtinuerat, adscriptus in numero Pekinum euntium unā cum deputatis Coreae regiis pergebat. Hunc in viā non longè à Pienmoun inter turmas, Deo disponente, reperi ; nec ego illum, neque me ille agnoscebat. (invicem semel videramus ante octo annos) Interrogatus tandèm, an Christianus esset, respondit : Ego sum christianus, et vocor Franciscus Kim ; cui ego similitèr reposui. Tùm illum rogavi, ut Pekinum petere sisteret, et in Pien-moun reverteretur ad negotium habendum de introductione R^{dorum} Patrum in suam missionem. At se id sine gentilium sociorum admiratione ac persecutionis periculo peragere non posse respondit.

Simul in futurum cum aliis christianis omni conatu et opere dispositurum pollicitus est. Itaque eum comitando cum meis conductoribus Sinensibus, primum quaesivi de salute Patrum. Ille omnes ob Christi sanctam religionem interfectos retulit, et ducentos ferme christianos nece affectos, maximè autèm inter ipsos primores. Fratris mei Thomae parentes occisi sunt pariter : pater verberibus, mater gladio martyrii coronam receperunt. Parentes mei similiter multa passi sunt ; pater decollatus est, mater vero sine refugio inter christianos afflicta vagatur. Haec et alia multa, quae hic referre longius foret, mihi Franciscus narravit. Illustrissimus Episcopus Imbert jamdudùm proditorum et satellitum investigationibus agitatus, latebat in loco, cui nomen est Souen. Dein adventantibus, duce Judā, ministris infernalibus, cùm minùs facilis daretur fugiendi exitus, liberè procedens ad tribunal magistratuum est perductus. Demùm audiens christianorum nomen esse delendum, nisi duo patres sese proderent, eos litteris advocavit. Tali modo unā eodem die martyrii coronā decorati fuēre.

O quali gloriā ornati! Sub Christi vexillo fortiter certarunt, habitāque victoriā, circumdati purpurā, diademate supèr caput imposito, caelestia tabernacula triumphantes intrarunt!

Sed quam infelix Corea! quae per tot annos pastoribus orba remansit et cum tanto labore habuisset, omnes uno momento amisit. O infelicem et indignam! Ad minùs si unum reservasset, sed omnes devoravit! O improbam! In his diebus cessarunt persecutiones et pace fruuntur christiani ; at sine Patribus, velut oves sine pastore errant et gemunt.

Proditor praecipuus, qui religionem recentèr erat amplexatus, nominatur Kim Ye-sam i, fuit occisus ; eius mortis ratio alia non videtur, nisi quod improbus sit, et publicè aliis nocens. Tales nempè poenā morteque mulctatos historiā narratur. Alter eo quod uxoris suae parentem denuntiasset, juxta legem est strangulatus. Dux satellitum, a quibus Patres et christiani plurimi deprehensi fuēre, ob injustitiam, ut opinor, aliquam patratam, dignitate privatus, atque in exilium missus, morte damnatus dicitur.

Demum arguente me, quod per tot annos nullum nuntium mittere tentassent, respondit, in primis ob proditorum machinationem non ausos esse, miserunt dein cursorem, qui in viā mortuus traditur ; secundā vice missus in Pien-moun, nullo cursore sinensi adveniente reversus est.

Hāc vice superveniens Franciscus, nemine invento, usque ad Pekin urbem ire decrevit.

Caeterùm multa interrogare nequivi, quippè id circumstantia non permisit. Post haec, relicto illo, acceptisque litteris, quas attulerat, in Pien-moun regressus mansi diem unam. Deinde considerans Patres nonnisi post annum in suam missionen posse intrare, statim ad Coream pergere, ut disponere possem pro Patrum introductione circà februarium. Quaesiveram vero a Francisco, utrum ingressus aliquis foret. Difficillimum esse transitum imò impossibilem asserens ille, unicum, more scilicet pauperum ligna vehentium, introitum patere retulerat.

Sequenti igitur die circà primam horam consurgens, postquam sumpsi habitum coreanum, quem praeparaveram, cursoribus sinensibus valedictis, iter procedere coepi.

Cùm paulispèr processissem, nesciens quā viā iretur, me retinui sub arbore. Ibi adventante quadam bestiā, recordatus me per oblivionem reliquisse cultrum ad ligna colligenda, in Pien-moun regressus non inveni.

Deindè ad occasum solis, perfectis ut fertur tredecim leucis, à longè visa est civitas Ietsou. At dubius ingressus me angebat. Sed in

Dei misericodiā fretus et protectione B. M. Virginis, de quā non est auditum à seculo quemquam ad illius currentem praesidia esse derelictum, urbis portae appropinquavi.

Stabat miles ad limina, tabulas licentiae exigens singulorum. Tùm me posui in medio virorum, qui ex Pien-moun cum bobus revertebantur. Miles, quùm jam in eo esset, ut à me exigeret, adiit ad telonii praefectos. Boves magnitudine corporis multùm mihi favebant. Nondum adhùc finis erat ; jubebantur enim singuli sese praesentare coram telonii praeside, et nomina profiteri, quae accensā luce, nam tenebrae visum obnubilarant, examinabantur. Praeter haec, alter praefectus in altiori loco sistens cavebat, ne quis fugere tentaret. Intereà ego nesciebam quid agendum. Jàm incipiebant abire, qui primi examen subierant, eos clàm sequens ibam. At me retrò appellabat praefectus, arguens quod non datā tabulā abirem. Ego velut surdus non respondebam. Cùm perseveraret vocare, reposui : Quid? Traditae sunt tabulae. Deinde quùm crederem illos ad me persequendum parare, fugiens me recepi in suburbium ; ibi nullā me recipiente domo, per totam noctem feci iter ferè decem leucarum. Circà auroram frigus expellendi gratiā, in domunculam ingressus reperi viros sedentes, qui, me viso, figurā, habitu, linguā extraneum esse affirmabant. Scrutare demùm aggressi, tibiale, quod erat sinicum, et caput visitarunt. Praeter unum, qui mei miserebatur, omnes adversùm me loquebantur, et quòcumque petiero, capiendum pronuntiabant. Quibus me insontem et Coreanum, ideò omnia, quae proferebant verba, naturam nullā ratione mutari posse respondi, atque etsi deprehendendus forem, animum pace frui, cùm innocenti causam suam defendere non sit difficile. His auditis me forās ejecerunt.

Ipsi, me dicente, sciebant me versùs Seorum seu Hangnan, quae est urbs capitalis Coreae, iter agere. Miserunt itaque dolose, qui examinaret, quam tenderem plagam. Caeterùm manus satellitum effugere difficillimum erat, et sola pecunia, quam gestabam, ex suspicione latrocinii mortem mihi procurare poterat. (omnis enim latro ex lege occiditur). Postquam vidi vigilem regressum et homines persuasos me Seorum petere, circuitu domunculam evitans ad Sinas redire coepi.

Verùm post solis ortum viam procedere non audens, in monte arboribus distincto me abscondi. Dein ad solis occasum, quum tenebrae terram opperuissent, celeri passu Ietsou perveni circà horam secundam noctis. Inde eligens partem urbis sinistram, quae contra mare est, per ardua et invia errando(in his omnibus locis erant tecta, ut puto, custodum) ad fluvium Ialo perveni. Jam sol oriens luce cuncta illustrabat. Trajecto primo et secundo flumine, solitudinem petens (quae per diem frequentatur Coreanis in Sinas advenientibus et patriam repetentibus), vestimenta in formam sinicam consuere aggressus, reliquam diem consumpsi. Surgens cùm fecissem iter decem circitèr leucarum, sol apparuit. Vesperè iter persecutus, in Pien-moun, ridentibus omnibus, pernoctavi. Dein Deo protegente et B. M. V., comparatis aliquot rebus, quintā die, quae fuit sexta Januarii, in Pai-kia-tien ad R^{dum} Patrem Maistre perveni.

Nunc expectantes Francisci reditum ad Martium pace fruimur. Caetera clariùs cognoscet per epistolas Patrum. Miserunt primarii coreani epistolam, quam ad Patrem mitti puto. Haec dirigebatur ad P. Mouli.

Pia recordatio per spirit. coram Deo et B. M. V.
Paternitati Vestrae

obsequens filius Andreas Kim

08

J. M. J.

Reverendissimo Patri
N. F. Libois

Die Maii 17ᵃ 1844

Reverendissime Pater,

Die decimā quintā Maii litteras a Patre missas cum maxima voluptate perlegi. Anno elapso circà lunam tertiam et nonam ex mandato Superiorum iterùm me contuli in Pien-moun et nuntia recepi de Coreā. Nunc christiani pace fruuntur, sed sine Pastoribus in caligine tenebrarum jacentes gemunt. Illa regina persecutrix adhuc vivit ; rex autem, ut fama fert, interdùm insaniente morbo laborat. Nunc dispositum est, ut familia christiana commigret in Itseou, si hoc Deus permiserit, ingressus in Coream evadet utique facilis. Caeterùm nos Dei clementiam unicè exorantes et cuncta ejus providentiae committentes de die in diem expectamus ingressum.

Nunc unā cum Reverendissimo Episcopo Ferréol commoramur in Mongolia. Die quinta februarii ab Illustrissimo Episcopo missus ad explorandam viam per septentrionem, sine magnā adversitate totum iter perfeci in spatio duorum circitèrmensium. Hong-si-kai, quae villa linguā Mantsurensium appellatur Houn-tsoun, distat a Pakia-tze, ubi mansionem facimus, 200 leucis. Inter Houn-tsoun et Ninggota se interponit desertus locus 50 leucarum itineris in transitu. Per totum hoc desertum non sunt diversoria, et homines vagabundi ad certam distantiam commorantes peregrinos in suo tugurio recipiunt.

Ex Houn-tsoun conspiciuntur civitates et domus Coreanorum, verùm extra tempus commercii nulla admittitur communicatio. Postquam in Houn-tsoun mansissem 8 dies, unā cum cursore trajeci in civitatem coreanam, ibique obviam habui cursores coreanos, qui expectantes adventum Missionarii mensem vel plus consumpserant. Caeterùm non omnia Tuae Paternitati refero, quippè clarius dicta reperiet in litteris Patrum.

Reverentiam vestram supplex rogo, ut, si ipsae expedire videatur, dignetur mittere Bibliam Sacram, librum meditationum quotidianarum, exercitii spiritualis, particulam verae Crucis, imagines praesertim Immaculatae Conceptionis B. M. V. cum aliquot crucifixis, rosariis, et cultellis pro pennis captandis. Thomas hac vice non scribit et pronus Patrem salutat.

Paternitati vestrae

Humillimus atque indignissimus filius Andreas Kim-ai Kim.

[Lettre du Diacre Kim André à Mgr Ferréol]

Mongolie, 15 décembre 1844

Monseigneur,

Après avoir reçu la bénédiction de votre Grandeur et avoir pris congé d'Elle, nous nous assîmes sur notre traîneau, et glissant rapidement sur la neige, nous arrivâmes en peu d'heures à Khouan-tcheng-tse. Nous y passâmes la nuit. En étant partis le lendemain, le second jour nous franchissions la barrière de pieux et nous entrions en Mantchourie. Les campagnes toutes couvertes de neige et ne présentant partout que la monotonie de leur blancheur uniforme, offraient cependant à nos yeux un spectacle amusant par la multitude de traîneaux qui les sillonnaient en tous sens, pour se rendre d'une habitation à une autre, avec une vitesse que l'on voit rarement en Chine.

La première ville que nous rencontrâmes fut Ghirin, métropole de la province qui porte le même nom, résidence d'un Tsiang-kiun ou général d'armée. Elle est assise sur la rive orientale du Soungari, dont le froid de Février enchaînait encore le cours. Une chaîne de montagnes courant de l'occident à l'orient, et dont les cimes s'effaçaient alors dans un léger nuage de vapeurs, l'abrite contre le vent glacial du Nord.

Comme presque toutes les cités chinoises, Ghirin n'a rien de remarquable, c'est un amas irrégulier de chaumières bâties en briques ou en terre, couvertes de chaume, avec un seul rez-de-chaussée. La fumée qui s'élevait de leurs toits, montait perpendiculaire, et se répandant ensuite à peu de hauteur dans l'atmosphère formait comme un manteau immense, de couleur bleuâtre, enveloppant toute la ville. Les Mantchoux et les Chinois l'habitent conjointement ; mais les derniers sont beaucoup plus nombreux. Les uns et les autres, me dit-on, forment une population de 600,000 âmes ; mais comme le recensement est inconnu dans ce pays et que la première qualité du récit chinois est l'exagération, je pense qu'il en faut retrancher les trois quarts pour avoir le nombre réel de ses habitants.

Ainsi que dans les villes méridionales, ses rues sont très animées ; le commerce y est florissant ; c'est un entrepôt de fourrures d'animaux de mille espèces, de fleurs artificielles dont les femmes de toutes les classes ornent leurs têtes, de tissus de coton, de soieries, de bois de construction qu'on tire des forêts impériales.

L'abord de ces forêts est peu éloignée de Ghirin ; nous les apercevions à l'horizon élevant leur tête chauve et noire au dessus de l'éclatante blancheur de la neige. Elles sont interposées entre l'empire céleste et la Corée comme une vaste barrière pour rompre toute communication entre les deux peuples et maintenir, ce semble, cette division haineuse qui existe depuis que les Coréens ont été refoulés dans la péninsule. Elles occupent de l'Est à l'Ouest un terrain de plus de 60 lieues ; je ne sais quelle en est l'étendue du Nord au Sud. S'il nous avait été possible de les traverser en cet endroit et de pousser en droite ligne vers la Corée, nous aurions abrégé notre chemin de moitié mais elles nous posaient un rempart impénétrable. Nous dûmes faire un long circuit et aller vers Ningoutha chercher une route frayée.

Une chose nous embarrassait ; nous ne connaissions pas le chemin qui y conduisait. La Providence vint à notre secours et nous envoya pour guides deux marchands qui retournaient dans cette ville, leur patrie. Nous glissâmes en leur compagnie quelque temps encore sur la glace du fleuve, en la remontant vers sa source. L'inégalité du terrain, les montagnes dont il est entrecoupé, les bois qui le couvrent, le défaut de route tracée déterminent les voyageurs à prendre la voie des fleuves. Aussi en quittant le Soungari nous allâmes nous jeter dans une autre rivière qui va vers le nord mêler ses eaux à celle de ce fleuve. Les Chinois la nomment Mou-touan, sur la carte européenne, elle est marquée Hur-Sia, serait-ce son nom tartare? Je l'ignore.

Des auberges sont échelonnées sur ses rives. Nous fûmes un jour agréablement surpris d'en rencontrer une chrétienne : on nous y reçut en frères ; non seulement on n'exigea rien pour notre logement mais on nous contraignit même d'accepter des provisions de bouche. C'est une justice à rendre aux chrétiens Chinois : ils pratiquent envers les étrangers, leurs frères, l'hospitalité la plus généreuse.

Nous nous avancions tantôt sur la glace du fleuve, tantôt sur l'un ou sur l'autre de ses bords, suivant que la route nous offrait moins d'aspérité. A droite et à gauche s'élevaient de hautes montagnes couronnées de hauts arbres et habitées par les tigres, les panthères, les ours, les loups et autres bêtes féroces, qui se réunissent pour faire la guerre aux passants. Malheur à l'imprudent qui oserait seul s'engager au milieu de cette affreuse solitude! Il n'irait pas loin avant d'être dévoré. On nous dit que dans le courant de l'hiver près de 80 hommes et plus de 100 boeufs ou chevaux étaient devenus la proie de ces animaux carnassiers. Aussi les voyageurs ne marchent-ils que bien armés et en bonne compagnie. Pour nous, nous formions un bataillon redoutable à nos ennemis. Nous en voyons de temps en temps sortir quelques uns de leur repaire ; mais notre bonne contenance leur en imposait ; ils n'avaient garde de nous attaquer.

Si ces animaux luttent contre les hommes, ceux-ci en revanche leur font une guerre d'extermination. Chaque année vers l'automne, l'empereur envoie dans ces forêts une armée de chasseurs ; cette année dernière, ils étaient cinq mille. Il y a toujours plusieurs de ces preux qui payent leur bravoure de leur vie. J'en ai rencontré un que ses compagnons ramenaient au tombeau de ses pères, à plus de cent lieues de là ; il avait succombé au champ d'honneur ; sur sa bière étaient étalés avec orgueil les trophées de sa victoire, le bois d'un cerf et la peau d'un tigre. Le chef du convoi funèbre jetait par intervalle sur la voie publique, du papier monnaie, que l'âme du défunt devait ramasser pour s'en servir au pays d'outre tombe. Ces pauvres gens, hélas! étaient loin de penser que la foi et les bonnes oeuvres sont dans l'autre monde la seule monnaie de bon aloi. Sa Majesté céleste s'est réservée à elle seule le droit de chasser dans ces forêts. Cela n'empêche pas qu'une foule de braconniers Chinois et Coréens ne l'exploitent à leurs profits.

Avant d'arriver à l'endroit où se rencontre la route qui perce la forêt jusqu'à la mer orientale, nous traversâmes un petit lac de 7 à 8 lieues de large, il était glacé comme la rivière qui l'alimente. Il est célèbre dans le pays par le nombre de perles qu'on y pêche pour le compte de l'empereur. On le nomme hei hou ou tsing tchou men, lac noir ou porte aux perles précieuses. La pêche s'y fait en été.

En sortant de la porte aux perles, nous entrâmes dans une auberge ; le premier jour du nouvel an chinois approchait, jour de grande fête, de grand gala et de joyeuse vie. Tout voyageur doit interrompre sa course pour le célèbrer. L'aubergiste nous demanda d'où nous venions et où nous allions. De Khoan-cheng-tze, lui dîmes-nous, et nous allons à Houng-tchoun, et nous ne savons pas le chemin qui y conduit. En ce cas, poursuit-il, vous allez demeurer chez moi, voici la nouvelle année ; dans huit jours mes chariots doivent se rendre au même endroit. Vous mettrez dessus vos bagages et vos provisions et vous partirez ensemble ; en attendant vous serez bien traités. Son offre fut acceptée avec remerciment. Nos chevaux étaient fatigués, une halte de quelques jours leur était nécessaire.

A l'époque du premier jour de l'an, les païens se livrent à des superstitions. Les gens de l'auberge passèrent la première nuit en veille. Vers le milieu de cette nuit, je vis s'approcher du Khang ou fourneau qui me servait de lit, un maître de cérémonies affublé de je ne sais quel habit étrange. Je devinais son intention. Je fis semblant de dormir. Il me frappa légèrement à plusieurs reprises sur la tête pour m'éveiller. Alors sortant comme d'un sommeil profond : qu'est-ce donc? qu'y a-t-il? lui dis-je, - Levez-vous ; voici que les dieux approchent ; il faut aller les recevoir. - Les dieux approchent!… d'où viennent-ils? quels sont-ils ces dieux? - Oui, les dieux, les grands dieux vont venir ; levez-vous ; il faut aller à leur rencontre. - Eh! mon ami, un instant, tu le vois, je suis en possession du dieu du sommeil ; en est-il un parmi ceux qui viennent qui pût m'être aussi agréable à l'heure qu'il est? De grâce permets que je jouisse tranquillement de sa présence, je ne connais pas les autres dont tu me parles. Le maître de cérémonies s'en alla, grommelant je ne sais quelles paroles sous ses dents ; il est à présumer qu'il ne fut pas fort édifié de ma dévotion pour les dieux et qu'il augura mal du succès de mon voyage.

Voici la manière dont se fait cette réception des dieux : Le moment venu, c'est-à-dire à minuit, hommes, femmes et enfants, vieillards, tous sortent au milieu de la cour, chacun revêtu de ses plus beaux habits. Là on se tient debout, le père de famille qui préside à la cérémonie, promène ses regards vers les différents points du ciel. Il a seul le privilège d'apercevoir les dieux. Dès qu'ils se sont montrés à lui, il s'écrie : Ils arrivent, qu'on se prosterne, les voilà de tel côté. Tous à l'instant se prosternent vers le point indiqué. On y tourne aussi la tête des animaux, le devant des voitures, il faut que chaque chose dans la nature reçoive les dieux à sa manière. Il serait malséant, si ces hôtes célestes arrivant, leurs yeux rencontrent la croupe d'un cheval. Les dieux étant ainsi reçus, tout le monde rentre dans la maison et se livre à la joie d'un copieux festin en leur honneur.

Nous demeurâmes huit jours dans ce lieu. Le 4 de la première lune, laissant là notre traîneau désormais inutiles, nous sellâmes nos chevaux et nous partîmes en compagnie des chariots de l'aubergiste. Ses gens s'étaient engagés, moyennant un prix convenu à fournir du fourrage à nos chevaux et à porter nos provisions pendant que nous traverserions la forêt, où l'on ne trouve que du bois pour se chauffer et pour faire cuire ses aliments.

Enfin nous arrivâmes à Ma-lien-ho près de Ningoutha où commençait la route dont l'autre extrémité atteignait la mer à une distance de 60 lieues. Il y a 7 à 8 ans, on ne rencontrait sur le chemin aucune habitation, aucune cabane qui donnât un abri aux voyageurs. Ceux-ci se réunissaient en caravanes et campaient à l'endroit où la nuit les surprenait, en ayant soin pour écarter les tigres, d'entretenir des feux jusqu'au matin. Aujourd'hui des hôtelleries sont échelonnées sur les bords de la route ; ce sont de grandes huttes construites à la manière des sauvages, avec des branches et des troncs d'arbres superposés et dont les plus grosses fentes sont bouchées avec de la boue. Les architectes et les maîtres de ces caravansérails enfumés sont deux ou trois chinois qu'on appelle en langage du pays Kouang-koun-tse, gens sans famille, venus de loin, la plupart déserteurs de la maison paternelle, gens adonnés à la rapine. Ce n'est que pendant l'hiver qu'ils sont là ; le beau temps revenant, ils quittent leurs cabanes, et s'en vont braconner dans les bois ou chercher le jen-seng, cette racine rare, qui se vend en Chine le double du poids de l'or.

L'intérieur de ces taudis est encore plus hideux que l'extérieur. Au milieu, montée sur trois pierres, repose une grande marmite, seule vaisselle de ces restaurants. On met le feu par dessous, la fumée s'échappe par où elle peut. Je vous laisse à juger de la noirceur qui s'attache aux parois. Leurs fusils et leurs couteaux de chasse, enfumés comme le reste sont appendus aux troncs qui forment les murailles ; le sol est couvert d'écorces d'arbres ; c'est sur ce duvet le voyageur doit reposer ses membres fatigués et réparer les forces nécessaires pour continuer son voyage. Nous nous trouvions quelquefois plus de cent étendus là pêle-mêle, presque les uns sur les autres. La fumée m'étouffait, j'en étais presqu'asphyxié je devais sortir de temps en temps pour respirer l'air extérieur et reprendre haleine. Le matin j'expectorais la suie que j'avais avalée pendant la nuit.

Les Kouang-koun-tse n'offrent à leur hôtes que le toit et l'eau. C'est donc une nécessité pour ceux-ci, avant de pénétrer dans le bois, de faire leurs provisions. Là la monnaie de cuivre n'a pas cours ; l'argent y est presqu'inconnu. Les maîtres d'auberge reçoivent en échange de l'hospitalité qu'ils donnent, du riz, du millet, des petits pains cuits à la vapeur ou sous la cendre, de la viande, du vin de maïs, etc. Les animaux sont logés à la belle étoile ; il fallait faire sentinelle pour les soustraire à la voracité des loups et des tigres. Leur approche était signalée par les chevaux qui hennissaient ou soufflaient avec force de leurs nazeaux dilatés par la peur. On s'armait alors de torches, on frappait du tam-tam, on criait, on hurlait, et on les mettait en fuite.

Ces forêts m'ont paru très anciennes : les arbres en sont énormes et d'une hauteur prodigieuse. Ce n'est que sur la lisière que la hache les abat ; à l'intérieur, la vieillesse seule les renverse. Des nuées d'oiseaux habitent dans leurs branches. Il y en a d'une grandeur démesurée, qui enlèvent des jeunes cerfs ; je ne les connais pas. Les faisans y abondent partout. On ne saurait se faire une idée de leur multitude. Les aigles et les vautours leur font une guerre cruelle. Un jour nous vîmes un de ces oiseaux rapaces fondre sur un de ces malheureux. Nous l'effrayâmes, il s'envola n'emportant que la tête de sa proie, le reste nous servit de régal.

Quand nous ne fûmes plus séparés de Houng-tchoun que d'une journée, nous laissâmes en arrière nos lourds chariots et nous prîmes les devants. Enfin un mois après avoir quitté votre Grandeur nous arrivâmes au terme de notre voyage : nous n'avions pas couru la poste. Houng-tchoun est situé à peu de distance de la mer, à l'embouchure du Mikiang qui sépare la Corée de la Mantchourie. C'est un petit village d'une centaine de familles tartares. Après Foung-piun-men dans le midi, c'est le seul lieu de contact entre la Chine et la Corée. Un mandarin de seconde classe et mantchou d'origine y maintient la police, aidé de deux ou trois cents soldats ou satellites à ses ordres.

Une foule de Chinois s'y rendent de fort loin pour trafiquer. Ils livrent aux Coréens des chiens, des chats, des pipes, des cornes de cerfs, du cuivre, des cuirs, des chevaux, des mulets, des ânes ; ils en reçoivent en échange des paniers, des ustensiles de cuisine, du riz, du blé, des porcs, des boeufs, du papier, des nattes, des pelleteries et de petits chevaux estimés pour leur vitesse. Ce commerce n'a lieu pour le peuple qu'une fois tous les deux ans et ne dure qu'une demi-journée, l'échange des marchandises se fait à Kien-nen, ville la plus proche de la Corée, à quatre lieues de Houng-tchoun. Si à l'approche de la nuit, les Chinois n'ont pas regagné la frontière, les soldats Coréens les poursuivent l'épée dans les reins.

Il y a un peu plus de liberté pour quelques mandarins de Moukden, de Ghirin, de Ningoutha et de Houng-tchoun ; ils peuvent trafiquer toutes les années, on leur accorde cinq jours pour expédier leurs affaires mais ils sont gardés à vue et doivent passer la nuit en dehors de la Corée. Chacun d'eux a sous lui cinq officiers et chacun de ceux-ci cinq principaux marchands ; ce qui fait une petite caravane. Avant de s'enfoncer dans la forêts, ils dressent une tente sur le sommet d'une montagne, et immolent des porcs aux dieux des bois ; tous doivent prendre part à la victime. Ces quelques heures de commerce par an sont les seules relations qu'aient entre eux les Chinois et les Coréens. En d'autres temps quiconque de part et d'autre passe la frontière est fait esclave ou massacré impitoyablement.

Il existe une grande haine entre les deux nations, depuis surtout que des chinois entrèrent en Corée et enlevèrent des femmes et des enfants. Je vis dans une auberge un de ces jeunes gens, ravi jeune encore à ses parents. Il avait alors une vingtaine d'années. Je lui demandai s'il ne désirait pas retourner dans sa famille. Je me garderais bien de retourner, me dit-il, on me prendrait pour chinois et on me couperait la tête. Je l'invitai ensuite à me parler coréen. Il s'en excusa en me disant qu'il avait oublié sa langue, et que d'ailleurs je ne la comprendrait pas ; il était loin de soupçonner que j'étais moi-même Coréen.

Houng-tchoun est célèbre aussi dans le pays par une branche de commerce qui s'étend dans tout l'empire ; c'est le hai-tshai(herbe marine) qu'on pêche dans la mer du Japon à peu de distance du rivage. Les hommes qui la recueillent montent sur des barques, s'écartent de la côte, puis se ceignant les reins d'une espèce de sac, plongent dans l'eau, remplissent le sac, remontent pour le vider, plongent de nouveau jusqu'à ce que la nacelle soit comble. Les chinois sont friands de ce légume ; ils en font une grande consommation ; on rencontre sur les routes des convois de charrettes qui en sont chargées.

Quand nous arrivâmes à la frontière de Corèe, il devait s'écouler huit jours avant l'ouverture du commerce ; le temps me parut long. Il me tardait de reconnaître au signal convenu les chrétiens coréens et de m'aboucher avec eux, mais forcee fut à moi d'attendre. Hélas! me disais-je, ces peuples en sont encore à cet état de barbarie abjecte de ne voir dans un étranger qu'un ennemi dont il faut se défaire et qu'on doit rejeter avec horreur de son pays. Je comprenais bien pour mon compte que l'homme n'a pas de demeure permanente ici-bas et n'est qu'un voyageur de quelques jours sur la terre. Moi-même je n'étais souffert en Chine que parce qu'on me croyait chinois et je ne pouvais fouler le sol de ma patrie que pour un instant et en qualité d'étranger. Oh! quand viendra le jour où le Père commun de la grande famille humaine fera embrasser tous ses enfants dans le baiser de l'amour que Jésus son fils Jésus est venu pour communiquer à tous les hommes?

Avant de partir, vous m'aviez recommandé, Monseigneur, de prendre des renseignements sur le pays que j'aurais à parcourir. J'ai tâché de me conformer aux intentions de votre Grandeur. En observant moi-même, en interrogeant les autres, en faisant un appel aux souvenirs de ma première jeunesse passée dans les écoles de la Corée, j'ai pu recueillir les détails que je vais vous soumettre. Je serai le plus bref possible.

Les Mantchoux proprement dits de ce pays, sont disséminés sur un terrain beaucoup moins étendu que celui qui leur est assigné par la carte européenne que j'ai sous les yeux : ils ne vont guère au de là du 46° de latitude. Ils sont bornés à l'Occident par la barrière de pieux et le Soungari qui les sépare de la Mongolie, au Nord par les deux petits états de Ou kin et des Jüpitatse, ou Tartares aux peaux de poissons, à l'Orient par la mer du Japon, par la Corée au Midi.

Depuis qu'ils ont conquis la Chine, leur pays est désert ; d'immenses forêts, où le voyageur ne rencontre aucun être humain, en couvrent une partie, le reste est occupé par quelques stations militaires, s'il faut appeler de ce nom un petit nombre de familles tartares groupées ensemble à des distances très considérables. Ces familles sont entretenues aux frais de l'empereur ; il leur est défendu de cultiver la terre. Il semble qu'elles ne sont là que pour faire acte de présence et dire aux peuplades du Nord, très timides d'ailleurs et se trouvant au large dans leurs bois, ne descendez pas ; le pays est occupé. Quelques chinois, clairsemés, qui défrichent en fraude de la loi quelques coins de pays, leur vendent le grain nécessaire à leur subsistance. Il ne leur est pas permis de s'unir à des femmes tartares ; aussi la plupart sont sans famille.

La Mandchourie parait très fertile, on le reconnait à l'herbe luxuriante qui s'élève à hauteur d'homme. Dans les endroits cultivés, elle produit du maïs, le millet, le sarrasin, le froment, mais ce dernier en petite quantité : cela est dû, je crois, à l'humidité de son sol, et aux brouillards dont il est souvent couvert.

Votre Grandeur demandera peut-être la cause de la solitude qui règne en Mandchourie. Ce fut une politique du chef de la dynastie actuelle de Chine de transplanter, lors de la conquête, son premier peuple dans le pays envahi. Quand il descendit pour s'emparer de l'empire, il emmena avec lui tous ses soldats et leurs familles, c'est-à-dire tous ses sujets ; il en laissa une partie dans le Leao-tong et distribua le reste dans les principales villes de la Chine. Il s'assurait ainsi la possession de ces villes, en les maintenant dans le devoir, en étouffant les révoltes dans leur naissance, et affermissait sa puissance sur le trône impérial.

Cet état de choses a duré jusqu'à nos jours. Les Chinois et les Mandchoux, quoiqu'habitant depuis deux siècles dans la même enceinte de remparts, parlant le même langage, les deux nations ne se sont pas fondues : chacune conserve sa généalogie. Aussi en entrant dans une auberge, en abordant un inconnu, rien de plus commun que cette question : Ni che Ming jen, Khi jen? Es-tu Chinois ou Mandchou? On désigne ceux là par le nom de la dynastie des Ming, et ceux-ci par le nom de bannière. C'est que les Mantchoux dans le principe furent divisés en huit tribus, se ralliant chacune sous un étendard, dont elle porte le nom.

Les Mandchoux n'ont pas de littérature nationale ; tous les livres écrits en leur langue sont des traductions des ouvrages chinois, faites par un tribunal spécial établi à Pékin. Ils n'ont pas même d'écriture propre ; ils ont emprunté aux Mongols les caractères dont ils se servent. Leur langue se perd insensiblement ; il y en a assez peu qui la parlent ; au bout de cent ans, elle ne sera dans les livres qu'un souvenir du passé. Elle a beaucoup d'affinité avec la nôtre : cela doit être, parce qu'il y a quelques siècles la Corée étendait ses limites au delà du pays des Mandchoux proprement dits, et ne faisait des deux états qu'un seul royaume habité par le même peuple. On trouve encore dans la Mandchourie des familles qui ont conservé leur généalogie qui atteste leur origine coréenne ; des tombeaux renfermant des armes, des monnaies, des vases, des livres coréens.

Je vous ai parlé plus haut des Ou kin et des Jü pi tatse ; je n'ai pu recueillir sur leur compte des renseignements très satisfaisants. Les Chinois appellent ainsi les derniers parce qu'ils se revêtent d'habits faits de peaux de poissons. Habitant sur les rives du Soungari et sur les bords des rivières, qui grossissent ses eaux, ou errant dans les bois, ils se livrent à la pêche et à la chasse, et vendent aux Chinois les fourrures des animaux qu'ils ont tués et le poisson qu'ils ont pris. Le commerce se fait en hiver ; le poisson est gelé. Il alimente les marchés à plus de deux cent lieues loin. Ils reçoivent en échange des toiles, du riz, de l'eau de vie extraite du millet. Ils ont une langue à eux, ils sont indépendants de l'empereur de Chine, et n'admettent pas les étrangers chez eux. Les Chinois disent qu'ils sont d'une malpropreté dégoûtante ; cela peut-être ; mais pour qu'ils fusent en droit de leur faire un pareil reproche, ils devraient eux-mêmes auparavant changer de linge un peu plus souvent qu'ils ne font, et détruire la vermine qui les dévore.

Au delà du pays occupé par les Jü pi tatse, et jusqu'à la frontière de la Russie asiatique, il est à présumer qu'il y a d'autres hordes errantes : mais on n'en a ici aucune connaissance. Au midi de cette tribu, et du côté de la mer, est un pays qu'on m'a nommé Ta-tcho-sou, où se sont réunis, il n'y a pas longtemps, et se réunissent encore tous les jours une foule de vagabonds chinois et coréens poussés là, les uns par l'esprit d'indépendance, les autres pour échapper au châtiment dû à leurs méfaits, ou à la poursuite de leurs créanciers. Accoutumé au brigandage et au crime, ils n'ont ni moeurs ni principes. Ils viennent cependant, m'a-t-on dit, de se choisir un chef pour réprimer leurs désordres et se donner une existence. D'un commun accord, ils ont établi qu'on enterrerait vif tout homme coupable d'homicide ; ils ont soumis à cette loi leur chef lui-même. Comme ils n'ont pas de femmes, ils en enlèvent partout où ils en trouvent. Ce petit état qui ne ressemble pas mal aux commencements de l'Antique Rome, en aura-t-il les mêmes développements? C'est ce que l'avenir dévoilera.

Non loin de la frontière coréenne, au milieu de la forêt, s'élance vers les nues le Ta-pei-chan, ou la grande montagne blanche, devenue célèbre en Chine par le berceau de Han Wang chef de la famille impériale, actuellement sur le trône. Sur celui de ses versants qui regarde l'occident, a été conservée à l'aide de réparation, son antique demeure, lieu entouré par la supestition chinoise d'un culte religieux. Là le dévôt pélerin vient de bien loin incliner son front dans la poussière. Les auteurs sont partagés sur l'origine de Han Wang. Les uns disent qu'il fut d'abord chef de voleurs, et exploitait les pays d'alentour, que se voyant à la tête d'un parti nombreux, il jeta les fondements d'une puissance royale. D'autres soutiennent pour sauver son honneur, que c'était un de ces petits roitelets, comme il y en a beaucoup en Tartarie, mais qu'il agrandit l'héritage qu'il avait reçu de ses pères.

Quoiqu'il en soit de son origine, il est certain que vers la fin de la dynastie des Ming, il était déjà assez puissant pour faire trembler l'empereur de Chine. Wan li, l'un des derniers de cette dynastie, pour débiliter ses forces, le pria de lui envoyer l'élite de ses guerriers, sous prétexte de les opposer aux Mongols, qui menaçaient ses états. Dès qu'il les vit en sa puissance, il les fit tous périr, à l'exception d'un seul, qui sut par sa bonne mine intéresser un mandarin en sa faveur et fut mis par lui au nombre de ses domestiques. Il gagna tellement sa confiance qu'il devint l'intendant de sa maison.

A quelques temps de là, un autre mandarin étant venu visiter celui-ci, vit ce jeune tartare, et dit à son confrère qu'en consevant ce proscri, il s'exposait à encourir l'indignation de l'empereur. L'autre lui répondit qu'il s'en déferait, mais qu'en attendant il fallait se livrer à la joie du festin. Cependant le jeune homme entend ce propos ; craignant pour ses jours, il ordonne au palefrenier de seller le meilleur des chevaux de son maître, disant, qu'il a une commission importante à faire.

Le cheval prêt, il monte dessus, et vient à bride abattue à la montagne blanche annoncer à Han Wang la trahison de l'empereur et le sort infortuné de ses compagnons d'armes. Han Wang indigné envoie l'aîné de ses dix fils à la tête d'une armée, s'empare de Moukden, capitale du Leao-tong, que déjà les Chinois avaient enlevé aux Coréens. Le prince arrivé à Moukden fut effrayé du nombre des ennemis et s'en retourna sans coup férir. Son père outré de sa lâcheté, le tua de sa propre main, puis prenant sa famille et tout son peuple, vint se présenter devant la ville, qui lui ouvrit ses portes. Il y plaça son trône.

Sur ces entrefaites, deux eunuques du palais impérial dont l'un avait nom Wang et l'autre Tou, tramèrent une conspiration contre Tchoung-tseng, successeur de Wan li, et élirent un autre empereur à sa place. Tchoung-tseng voyant ses affaires désespérées se pendit à un arbre sur le mont Mei-chan. On a conservé cet arbre jusqu'à nos jours. Les chinois l'entourent d'une grande vénération : ils disent qu'il a été sanctifié par la mort de l'empereur.

Celui qu'on avait mis à sa place, s'appelait Tchouang-wang. Il eut l'imprudence de s'attirer la haine d'un mandarin puissant en lui enlevant sa femme. Ou-sang-koui, ce mandarin, demanda du secours au nouveau roi de Moukden pour poursuivre le ravisseur, qui effrayé s'était enfui dans les provinces méridionales.

Pendant ce temps là(1644) le rusé Han-wang envoie son second fils Choun-dje qui s'empare de Pékin et commence la dynastie des

Tartares-Mantchoux. Choun-dje fut père de Khan-hi sous le règne duquel on eut un instant l'espoir de voir toute la Chine se convertir à la foi chrétienne. Mais cet espoir s'évanouit sous le règne de ses successeurs Ioung-tcheng, Khien-loung, Kia-khing, Tao-Kouang, qui ont plus ou moins persécuté la religion.

Je reviens au récit de mon voyage. Le 20 de la première lune, le mandarin coréen de Kien-nen envoya à Houng-tchoun la nouvelle que le commerce serait ouvert le lendemain. Dès que le jour parut, nous nous hâtâmes, mon compagnon et moi d'arriver au marché. Les approches de la ville étaient encombrées de monde. Nous marchions au milieu de la foule, tenant en main notre mouchoir blanc, et ayant attaché à la ceinture un petit sac à thé de couleur rouge : c'était le signe dont on était convenu et auquel les courriers coréens devaient nous reconnaître. C'était à eux à nous aborder.

Nous entrions dans la ville ; nous en sortions ; personne ne se présentait. Plusieurs heures s'écoulèrent ainsi ; nous commencions à être dans l'inquiétude. Auraient-ils manqué au rendez-vous, nous disions-nous? Enfin étant allés abreuver nos chevaux à un ruisseau qui coule à 300 pas de la ville, nous voyons venir à nous quelqu'un qui avait aperçu notre signalement. Je lui parle chinois ; il ne me comprend pas. Comment t'appelles-tu, lui dis-je alors en coréen. Han est mon nom, me répond-il. - Es-tu disciple de Jésus? - Je le suis. - Nous y voici, prensai-je.

Il nous conduisit auprès de ses compagnons. Ils étaient venus quatre. Il y avait plus d'un mois qu'ils attendaient notre arrivée. Nous ne pûmes pas avoir ensemble un long entretien. Les Chinois et les Coréens nous environnaient de toutes parts. Ces pauvres chrétiens paraissaient abattus par la tristesse. L'air mystérieux qui régnait dans l'échange de nos paroles intriguait les païens. Quand ceux-ci semblaient moins attentifs à nos discours, nous glissions quelques mots sur nos affaires religieuses, et puis tout de suite nous revenions au marché de nos animaux. Combien en veux-tu? - 80 ligatures. - C'est trop cher, tiens prends ces 50 ligatures et livre-moi ta bête. - Impossible, tu ne l'auras pas à moins. C'est ainsi que nous donnions le change à ceux qui nous observaient.

J'appris de ces chrétiens que depuis la persécution l'Eglise coréenne était assez tranquille, qu'un grand nombre de fidèles s'étaient retirés dans les provinces méridionales, comme moins exposées aux coups de la tempête, que plusieurs familles s'étaient converties à la foi, qu'il leur serait difficile de conserver longtemps un missionnaire européen chez eux, mais que se confiant en la bonté divine, ils feraient tout ce qui dépendrait d'eux pour le recevoir ; que Pien-men serait moins dangereux pour son introduction, par la raison qu'entrant par le Nord, outre la difficulté de passer d'une frontière à l'autre, il lui faudrait traverser tout le royaume.

Notre entretien étant fini nous nous prîmes les mains en signe d'adieu. Eux sanglotaient, de grosses larmes coulaient de leurs yeux : Pour nous, nous pénétrâmes dans la ville, et nous disparûmes dans la multitude.

Le marché de Kien-nen nous offrit un spectacle curieux : les marchands n'ont pas le droit d'étaler leurs marchandises dès qu'ils sont arrivés : Il faut qu'ils attendent le signal donné. Aussitôt que le soleil est parvenu au milieu de sa course, on hisse un pavillon, on bat du tam-tam ; à l'instant la foule impétueuse, compacte, se rue dans la place publique ; Coréens, Chinois, Tartares, tout est mêlé ; chacun parle sa langue, on crie à tête fendre pour se faire entendre ; les échos des montagnes voisines répètent leurs clameurs discordantes.

Ils n'ont que quatre ou cinq heures pour vendre et acheter. Aussi le mouvement qu'on se donne, les rixes qui ont lieu, les coups de poing qui trottent, les rapines qui se font presqu'à main armée, impriment à Kien-nen l'image, non d'une foire, mais d'une ville prise d'assaut et livrée au pillage. Le soir venu, le signal du retour pour les étrangers est donné ; on le retire dans le même désordre. Les soldats poussent les traînards avec leurs armes. Nous eûmes bien de la peine à nous tirer de cette cohue.

Nous regagnions Houng-tchoun, lorsque nous vîmes de nouveau venir à nous les chrétiens coréens ; ils ne pouvaient se résoudre à nous quitter ; ils voulaient encore s'entretenir avec nous, nous dire le dernier adieu. Mon compagnon saute à bas de son cheval pour les saluer. Je lui fais signe de remonter, de peur que les satellites qui nous environnaient ne soupçonnassent en nous des personnes qui ont d'autres intérêts que ceux du négoce. Ensuite saluant l'Ange qui préside à l'Eglise coréenne et nous recommandant aux prières de ses Martyrs, nous franchîmes le Mi-kiang et nous rentrâmes en Tartarie.

A notre retour nous trouvâmes le chemin bien changé. Le fleuve sur la glace duquel nous avions glissé auparavant, était alors en grande voie de dégel. Des ruisseaux descendant du haut des montagnes grossissaient son cours, qui entraînait pêle-mêle, et des troncs de vieux arbres et d'énormes glaçons. Les voyageurs avec leurs voitures arrivaient toujours et s'embarrassaient sur ses bords. Leurs cris, les hurlements des bêtes féroces mêlés au fracas des eaux faisaient de cette vallée un spectacle terrible. Personne n'osait s'aventurer au milieu du danger. Chaque année, nous dit-on, beaucoup de personnes périssent ensevelies sous la glace. Me confiant en la divine Providence qui nous avait conduit jusque là, je cherchai un endroit guéable, et je passai à l'autre rive. Mon compagnon fut plus prudent, il prit un guide et alla faire un long circuit. Nous n'eûmes à regretter la perte que d'un de nos chevaux.

Salue Votre Révérendissime Grandeur

Son très obéissant et très indigne fils,

Andreas Kimai Kim
diacre coréen

10

Rev. Patri N. F. Libois procuratori
Missionum ad extraneos

Die Martii 27, 1845 ex Seoul vel Hangniang

Reverendissime Pater.

Anno praeterito, ut jam tua paternitas cognoscit, unā cum R^{mo}. Episcopo Ferreol ex Mongoliā profectus, sine adversitate usque in Pien-moun fuimus pervecti. Ibi quum ex Coreā christiani advenissent, praedicto Praesuli exposuerunt difficultates in suam missionem intrandi. Quamobrem Reverendissimus me praemisit, ut, statu rerum examinato, juxta possibilitatem ingressum ipsius disponerem. Itaque, benedictione ab eodem Episcopo acceptā, circa mediam noctem cum christianis profectus sum. Dein propè ad occasum solis, visa est civitas Eitsou. Tunc praemisi cursores admonitos, ut in certo loco designato me expectarent. Ipse verò in occultiores montium valles ingressus, subter extensos arborum ramos me recepi. Hic locus ex urbe distabat duabus leucis. Niveo muro circumseptus, quùm in expectando noctem taedio afficerer, rosarium recitabam. Cumque tenebrae faciem rerum abstulissent, divino auxilio invocato, urbem ingressurus surrexi, et ne strepitum ederem, extracto calceamento, ambulabam. Interjectis deinde fluminibus, per invia et devia loca currendo (in aliquibus locis multum nivis ventus congregarat usque ad 5 vel 10 pedes altitudinis) in designatum locum perveni. Sed, non inventis christianis, moerens urbem semel atque bis ingressus sum illos quaeritans. Demum in praedictum locum regressus, in agro sedens, multa mecum mente revolvere coepi. Caeterum credidi cursores esse captos; nam in mentem meam non occurrit alia ratio.

Tum cursorum desiderium, maximum periculum iter pergendi, defectus viatici ac vestimentorum, extrema difficultas in Sinas revertendi, desperatio Missionarios recipiendi etc., me vehementer angebat.

Postea frigore, fame, fatigatione, moeroribus oppressus, secùs stercorum aggerem, ne quis videret, prostratus languebam. Jamque appropinquante aurorā, omni humano auxilio destitutus, unicè divinum expectabam. Adveniunt tandèm christiani me quaerentes. Ipsi primò in determiantum locum advenientes, me non invento, redierant, secundā vice egressi, cùm paulispèr expectassent, quaerentes, longiùs, ad dimidiam scilicet leucam, progressi sunt : ibi me frustrà expectando magnam noctis partem moerentes transiēre ; demum de meo adventu desperantes, cum ad sua reverterentur, me quaerentem quaerentes repererunt. Tunc, Deo gratias, laetati sumus. Venerant autem septem christiani cum duobus jumentis. Sed quatuor cum equis, ob difficultates et pericula de Patrum receptione desperantes, tribus in Pien-moun missis, jam erant profecti (erant autem Carolus Sen, Thomas I et duo famuli).

Post lucem, ex Eitsou, duobus christianis, ut compositis rebus venirent, relictis, cum uno profectus sum. Postquam tres leucas, dolentia crura trahendo, perfeci, diversorium ingressus fui ad pernoctandum. Alterā die conduxi duos equos et iter continuavi. Consumptis 5 diebus, appulimus Piengiang, ibi invenimus Carolum et Thomam cum jumentis nos expectantes. Indè proficiscentes post 7 dies in civitatem capitalem Seoul vel Hangniang pervenimus ; et in tugurium, quod christiani emerant, receptus sum.

Caeterum propter christianorum curiositatem et verbositatem, simul ac periculum (gubernium enim scit nos ivisse Macaum et expectat reditum ad perdendum) non permisi fideles cognoscere me advenisse, nisi necessarios, neque matri meae nuntiari passus sum adventum meum.

Cumque in cubiculo velut incarceratus aliquot dies mansissem (tristitiae autem, nescio quare, saepe me agitabant), in morbum incidi, qui praecipuè consistebat in intolerabilibus ac velut interna dilacerantibus doloribus pectoris, stomachi, renum ; his doloribus identidem revertentibus laboravi plusquam dimidium mensem. Ad sanandum morbum vidi et christianum et paganum medicum, usus sum eorum variis remediis, nunc bonā etsi debili utor valetudine : sed non possum scribere, vel aliud agere secundum velle : insuper a viginti diebus amplius usque nunc me vexat infirmitas oculorum. Nunc ego pauper et infirmus in opere, divino tamen ope et misericordiā fretus, dispono receptionem R^{mi} Praesulis Ferreol et Missionariorum.

Miseram Carolum in provinciam Ttsoung-ttseng-to, ut in littore maris domicilium procuraret, sed frustrata re rediit.

Quam-ob-rem in Seoul emi domum, et navim, quae constat centum quadraginta sex patacis argenteis. Et nunc viam dispono ad Sinarum provinciam Kiangnan. Sed ne christiani, nautae, audientes metu percuterentur, non dixi, ad quam regionem esset proficiscendum. Caeterum habent quamdam rationem timendi, nam nunquam viderunt magnum mare, et major pars eorum nequidem navigare norunt, et me esse peritiā primum nautam sibi persuaserunt. Insuper inter utramque nationem, Sinas et Coream, coventum est, ut si naves Coreanae Sinarum littori appulerint, omnes per Pekinum in Coream reducerentur, et saepe si, examine facto, culpabiles reperiantur, interficiuntur, et idem dicendum est de navibus Sinensium. Sed spero, quod Deus Suae pietatis ac bonitatis memor, atque B. M. V. optima Mater, nos incolumes in Kiangnan perducent, et reducent.

Caeterum Paternitatem rogo, ut, si mihi utile judicarit, mittere dignetur circinum, penicillum (intra quod est ferrum nigrum ad scribendum sine atramento), cartam mundi praesertim illam, quae continet mare flavum et Sinarum ac Coreae littora, conspicillium viridis coloris (formae sinensis) pro nutriendis oculis. Vale.

Reverentiae Vestrae

inutilis et indignissimus servus Andreas Kim-hai-Kim

In Corea major pars infantium moritur propter morbum, qui faciem punctis deformem redit(*sic*), rogo Patrem, ut dignetis mihi explicitè scribere modum illam infirmitatem expellendi.

11

A. M. D. G.

R^{mo} Patri Libois
procuratori M. ad extraneos

die 6ª Aprilis 1845

Reverende Pater,

Dùm adhuc essem in Sinis, audivi a quibusdam attentione dignis, quod reverendi Patres in Coreā non rectè egerint, sese in manus satellitum liberè offerendo, et christianos accusari (excipio proditores) velut patrum contemptores ac desertores ; sed si illi attenderint et cognoverint circumstantias, in quibus fuēre Patres et christiani, profectò sortis eorum potius miserebuntur, et in compassionem vertentur. Nam tunc Patres erant in certo periculo capiendi, et impossibilitate morali evadendi : christiani autem persecutionibus, fame opressi, ferè omnes erant sine domibus vagantes, ac huc et illuc fugitantes, capiebantur ubique, tradebantur internecioni ; adeò erant miseri, ut pagani et ipsi satellites eis misererentur. Patres toti erant pro christianis, christiani autem pro patribus, non dico omnes. Illi fidelium tam animae quam corporis salutem ardenti zelo procurabant ; hi, pro posse, laborabant ad Patres conservandos : occultabant quantum poterant, habebant paratum animum pro eis moriendi.

Caeterum non nego, quòd Patres ad satellites liberè profecti fuerint, et christiani eos absolute non retinuerint, ac aliqui christiani, ut satellitibus praeoccurrerent, egressi sint, sed aliter agere moraliter non poterant.

Nam jubet gubernium patres capi (in tam angusto regno), Episcopus missis pluries litteris vocat, satellites ubique cursitant, quaerentes jam ostiae approximant. Undè patres jussu episcopi (qui necessitate coactus suos dilectos ad extremum supplicium advolare jubet) obedientes, ac evadere non valentes, poterant autem ad momentum, sed cum multa miseriā, ad mortem proficiscuntur pro suis ovibus, qui pro eis venerant. Itaque meo judicio virtus est et non error.

Pari modo christiani, jubentibus patribus, ex obedientia profecti sunt ad satellites quaerendos. Vide Patres, sunt Christi imitatores.

Christus a Judā discipulo suo traditus est, Patres a christiano suo discipulo.

Christus ex obedientiā sui Patris ad mortem ivit ; Patres ex obedientia Patris sui Episcopi ad moriendum iverunt. Christus post ultimam coenam profectus est, Patres quoque post ultimam coenam Missae sacrificium. Christus pro suis ovibus liberè se morti obtulit, ita Patres pro suis ovibus liberè sese supremo supplicio tradidēre.

Caeterum Patres non ignorabant necessitatem, in quā erant christiani, et pretiosam eis suam vitam ; et post mortem quid futurum esset, certe sciebant ; praevidebant suas oves sine Pastoribus fore dispersas, futuros lupos, qui gregem Domini vastarent.

Patres ad mortem profecturi, viam parant : convolant christiani et omnes in luctum conversi, suos Pastores rogant, ne se orphanos relinquentes ad moriendum properarent. Quos Patres, materno affectu, sacris verbis solant, docentque adesse mandatum supernum, proficiscendum esse ad moriendum. Retinere Pastores nequientes, saltem ut sequi valeant, cum gemitibus efflagitant ; negatur eis id esse licitum. Dicto demum Missae sacrificio, surgunt ad proficiscendum, ac oves suas pro ultimā vice valefaciunt.

Lacrymantur tunc fideles, dolentes se non posse amplius praesentiā Pastorum frui ; abeuntibus eis in gemitus ac fletum conversi, corpore quidem retinentur, animo tamen sociantur : plangere non cessantes ad sua rediēre, futurum expectantes eventum.

Satellites, visis Patribus, extra morem mites fuēre : habuerunt eos probissime. Praefecti quoque plurimi illorum miserti sunt. In itinere perbenè tractarunt ; incustoditos relinquebant, quocumque ire permittentes. Per noctem, magnam confidentiam retinentes, tranquille dormitum recedebant. Omnia necessaria praebentes, equo cautè duxerunt. Perducti Seoul Patres, inviserunt Rev^{mum} Episcopum, et omnes fuerunt in eodem carcere Keumpou (carcer pro magnis viris) inclusi.

Multa passi sunt tormenta, sed supernae gratiae virtute fortes remanserunt ; confessi sunt fortitèr inter acerbissimos cruciatus Christum Dominum. Ad patriam redire jussi, negativè retulēre. Deum deserere cùm monerentur, exclamarunt mirabundi ; alios prodere coacti, contemnentes negarunt. Quamobrem ad intolerabiles iterum perducti sunt cruciatus. Cùmque omnia supplicia superassent, damnati ad mortem, die 21 Septembris 1839 sacrum in martyrio sanguinem fuderunt, et triumphantes in regna coelorum ingressi sunt. Ibi regnant per omnes saeculorum aetates.

Christiani post mortem Patrum, adhuc per duos annos persecutione agitati sunt. Duravit persecutio ultima per spatium 4 annorum impliùs. Interim miseriis, paupertate oppressi, praeter persecutiones, innumera mala passi sunt.

Sed a quatuor annis requiem habent, non tamen tranquillitatem. Hodie quidem christiani non persequuntur actu, neque positiva persecutione quaeruntur ad necem, verum multo miseriores sunt quam olim erant, nam ipsi satellites quando suspicantur esse christianos, statim intrant. Caeterum christiani post vexationes, refrigerato fervore, ad maximum teporem redierant, et nulla videbatur spes ad pristinum fervorem ac statum regrediendi.

Hodie verò incipit profectus : Christiani sensim accenduntur, et crescit eorum numerus. Apostatae poenitentiā ducti revertuntur ad Deum suum ; multi gentiles, nemine praedicante, relictis suis erroribus, religionem catholicam amplexantur ; et plurimi reperiuntur pagani quaerentes fieri christiani, sed fideles propter metum persecutionis non audent eis religionem liberè communicare. Omnis ferè populus religionem Christi laudat et confitetur veram esse, affirmatque se facturum christianum, si non sit persecutio. Unde solum ob persecutionis metum non audet se convertere. Ipsi satellites inter se aiunt : si non esset persecutio, nequaquam reperiretur homo, qui nollet fieri christianus, nisi esset ille filius vaccae. verè bona est religio : verùm si fieremus christiani, nihil nobis agere licebit secundum nostrum velle : injuriis opponenda erit patientia, semper et ubique servanda humilitas ; sui ipsius et rerum mundi contemptores esse debemus, nec poterimus vindictam sumere de contumeliis nobis illatis : haec erit miseria, et nulla erit utilitas homini in mundo extitisse, cùm nihil ei licebit mundanè agere.

Pagani generatim christianos esse probos norunt, compatiuntur eorum miseriae, et in persecutionis tempore, multa beneficia eis irrogarunt : quando quid bonum et mirandum reperiunt, appellant "christianum" esse ; et inter se si quis aliquid rectè agit, dicunt : numquid tu christianus es, ita vis rectè agere! Caeterum in Coreā nullus rex religionem (excepta reginā quae occidit Patrem Sinensem Tseou Jacobum) positivè persecutus est, sed omnes persecutiones ortum habent a ministris Pekistis (vide alibi) ; reges autem non audentes eis resistere, saepè inviti permiserunt.

Sic quoque fuit regina Kim Taipi 1838mo et reliquis annis in ultimā persecutione. Ipsa resistere non audens, invita permisit, ut ministri christianos acerbe persequerentur, Patres occiderent.

Verum si Kim Dou Kegni reginae Kim Taipi frater (penes hunc erat summum imperium) vixisset, non essent exortae persecutiones. Ipse sciebat patres extraneos esse in Coreā, et se neminem christianorum persequi permissurum affirmavit. Maximā familiaritate usus est cum Kim Tseng Ei catechumeno (aulicus 2^{darius}) et Augustino Iou martyre. Demùm a multis existimatus est, quòd Christo nomen dederit. Caeterum circa an. 1838 morbo gravi laborans, amisit usum mentis, ac defunctus est 1839. Tunc Pekistae, nacta occasione, persecutiones concitarunt. Vale.

Tuae Paternitati

Andreas KIM-HAI KIM

12

J. M. J

R^{mo} Patri Libois

die 7 Aprilis 1845

Reverendissime Pater

Apud ministros et praefectos regni Coreae reperiuntur quaedam systemata seu principia, quae re nihil aliud sunt, quam vanum nomen.

Unum vocatur Piek, aliud Si. Systema Piek est contra Si et vice versā Si contra Piek bellat. Illa duo principia inter se ita aversantia consistunt principaliter in admittendis quibusdam opinionibus diversae sententiae. In primis non erant magni momenti, nunc, ut aiunt, non sunt parvi momenti. Unde oriuntur inter ipsos invidiae, jurgia, contentiones, occisiones ; invicem provocant, invicem accusant, et mutuò dejicientes ad exilia damnant. Subdividuntur illorum principia in Noron (id est septentrionalis), et Namin (meridionalis). Noronsitae generatim sunt sectatores systematis Piek, et vice versa Naministae principii Si, licet inter eos reperiatur variatio. Religio Christiana a Sistis admittitur et rejicitur a Piekistis ; itaque Piekistae sunt religionis christianae hostes. Regina Kim Taipi (avia regis praesentis) est de systemate Si, et regina junior, nempe mater regis est de principio Piek, item major pars Ministrorum sunt de Piek.

Itaque quando Piekistae volunt consurgere adversus Sitas, omnes eorum opiniones impugnant. Tum praesertim contra innocentes christianos rabidi efficiuntur. Sic multoties exortae persecutiones martyres crearunt. Nunc autem primus religionis christianae hostis est Tso Mangnengi, pater junioris reginae. Hic hodie tenet summum imperium. Frater ejus Tso Ingnengi nomine nunc est summus minister, filius autem ipsius dux generalis belli. In ultimā persecutione omnia praecipue Tso Mangnengi et Ingnengi consilio facta sunt. Ipsi christianos acerbè persequi et Patres occidi mandarunt. Caeterum ministri postquam Patres occiderunt, timebant, ne Galli cum navibus advenientes illos punirent : et totus populus clamabat affirmans, futurum bellum regnum calamitatibus oppressum fore, eo quod innocentium sanguinem multum effuderit, et usque nunc optat bellum. Juxta institutum regni, non possunt extraneos occidere, sed ad sua remittere. Ideo Sinenses, Tartaros et Japonenses, datis necessariis rebus, semper remittunt. Sed patres occiderunt, certò quidem propter religionem. Caeterum gubernium sibi persuasit, patres esse in Coream missos a Papā et rege Galliarum ; quare, interfectis patribus, verebantur potissimum, quia credebant, ut dicebant satellites, eos occidendo regi Galliae injuriam irrogare, sic eius majestatem laedere, et audierant ab Anglis, Europeos reges propter necem subditorum bella suscipere. His similibus cogitationibus agitati, ministri trepidabant ; et quando nuntiabatur naves ad mare transire, erant Anglicae, putaverunt adventare Gallos ad vindicandum sanguinem Patrum. Pari modo populus ubique spargebat rumorem dicens, naves europeas adventare.

Sed nunc videntes Gallos jam a multis annis nihil dicere, sibi falsò persuaserunt, Galliam esse minùs metuendam monarchiam, quam credebant. Unde nunc, deposito terrore, denuo patres occidere parati sunt. Quare si sic derelinquentur ministri (Rex in multis innocens est), nec Patres nec nos christiani vivere poterimus. Deus provideat! Si autem aliqua navis Gallica in Coream veniat, et nihil de Patrum occisione mentionem faciat, tunc erit pejus pro christianis. Nunc gubernium omni attentione expectat nostrum regressum ad occidendum ; ecce ego sum prope illos, et nesciunt, ideo non sufficienter attendunt ; attamen si scirent ministri, me in Coream rediisse, statim ubique quaererent.

Christiani post Pastorum obitum, adhuc per duos annos vexati sunt. Nunc autem a 4 annis pace fruuntur, et optant omnes, ut cito recipiantur missionarii ad ipsos reficiendos, paganos convertendos, omnes perficiendos. Hodie de die in diem crescit fidelium numerus, qui a Patrum obitu usque nunc non fuit diminutus, sed potius auctus est, quare ad minus referri potest ad decem millia.

Pagani plurimi, veritate religionis intellecta, se ad verum Deum convertunt. Multi ad pauca verba convertuntur. Item non pauci reperiuntur, qui religionem audire desiderant. Si nunc aliquis audactèr eis praedicaret, innumeri essent, qui religionem amplexarentur.

Decem christiani incarcerati manent, et 5 sunt in exilio. Regina Kim Taipi, avia regis, adhuc vivit, multis afflictionibus oppressa, consolationes quaerens, se addixit religioni Bonziorum. Mors hujus erit magna calamitas pro christianis. Rex bene valet, sed subiit periculum perdendi t(h)ronum(*sic*) ; nam ministri, inito consilio, quādam nocte voluerunt regem e t(h)rono(*sic*) tollere et alium ponere. 19 annos habet, licet juvenis, est satis gravis, habet in facie multa puncta ex morbo contracta, nasum exaltum, figurā difformis(*sic*) non est. Mortua uxore, aliam duxit 15 annos natam nomine Hong.

Ministri persecutores Tso Mangnengi et Tso Ingnengi adhuc vivunt cum multā potestate. Kim Tsengei minister 2aeclassis, catechumenus, ex exilio nondum rediit.

Populus Coreanus pace fruitur, et manducat ad saturitatem ventris, ideo multum spargit belli rumorem.

Proditor Kim Iesangi dicitur in exilio adhuc vivere, et duxisse concubinam. Ipse quoque multa tormenta sustinuit ; et praesertim satellites et praefecti illum oderant, ideò totis viribus illum verberarunt, his verbis reprehendentes : "Tu es pejor Judā, nam Judas Jesum, qui venerat ad moriendum pro mundo, prodidit, tu vero patres, qui venerunt potius ad vivendum, prodidisti, es homo nequam."

Ego nondum sanatus sum ab infirmitate oculorum ; et interim in gravem morbum illapsus multum aegrotavi, et nuper convalescens levo debile caput ; et multa quidem habeo facienda, corporis tamen debilitate retineor. Heu! animus quidem promptus est, sed operatio infirma. Multa sunt disponenda, sive pro nunc, vel pro futuro, sive pro hic et viā ad septentrionem, atque pro proficiscendo in Kiang nang, sed infirmitas non permittit agere ; itaque sic sedeo in meā infirmitate et impotentia ; Sit nomen Domini benedictum! Doceo duos alumnos 14 annos natos, et duos designavi, sed non permisi venire.

Caeterum in meā infirmitate, quantum possum, dispono viam ad Kiang-nang, et mox profecturus sum. Et christiani hoc anno ibunt ad septentrionem pro receptione Patris Maistre et Thomae. Patrem moneo, quod perdifficile est aliquid in Coream mittere per naves sive europeas sive sinicas, nam quando illae veniunt, gubernium, positis ubique militibus, custodit, et attendit, ne quis coreanorum ad illas eat. Patri mitto unum involucrum papyri : sunt viginti folia ; aliud involucrum papyri minus ; tria folia imaginum coreanarum, picturam octo partibus constantem, cui titulus Pieng-Poung ; vas nocturnum ex cupro ; tria crumena (flavi coloris habet), reliquias Patrum, Cartam Coreae; tria pectina cum instrumento ad purgandum ; 4 penicilla non debent solvi, nisi extremitates quantum opus est ; unam mattam.

Vale

Paternitati Vestrae

Obseq. et inut. Andreas Kim-hai-Kim

13

J. M. J.

R. Pater Libois

Sang-hai die 4 Junii 1845

Elapso anno ab Reverendissimo Episcopo Ferreol V. Apostolico Coreae in ejus missionem missus fui. Nunc, dispositis in Coreā rebus, cum navi et undecim christianis in Sang-hai veni, et ardenter expecto reditum praedicti Praesulis. Sum valdè occupatus, ideo non multa dico. Postea Patri ordinatiùs scribam.

Vale

Reverentiae vestrae

Andreas Kim alumnus coreanus

14

R^{mo} Episcopo Ferreol
V. Ap. Coreae

R^{me} Praesul,

Postquam Reverendissimae Amplitudini in Pien-moun valefeci, circa vesperam ad Eitseou perveni. Tunc, praemissis cursoribus, solus et fluvium et telonium per noctem transivi et sustinui aliquantulum miserias.

Consumptis dein 5 diebus appropinquavimus civitati, cui nomen Pieng-iang. Indè prosperum iter habuimus usque in Seoul. In urbe a Christianis receptus, et diversis afflictis rebus multoties aegrotavi : nunc cum navi et undecim christianis in Sang-hai veni, et expecto adventum reverendissimae Amplitudinis Vestrae. Sum valdè occupatus in multis, ideo non multa refero.

Amplitudini V.

Andreas Kim Corean.

15

(이 서한은 현재 유실되었고, 서한을 보냈다는 사실만이 '고틀랑 신부의 1845년 7월 8일자 서한'에 나타나고 있다.)

16

P. Libois

die 23 julii 1845

Reverendissime Pater

Postquam omnia disposui, cum undecim christianis navim conscendi. Inter hos quatuor tantum fuerant nautae, reliqui nequidem mare viderant. Caeterum cùm omnia occultè agerem, et celeriter, non potui habere bonos nautas, nec alias res, relictis omnino necessariis.

Igitur die 24ª lunae 3^{ae} vela facientes ad mare evecti sumus. Tum christiani videntes mare, mirabundi ab invicem quaerebant : quò tendimus? Verum non audebant me interrogare, quo iremus ; quia prohibueram, ne quis de re, quam agerem, quaestionem faceret. Cumque, flante favorabili vento, unam diem navigassemus, supervenerunt magnae tempestates cum pluviā, quae duraverunt per tres dies, totidemque noctes, et, ut fertur, perdidēre plus quam trginta naves Kiang-nan (Xang-hai). Crescente tempestate, navis fluctibus vehementer exagitata, horribiliter jactabatur, et prope mergebatur (navis est nimis parva, quae nunquam exit ad mare). Tum naviculam, quae per magnam trahebatur, jussi amputari. Demùm quum periclitaremur, amputavimus ambos malos, et coacti fuimus provisiones in mare projicere. Tum navis parumper exonerata jux(*sic*) vim tempestatis jactabatur inter moles fluctuum.

Christiani per tres dies non manducantes gravitèr infirmabantur, et de sua salute desperantes conversi sunt ad luctum, ac flentes dicebant : "Ecce actum est, non poterimus vivere." Quibus ego imaginem SS^{mae} Virginis Miraculosae ostendi, quae erat et est unica spes nostra (post Deum), et dixi : "Nolite timere, Ecce Sancta Mater adest nobis auxilians." His similibusque verbis eos, quantum poteram consolabar, et animum dabam.

Ego etiam eram infirmus, attamen contra repugnantiam manducans laborabam, et occultabam metum. Baptizavi eodem tempore paganum, qui jam erat catechumenus, quem assumpseram pro primo nauta.

Gubernaculum navis vi fluctuum confracta(*sic*) abiit. Tunc navis vento fluctibusque impulsa pellebatur ad oceanum. Itaque colligavimus vela, et in mare projicientes illam retinuimus, at, rumptis funibus, vela aufugerunt. Tunc mattas simul cum lignis alligantes contra fluctus dejecimus. Quibus iterum perditis, omni auxilio humano destituti, sed spem in Deum et B. M. Virginem retinentes, coepimus dormire. A somno evigilatus reperi tempestatem decrescentem, et pluviam cessare. Transacta una die, coepimus vires resumere ; tunc jussi omnes cibos capere, et in Domino revivere.

Postquam fuimus refecti disponebamus ad navigationem. Verum non malos, vela, gubernaculum, naviculam habentes, quid ageremus, ignorabamus. Firmam tamen spem in gloriosissimam Virginem Matrem nostram retinentes, quidquid ligni, quod in navi remanebat, colligavimus et tali modo confecimus malos et gubernaculum.

Postquam navigavimus (ventus erat contrarius) 5 circiter diebus, pervecti fuimus ad littora provinciae Kiang-nan, ac mons visus est.

At resolutis malis, ac rebus ad navigationem necessariis deficientibus, desperabamus posse ad Xang-hai pervenire. Desiderabamus auxilium a Sinensibus petere, aut saltem viam interrogare, sed nec nos, propter defectum naviculae, ad eos ire poteramus, nec ipsi veniebant, e contra, visis nobis fugiebant.

Destituti humano auxilio divinum unice expectabamus. Supervenit tandem navis Xantonensis, quae, visis nobis, timens praeteribat. Vocavi illam vexilli agitatione et tympani sonitu. Primò nolebat venire, sed postea mota misericordiā venit. Itaque in illam ascendi, et cum salutassem ducem navis, rogavi, ut nos duceret usque in Xang-hai. At ille nec oratione nec precibus annuens, mihi consilium dabat, ut secum in Xan-tong irem, et per Pekinum, ut mos est, in Coream ingrederemur. Cui respondi, nolle per Pekinum repatriare, sed necessitatem habere eundi in Xang-hai ad reficiendam navim. Tandem, promissione mille patacarum factā, acceptavit.

Indè cùm navigassemus (ventus erat semper contrarius) octo circiter dies, habuimus tempestatem, quam, Deo adjuvante, illaesi sustinuimus ; verum navis quaedam amici conductoris nostri fecit naufragium, omnes perierunt excepto uno. Post tempestatem nobis navigantibus occurrerunt piratae, qui conductori dicebant : "Noli trahere navim illorum : volumus enim rapere." Quibus auditis, jussi explodi contra illos. Tunc, relictis nobis, abierunt. Consumptis 7 circiter diebus pervenimus ad Ousong-keou. Miserunt ad nos mandarini satellites, qui interrogarent, unde, quomodo, cur venissemus. Quibus retuli : "Coreani sumus, magnus ventus nos huc apportavit : volumus ire ad Xang-hai, ad reficiendam navim." Angli, duces navium, ad nos venerunt. Quibus exposui, quod essemus Coreani et venissemus ad quaerendos missionarios ; simul eos rogavi, ut nos protegerent a Sinensibus, ac domum Consulis indicarent. Libentissime annuerunt petitionibus meis, et donarunt lagenas vini et carnem, ac me invitavēre ad coenam. Mansimus in Ou-song unam diem. Interim fui ad mandarinos ejusdem loci. Illi multas quaestiones faciebant ac volebant nos imperatori suo denuntiare, et sic per terram in Coream remittere. Quibus respondi : "Ego non ignoro consuetudinem utriusque gentis, sed nolo per terram in Coream redire, nolo etiam imperatorem certiorem fieri de nostro adventu : igitur nolite ei referre. Caeterum sive imperatorem monebitis, sive non, parum mihi refert, ego ipse, refectā navi, in Coream redibo : unde nihil propter nos sollicitudinis habeatis. Vobis autem satis est nosse me appulisse littora imperii vestri, et sufficit mihi bibisse aquam vestrae regionis, ac terram calcasse, solum volo habere plenam libertatem. Caeterum vos rogo, ut scribatis mandarino Xang-hai, quòd navis coreana vadit ad Xang-hai reficere navim, et nolit magnum mandarinum Xang-hai quidquam molestiae aut sollicitudinis sustinere propter illam, et petit, ut mandarinus Xang-hai illi permittat manere sine molestiā vel aliquā inquietudine etc etc."

Mandarini postquam viderunt me communicare cum Anglis, dicebant : "Iste homo, cum sit Coreanus, quomodo est intimus Anglorum amicus, et eorum intelligit loquelam?" Et mirabantur vehementer.

Ex Ou-song vela facientes intrabamus in portum Xang-hai. Advenerunt duo Angli, et volebant, ut irem cum illis. Itaque, navi conductori sinensi commissā, descendens in eorum naviculam, fui perductus in Xang-hai. Tum ab Anglis petii conductorem, qui me ad Consulem duceret. Arthur John Empson nomine, Anglus, loquebatur gallicè litteram pro me ad Consulem scripsit. Fui perbenè receptus a Consule, cui exposui omnes necessitates, ac rogavi, ut nos protegeret a Sinensibus.

Rev. Episcopus Ferreol Consuli praedixerat nostrum adventum et illum rogarat, ut nos protegeret ; undè Consul jam sciebat nos adventuros. Deindè fui apud christianos, ibi cùm expectassem duos dies, advenit Pater Gotteland, a quo recepi quingentas et octoginta (580) patacas ; 400 patacas conductori Sinensi dedi, et 30 fere patacas propter eos consumpsi.

Intereà mandarini Xang-hai ministros ad Coreanos mittentes de multis quaestionem fecerunt, et, positā custodiā, per noctem custodiebant. Ipse Taottai cum ministris venit videre navim, et, reversus misit viginti modios oryzae et 20 libras carnis.

In navim reversus reperi christianos turbatos. Nam mandarini de multis eos interrogarant, et aliquot millia Sinensium concurrerant ad videndum. Mandarini, ut sciverunt me rediisse in navim, miserunt ministros, qui peterent rationes, ob quas venerimus et nomina singulorum, aetatem, locum commorationis etc. etc. Quibus reposui perpauca. Caeterum mandarinos monui, ne amplius mittant viros ad me molestandum.

Deinde jussi oryzam et carnes reportari. Fui semel atque bis apud Mandarinos pro componendis diversis negotiis et molestationibus. Mandarini Xang-hai retulerunt omnia magistratui Song kiang Fou, qui rescripsit se nosse me (forte ipse audierat de me, quando fui cum Domino Cecile) et voluit ut manerem in Xang-hai ad libitum.

Caeterum Sinenses prae curiositate nimium irruentes cum baculis recepi, et animadverti verbis quosdam ministros mandarinorum inciviliter erga me agentes, qui et puniti sunt ab ipsis mandarinis. Incolae Xang-hai imaginant me esse hominem magnum, et mandarini videntes me cum Anglis amice conversari, dicunt : Koukouai, ac multa in mente suscipidiosè revolvunt.

Miserunt mandarini die quadam interrogantes, quando proficisceremur. Respondi eis : "Ego adhuc debeo remanere hic ad navim reficiendam, insuper audivi Magnum Mandarinum Gallum Cecile adventurum esse huc cito, ideo etiam volo remanere ad eum videndum." Mandarini multum expectant diem, quā proficiscemur ; timent enim, ne perdant dignitates.

Inutile est, ut opinor, enarrare omnia, nec habeo tempus, ideo hic sto. Iam refeci totam navim ; nunc aedificatur navicula. Omnes in Domino benè valemus, et expectamus ardentissime die in diem adventum R. Episcopi Coreae. Consul Anglus bene valet et optime de nobis curat. Rev. Episcopus Bezi nondum rediit, et in viā aegrotat. In Nanking est parva persecutio.

Peto a patre imagines et numismata pro nautis et eis, qui pro missione multum laborarunt, insuper imaginem S. Thomae Doctoris, Caroli, Josephi nutritii Domini nostri, Joannis Apostoli, crucifixi. Attuleram quaedam objecta Coreana pro Patre : nunc non habeo opportunitatem mittendi, ideo quando Rev. Episcopus venerit, spero, quod poterunt mitti. Mittat omnes res mittendas pro missione Coreana. Salutet, quando scribet, omnes patres, quos novi. Jam debuissem Patri mittere litteras, sed diversae occupationes impediēre, et insuper Pater Gotteland volebat perlegere relationes, quae hic sunt.

Res, quae in Corea possunt vendi, sunt tela europea diversi coloris praesertim albi, serica diversi coloris, pannus omnis coloris praesertim rubri, viridis, tela sinica et similia.......

Christiani salutant Patrem.

Paternitati Vestrae

Ind. et inut. f. Andreas Kim Hai Kim

Scribo parvam litteram Episcopo Ferreol. Si non erit apud sed profectus, ipse pater illam leget, et faciet sicut voluerit.

GENERALIS NOTITIA SUPER NASCENTEM ECCLESIAM COREANAM

Corea ab initio fuit dedita variis superstitionibus et ridiculis sectationibus, praecipuè cultui mortuorum parentum, Confucii philosophi Sinensis, Sekaelis Budae, Seng tsou(deus protegens familias), Ttetsou (moderator domorum), Samsin (creator humani generis), Tsiesek (genii), Kounoung (genii), Malmieng (divinitas parentum), Senang-tang (deus protegens universa), Iengtong, Taipak (dii familiarum seu domestici, bonorum malorumque remuneratores), Kouanou (deus belli, sinicus vir) Tsikseng (divinitas avertens mala), Miriek, etc etc etc... etc...

Sectae principales sunt : sectae Bonziorum, Moutang, Caelorum, Kontsihak, Taioukin, Sooukin, etc...

Fuerunt tamen ab initio inter tot errores risibiles, quidam viri rectioris conscientiae, qui naturali lumine verum Deum noverunt, et quadam religione eum coluēre. Dùm Jesuitae in Pekino multā famā florerent, nonnulli magistrati et doctorum appellatione elati, ideam de religione christianā ex Pekino redeuntes in Coreā disseminarunt : et nonnullos libros de religione tractantes secum attulerunt. Eadem tempestate, quidam philosophus nomine Hong Iohan, qui jam Deum Creatorem existere, naturalium rerum discursu sibi persuaserat, cùm quemdam librum de catholicā religione agentem inspexisset, veritate intellectā, Deum more Christianorum colere coepit. Sed quùm adhuc ignoraret rudimenta religionis, nec sciret leges christianas, solum per singulos menses, diem 7^{am} observabat, uti forte quādam antiquā traditione, dies 7^{mas} prae aliis venerabiliores esse, docente, sciebat. Hic ad summam senectutem, cum sanctitatis laude provectus, vitā functus est.

Dein fuerunt multi alii philosophantes, qui supremum omnis naturae Parentem ac Provisorem agnoverunt. Inter eos celebrior fuit vir nomine I Pieki (nomen baptismi Joannes Baptista). Hic magno studio veri Dei cultum inquirens, cùm audivisset religionem Domini Coeli nuncupatam in Pekino florere, statuit homines mittere, qui illius religionis libros afferrent.

Transacto demum aliquot temporis spatio, quùmque legati proficiscerentur versùs Pekinum ; filius tertii legati I Senghungni dictus, adiit doctorem I Pieki, eique se in Sinas profecturum affirmavit. Itaque I Pieki, bonam occasionem nactus, hortatus est I Senghungni, ut quùm Pekinum pervenerit, viros Europeos, Jesuitas scilicèt, adeat, et ab eis libros religionis Domini Coeli petat.

Igitur I Senghungni, postquam Pekinum appulit, se contulit ad episcopum civitatis, à quo perbenè receptus, sacro baptismatis fonte ablutus est, et in baptismo accepit nomen Petrus.

Ex Pekino religionis catholicae libris et objectis religiosis oneratus in Coream rediit, et sic introducta fuit religio Christiana in Coream, anno Salutis 1784. Itaque doctores et magistrati, intellectā religionis catholicae veritate, Christo nomen dederunt, multi quoque omnis conditionis et status homines, relictis paternis erroribus, ad verum Deum sese convertere coeperunt.

Tunc I Senghungni, Kouen Ilsigni, I Tsonttsang Tanouen, Ttsoi Ttsangiengni, Iou Hangkemi, maximo zelo flati, sese episcopos et presbyteros constituerunt, ac sacramenta baptismi, confirmationis, poenitentiae etc… administrantes, cum magnā celebritate Missam decantabant.

Ita crescente numero Christianorum, isti famosi episcopi et sacerdotes suā religiositate totam Coream convertere aggressi sunt. Demum suum errorem forte agnoscentes, statim missam celebrare, et sacramenta administrare cessarunt, ac hominem in Sinas ad Episcopum Pekinensem misēre, qui rationem de suā missione redderet, et omnia acta referret.

Episcopus ut omnia audivit, jussit, ne illi episcopi et sacerdotes amplius sacramenta administrarent. Dicto obedierunt, errorem deflentes, et postea ortā persecutione, omnes propter fidem occisi sunt.

Religio non diu fuit libera, nam 7mo anno postquam in Coream introducta fuit, id est 1791, aulici, qui erant ex principio apud ministros regni Coreae famoso Piek, (principium contrarium Piek vocatur Si, et a parte Si religio in Coream invecta fuit,) contra partem systematis Si surgentes, omne odium in Christianos converterunt, et nomen Christianorum prorsus delere aggressi, cum licentiā regis (qui invitus permisit) persecutionem concitarunt. Haec fuit prima persecutio generalis.

In hac persecutione, primae classis doctor, nomine Ün(*sic*) Tsittsoungi Paulus, pro fide Christi fortissimè dimicans, primus omnium sacrum in martyrio sanguinem fudit pro fide Catholicae religionis. (Hic est protomartyr Coreae.)

Dein fuit tranquillitas per aliquot annos, donec 1795, ortā Christianorum vexatione, multi interficerentur. Eodem anno, sacerdos Sinensis Jacobus Tseou missus est. Tùm per 7 annos Christianis pax fuit. Intereà numerus fidelium multum crevit. Sed mortuo rege Christianorum favitore, summa potestas ad Reginam delata est.

Tunc Piekistae, qui et Noron vocantur (sunt religionis christianae hostes) sub auctoritate Namin (hi generatim sunt Sistae et Christianis favorabiles) per multos annos humiliati respirare coeperunt, et adversùs Namin (inter hos multi erant Christiani) surrexerunt : tùm summum imperium a Namin ad Noron transiit.

Itaque Regina (quae etiam erat de Noron Piekistiza) hortantibus ministris Noron de systemate Piek, praecipuè contrà Christianos furens, eorum nomen de Coreā prorsùs, ut dicebat, tollere aggressa est. Quare edidit, ut omnes Christi servi internecioni traderentur. Haec fuit tertia persecutio, anno 18 postquam coepit religio esse in Corea, et salutis 1801.

In hac persecutione, plurimi magistrati et nobiles ac ipsae principes christianae et fratria regis occisi sunt : atque Pater Jacobus Tseou, prodente eum quodam daemoniaco fideli, nomine Kim Iesami, martyrii coronam adeptus est.

Dein, defuncta reginā persecutrice, per aliquot annos Christianis pax concessa fuit. Mox anno 1816, magnā persecutione in Christianos saevitum fuit. Hāc in quarta persecutione, Ambrosius Kim Kounmi, apud Coreanos fideles celebris, propter Christi fidem libere captus, cùm, ut dicitur, Deo monente, per quadraginta sex dies ori nihil, nequidem guttulam aquae admovisset, mortuus est in carcere.

Eādem ferè tempestate, quidam philosophus, cui nomen Alexius Hoang Saiegni, magnam gratiam apud regem habens, cùm videret religionem Christi nimis opprimi, dolore tactus, artificiosè scripsit litteras Sanctae Sedi, petens, ut mittat naves ad religionis libertatem vi obtinendam. Haec epistola in Eitseou à satellitibus capta est. Litterā apertā, nihil invenerunt, nisi puram cartam. Tum virum, qui portabat, cum cartā in civitatem capitalem Seoul perduxēre.

Hi cognoscentes esse scripturam artificiosam, applicato modo legendi, omnia judici retulerunt. Tunc acerbè saevitum fuit in Christianos : et Alexius comprehensus multa passus est, non solum propter religionem, sed insuper ob suam epistolam. Corpus ejus in sex partes divisum projecerunt.

Dein 1819, 1828, 1833, et 1836mo anno, Christianorum vexatione exorta, multi sanguinem pro fide insuperabili constanti fuderunt; et pluriès in 2da Coreae Provinciā Tsoungttsengto persecutiones exortae magnam Christianorum turbam interemerunt.

Igitur per 33 annos Christiani sine pastoribus fuerunt : interim, Deo protegente, fidelium numerus non fuit diminutus, sed semper de die in diem crevit. Tandem Deus misericors coreanis Pastores concessit. Itaque an. salutis 1831 Pater Pacificus Sinensis Iu advenit, sed 1835 repatriavit. Mox 1834, P. Maubant, J. Chastant(*sic*) 1835 et 1836 R. Ep. C. V. Ap. C. Imbert missionnarii Galli de Societate Missionis ad Extraneos, in Coream ingressi sunt.

Tùm conversio paganorum facilis videbatur ; crescebat autem fidelium multitudo, et fervor augebatur, atque omnia florebant. At 1839mo salutis et anno aerae Christianae apud Coream 55° neophitus quidam nomine Kim Iesangi Joannes, pecuniae cupidus, in primis christianos, deindè Patres prodidit. Sicque numeratur quinta persecutio.

Hanc regina impedire cupiens, invalescentibus ministris Piekistis, praesertim Tso Mangnengi (primus gubernii minister), non potuit. In hac persecutione, R. Ep. C. V. Ap. C. Imbert, P. Maubant, J. Chastant et 200 ferme Christiani prostrati sunt. Itaque numerus omnium martyrum in Coreā referri potest ad octo centum vel plus.

Ab anno 1839 usque nunc, per 5 annos Christiani pace fruuntur, sed sine pastoribus gemunt.

Spero tamen, quòd Deus misericordiarum Pater suae pietatis memor, brevi pastores mittet, qui suas oves congregent dispersas, sic fiat unum ovile et unus pastor.

PERSECUTIO KEI HAI 1839° FACTA

Verè deflendum est, quod ab initio nascentis Ecclesiae semper ubique reperiantur falsi fratres : non tamen mirandum mihi videtur, cùm in Apostolorum tempore, testante S. Paulo, non defuerint, et in ipso Ecclesiae cunabulo, inter duodecim Apostolos extiterit Judas proditor, qui non paucos ubique reliquit discipulos.

Hinc etiam in Coreā multoties persecutiones exortae sunt propter pseudo-fideles. Inter hos praesertim Kim Jesami anno salutis 1801 Ecclesiae coreanae magno damno fuit.

Hunc 1839 Kim Jesangi, nomine, Joannes imitatus, maximam Christianis calamitatem intulit. Hic de nobili familia oriundus, viginti annos natus unā cum uxore religionem christianam amplexatus, in primis fidelis legum christianarum observator fuit. Nam propter fidem a parentibus acerbè persecutus est ac multa sustinuit. Demùm a cunctā familiā agitatus, ut Deo serviret, relictis omnibus, a domo paternā aufugit. Cùmque trigesimum annum ageret, maximā inopiā oppressus, pauperrime vitam ducebat, et propter suam malam agendi rationem, non magnifaciebatur a Christianis.

Deindè circa novembrem an. 1838 adiit satellites, et acceptā pecuniā, aliquot Christianos prodidit ; et postea codicem, in quā descripserat nomina omnium Christianorum quos cognoscebat, eis obtulit. Tunc Kim Iengi et Cou Sinei secundi tribunalis Potseng judices mandatum satellitibus dederunt, ut ubique Christianos comprehenderent.

Haec ubi ad Reginam delata sunt, virum nomine Tso Piengiegni nominavit judicem primi tribunalis Iengtso. Hic creatus primus judex, adiit primo Kim tsengei secundae classis aulicum, cum quo maximā familiaritate utebatur (Kim Tsengei catechumenus nunc est in exilio), eique se brevi Christianorum vexationi finem facturum affirmavit.

Tunc aulicus Kim Tsengei, laudato judice, Episcopum monuit, ut, relicto metu, bono esset animo : simul Christianos hortatus est, ut summoperè caverent : etsi forte aliquis eorum capiatur, forti animo fidem defendat, nullumque alium ob metum suppliciorum prodat.

Inde putatum est, brevi Christianis pacem esse concedendam. Sed heu! spes hominum saepe in contrarium vadunt.

Kim Ioukegni Reginae frater (penès hunc erat summa regni auctoritas et ipse se ad verum Deum conversurus videbatur) Christianorum favitor, gravi morbo laborans mortuus est, et tum summum imperium ad ministrum Tso Magnei transiit.

Hic simul ac potestatem obtinuit, unā cum I Tsigegni, et regio nuntio Tseng Keihoa, contra religionem christianam rabidus, invitā Regina, (avia scilicet regis praesentis) omnes Christi descipulos capi de novo jusserunt.

Itaque Kim Iengi et Cou Sinei supra memorati, omni ferocitate Christianos esse vexandos sibi persuaserunt : quare captos immane torquere, fugientes acerbe persequi coeperunt. Non solum viri ac mulieres sed etiam infantes internecioni tradebantur ; ipsaque bona diripiebantur.

Ad haec Tso Pienggegni multum laborabat, ne Christianorum persecutio augeretur ; demum edidit, ne quis satellitum bona Christianorum tangere auderet (hoc edictum non diu duravit), sed et redderetur quidquid sublatum : multos quoque satellites poenā exilioque damnavit, et in ipsos judices Potseng severè animadvertit, minans se, si melius agere non studerent, apud reginam accusaturum. Deinde christianos innocentes morti tradere nolens, reliquit suam praefecturam.

In eodem ferè tempore Tso Ignengi, unus ministrorum regni, judicibus tribunalis Potseng mandatum dedit, ut christianorum turbationem ante novum annum, id est 1839, componant ac finiant. At Cou Sinei malus judex, malè intelligens, omnes christianos necandos esse putavit. Itaque omnes incarceratos, usque ad infantes et suos ministros trucidavit. Hanc propter causam Cou Sinei dignitate privatus a populo deridetur. Demùm crescente persecutione Christiani turbatim sese fugae committere coeperunt.

Tunc proditor Kim Iesangi circa lunam 7a^m anni 1839, cùm a principibus potestatem accepisset, ut episcopum et Patres caperet, cum multis satellitibus ad christianitates profectus est ; per omnes regiones, in quibus fideles Christi domicilium habebant, pertransiens, infinita mala intulit ; bona cuncta spoliando, omnia perturbando Christianos vexabat. Eosdem innumeris contumeliis, atrocissimis suppliciis afficiens ad apostasiam cogebat. Hic postquam intellexit se non posse efficere, ut Christiani vi injuriarum et tormentorum fracti patres proderent, alium modum excogitavit.

Relictā igitur omni barbarie, maximae pietatis fuco se ornavit, ac unā cum satellitibus religionis insignia super se gestans, primo se in Surisan contulit. Incolae illius regionis videntes satellites, se invicem cohortati sunt ad sanguinem pro Deo forti animo effundendum, et sexaginta ferè homines tenentes infantes, commigrantium more ad tribunal perrexerunt, sed major eorum pars, vi tormentorum fracta, relicto Deo ad sua rediit.

Eadem fere tempestate in Seoul quinquaginta mulieres, inito inter se consilio ad tribunal pergendi, vestimenta conficiebant, sed à quodam à proposito deterritae sunt.

Dein proditor abiit in regionem cui nomen Hantecol, et multa mendacia de pectore suo extrahens, quosdam juvenes in errorem induxit. Dicebat vir diaboli cum satellitibus, religionem catholicam obtinuisse libertatem, reginam ministrosque regni, intellectā religionis veritate, proposuisse nomina sua Christo dare, et de Patrum adventu certiores, seipsos misisse ad Patres in palatium introducendos ; caeterum se ignorare, ubi sint patres, quare necesse esse, ut aliquis fidelium indicet locum, in quo commorantur.

Inde abiit ad Christianum nomine Iesarengi, quem acerbissimé cruciavit, ut indicaret locum habitationis Episcopi. Dolore victus ille dixit se quidem ignorare Episcopi domicilium, sed alium nomine Andream Tseng probabiliter cognoscere.

Tunc proditor et satellites, cum Iesarengi (hic postea captus fuit occisus) cursum direxerunt ad Andream Tseng. Hunc tenentes, ut supra, multa ridicula dicendo, decipere aggressi sunt.

Dum haec geruntur, Reverendissimus Episcopus latitabat apud Andream Son, et semper habebat animam libere incidendi in manus persecutorum, et hac de re convenerat cum patribus. Misit tunc suum ministrum nomine I Thomam in urbem capitalem Seoul, ut pecuniam et nuncia afferret.

Interea Andreas Tseng deceptus, cum Judā Kim Iesangi, et satellitibus ad episcopum venit, et solus introductus, laetā facie Illustrissimo Praesuli exposuit, ut audierat, scilicet quòd Regina et omnes ministri volunt fieri christiani etc... etc... etc...

Quo audito, Episcopus respondit : :Tu a daemone es deceptus." Dein celebrato Missae sacrificio, procedens captus est. Videns Andreas Son, cum fletu Episcopum sequebatur, petens ut sibi liceret cum eo ad mortem ire, sed ad momentum fuit prohibitus, et postea captus pro Deo sanguinem fudit.

Satellites Rev^{mum} Praesulem in sellā gestatoria collocantes in Seoul perduxerunt. Tunc ad episcopum introducti sunt Augustinus Iou, Paulus Tseng, Carolus Tso, Ignatius Kim (pater meus) et alii multi christiani, et Pastoris sui praesentiā roborati ad sua reducti sunt. Post haec missi sunt satellites, qui duos Patres comprehenderent.

Eādem tempestate Patres de Episcopi comprehensione certiorati, navim conscenderunt, ut fugerent. Tum Thomas I et Petrus Tsoi, a Patribus dimissi, ut ille in Seoul iret, hic vero in Kounputai ad pecuniam afferendam, profecti sunt.

Post unam diem iter facientibus eis obviam fuit Andreas Tseng, et lacrymans narravit, quod propter suum errorem Episcopus in manus satellitum traditus est. Cum transirent quemdam locum, satellites de diversorio repentè exeuntes Andream Tseng comprehenderunt, Thomam vero cum Petro abire permiserunt, ignorabant enim eos esse Christianos. Dimissi intrarunt in domum cujusdam Christiani ad pernoctandum.

Interea Andreas Tseng, ut priùs deceptus, satellites conduxit ad Christianum circa mediam noctem, apud quem tunc hospitabantur Thomas et Petrus, qui videntes, ille in arcā, iste subter foenum sese occultarunt.

At Pokio, satellites, circumseptā multitudine domo, ubique scrutantes, primò Petrum inter foenum inhaerentem tenuerunt, deindè Thomam e cunis extractum ceperunt. Tùm eos in diversorium pacificè ducentes perhumanè habuerunt, et his similibusque verbis eos alloquebantur :

"Quantas verè persecutiones sustinuēre Christiani, et certe tunc, ut arbitramur, ita persecuti sunt olim reges et ministri, quia sine ratione et consideratione omnia agebant ; hodie vero Regina Kim Taipi et ministri ejus, profundius religionem examinantes, veritatem agnoverunt; ideo nunc universim Christo nomen dare volunt : itaque his diebus Regina Episcopum ad se adduci jussit, et viso eo, supra modum gavisa, in palatio residere fecit ; simul mandavit, ut ei vestimenta optimis telis conficerentur : ac hodie cum omnibus regni ministris atque principibus, disposuit, ut tota gens Coreana ad verum

Deum convertatur ; sed id, nisi conveniant patres, fieri non posse, rata, nos misit ad Patres in palatium introducendos : et revera si attentius consideremus, facillime religionem christianam verissimam esse agnosceremur.

Sola Patrum agendi ratio veritatem religionis nobis explicat : illi patriam relinquunt, parentibus, fratribus, amicis, notisque in aeternum valedicunt, et in hanc alienam regionem, transactis tot millibus leucis, novies morientes et semel viventes, venerunt, et nihil sperantes, suis utuntur pecuniis et propriis rebus, et numquid sic longè veniunt ad mentiendum? Si non esset vera religio, quam praedicant, quā dementiā sic agerent.

Et nunc verò vos, qui Patrum, ut nobis relatum est, ministri estis, procul dubio scietis, ubinam commorentur Patres."

Ad haec responderunt alumni, se patribus in mari valedixisse, ideoque quò abierint ignorare : caeterum rationabilius esse se suppliciis cogere ad patres prodendos, quam sic subdolis verbis decipere. Tunc satellites in iram conversi sunt, undè admoverunt cruciatus.

Dein in se reversi dixerunt : "Ah! certè gubernio supervenient calamitates ; regnum innocentium sanguinem sic effundens, quomodo poterit diu in pace strare?" Respondit Thomas : "Si ita est, cur vos sic persequimini?" "Nos", responderunt satellites, "solum ex obedientiā hoc praestamus ; ideoque non est in nobis peccatum : nos etiam habemus fidem et caritatem, solum spem nondum habemus."

Post haec, Thomam cum Tseng Andreā dimiserunt, ut irent ad patres quaerendos. Itaque ad patres advenientes, narraverunt omnia quae sibi acciderant, et volentes ad satellites redire, prohibiti sunt.

Interea satellites de reditu Thomae desperantes, Petrum molestare coeperunt. Advenit eo momento Pokio quidam nomine Son cum epistolā Episcopi. Reverendissimus Praesul Imbert videns res tam in miserabilem statum redactas, litteras ad Patres scripsit, ut cito ad mortem advolarent.

Eādem tempestate, feré omnes fideles ad luctum conversi, non habebant, nisi animum moriendi cum suis pastoribus, et reverà ante et post mortem multi sese in manus satellitum tradiderunt.

Tunc Petrus cum Son se contulit in Seoul, et acceptā ab Episcopo novā litterā, cum eodem Son et satellitibus ad Patres profectus est ; sed in viā , deceptis illis, se in fugam convertit, et epistolā per quemdam christianum ad Patres missā, se abdidit inter rupes montis.

Interim satellites Petrum fugisse rati, dolentes lacrymati sunt, et novā viā Patres quaerere coeperunt. Fideles autem, quantum poterant, patres occultabant et occultiora domicilia disponebant ad eos recipiendos. Sed ipsi, perlectā epistolā, fidelibus dixerunt : "Nunc finitum est ; habemus mandadum episcopi, debemus cito proficisci ad Seoul."

Audientes Christiani, in lacrymas et gemitus conversi sunt, et optantes unā cum patribus ad mortem ire, vetati sunt. Postea Patres praemiserunt duos christianos, unum cui nomen Kim Alexius sub specie mercatoris, alterum agricolae (satellites non erant longe), qui satellitibus occurrerent.

Dein cùm fideles, praesentes verbis, absentes litteris consolassent, dicto Missae sacrificio, ad supremum (heu!) supplicium profecti sunt. Tunc fletus magnus factus est inter Christianos.

Post solis occasum, recepti sunt Patres in domum cujusdam christiani prope oppidum Hongtsou commorantis. Quum vix finivissent coenare, Alexius Kim advenit, satellites ad ostium stare nuntians. Tunc Patres exeuntes in horto super matta sederunt, et introducti satellites salutem dixēre. Dein primus eorum nomine Son quaesivit, quis esset Pater Maubant et quis Chastant : nihil respondentibus patribus, ipse distinxit.

Postea patres interrogarunt his verbis : "Nos ex mandato venimus ad Patres quaerendos, sed ipsi quomodo vultis agere?" Quibus responderunt : "Vobiscum ibimus." Satellites : "Si ita est, opus non est, ut nunc paternitates, seu Sin-Pou, nos sequantur : jam enim appropinquat media nox, et per viam abundans ros vestimenta patrum madefaciet, ideoque tranquillè hic pernoctate : nos autem ad diversoria pergemus, et cras veniemus ad patres recipiendos."

Ad haec patres : "Non ita, nunc eamus." Itaque iverunt simul ad diversoria, et disposuerunt patribus cubiculum stratum ; ipsi vero dormierunt extra,

Mane surgentes, ad Alexium : "Nos juxta mandatum superorum conducimus quidem patres, ratio tamen non est, ut aliis noceamus ; ideo quando praefectus (debebant adire primo praefectum loci) te interrogabit, respondebis eodem modo ac nos : nequaquam igitur dices patres esse captos in domo cujusdam christiani, sed in via nobis cum patribus obviam fuisse."

Inde intrarunt in oppidum Hongtsou. Praeses jussit ad se introduci patres. Cumque essent introducti, ablato e capite pileo, genuflectere moniti, responderunt : "Quomodo possumus in terrā genuflectere?" Demum allata mattā sederunt.

Praeses, visis patribus, ait : "Pauperes, digni sunt compassione." Dein sacco indutos in canistro ex foeno oryzae facto locantes, ac super equo imponentes profecti sunt. Sequutus est autem Kim Alexius, sed contradicentibus patribus rediit.

Postquam in Seoul pervenerunt, ad episcopum ducti sunt. Manserunt in quaestionibus per decem dies, Episcopus verò unum fere mensem, et eodem die tres simul interfecti sunt.

Christiani post mortem pastorum adhuc per duos annos amplius persecuti sunt, et sine domiciliis vagantes mendicabant. (an. 1839 facta est fames extrema in toto regno) Demum charitate refrigerata, ad spiritus languorem redierunt. Hodie vero, sensim ad Religionem accenduntur fideles, fervor crescit, apostatae paeni-  tentes revertuntur, ubique auditur paganorum conversio ; religio Christiana laudatur, Christiani probi dicuntur.

Sed heu! messis quidem multa, operarii autem, rogate Dominum messis, ut mittat operarios ad messem suam!

ACTA QUORUMDAM MARTYRUM PRAECIPUORUM

QUI ANNO SALUTIS 1839 IN CAPITALI URBE COREAE SEOUL AUT HANGNAN PRO CHRISTI FIDE SANGUINEM FUDERUNT

LAURENTIUS PEM Episcopus CAPSENSIS Vicarius Apostolicus Coreae (IMBERT)

Laurentius IMBERT V. Apostolicus Coreae, in suam missionem ingressus fuit 1837, et intra duos menses linguam Coreanam sufficientèr cognovit, ut confessiones suscipere posset.

In primis commorabatur in Seoul, dein Christianos visitandi gratiā, ad alias provincias se contulit. Tunc verbis et exemplo fideles instruebat ; incredibili zelo ferebatur ; summoperè laborabat in libris et precibus in Coreanam linguam convertendis. Frequentèr orationibus atque meditationibus vacabat ; ter in hebdomadā jejunio corpus suum affligebat, ducebatque vitam omnino austeram.

In visitatione Christianorum iter pedibus conficiebat. Oves suas maximā cum caritate ac paterno amore prosequebatur, earum ruditatem ac ignorantiam incredibili cum patientiā ac benignitate sustinebat.

Posteà iterum in Seoul rediit. Cùmque duos circitèr annos in suo ministerio transisset, ex multis locis persecutiones exortae sunt, et plures fideles internecioni tradebantur. Tunc ipse Reverendissimus Episcopus in hac calamitate christianos omni caritate succurebat, viventes consolabatur, occisos sepeliebat. Sed crescente saevitiā persecutorum confugit in rura, ibique latebat apud quemdam Christianum nomine Andreas Son. (Hic postea fuit martyr et dives.)

Intereà Christianus, cui nomen Kim Iesangni Joannes, (in quem intravit diabolus) societatem inivit cum daemone et ministris ejus, et statuit episcopum prodere.

Ut suum propositum aptius consequeretur, multa mendacia composuit : itaque ipse unā cum satellitibus prae se gestabat rosaria, cruces et habitum Sodalitatis B. M. V. de Monte Carmelo etc., et abiit per montana loca ad Christianos dicens : "Bono animo estote, et nolite timere, nam ecce Christiana religio libertatem obtinuit, regina et alii intellectā Religionis veritate, volunt fieri Christiani, itaque nos miserunt, ut Episcopum quaereremus et conduceremus in palatium Regis etc... etc... Sed nescimus, ubi sit episcopus ; quare vos indicate nobis locum, in quo moratur Episcopus."

Sic multa dicens, maximam religionem ac fervorem prae se ferebat. Tandem, quidam nomine Andreas Tseng (postea fuit martyr) audiens haec adeo laetitiā cumulatus est, ut prae gaudio saltans clamorem ederet. Tunc affirmans se scire locum, ubi est episcopus, et abiit cum eis. Judas autem et satellites videntes eum decipi totis viribus eum retinebant.

Cumque non longè essent regioni in quā erat Reverendissimus, Andreas Tseng, relictis Judā proditore et satellitibus, adiit episcopum, eique exposuit omnia quae audierat et credebat. Quo audito, Reverendissimus Episcopus dixit : "Es deceptus."

Deinde scripsit epistolam ad Patres, et celebrato Missae sacrificio, procedens obviam satellitibus captus est. Tunc Andreas Son, qui cum episcopo erat, (minister autem episcopi Tomas I missus erat in urbem Seoul ad pecuniam afferendam) impotens impedire malum, voluit cum Episcopo capi et mori, sed prohibitus est ab Reverendissimo.

Judas et satellites videntes Episcopum, in terram procidentes venerati sunt. Tunc Reverendissimus multa de veritate religionis christianae disseruit, et audientes pagani applodebant doctrinam.

Post haec satellites Episcopum reverentèr in sellā locantes, duxerunt in Seoul ad judicem.

Illi Pokio seu satellites ex parte suā Episcopum perbenè ac humanè tractarunt, in viā non ligarunt, cibos convenientèr illi dederunt, et confidentes non custodiebant. In ista persecutione verè multi satellites fuerunt multùm erga Christianos misericordes.

Tunc judex jussit Paulum Tseng, Augustinum Iou praefectum, Carolum Tso (erant jam capti) adduci ad Episcopum, qui eos ad martyrium exhortatus est et dixit, duos patres jam proditos esse, sed non debere designari loca, in quibus sunt. Tunc judex Episcopum affecit supplicio, nomine Tsouroi, (vide descriptionem suppliciorum p. 270) ut prodat duos patres.

Simul interrogavit : "Cur tu hùc in Coream venisti?" (Jam sciebat patres ex quā natione essent.)

Respondit Episcopus : "Ad salvandas hominum animas."

Judex : "Quot homines docuisti?"

Episcopus : "Aliquot centum."

Judex : "Omnes, quos docuisti, prode."

Episcopus : "Prodendo eos, illis noceo ; ideo non possum."

Judex tunc Episcopum jussit, ut Deum relinquat.

Quo audito Episcopus exclamavit : "Non relinquo Deum."

His finitis misit in carcerem.

Tunc episcopus examinatis circumstantiis, misit epistolam ad duos patres, ut cito in tribunal advenirent. Dicto obedientes patres, capti venerunt in tribunal, et ducti sunt ad episcopum.

Tunc judex tres nempè episcopum et duos patres, cum maximā superbiā interrogavit : "Quem pro domino habetis? (Habere Dominum aliquem Coreane significat habitationem firmam apud aliquem.)

Pecuniae, divitiae unde venerunt? Quis vos misit, et quis invitavit?"

Cui Patres : "Paulus Tseng est dominus, pecuniam ex nostrā regione attulimus, missi sumus a Papa, et Coreani nos invitarunt."

Judex : "Redite in vestram patriam."

Ita hujuscemodi quaestionibus atque verberibus Patres molestavit per tres dies. Deinde ut Christianos prodant, ter Tsitokonero percussit. (Vide p. 270)

Retulerunt Patres : "Hominibus nocere non licet."

Judex : "Revertimini in vestrum regnum."

Cui Patres : "Nolumus ; nos venimus in vestrum regnum, ut hominum animas salvaremus, sed morimur."

Post haec missi sunt Patres in carcerem, cui nomen Keum-pou (est carcer, in quo includuntur rei solum nobiles, ut ministri regni, magnates, praefecti.), et ibi singuli percussi sunt septuagesies verberibus (Ieng tsang. Vide p. 272).

Deinde die 21 septembris 1839, in festo S. Matthei apostoli Reverendissimus Episcopus cum duobus Patribus magnificè et gloriosè pro Christi fide sanguinem fundens triumphavit anno aetatis suae 43 et salutis 1839.

Occisus est in loco nomine Notol distante ex urbe Seoul unā leucā.

PARVA DESCRIPTIO MARTYRII PATRUM.

Quando Patres in tribunali Keum-pou damnati sunt ad mortem, milites posuerunt in canistro confecto ex paleis et portarunt usque in Notol. Tunc exiit dux cum una legione (centum viginti octo) militum quasi ad bellum armatis(*sic*), et adveniens in Notol disposuit milites per ordinem velut cum hostibus proelium initurus (erat autem maximus concursus populi).

His dispositis, supposuerunt subter brachia longum lignum,

ad aures verò sagittas, faciem linierunt calce(*sic*), et portantes circumibant, ut omnes viderent et legerent causam mortis et alia. Deinde deponentes, per milites gladiatores occiderunt. Tunc capita duci obtulerunt ad videndum.

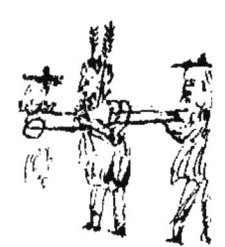

Postquam omnia finierunt, sepelierunt prope flumen inter arenas, dein jussis sepulchrum custodiri, abierunt.

Christiani corpora subtrahere desiderantes, omnibus modis tentarunt ad auferendum et non poterant. Quādam verò vice tres Christiani more mercatorum iverunt, et eorum unus, cognomine O accedens prope sepulchrum pede parumpèr tetigit, quod videntes satellites advenerunt, et quis esset, inquirebant, et cur sepulchrum tangeret.

Respondit Christianus (alii duo fugerunt) : "Ego sum iter faciens, a multis audivi hic sepultos esse Europaeos, et habui curiositatem videndi eorum facies, quales sint." Tunc vinctum duxerunt ad tribunal, ubi multa passus, et felicitèr fuit dimissus. Non tamen cognoverunt eum esse christianum, nec interrogarunt. Si scivissent, certe eum occidissent.

Altera vice octo Christiani parati ad mortem per noctem iverunt, et inito consilio, quod si advenirent satellites, eos vi ligarent, foderunt sepulchrum.

Non poterant distinguere corpora ab invicem, solum enim remanebant ossa, insuper nihil videbant ; sed et canes, perforato sepulchro, maximam partem abstulerant.

Collegerunt, quantum potuerunt, et iterum sepeliēre in Lokousan. Post 7 circiter menses mutarunt sepulchrum. Interjectis demum tribus ferè annis, cum majori praeparatione tumulum fecerunt ad montem Kouanaksan, et simul particulas, quas de ossibus abstulerant secum Christiani, recondiderunt.

Describuntur supplicia principalia quibus passi sunt Patres et alii Christiani.

(In relatione non refero tormenta et injurias communes, ut sunt maledicere ; pugno, pede percutere ; dentes ferro frangere ; alapas dare ; verberare ; tundere ; lapidibus percutere etc… etc… Nequeo omnia referre, quia relationes, quas martyres ipsi ex carceribus miserant, Christiani propter metum persecutorum omnes combusserunt. Unde pauca tantum hic expono, ut Christiani potuerunt conservare.)

1. Tsouroi tsil : sunt multae species :

1) Kasai Tsouroi : duo genua simul fortiter colligant, similiter prope pedes ; dein ponuntur duo ligna inter crura colligata, et fortiter ex utraque parte premuntur (ut in ista figura) tunc crura fiunt sicut arcus.

2) Tsoul Tsouroi : ligant prope pedes, et mittunt inter crura maximum lignum et grandi funiculo ligantes femur ; multi satellites ex utrāque parte vi maximā trahunt.

3) Pal Tsouroi : genuflectunt cruciandos, et duo brachia inter se ita colligant ut humeri fere inter se jungantur ; tunc mittentes ligna subter brachia

tota vi elevant. Quando tortores non sunt periti, prima vice brachium aut crus franguntur ; quando sunt periti, solum curvantur in modum arci.

2. Tsi To Kon

Tsitokon est instrumentum supplicii confectum ex ligno querci, habens 5 pedes longitudinis, dimidium pedem latitudinis, grossum trium circiter digitorum, quo verberant retro ad femur, et frangunt etiam ossa.

3. Tsou Tsang Tsil

Tsou tsang tsil est species supplicii, quo ligant fortitèr cruciandum ad brachium et ad capillos, genuflectunt super fragmenta vasorum etc., et ex utraque parte satellites contundunt femur.

4. Hap Tsoum

Haptsoum est supplicium, quo cruciandum ad brachia ligant et alte suspendunt et verberant ex utraque parte.

5. Sam Mo Tsang

Sam mo tsang est gladius ligneus seu securis lignea, quo carnes auferunt ad crura, membra.

6. Top Tsil

Top tsil est, nempe funiculo ex crinibus confecto ad femur colligantes ex utraque parte trahentes ac dimittentes serrando carnem per partes secant.

7. Ieng Tsang

Ieng tsang sunt ligna, quibus verberantur crura.

Nota quod in Seoul praecipue duplex existit tribunal.

Primum vocatur Potseng, alterum Ieng tso.

Potseng est in quod rei primùm perducuntur, ad causas cognoscendas et quaestiones faciendas, et postquam omnia nota sunt, causae unā cum reis ad tribunal **Ieng tso** mittuntur. (Hoc tribunal est judiciale et superius Potseng.) Ibi fiunt determinationes sive ad mortem sive ad remissionem.

Est praeterea tribunal vocatum **Sa Kouan Tseng** ; est minus tribunal quam Potseng.

PATER MAUBANT PETRUS LA
Provicarius Generalis Coreae.

Reverendissimus Pater Maubant ingressus est in Missionem Coreanam 1834 die 7 lunae duodecimae. Laboravit in suā missione per 4 annos. In hoc annorum spatio, quanta passus sit, hic non refero.

Incredibili ferebatur zelo animas salvandi, crebrò jejunio corpus suum affligebat ; multoties sitim famemque passus est adeo ut multoties ceciderit. Frequentissime per noctem ambulabat per montana loca ad Christianos visitandos, etiam inter nives et glacies ; aliquoties in tali circumstantiā ambulabat nudis pedibus, deficiente nempe calceamento. In visitatione Christianorum nunquam equitavit, sed pedibus iter confecit. Sic patiens laetabatur et dicebat : "Sic bonum est."

Populum verbis exemplisque instruebat ; sacramentis omni curā nutriebat ; rudes edocebat frequentius, dubia explicabat, elargiebatur studiosè pauperibus pecuniam, vestes etc…

Dein crescente persecutione, voluit latere, sed prius ivit ad Patrem Chastant. Dum duo simul commorarentur, Reverendissimus

Episcopus misit nuntium, ut statim ad se venirent. Tunc iverunt ad Episcopum, et commorati sunt duos dies. Deinde duo Patres adierunt in quamdam christianitatem nomine Iontanggni, hic mori mallentes, quam fugere, manserunt aliquot dies excipientes confessiones.

Transactis pluribus diebus dimiserunt alumnum Petrum Tsoi, ut iret in Seoul ad nuntia recipienda, ipsi autem ascenderunt navim ad fugiendum. Interea Episcopus captus et ductus est in Seoul, et mox duo alumni Thomas I et Petrus Tsoi (primores Christiani omnes jam erant capti.)

Eādem tempestate, Episcopus ad duos patres scripsit epistolam dicens : "Bonus Pastor ponit animam suam pro ovibus suis. Venite cito, sed ne permittetis quemquam fidelem vos sequi." Talem litteram misit bis atque ter.

Tunc patres obviam satellitibus procedentes capti sunt, et ducti in Seoul eadem die unā cum Episcopo martyrii corona decorati sunt. (Pater Maubant anno aetatis suae 35.)

PATER CHASTANT(sic) JACOBUS TSENG

Reverendus Pater Chastant naturā mitis singulari erga proximos caritate excelluit, nec minùs patientiā. Ut scivit sufficienter linguam ad confessiones audiendas, per diversas provincias peragravit praedicans, et interim sitim, famem, frigus, multas aerumnas passus est ; insuper humilitate, abstinentia, aliisque virtutibus mirabili modo enituit.

Christinos recipere solebat cum caritate sicut optima mater, et docere bonus pater. Praesertim felicitatem reponebat in miseriis perferendis. Videndo pauperes et miseros ipse condolebat, et largiebatur quae habere poterat, et saepe suas vestes tradebat eis.

In ipsā persecutione huc et illuc fugiens fideles tum consolatione, tum ope paterno amore fovebat, ac succurrebat ovibus incarceratis eleemosynā. De die in diem ferventius vacabat divinis operibus, ac Christianos majori curā sacramentis reficiendo confortabat.

Demum accepto ab episcopo mandato veniendi ad tribunal, ita laetabatur, ut ad convivium ire videretur. Tunc per litteras omnes fideles consolans, (quod item fecit Pater Maubant) captus est. Christiani verò multi statuerunt unā cum Patribus ad mortem ire, sed prohibiti sunt.

Eadem tempestate ferè nullus erat fidelis, qui optaret vivere, quamobrem multi ad tribunal pergentes interfecti sunt.

Pater Chastant occisus est eodem modo ac eodem tempore cum episcopo, anno aetatis suae 35. Duo patres antequam caperentur duas epistolas separatim ad omnes fideles scripserunt et unam duo simul.

O Reverendissimi Patres!

Quam multa pro Christo et animarum salute passi estis ; tum in terrā, mari, domibus, et in viis ; tum ex parte paganorum atque christianorum, a persecutoribus, a falsis fratribus ; item sitim, famem, nuditatem, paupertatem, variasque miserias sustinuistis, tandem etiam crudelia tormenta, mortemque ipsam.

Sed nunc, O quam beati estis, triumphatis inter coelestes exercitus, coronati diademate splendido, regnatis cum Angelis et omnibus Sanctis in omnes saeculorum aetates. Respicite oculis misericordiae in nos miseros, qui in valle lacrymarum inclusi, ab hostibus undique impugnamur.

Quanto amore vos missionem vestram dilexistis, cupiebatis omnem animam salvam facere. Nunc potestis, estis potentes apud Deum Patrem nostrum.

Orate et intercedite pro nobis ad Jesum Christum D. N., ac B. M. V. precibus ac meritis vestris. Obtinete nobis ad salutem necessaria.

Rogate Deum, ut vindicet sanguinem martyrum suorum, qui effusus est ab initio usque nunc.

Miseremini nostri, miseremini nostri. Ecce quaerentes animam nostram steterunt ad portam, et vulnerati cecidimus ; circumdantes circumdederunt nos canes multi, latrant, ut devorent. Videte et nolite abjicere. Subitò venerunt lupi, et circumdantes oves vestras percusserunt plaga magnā, et dispersus est grex Domini. Persecuti sunt eum canes feroces, et conjecerunt oves in lacum profundum, ibi derelictae ad vos clamant, ut mittatis pastores qui eas de lacu extrahant et congregent in ovile et curent plagas.

Gemitum meum et dolorem animae meae considerate, et nolite oblivisci. Preces meae non sunt dignae, recurro ad vestra merita. Fiat! Fiat!

ACTA MARTYRUM PRAECIPUORUM IN SEOUL 1839
- juxta ordinem temporis quo occisi sunt.

AUGUSTINUS I catechista, nomine coreano TSIMOUGNI,
- Uxor ejus BARBARA KOUEN et filia ejus AGATHA.

AUGUSTINUS TSIMOUGNI de familiā illustri natus, in primis fuit gentilis, et deditus ludibus malam vitam ducebat. Demùm triginta annos natus, religionem cum uxore et fratribus amplexatus, praeteritam vitam deflere, maximo cum fervore religionem observare coepit.

Postea sic vitam suam mutavit, ut mirarentur eum alii. Persecutionem multoties passus est, et jacturam divitiarum aequo animo sustinuit. Dein de die in diem ferventius Deum colens, tepidos Christianos excitabat, paganos ad verum Deum convertebat, et multos convertit.

Anno 1839 circa lunam 2^{dam} cum totā familiā (erant decem amplius homines) captus, perductusque est ad tribunal quaestionum. Praefectus eum graviter crucians, Deum deserere, alios christianos prodere jussit ; postea ejus constantiā victus remisit ad tribunal judiciale Iengtso.

Judex primo parvulos infantes Augustini amicè hortatus est, sed cùm fortiter resisterent, jussit eos cruciari ; nec tormenta potuerunt eorum constantiam superare. Tunc victus judex vocavit eos esse monstra, et non audens eos ad decollationem damnare, (lex enim non permittit ut infantes gladio jugulentur) remisit ad tribunal quaestionum.

Tunc judex ad Augustinum : "Si tu Deum derelinquis, non solum te dimittam, sed et uxorem tuam, fratres, liberos et etiam omnia bona reddam."

Cui Augustinus : "Impossibile est Deum derelinquere."

Tunc judex irā succensus, jussit illum cruciari, dicens : "Tu non times mori, sed quar?non salvas tuam uxorem et filios?"

Et conversus ad satellites : "Percutite illum usque ad mortem."

Totum corpus fuit dilaniatum et sanguine coopertum ; circumstantes prae horrore non audebant aspicere. Ita tribus vicibus cruciatus, cum invictus permaneret, ad mortem damnatus die 12 lunae 4 martyrii coronam adeptus est, anno aetatis suae 53.

UXOR AUGUSTINI, KOUEN BARBARA ex gentilitate ad Deum conversa, ferventi animo Deum coluit : multis persecutionibus exagitata, omnia bona perdidit, sed maxima patientiā omnia tulit.

In domo sua disposuit oratorium, et excipiens Episcopum aliosque patres, omni zelo eis ministrabat ; ac crebro alios exhortabatur ad dignam sacramentorum receptionem.

1839 die 25 lunae 2^{ae} circa mediam noctem irruentes satellites captam duxerunt ad tribunal quaestionum. Ibi ob naturalem erga liberos affectum multa passa est. Postquam omnia supplicia invicta superasset, fuit missa ad tribunal judiciale. Ter ibi cruciata, Martyrii coronam gloriosè adepta est die 26 lunae 7^{ae} 1839, anno aetatis 46.

FILIA AUGUSTINI, AGATHA remissa est ad tribunal quaestionum, crudeliter cruciata permansit constans. Hoc debile corpusculum, quod tum peste erat confectum, recepit 300 et amplius ictus tormentorum et 90 tsitokon. Demum die 5^a lunae 11^{ae} 1839 strangulata ad Deum suum volavit, anno aetatis 17.

DAMIANUS NAM, catechista, nomine MOUNHOA.
- Uxor ejus MARIA I, Martyr.

DAMIANUS, vir nobilis, 30 annos natus, intellecta christianae religionis veritate, se ad Deum convertit, et a Patre Pacifico U baptizatus, cum maximo fervore religionem observans, studiosè doctrinam ediscebat ; et omnes amicos paganos longe fugiebat, multum ergà proximos caritate ferebatur. Praecipuè operam dabat ad familiam benè educandam, tepidos excitandos, paganos convertendos, infantes eorum baptizandos.

1839 die 25 lunae 2^{ae} in media nocte captus cum totā familiā ad tribunal est perductus. Fortè satellites Damiani uxorem nimis despectivè tractabant, ipsa vehementèr illos reprehendebat. Quod audiens Damianus, cum caritate exhortatus est, ut pro Deo omnia patienter ferat, et quasi ovis ad mortem eat, ut decet Christianum.

Damianus, ut Deum desereret, alios Christianos proderet, ornamenta (erant episcopi) ad quem pertinerent, indicaret, monitus, jussa praefecti contemnens, ad supplicium perductus est.

Deinde adhuc invictus ad tribunal judiciale missus est. Ibi ter gravissime cruciatus, ac Deum derelinquere, alios prodere jususs, negative respondit. Itaque damnatus ad mortem, misit litteram ad suam uxorem, quod ipse exspectaturus erat illam in coelo. Martyrizatus est anno aetatis suae 38.

UXOR DAMIANI, MARIA maximā pietate in Deum et homines enituit. Kei hai (nomen anni 1839) persecutione captā, multas injurias et tormenta invicto animo pertulit.

Praesertim crebro de filio suo, qui duodecim annos natus tunc in alio carcere immanè cruciabatur, ac aegrotabat, et postea occisus est, multa audiens magis invictè passa est. Postquam suā constantiā omnia tormenta superavit, ad judicem missa est, a quo gravissimè ter cruciata, collum subjecit gladio anno aetatis suae 36, 1839, die 26 lunae 7^{ae} ; mansit in carcere 6 menses.

PETRUS KOUEN SENTO

PETRUS SENTO, a parentibus christianis natus, fide clarus, multùm erga proximos caritate enituit. Circa anni 1838 11^{am} lunam cum universa familiā ad tribunal ductus est. Tum tormentis acerbè cruciari jubetur : et quòd Christianam religionem observaret, derisus respondit : "Deus est omnium rerum Creator ac Dominus ; homines in terra innumeris ejus beneficiis cumulantur, igitur rationabile est illi quodam modo regratiare. Quamobrem homo ratione praeditus denominatus, debet Deum colere."

Iratus praeses, illum verberibus sine numero torqueri jussit, ut Christi nomen ferentes prodat. Respondit Sento : "In religione sever?vetitum est hominibus nocere, ideo non audeo ore hominem necare."

Tunc missus ad tribunal judiciale, in carcerem Tsenok (carcer pro reis ad mortem damnandis) injectus est. In carcere à satellitibus adeò verberatus est, ut bis fuerit semimortuus. Juxta gravitatem tormentorum crescebat ejus fides, fortitudo ac fervor.

Demum Sammotsangero gravissimè percussus, dilaniato corpore, ac sanguine suo sparsus ad mortem damnatus est. Cum duceretur ad locum mortis, erat gaudio gaudens, ita ut postquam amputatus est, facies erat adhnc ridens. Martyrizatus est anno aetatis suae 35.

I AGATHA, Vidua.

AGATHA a parentibus honestis nata, orbā patre, in matrimonium juncta est quodam viro. Mortuo marito religionem amplexata, suo fervore ac exemplo alios commovebat. Opere manuum suarum familiam sustentans patientiam aerumnis opponebat.

Anno salutis 1835 capta est cum suo fratre Hognengi (hic fuit martyr egregius). Deum derelinquere, confratres seu Christianos prodere monita, jussa contemnens, ad supplicium ducitur. Totum corpus dilascerarunt(*sic*) tortores, innumeris injuriis afficientes, demùm totalitèr nudatam in altum suspenderunt, et totis viribus ex omni parte virgis cruciarunt. At illa invincibilis, constantissimè sufferens religionis christianae veritatem attestabatur, ita etiam ipsi tortores vehementèr admirabantur.

Sic dolorosè cum conflictu mansit in carcere per 4 annos, et 1839 lunā 4^a sub gladio Martyrii coronam adepta ad Deum suum migravit anno aetatis suae 56.

MAGDALENA KIM, Vidua.

KIM MAGDALENA, christianae religionis rudimentis imbuta, adhuc parvula virginitatem vovendi propositum habuit. Sed, prohibente matre, nupsit Christiano.

Mox, mortuo marito, celibatam vitam ducens, cum matre sua naturā difficili concorditèr vixit. Multos paganos ad Deum verum convertit, et morti proximos baptizavit.

Semper sanguinem pro Deo fundendi desiderium habebat. Demùm religionis causā ad tribunal Potseng perducta, coram magistratu Dei praecepta explicavit. Multoties gravissimè cruciata cum pari constantiā pertulit. Itaque ad tribunal Iengtso dimissa ad mortem damnatur.

Keihai (nomen anni 1839, in quo magna persecutio fuit, Episcopus et patres et alii occisi sunt) circa lunam 4 gladio interfecta est anno aetatis suae 66. Mansit in carcere per tres annos.

BARBARA HAN, Vidua.

BARBARA HAN ab infantiā religionis rudimentis imbuta, non tamen observabat ; et in matrimonio sibi junxit gentilem ; sed, mortuo marito, ad maternam domum rediit.

Quādam vice a Magdalena Kim exhortata, se omninò ad Deum convertit. Tum cum fervore religionem observans, crebro jejunio corpus suum affligebat. Tepidos reducere, paganos ad verum Deum convertere coepit, et multos gentilium infantes periculosè aegrotantes baptizavit. Multum optabat sanguinem suum pro Deo fundere ; itaque unā cum Magdalenā Kim capta, coram praefecto religionis christianae veritatem liberrimè exposuit.

Per tres annos incarcerata multa tormenta pro Deo fortitèr sustinuit : tandem damnata occubuit sub gladio Keihai circa lunam 4^{am} anno aetatis suae 48.

PAK ANNA

PAK ANNA ab ineunte aetate, religionem studiosè observabat.

Octodecim annos nata Christianae familiae juncta est in matrimonio ; filios educavit religionis rudimentis et disciplinis religiosis. Crebrò mentem vertebat ad 5 vulnera Domini cum abundantiā lacrymarum.

Kei-hai, circa lunam 2^{am} unā cum familiā ad tribunal Potseng perducta, inter acerbissimos cruciatus Deum liberè professa est. Victus praeses mille modis illam a Deo avertere conabatur minis, adulationibus ac suppliciis. Sed his omnibus invicta per integram diem inter acerbissima tormenta permansit.

Totum corpus fuit dilaniatum, carnes evulsae ostenderunt ossa. At illa laetitiam prae se ferens, parentes, qui crebrò adventabant, sperantes probabiliter quod apostaret, cum majori conatu ad perfectam religionis observantiam adhortabatur. Nihil ad domum, parentes, maritum, filios ac opes attendens, tota vi ferebatur ad moriendum pro Deo. Ejus tandem constantiā devictus magistratus remisit ad tribunal Ieng-tso.

Judex, visā ea, dixit : "Maritus tuus et filii tui jam dimissi sunt, et tu, si prolato uno verbo, vivis, nonne est felicitas mundi?" Cui respondit Anna : "Hoc spectat ad liberam hominis determinationem. Solum pro Deo mori desidero." Iratus judex jussit torqueri, et damnavit ad mortem.

Kei-hai, lunā 4^a collum gladio subjecit anno aetatis suae 57.

KIM AGATHA, Vidua

KIM AGATHA naturā erat valde ruda, sed fide fortis. Ante conversionem cum marito suo colebat diabolum seu malignos genios.

Quādam die, audiens à fratre suo, quod omnia erant falsa, statim destruxit, et non attendens ad paganorum dicteria, religionem amplexata est. Sed propter tardum ingenium, nec profundiora mysteria, nec preces ediscere poterat, solum sciebat "Jesus, Maria."

Dein religionis causā fuit comprehensa.

Quā visā, praeses ait : "Tu es Christiana?"

Respondit : "Ego scio solum : Jesus, Maria."

"Etiamsi", inquit praeses, "inter cruciatus moriaris, non vis Jesus, Maria deserere?" "Ita", retulit : "etiamsi oportet me mori, non possum derelinquere."

Quare ad atrocia tormenta duci jussa est, et semper eadem verba repetebat, se non posse deserere "Jesus Maria." Victus praeses remisit ad tribunal Iengtso, in quo interrogata eodem modo respondit.

Judex illam misit in carcerem. Videntes Christiani, qui in carcere erant, Annam (*sic*) gavisi sunt, et benè dispositam baptizarunt.

Demum judex illam denuo cruciari jussit, sed impotens ad mortem damnavit. Cum octo aliis Christianis simul, gladio martyrii coronam adepta, ad Jesum Mariam advolavit, anno aetatis suae 50. Mansit in carcere quatuor annos.

PAK LUCIA Virgo et soror ejus major natu MARIA.

PAK LUCIA erat Kounggne (sunt virgines a gubernio electae ad custodiendum varias res regis). In moribus gravis, industriā, rectitudine naturali enitebat.

Mortua matre, a gubernio in Kounggne electa, ac in palatium introducta, sese praebebat aliis praeclarum exemplum vitae honestae. 30 fere annos nata audivit doctrinam religionis Christianae, et statuit eam amplecti.

At videns se in palatio non posse religionem observare, finxit se aegrotare, et sic obtentā facultate exiens ex palatio ivit ad cognatum quemdem : non enim audebat ire ad patrem suum, qui erat religionis hostis infensissimus.

Mox illam familiam exemplo et persuasionibus ad verum Deum

convertit. Saepe divina beneficia cum gratitudine celebrans, corde recordabatur. Honores et gloriam mundi pro nihilo reputans, studiosè religionem observabat. Crebrò vacabat orationi et meditationi ; utebatur vestibus ac cibis grossis, et seipsam affligere studebat. Saepe in memoriam revocando passionem Domini cum gratitudine lacrymas fundebat.

Demùm crescente saevitiā persecutorum, cum universā familiā fugit in domum cujusdam Christiani. Quod cognoscentes satellites in domum irruerunt. Tunc Lucia divinam dispositionem esse rata, ex unā parte Christianos consolabatur confortans, ex alterā parte satellites perhumanè tractabat.

Postea sequens Pokio, in tribunal Sakouantseng (est primum tribunal ad reos interrogandos) venit. Ibi facta confessione, ad Potseng perducta est.

Judex interrogavit : "Tu, quae cum sis kounggne, cur christianam religionem profiteris?"

Respondit Lucia : "Est obligatio pro omnibus hominibus Deum colere."

Iterum, Deum derelinquere, alios christianos prodere jussa, negative retulit. Quamobrem, ad cruciatus ducitur ; sed fortiter resistens ad tribunal Iengtso missa atrocitèr torquetur ; tunc laceratā carne visa sunt ossa. At illa aequali constantiā sufferens, laetabatur, eo quod aliquo modo Christi dolores imitaretur, et post aliquot dies, sanatis omninò vulneribus, convaluit. Quo comperto, satellites, magicā arte id actum est dictabant.

In medio supplicii, multa de veritate religionis disserens, inimicos confundebat. Judex tandem impotens damnavit ad mortem. Lucia, cum ad mortem duceretur, laetabunda non cessabat ad Deum preces offerre, et amputato collo, ad Dominum suum advolavit, anno aetatis 39.

Soror Luciae MARIA, postquam religionem christianam amplexata est, fidelis Dei mandatorum observatrix, multo nisu bonis operibus sese exercebat, ac pauperes sublevabat eleemosynā.

Capta multa tormenta perpessa est, sed quomodo responderit, quam speciem supplicii passa sit, non fuit relatum. Cum pari fortitudine mansit in carcere 5 menses, et Keihai 26 lunae 7^{ae}, gladio palmam martyrii consecuta est, anno aetatis suae 54.

JOANNES I KIENG SAMI.

JOANNES a gentilitate ad verum Deum conversus, ferventer Deum colebat. Postquam ex Pekino rediit baptizatus, majori pietate religionem observabat, et ex tunc carnem nunquam gustavit, vixit in suā virginitate.

Semper pro Deo moriendi desiderio ferebatur. Itaque Keihai circa lunam 2^{am} comprehensus, acerbissimos cruciatus forti animo sustinuit. Invictus tandem ad gladium ductus est cum 7 aliis Christianis. Mansit in carccere 6 menses. Occisus est Keihai (id est 1839) die 10 lunae 6^{ae} et quinta post Assumptionem B. M. V. anno aetatis suae 45.

I MAGDALENA. E MAGDALENA.
THERESIA. BARBARA inter se cognatae.

I MAGDALENA, familiā honesta ortum ducens, propter metum patris persecutoris religionis christianae, occultè cum matre E Magdalena et sorore sua, cum imitabili pietate Deum colebat, et virginalem vitam ducebat.

At pater ejus contra ejus propositum virginitatem servandi, desponsavit pagano. Tunc illa omnibus modis fugiendi viam meditabatur. Quadam vice, nacta favorabili occasione, insciis parentibus, sese induit vestibus prae vetustate laceratis, et vestes proprias suo sanguine distinctas dilaceravit, atque aufugit in Seoul ad sororem suam. Tunc parentes illam luxēre, credentes fuisse a tigride devoratam. Die quadam pater illius venit in Seoul ad filiam suam natu majorem, apud quam latebat Magdalena, et narravit, quod filia sua minor a tigride fuisset devorata.

Quo audito, illa domum replevit lamentationibus, velut crederet, ut referebat pater suus. Sic ignota Magdalena a suis parentibus, vitam caelestem ducebat, et maximam paupertatem virginitati adjunxit.

Demum Keihai persecutione in Christianos saeviente ipsa unā cum matre sua E Magdalenā, amita Theresiā, sorore sua Barbarā, cum quā vixit, (Haec Barbara cum a patre suo gentili cogeretur pagano nubere, virginitatem custodire desiderans, finxit per tres annos, quasi claudicaret, et non vidente patre, cautè paululum ambulabat, ac postea cogente necessitate, nupsit christiano.) et aliis duabus Christianis Kim Martha et Kim Luciā, statuit forti animo mortem subire pro Deo.

Itaque sex mulieres exierunt quaeritantes satellites, audientes eos in cujusdam Christiani domo esse congregatos, adierunt, et universam domum lacrymantes ejulatu replevēre. Quod videntes satellites interrogarunt, quaenam essent. Quibus ipsae responderunt : "Nos Christianae sumus."

Satellites mirabundi non credebant, petieruntque insignia religionis. Tunc I Magdalena virgo et aliae ostenderunt rosarium, cruces, numismata. His itaque testantibus, captae ac in tribunal fuerunt perductae. Primùm jubentur Deum deserere ; at jussa contemnentes acerbissime cruciantur per Tsouroi (maximè multa et crudelius passae sunt, eo quod sese offerendo culpabiliores essent juxta illos).

Post 5^{que} dies e carcere eductas praeses allocutus est, quòd, utrum post tot tormenta per experientiam agnoscant malum, et velint Deum relinquere.

Cui unanimiter responderunt : "Si Deum deserere vellemus, cur liberè fuissemus captae? Non loquimur diversè, juxta regni leges nos occide."

Indignatus praefectus jussit illas denuò cum Tsouroi excorticare. Illae pari fortitudine carnificum tormenta vincentes in Iengtso mittuntur. Ibi Deum liberè confitentes, superatis omnibus cruciatibus ad mortem damnatae sunt.

Itaque Kei-hai die 10 lunae 6 Magdalena virgo cum amitā suā interfecta est anno aetatis suae 31, et Theresia vero aetatis 52. Soror Magdalenae Kei-hai luna 7^a die 26 decollata fuit, anno aetatis 41, mansit in carcere 6 menses. Mater Magd. v. Keihai 8^{ae} lunae die 19 martyrii coronam adepta est anno aetatis 67. Mansit in carcere 7 menses.

Kim Martha (Cogno. Poupiengtsip) lunā 6 die 10 martyrii palmam consecuta est, an. aetat. 50. I Barbara consanguinea Magdalenae virginis tormentorum acerbitate, fame, morbo fuit consumpta an. aetatis 15. **Kim Lucia** v. p. 313.

KIM ROSA Vidua - KAPKOLTSIP

KIM ROSA, mortuo marito, ad veri Dei cultum se convertit. Tum divino amore incensa, studiose orationibus et bonis operibus vacabat, ac manibus operando vitae necessaria parentibus procurabat.

Dein, orta in Christianos vexatione, in tribunal perducta, Deum libere profitens acerbè torqueri jussa est, sed pari constantiā omnia supplicia superavit. Cùmque ad apostasiam cogeretur, respondit : "Deus, quem nos christiani colimus, est omnium rerum Dominus supremus. Ipse est, qui bonos remunerat et malos punit : qui autem observat mandata Dei, in coelis infinita felicitate fruetur, qui autem rebellis est, punietur in inferno poenā sempiternā ; has propter rationes, Deum derelinquere nequeo, nec alios prodere possum, etenim sic eis nocebo."

His auditis praeses iratus suppliciorum acerbitate ejus constantiam superare aggreditur ; sed desperans misit in Iengtso. Ibi inter tormenta Deum profitens ad Deum migravit sub gladio Keihai lunā 6^a anno aetatis suae 56. Mansit in quaestione per 8 menses.

MARIA OUEN Virgo

MARIA OUEN adhuc tenerā aetate perdidit parentes, et apud suos cognatos vitam ducens pauperrimè, opere manuum suarum cibos quaerebat. Ferventi amore in Deum incensa, vovit virginitatem ; maxima pietate ac humilitate excelluit, et propter imitabiles mores omnibus erat grata.

Fervescente persecutione, adventantes satellites vinculis constrictam ad judicem duxerunt. Qui visa illā : "Tu es", inquit, "christiana?" "Utique." ait illa.

Judex iterum : "Si deseris Deum tuum, statim dimittam te."

Cui Rosa (*sic* ; Maria) : "Jam firmo proposito determinavi Deo servire, et sic animam meam salvare : noli itaque amplius interrogare ; solum me, quaeso, occidas."

Iratus judex, eam Tsouroi et Tsoutsangero distorqueri jussit. Dilaniato corpore, sanguis fluebat abundè, at illa invincibilis erat.

Tunc victus judex misit ad judicem Iengtso : qui, frustra tentatā omnibus modis ejus fortitudine desperans, jussit jugulari.

Ad Deum suum migravit an. aetatis suae 22 et die 10^a lunae 6^{ae}.

KIM LUCIA, MANMULTSIPT TAL, Virgo

KIM LUCIA ab ineunte aetate christianis disciplinis erudita, mitis et humilis erat.

Quatuordecim annos nata virginitatem Deo vovit. Tunc majori in Deum amore incensa, ferventius bonis operibus vacabat.

Crescente persecutione, consilio inito cum I Magdalena etc. v. p. 12 sese tradidit satellitibus. Judex, visa Luciā, (erat pulchra) : "Tu," ait, "sic elegans mulier superstitioni Christianorum nomen dedisti?" Cui respondit illa : "Ita, ego Christiana sum."

Judex : "Si profers unum verbum, ego te salvabo." Lucia : "Etsi mori me oportet, non possum relinquere Deum meum."

Judex. "Dic mihi, quare non potes?" Cui illa : "Deus est hominum rerumque Creator ac provisor est, et bonos malosque remunerans supremus Parens est, quapropter etsi decem mille vicibus mori debeo, non possum eum derelinquere."

Judex : "A quo didicisti, et quot annos nata, quot socios habes, et quare non nupsisti, et quid vocas animam, et non metuis mortem?" Respondit Lucia : "Novem annos nata a matre mea didici ; in religione nostrā sevèrè prohibitum est, ideo, etiamsi oportet me mori, non possum alios prodere. Vigesimus annus non est aetas nimium provecta, insuper de matrimonio sermonem habere est contra honestatem puellarum ; anima est ens spirituale, quod oculis corporis videri nequit. Et mori quidem vereor, sed ad vivendum jubeor Deum deserere, ideo licet mori pertimesco, mori tamen malo."

Judex : "Anima ubi est?" Cui Lucia : "In omni parte corporis."

Judex : "Numquid tu vidisti Deum?" Lucia : "Quomodo plebs longè à palatio vitam degens, posset credere esse regem, postquam illum oculis suis viderit? Videndo res creatas, sufficienter cognoscimus Deum existere naturae Parentem."

Judex precibus et minis ejus fortitudinem superare non potens, in furorem immissus est. Illam itaque jussit Tsouroi et Tsoutsangero torqueri. At illa in medio tormentorum laetabunda, suos inimicos admirabili constantiā confundebat. Quare vehementer admirantes dicebant ad invicem : "Forte habet diabolum."

Victus judex misit ad Iengtso judicem, qui illam omnibus modis corrumpere aggressus, cùm non posset, verberare coepit, et demùm damnavit. Itaque Keihai, id est 1839, die 10 lunae 6^{ae} in Domino occubuit, an. aetatis suae 22.

JOANNES PAK MIENKOUANGI

JOANNES adhuc infans amisit patrem (qui propter fidem Christi interfectus est), crevit cum paupertate et miseriis. Erga matrem suam maximam pietatem semper praebuit, et operando manibus matri vitae necessaria ministrabat.

Adolescentior factus, assiduè religionem ediscebat, et cum ardore Deo serviebat.

Crescente persecutione ad judicem perductus, cum juberetur Deum deserere, alios prodere, contemnens mandata, torquetur supplicio Tsitokon et Tsouroi. Tunc dilaniatum corpus exangue jacuit ; sed ipse non desinebat die ac nocte Deum praedicare et religionis veritatem asserere.

Missus demùm ad judicem Iengtso, post multos cruciatus ad extremum supplicium perductus est, anno aetatis suae 41, die 26^a lunae 7^{ae} 1839. Mansit in carcere seu in quaestione per 5 menses.

PAULUS TSENG

TSENG PAULUS de familia illustri ortum ducens, fide christianā illustrior fuit. Pater et frater ejus anno salutis 1801, exorta Christianorum vexatione, capti fortiter pro religione dimicantes occubuerunt.

Paulus Tseng, post mortem patris, 7 annos natus, cum matre sua propter religionem captus fuit, sed postquam omnia bona spoliata sunt, remissus est.

Tunc Paulus adolescens sine domo vagans apud notos aliquot annos trajecit. Demùm cum matre suā aufugit a facie omnium parentum (erant pagani) et mutato cognomine vixit solus. Crevit inter paupertatem et miserias : multas quoque persecutiones propter fidem passus, nunquam apostavit. Non solum a gubernio persecutiones sustinuit, sed etiam ab omnibus notis et parentibus.

Quos iterum fugiens ad domum cujusdam Christiani Tso Petri martyris se contulit ; ubi latens innumera mala perpessus est, paupertatem, famem, nuditatem. Aliquando etiam, persequentibus parentibus, coactus est matrem et sororem suam derelinquere. Inter tot calamitates non cessavit die ac nocte orationibus et bonis operibus vacare. Servavit virginitatem usque ad mortem.

Saepe Deum precibus exorabat, ut dignaretur mittere pastores ad convertendas gentes. Quare ipse vir nobilis, servorum munere fungens, ministros legati sectatus Pekinum petiit octo vel novem vicibus, precibus ab Episcopo Pekinensi impetravit, ut mitteretur Pater Pacificus.

Dein domum reversus, saeviente persecutione in Christianos, cum matre et sorore sua confugit in Seoul. Ibi maximā pietate erga Deum succensus, ab omnibus erat acceptus. In quadragesimali tempore extra morem fidelium Coreanorum per omnes dies jejunabat; praeterea saepe in hebdomadā jejunio corpus suum affligebat. Licet pauper ipse egenis crebro misericordiam exercebat. Charitate erga Deum et homines flagrans aliis bonum exemplum praebebat.

Dein ipse in Pien Moun adveniens introduxit omnes Patres, et in sua domo receptos juxta suas vires ex corde ministravit. Hunc episcopus Imbert elegit in alumnum, destinans ad presbyteratum. Sed vexatione in Christianos de die in diem crescente, Episcopum sequens fugit. Mox ab eodem Praesule, res in Seoul relictas custodire jussus, domum rediit.

Ibi unā cum matre et sorore sua parato animo divinam dispositionem expectabat. Itaque Keihai die 6^a lunae 6^{ae}, supervenientes Paulum vinculis constrictum cum matre et sorore ejus duxerunt ad tribunal. Factā quaestione, in carcerem conjecerunt.

Tertia die, judex Paulum e carcere eductum interrogavit. "Tu, spretis Coreae moribus, alienarum nationum doctrinas sequens, homines depravas." Cui respondit Paulus : "Rebus alienae nationis, si sint probae, utimur, et numquid solum religionem christianam optimam, eo quod ab alio regno ad nos venerit, rejicere debemus? Non ita, omnis homo debet illam amplecti."

"Superstitionem alienae nationis", ait judex, "esse bonam vocas, et contemnis jussa principum!" Tunc Paulus se unicè pro religione mori optare referens, judici obtulit scripturam de religione christianā tractantem, quam antequam caperetur, composuerat, et multa de religionis veritate disseruerat.

Judex, perlectā litterā : "Recte," inquit, "dicis, sed quare rem a gubernio prohibitam homines doces?" Jussit Paulum catenis constringi, et ex omni parte cum Tsouroi comprimi. Tunc brachia disjuncta sunt et confracta, ossa visa sunt.

Post aliquot dies e carcere eductum denuo contorquere aggressi, adhibuerunt omnes fere species tormentorum Tsouroi scilicet et Tsoutsang etc… Forti demum funiculo hinc et inde trahentes membra dissecarunt. Sed nondum satiati, ligneā securi, quam Sammotsang vocant, crura ejus per partes secantes, etiam usque ad medullam auferre conati sunt. Tunc toto corpore confracto, sanguis abunde in terram decurrebat.

At Paulus laetā facie, omnia pari constantiā sufferebat. Interjectis dein aliquot diebus, iterum extrahentes immane cruciarunt, ut Patres Maubant nempe et Chastant et alios Christianos proderet. Paulus velut agnus omnia sustinens unā cum Augustino Iou die 22^a Septembris an. S. 1839 martyrii coronā decoratus est, an. aetatis suae 45.

AUGUSTINUS praefectus IOU IONGSENGNI

AUGUSTINUS IOU de familiā honestā e parentibus dignitariis natus, ab ineunte aetate ad litterarum studia summa cum ingenii et industriae laude se contulit. Itaque brevi doctorum honores obtinuit. Tunc praefecturae dignitatem nactus, divitias et nomina honorifica non magnifaciebat, et non cessavit litterarum studiis vacare.

Demum mundi universi structuram ac naturae universae existentiam considerando, rerum omnium Auctorem existere sibi persuasit. Itaque in inquirendo Creatorem decem amplius annos laborans, pervolvit omnes libros, quos invenire poterat.

Die quādam audiens multos homines pro religione, quae Domini coeli appellatur, sanguinem fudisse, habuit desiderium videndi illius religionis homines, et audiendi, si forte vera sit religio, et coepit eos quaerere.

Quādam vice fortuitò in viā reperit parvam cartam, in quā agebatur mentio de anima hominis, quam per partes scindendo invenit tractatum de Deo Christianorum. Tunc incensus cupiditate illum sciendi, ubique Christianos quaerere coepit.

Tandem inveniens, cum aliquantisper audisset, statim amplexatus est. Post unum annum interpretis munere fungens, in legatorum comitatu Pekinum petiit. Ubi sacro baptismatis fonte ablutus est.

Dein multoties Pekinum missus a gubernio, interius religionis negotia omni sollicitudine curabat. At uxor ejus, videns bona paulatim decrescere, et maritum nullam operam dare ad honores et dignitates consequendos, in rabiem conversa, maritum domesticā persecutione per plures annos agitavit, et injuriis, blasphemiis christianam religionem et christianos appetebat. Augustinus omnia pro Deo libenter sustinebat, ac crebrò meditationibus orationibusque vacans, ignaros edocebat.

Keihai persecutione saeviente in Christianos, omnia divinae providentiae committens, eventum parato animo expectabat. Circa lunam 6^{am} missi sunt satellites, ut Augustinum comprehenderent. Id ubi ad aures parentum Augustini (erant omnes pagani) perventum est, simul ad Augustinum concurrerunt, et eum tenentes cum lacrymis et gemitibus rogare coeperunt, ut prolato uno verbo apostasionis, se et illos salvaret.

At ille omnibus rejectis, forti animo ad judicem perrexit : qui Angustinum cum civilitate receptum, omni arte, precibus et exhortationibus à Deo avertere aggressus est.

Sed Augustinus omnia contemnens ad supplicium ducitur. "A quo," inquit judex, "superstitionem a gubernio vetitam addicisti(*sic*), quot homines docuisti, item quot libros possides?" Cui Augustinus : "A Paulo I martyre ex provincia Tselato oriundo factus sum christianus, quoad praedicationem, nequidem meam uxorem convertere potui : caeterum non habeo libros."

"Tune," ait judex, "dicas te non habere libros, nam nemo est, qui tot libros habeat, quot tu habes." Quo dicto, jussit acerbe cruciari.

Dein ab Augustino quaesivit cur sacerdotes Europei in Coream venerint. Respondit : "Patres eo fine in Coream venerunt, ut gloriam Dei promoverent, et alios docerent Dei mandata servare, et Deum colendo animam suam salvare, et ita post mortem inferni aeternam poenam effugientes, in paradiso infinita felicitate frui valeant. Itaque tam sanctam doctrinam praedicantes, quomodo argui possunt tanquam perversi?

Si ipsi sint reprobi, quā audaciā aliis sanctitatem praedicarent?

Ideò primò seipsos multā virtute et puritate coluerunt, et postea ad alia regna sese conferentes, aliis sanctitatem praedicant. Si ipsi haec praestent propter honores altos, divitias et foedas voluptates, cur Europam prae aliis celebriorem regionem, patriam ditiorem et amabiliorem relinquentes, trajectis nonaginta fere mille leucis, huc usque in nationem alienigenam, mortem non pertimescentes venerunt?

Insuper usque ad dignitatem Episcopalem provecti sunt, quem itaque honorem desiderare possunt? Et utuntur bonis ex suā patriā secum allatis, quomodo igitur argui possunt venisse propter divitias?

Ipsi Deo sacrati, perpetuam virginitatem cum juramento voverunt, et corporis integritatem servantes, usque ad sacros ordines promoti sunt, quomodò igitur arguentur foedarum voluptatum amatores?"

His auditis, judex ait : "Quis eos huc in Coream introduxit?" "Ego," respondit, "eos introduxi."

Postea cum, ut duos patres proderet, crudelitèr torqueretur, nihil respondit. Demùm ab Reverendissimo Episcopo admonitus, solum respondit esse duos patres (ita enim episcopus illi dixerat), et non dixit ubi essent.

Tunc illum jam vulneribus coopertum cruciantes, cum Tsouroi grosso fune utrumque femur colligarunt, et hinc et illinc trahendo serrantes carnes auferebant. Tunc Augustinus visus est velut in ardenti carbone positus. Deindè cum lignea securi crura immanè ferirent, carnes ab ossibus disjunctae sunt. At Augustinus, nec colorem faciei mutans, omnia supplicia aequo animo superavit.

Invictus in carcerem Keumpou unā cum Patribus missus est. Posteà eductus, bis atque ter denuo cruciatibus affectus.

Post haec ad mortem damnatus unā cum Paulo Tseng occubuit sub gladio, anno aetatis suae 49. Uxor, frater, (sunt pagani) et infans secundus Augustini in exsilium missi sunt…

CAROLUS TSO MIENGTSERI

CAROLUS ex provinciā Kangouento oriundus, annos 30 natus ad veri Dei cultum conversus est ab Augustino Iou. Transactis dein aliquot mensibus, sequens Augustinum Pekinum se contulit. Ibi baptizatus ac sacratissimo Confirmationis et Eucharistiae sacramento munitus domum rediit. Tunc maximo in Deum amore accensus, eum colebat ; claruit humilitate et patientiā.

Ipse pauper egenis opem crebro ferebat. Precibus atque exhortationibus suam uxorem pertinacem convertit ad Deum ; et effecit, ut multi pagani, relicta paternā superstitione, religionem christianam amplexarentur. Multum delectabatur de Deo sermonem habere, et saepè inter meditandum et orandum pias fundebat lacrymas. Multa bona Ecclesiae Coreanae attulit.

Semper ferebatur desiderio martyrii coronam obtinendi, et multa patiendi pro Jesu Christo. Anno 1839 cùm ex Sinis in patriam reverteretur, in somnio vidit Jesum inter duos apostolos Petrum et Paulum agentem, et ad excelsum montem stantem, ac audivit Dominum sibi dicentem : "Ego hoc anno tibi concedo martyrii coronam." Tunc Carolus in terram procidens, grates retulit. Sic ei accidit bis.

Domum reversus, ut tota familia ad persecutionem pro Deo et martyrium subeundum animaretur, verbis suadere, et exhortationibus adhortari coepit.

Circa lunam 5^{am} 1839, satellites advenietes totam ejus familiam ceperunt ; ipse domo aberat, cùmque reverteretur, vidit satellites e domo suā egredientes cum uxore et aliis. Eos Carolus sequens usque ad tribunal perrexit. Ibi cùm spectaret suos ad supplicium duci, satellites multitudinem adstantium expellebant, sed Carolus, licet coactus exire, pedem nequaquam retroponebat.

Tunc interrogatus respondit : "Ego herus paterfamilias sum horum captorum." Responsum satellites ad praefectum detulerunt, qui jussit eum incarcerari. Eductum e carcere interrogavit judex, ad quem pertinerent res, quas habebat. (erant merces pro missione ex Pekino allatae) Respondit Carolus, esse merces, quas in Pekino emerat.

Judex eum graviter reprehendit, et, ubi Christum Deum constanter confitentem, monita sua contemnentem vidit, jussit totum corpus contorqueri cum Tsouroi. Sed cum hoc acerbo supplicio cogi non posset Christi miles, ut iniqui judicis dictis obediret, imo fortissimus in fidei professione permaneret, ad praealtam columnam suspensus, virgis verberibusque sine numero feritur. Tunc dilaceratum corpus triginta quinque Tsouroi ictibus denuò affectum, ubique tunditur cum Tsoutsang. Cùmque nulla fermè pars esset integra, exsangue ac semimortuum corpus in foedā custodiā conclusum est.

Transactis aliquot diebus, eductum denuò cum Tsouroi torrere et ligneā securi ferire coeperunt. Sed in omnibus invictus Carolus unā cum Patribus in tribunal Keumpou missus est, ibi ter virgis caesus ad mortem damnatus est.

Cùmque curru ad extremum supplicium duceretur, militi mandavit, ut suis nuntiaret, quòd ipse vadit in locum requiei, ut ipsum sequantur. Miles annuens, lacrymabundus executus est. Carolus, laetā facie, ridens collum carnifici praebuit, an. aetatis 45 et salutis 1839, die 5ᵃ post festum S. Matthei.

PETRUS IOU TAITTSERI, Filius Augustini Praefecti et Martyris

PETRUS, Augustini martyris filius, ab ineunte aetate naturā erat admodum suavis et benevolus. Adolescentulus non matrem perfidam, sed patrem pium sequens, religionem amplexatus, admirabili pietate Deum colebat.

Mater et soror ejus regni Dei infensissimae hostes, eum, ut ad eamdem superstitionem rediret, omnibus modis suadere et terrere conabantur. Cumque ille constantissime resisteret, et nunquam se veram fidem posse relinquere, verbis et factis ostenderet, ipsae in iram conversae, illum acrè persequebantur, et durissimis verbis affligentes molestabant. At pius filius, persecutricem matrem amore ac veneratione prosequebatur, et ad dicta suavibus verbis reponens, matris et sororis ignorantias cum pietate deflebat.

Fidelis legum divinarum observator, assidue religionem addiscens sacramentis munitus est. Tunc majore erga Deum amore flagrans, pro Christo Deo sanguinem fundendi desiderio ferebatur.

Cùm, exortis persecutionibus, multi Christiani capti martyrizarentur, eorum gloriam cum aemulatione anhelans, sibi portionem fieri desiderabat.

Quadam die, pro Deo sanguinem fundendi desiderio aestuans, ad tribunal judicis magno passu perrexit. Quem ubi judex percontans christianum esse cognovit, in carcerem misit. Alterā die, e custodia eductum, ut Deum desereret, alios proderet, verbis suadere, minis terrere conatus est.

Ut autem Deum constanter confitentem vidit, iratus virgis caedi, variis cruciatibus affici jussit. At fortis confessor, ubi verberibus et diversis cruciatibus tortus, cùm nulla aut tormentorum vi, aut acerbitate vel lenitate verborum a proposito deterreri possit, dilacerato corpore, exsanguis iterum in carcerem mittitur angustissimum, omni immunditia ac foetore repletum.

Itaque illā in tenebrosā custodiā inclusus, acerbissimè ac crudelissimè verberatur a satellitibus, qui plagas super plagas addentes immanè feribant, ut, dicto uno apostasionis verbo, exiret. Sed fidelis Christi miles, omnia tormenta forti animo ac hilari vultu sustinens, verbis invincibilibus veritatem religionis vindicabat. Unus satellitum accedens, dulcibus verbis eum hortabatur, ut dicto judicis obediens necem vitaret. Cui respondit Petrus : "Cur hujusmodi consilium mihi proponis?" Quo audito, ait satelles : "Utique verum dicis : Te rogo, O Taittsera, ut digneris me adjuvare, si mihi paulisper succuras, ego salvari potero."

Ipse in tantā suppliciorum acerbitate positus, alios incarceratos fideles exhortabatur et apostatas, ut ad gratiam Dei redire mererentur, piis verbis suadere conabatur. E carcere eductus, denuò ad supplicia ducitur, et cùm sexcentos amplius virgarum ac quadraginta ictus Tsitokon recepisset, corpore quidem fuit debilitatus ac dilaceratus, animo tamen fortior et ardentior effectus, internam laetitiam exteriùs manifestabat. In omnibus tandèm invictus suppliciis, die 25ª lunae 9^{ae} 1839 strangulatus ad Deum migravit anno aetatis suae decimo-quarto.

TSENG COUCPO

TSENG COUCPO nobili genere ortus, dum trigesimo aetatis anno floreret, intellectā religionis Christianae veritate, Christo nomen dedit. Post biennium sacro baptismatis fonte ablutus, sese Deo strictius jungere coepit. Multa charitatis officia erga fideles exercutus(*sic*) est, et, jubente Patre Pacifico, omnes Christianos in hospitium recipiebat. Paupertatem et varias miserias, quibus sujectus fuit, cum patientiā pro Deo sustinebat.

Circa lunam 7 1839 propter fidem captus ad tribunal Potseng perductus est. Ibi liberè Deum Creatorem confitens in acerba supplicia ducitur. Sed cùm constantissimè in fidei veritate permaneret, et nullo modo a proposito dimoveri posset, ad Iengtso tribunal perductus est.

Ah! proh dolor! victus, relicto Deo suo, ad sua statim dimissus est. Domum reversus, cùm suum errorem cognovisset, die ac nocte dolere ac gemere coepit. Dein cujusdam christiani exhortatione permotus, directo cursu ad tribunal Iengtso perrexit. Interrogatus a satellitibus confessus est suam erga Deum infidelitatem, et petiit pro Deo mori. Sed fuit rejectus velut amens habitus. Pari modo nec secundā vice admissus est.

Demum fatigationibus, morbo, animi dolore ac vulnerum acerbitate consumptus, cùm ire non valeret, in tribunal evectus est per bajulatores pecuniā conductos.

Hac quoque vice repulsus, ad fores tribunalis gemebundus jacuit. Cum judex egrederetur, repetitis clamoribus confessus est se paenitere Deum derelinquisse(*sic*), et pro hac culpā mori optare. Judex illum expelli jussit. Sed ipse clamans ac lamentans supplicabatur, ut audiretur ; quare judex sui impotens in carcerem misit.

Inde transactis paucis diebus in tribunal Pottseng remittitur, ubi viginti quinque Tsitokon ictibus laceratus in custodiā mortuus est an. aetatis 41, 1839.

Sufficit pro nunc.

R^{mo} Patri, Libois
procuratori in Macao.

17

J. M. J.

R^{mo} Episcopo Ferreol V. Ap. Coreae

die 23 Julii 1845

Reverendissime Praesul,

Jam debuissem Rev. Amplitudini scribere, sed diversis occupationibus impedientibus, non potui. Recepi nuper à Consule Anglo litteras ab Rev. Episcopo missas, quae admodùm nobis fuerunt gratae et consolatoriae.

Postquam fui ab Rev^{ma} Amplitudine in Coream dimissus, Deo favente feliciter ingressus sum, et fui in Seoul a christianis receptus. Pluries in acerbum morbum lapsus graviter aegrotavi. Christiani sine actuali persecutione pace utuntur, sed sine Pastore gemunt. Numerus fidelium quotidie crescit, augetur fervor, apostatae ad meliorem frugem redeunt ; pagani multi, relictis paternis erroribus, ad verum Deum sese convertunt. Optima idea de christiana religione inter paganos celebratur.

Christianorum numerus refertur ad minus ad decem millia ; et martyrum, ab initio, ad octingenta(*sic*) refertur. Licet christiani hodie sint sine actuali seu postitivā persecutione, quotidiano tamen mortis periculo sunt subjecti. Verè sunt pauperes et afflicti christiani. Emi domum pro commoratione Episcopi, et commisi cuidam christiano. Emi duas cymbas ad veniendum in Kiang-nan, unam magnam, alteram, quae fuit perdita in mari per tempestatem. Fere unum mensem consumpsi ad veniendum in Kiang-nan, bis sustinuimus tempestatem. Parentes et uxores christianorum, cum quibus ex Coreā profectus sum, ignorant, quo profecti sint sui. Dum essemus in mari prope Kiang-nan, advenerunt piratae, sed, protegente B. V. M. nostrā, non ausi sunt furari. Quando pervenimus in Ou-song et Xang-hai, Consul et Angli perhumanè nos receperunt, et toto corde protegunt.

Mandarini Sinenses volebant, ut per terram in Coream rediremus ; et ideo volebant, ut mos est, denuntiare nostrum adventum imperatori, sed constanter prohibui, ne id agerent. Nunc ipsi mandarini me venerantur, et permittunt ad libitum hic remanere. Caeterum videntes me cum Anglis amicè versari, et eos intelligere, multum mirantur ; et aliqui, videntes me loqui benè Sinicè putant esse Sinensem. Consul Anglus dixit mihi, ut Amp. Vestrae referrem, quod ipse recepit litteram ab Rev. Episcopo missam (Non bene intellexi illum, quia sine interprete mihi hoc dixit). Ille mihi tradidit litteram ab Rev. Episcopo receptam.

Vellem utique clarius et effusiùs Amplitudini scribere, sed cum multae occupationes me circumdent, et mox potero frui Vestrā praesentiā, non enarro omnia, in epistola, quam scripsi Libois, effusiùs narravi.

Hic nos de die in diem ardentissimè expectamus vestrum adventum. Quando veniet, secum portabit, quidquid poterit, quia suffciens est locus in cymbā.

Res, quae possunt vendi in Corea sunt tela europea, panni, serica et similia. Nummus coreanus ex argento habet formam. Quidquid sit possunt portari

in omni forma et massa. Ministri Coreani, postquam patres Gallos, quos putant esse missos a rege Galliarum, occiderunt, per aliquot annos timebant, ne Galli venientes satisfactionem exigerent ; quia, ut ipsi dicunt, injuriam fecerant regi Galliae, occidendo viros ab eo missos. Nunc per aliquot annos videntes Gallos non venire ad exigendam satisfactionem, iterum redacti sunt audaces, et parati sunt denuo occidere.

Episcopus Bezi nondum rediit et infirmatur in via. Recepi a patre Gotteland 580 patacas.

Christiani salutant Rev. Episcopum.

Amplitudini vestrae

obseq. et inut. filius Andreas Kim

18

R^{mo} Patri Libois
Procuratori
Missionum ad exteros

die 20 Novembris 1845

Reverendissime Pater,

Ex Kiang-nan profecti sumus circa mensem Septembrem. In altum mare provecti, multoties per tempestates jactati sumus. Crescente dein ventorum vi ac confracto gubernaculo, malos amputavimus, ne naufragaremus.

Inde navigantes nos contrarius ac vehemens ventus exportavit usque ad insulam Quelpaert.

Consumptis tandèm multis diebus, attigimus portum, cui nomen Kiang-kieng, et, Deo favente, sine ulla adversitate a Christianis fuimus recepti.

Nunc Illustrissimus Episcopus Ferreol et R^{dus} Pater Daveluy benè in Domino valent, et student linguae. Disponimus iter ad receptionem Patris Maistre et diaconi Thomae. Rex et ministri persecutores adhuc vivunt. Christiani pro nunc pace fruuntur, licet aliqui persecutionis rumores eos agitent. Circa lunam 7^{am} praesentis anni una navis Anglica fuit ad insulam Quelpaert ; eo tempore ministri et populus timuerunt, existimantes eos venisse ad ulciscendum sanguinem Patrum occisorum. Hujusmodi frequentia navis europeae in Coream excitat aliquod odium paganorum in christianos. Illi enim credunt europeos adventare ex invitatione et communicatione christianorum.

Nonnulli pagani suspicantes nostram expeditionem ad Kiang-nan, malitiosè loquuntur investigantes.

Imperitus sermone non audeo multa scribere, quia Ill. R. Episcopus Ferreol et R^{dus} Pater Daveluy Patri scribent et quidem non multa mihi suppetunt referenda, cùm nihil ferme egerim nisi in propositis et votis.

Caeterum R^{mo} ac Optimo Patri meo Libois necnon R^{mo} P. Legregeois, omnia fausta et prospera deprecor cum omni cordis sinceritate. Mei mementote, R^{me} Pater, in oratione et Missae sacrificio.

Paternitati vestrae

Ind. et inut. servus Andreas.

19

J. M. J

Reverendissimis Pat. Berneux,
Maistre, Libois, Legrégeois.

Unam vobis, Reverendissimi Patres, litteram mittendo, minus Vestras Paternitates venerari videor ; loci tamen circumstantia atque mens erga Rev^{mos} ac Illustriss. PP. affectus ad id cogunt.

Circa lunam 3^{am} ex dispositione Illustrissimi atque R^{mi} Episcopi Ferreol, navigavi ad insulas Pe-lin-tao. Hic reperi naves sinicas piscatorias ; per eas ad R. Patres misi plures litteras, quae postea omnes fuerunt comprehensae a satellitibus coreanis ; erant litterae latinis et sinicis litteris scriptae. Redeundo sum captus cum 4 christianis. Concatenatos nos perduxerunt in civitatem capitalem ; in via pernoctabamus per oppida ; omnis plebs accurrebant ad videndum. Eram captus quasi extraneus. In urbe reperi plures christianos captos. Mox captus est Carolus Jen cum quinque mulieribus, quae missioni inserviebant. Item captae sunt res, quae apud me erant : pecuniae, ornamenta, etc. Nunc ubique miserunt satellites ad capiendos christianos, praesertim Thomam Li, Ill. Episcopi Ferreol ministrum. Timendum est, ne capiatur Episcopus et Pater. Ista vice etiam fiet persecutio magna, multas quaestiones sustinui propter epistolas.

Concarceratos fideles reficio confessionis sacramento ; baptizavi 2 catechumenos ; sumus 10 hic, in alio carcere sunt forte 7 vel 8.

Multa judicibus dixi de fortitudine Galliae et generositate morum. Videntur credere, sed afferunt, quod nihil mali habuerint a Gallis, postquam Gallos patres occiderint. Timent aliquo modo me occidere propter Gallos, sed iterum non timent propter allatam rationem.

Nunc, nisi Deus providerit, non datur christianis coreanis remedium ac via ad missionarios introducendos atque conservandos.

Esset valde bonum, ut Consul Gallus arguat imperatorem Sinarum de nece Patrum, et scribat illi, ut imperator jubeat regem Coreanum, non tam facile seu despectè occidere gallos, et dare christianis libertatem. Si ita imperator Sinarum Regi coreano jusserit, obediet. Licet postea Christiani impediti, non poterunt ire ad missionarios recipiendos, operam dent Patres, ut per naves Anglicas veniant.

Finio scribere ; Saluto Patres R^{mos} pro ultima vice.

Salve Illust. Praesul Berneux.

Salve Pater R^{me} Maistre.

Salve Pater mi Rever^{me} Libois.

Salve R^{me} Legregeois.

Spero mox nos invicem revisuros in coelo apud aeternum Patrem. Salutent, rogo, pro me omnes alios RR. PP.

Vale, mi frater amantissime Toma(*sic*), videbimus nos in coelo ; tibi commendo specialem curam matris meae Ursulae.

Ego autem me credo virtuti Christi, pro cujus nomine sum vinctus. Spero, quod Deus me sustinebit usque in finem in tormentis fortem.

Miserere nostri, Deus, miserere nostri. Vide afflictionem nostram. Si iniquitates nostras observaveris, Domine ; Domine, quis sustinebit!!!

Valete Ill. ac Reverendissimi.

inut. ind. servus Andreas Miss. Ap. Cor.
Pro Christo vinctus 1846 Lunae 6^{ae} die 8^a

Naves Sinenses piscatoriae Xantonenses veniunt ad insul. Pe-lintao luna 3a et redeunt luna 5^a.

20

De la prison, le 26 août 1846

Monseigneur,

Votre Grandeur aura su les choses qui se passèrent dans la capitale depuis notre séparation. Les dispositions de notre voyage étant faites, nous levâmes l'ancre, et poussés par un vent favorable, nous arrivâmes heureusement dans la mer Yenpieng, alors couverte d'une multitude barques de pêcheurs. Mes gens achetèrent du poisson et se rendirent pour le revendre dans le port de l'île Souney. N'y trouvant aucun acheteur, ils le déposèrent à terre avec un matelot chargé de le saler.

De là continuant notre route nous doublâmes So Kang et les îles Maihap, Thetsinmok, Sotseng, Taiseng, et nous vinmes mouiller près de Pelintao. Je vis là une centaine de jonques du Chantong occupées à la pêche. Elles approchaient très près du rivage, mais l'équipage ne pouvait pas descendre à terre. Sur les hauteurs de la côte et sur le sommet des montagnes étaient en sentinelles des soldats qui les observaient.

La curiosité attirait auprès des Chinois une foule de Coréens des îles voisines. Je me rendis moi-même de nuit auprès d'eux et je pus avoir un colloque avec le patron d'une barque. Je lui confiai les lettres de votre Grandeur ; j'en écrivis quelques-unes adressées à MM. Berneux, Maistre et Libois et à deux chrétiens de la Chine. Je joignis à cet envoi deux cartes de la Corée avec la description des îles, rochers et autres choses remarquables de la côte du Hoang-hai. Cet endroit me parait très favorable pour l'introduction des missionnaires et la communication des lettres, en usant avec précaution du ministère des Chinois. Chaque année vers le commencement de la troisème lune, ils s'y donnent un rendez-vous pour la pêche, ils retournent sur la fin de la cinquième lune.

Après avoir exécuté vos ordres, Monseigneur, nous repartîmes et nous rentrâmes dans le port de Souney. Jusque là mon voyage avait paru sous d'heureux auspices et j'en attendais une fin meilleure. Le poisson que nous avions déposé sur le rivage n'était pas encore sec ; ce qui prolongea notre séjour dans le port. Mon domestique Vénan me demanda la permission de descendre à terre pour aller récupérer l'argent qu'il avait laissé dans une famille où la crainte de la persécution l'avait tenu caché pendant sept ans. Après son départ, le mandarin escorté de ses gens vint à notre barque et en demanda l'usage pour écarter les jonques chinoises. La loi en Corée ne permet pas de se servir des barques des nobles pour des corvées publiques. Parmi le peuple on m'avait fait passer, je ne sais comment, pour un ianpan (nobles du pays) de haut parage, et en cédant ma barque au mandarin, je devais perdre ma considération ; ce qui eut nui à nos futures expéditions. D'ailleurs Vénant m'avait tracé une régle de conduite en pareilles circonstances. Je répondis au mandarin que ma barque était à mon usage et que je ne pouvais la lui céder.

Les satellites m'accablèrent d'injures et se retirèrent emmenant mon pilote. Ils revinrent le soir, et s'emparèrent du second matelot et le conduisirent à la préfecture. On leur fit plusieurs questions à mon sujet, et leurs réponses jetèrent de graves soupçons sur moi. Le mandarin sut que l'aïeule de l'un d'entre eux était chrétienne. Les satellites tinrent conseil et dirent : Nous sommes trente ; si cet individu est véritablement noble, nous ne périrons pas tous ; on en mettra un ou deux à mort, les autres vivront ; allons-nous saisir de sa personne. Ils vinrent la nuit, accompagnés de plusieurs femmes publiques, et se ruèrent sur moi en furibonds ; ils me prirent par les cheveux dont ils m'arrachèrent une partie, me lièrent avec une corde et du pied, du poing et du bâton me chargèrent de coups. Pendant ce temps là et à la faveur de l'ombre de la nuit, ceux des matelots qui restaient se glissèrent dans le canot et s'enfuirent à force de rames.

Arrivés sur le rivage, les satellites me dépouillèrent de mes habits, me lièrent et me frappèrent de nouveau avec dérison et sarcasme, et me trainèrent devant le tribunal, où s'était rassemblée une foule de monde. Le mandarin me dit : Etes-vous chrétien? - Oui, je le suis, lui répondis-je. - Pourquoi contre les ordres du roi pratiquez-vous cette religion? Renoncez-y. - Je pratique ma religion, parce qu'elle est vraie ; elle m'enseigne à honorer Dieu et me conduit vers une félicité éternelle ; j'ignore le nom d'apostasie. On me donne la question. Le juge : Si vous n'apostasiez, je vais vous faire expirer sous les coups. - Comme il vous plaira, mais jamais je n'abandonnerai mon Dieu. Voulez-vous entendre les vérités de ma religion? Ecoutez : le Dieu que j'adore, est le créateur du ciel et de la terre, des hommes et de tout ce qui existe. Il punit le crime, il récompense la vertu etc. d'où il suit que tout homme doit lui rendre des hommages. Pour moi, ô mandarin, je vous remercie de me faire subir des tourments pour son amour ; que mon Dieu vous récompense de ce bienfait en vous faisant monter à de plus hautes dignités. - A ces paroles le mandarin se prit de rire avec toute l'assemblée.

On m'apporta ensuite une cangue longue de huit pieds. Je la saisis aussitôt et me la passé moi-même au cou. Des éclats de rire s'élevèrent de toutes parts dans l'auditoire. On me jeta en prison avec les deux matelots qui déjà avaient apostasié. J'avais les mains, les pieds, le cou et les reins fortement liés, de manière que je ne pouvais ni marcher, ni m'asseoir, ni m'étendre. J'étais oppressé par la foule que la curiosité avait attiré auprès de moi. Une partie de la nuit se passa pour moi à leur prêcher de religion ; ils écoutaient avec intérêt et m'affirmaient qu'ils l'embrasseraient, si elle n'était pas prohibée par le roi.

Les satellites ayant trouvé dans mon sac des objets de Chine, crurent que j'étais de ce pays. Le lendemain le mandarin me fit comparaître devant lui et me demanda si j'étais Chinois. - Non, lui répondis-je, je suis Coréen. N'ajoutant pas foi à mes paroles, il me dit : dans quelle province de la Chine êtes-vous né? - J'ai été élevé à Macao dans la province du Koang Tong ; je suis chrétien ; la curiosité et le désir de propager ma religion m'a amené dans ces parages. Il me fit reconduire en prison.

Cinq jours s'étant écoulés un petit offcier à la tête d'un grand nombre de satellites, me conduisit à Hai tsu, métropole de la province. Le gouverneur me demanda si j'étais Chinois ; je lui fis la même réponse qu'au mandarin de l'île. Il me fit une multitude de questions sur la religion. Je saisis avec empressement l'occasion et je lui parlai de l'immortalité de l'âme, de l'enfer, du paradie, de l'existence de Dieu, de la nécessité de l'adorer pour être heureux après la mort. Lui et ses gens me répondirent : Ce que vous dites là est bon et raisonnable ; mais le roi ne permet pas d'être chrétien.

Ils m'interrogèrent ensuite sur bien des choses qui auraient pu compromettre les chrétiens et la Mission. J'eus garde de leur répondre. - Si vous ne nous dites pas la vérité, reprirent-ils d'un ton irrité, nous vous tourmenterons par divers supplices. - Faites ce que vous voudrez. En courant vers les instruments de torture, je les saisis et les jetai aux pieds du gouverneur, en lui disant : Me voilà tout prêt, frappez, je ne crains pas vos tourments. Les satellites les enlevèrent aussitôt. Les serviteurs du mandarin s'approchèrent de moi en me disant : C'est la coutume que toute personne partant au gouverneur s'appelle So-in(petit homme). - Que dites-vous là? Je suis grand, je suis noble, je ne connais pas une telle expression.

Quelques jours après le gouverneur me fit comparaître de nouveau et m'accabla de questions sur la Chine ; quelquesfois il me parlait par interprète pour savoir si réellement j'étais Chinois, et il finit par m'ordonner d'apostasier. Je haussai les épaules et je souris en signe de pitié. Les deux chrétiens pris avec moi, vaincus par l'atrocité de la torture, dénoncèrent la maison que j'habitais à la capitale, trahirent Thomas Ly, serviteur de votre Grandeur, Mathieu son frère et quelques autres ; ils avouèrent que j'avais communiqué avec les jonques chinoises et que j'avais remis deux lettres à l'une d'entre elles. Aussitôt un escadron de satellites fut dirigé vers les jonques et en rapportèrent les lettres au gouverneur.

On nous gardait avec une grande sévérité ; placés chacun dans une prison séparée, quatre soldats veillaient jour et nuit sur nous. Nous avions des chaînes aux pieds et aux mains et la cangue au cou. Une longue corde était attachée à nos reins et trois hommes la tenaient par le bout chaque fois qu'il nous fallait satisfaire aux exigences de la nature. Je vous laisse à penser quelles misères j'eus à supporter. Les soldats voyant sur ma poitrine sept cicatrices qu'y avaient laissées des sangsues, qu'on m'avait appliquées dans une maladie à Macao, disaient que c'était la grande ourse et se divertissaient par mille plaisanteries.

Dès que le roi sut notre arrestation, il envoya des satellites pour nous conduire à la capitale ; on lui avait annoncé que j'étais Chinois.

Pendant la route nous étions liés comme dans la prison, de plus nous avions les bras garrotés d'une corde rouge, comme c'est la coutume pour les voleurs et les grands criminels, et la tête couverte d'un sac de toile noirâtre. Chemin faisant, nous eûmes à supporter de garndes fatigues ; la foule nous opprimait. Je passais pour étranger, on montait sur les arbres et sur les maisons pour me voir passer.

Arrivés à Seoul nous fûmes jetés dans la prison des voleurs. Les gens du prétoire, entendant mon langage, cet homme là, dirent-ils, est coréen. Le jour suivant je comparus devant les juges. Ils me demandèrent qui j'étais. Je suis Coréen, leur répondis-je ; j'ai été élevé en Chine. On fit venir des interprètes de langue chinoise pour s'entretenir avec moi.

Dans la persécution de 1839, le traître avait déclaré que trois jeunes Coréens avaient été envoyés à Macao pour y étudier la langue des Européens ; je ne pouvais donc rester longtemps inconnu, et d'ailleurs un des chrétiens pris leur avait dit aussi que j'étais du pays. Je déclarai aux juges que j'étais André Kim, l'un de ces trois jeunes gens, et je leur racontai tout ce que j'avais eu à souffrir pour rentrer dans ma patrie. Ce que les juges entendant disant avec les spectateurs : Pauvre jeune homme! il est dans les travaux depuis l'enfance!

Ils m'ordonnèrent de me conformer aux ordres du roi en apostasiant. Au dessus du roi, leur dis-je, est un Dieu qui m'ordonne de l'adorer ; le renier est un crime que l'ordre du roi ne peut justifier. Sommé de dénoncer les chrétiens, je leur opposai les devoirs de la charité et le commandement de Dieu d'aimer son prochain. Interrogé sur la religion, je leur parlai au long sur l'existence et l'unité de Dieu, sur la création et l'immortalité de l'âme, sur l'enfer, la nécessité d'adorer son créateur et la fausseté des religions paiennes.

Quand j'eus fini de parler, les juges me répondirent : Votre religion est bonne, mais la nôtre l'est aussi, c'est pourquoi nous la pratiquons. Si dans votre opinion il en est ainsi, leur repartis-je, vous devez nous laisser tranquilles et vivre en paix. Mais loin de là, vous nous persécutez, vous nous traitez plus cruellement que les derniers criminels ; vous avouez que notre religion est bonne, qu'elle est vraie et vous la poursuivez comme une doctrine abominable. Vous vous mettez en contradiction avec vous-mêmes. Ils rirent niaisement à ma réponse.

On m'apporta les lettres et les cartes saisies. Les juges lurent les deux lettres qui étaient écrites en chinois ; elles ne contenaient que des salutations. Ils me donnèrent à traduire les lettres européennes ; je leur interprétai que ce qui pouvait n'avoir aucune conséquence pour la Mission. Ils me firent des questions sur MM. Berneux, Maistre et Libois ; je leur répondis : Esse philosophantes in Sinis. Trouvant de la différence entre les lettres de votre Grandeur et les miennes ; ils me demandèrent qui les avait écrites. Je leur dis en général que c'était mes lettres. Ils me présentèrent les vôtres et me demandèrent d'écrire semblablement. Ils usaient de ruse, je les vainquis par la ruse.

Ces caractères, leur dis-je, ont été tracés avec une plume métallique ; apportez-moi cet instrument et je vais vous satisfaire. Nous n'avons pas de plume métallique. - Si vous n'en avez pas, il m'est impossible de former des caractères semblables à ceux-là. On apporte une plume d'oiseau ; le juge me la présentant : Ne pouvez-vous pas écrire avec cet instrument? Ce n'est pas la même chose cependant je puis vous montrer comment dans les caractères européens une même personne peut écrire diversement. Alors taillant la plume très fine, j'écrivis quelques lignes en lettres très petites ; puis en coupant le bec, je formai des lettres plus grosses. Vous le voyez, leur dis-je, ces caractères ne sont pas les mêmes. Cela les satisfit, et ils n'insistèrent pas davantage sur l'article des lettres. Vous concevrez, Monseigneur, que nos lettrés de Corée ne sont pas à la hauteur des savants d'Europe.

Les chrétiens pris avec moi n'ont encore subi aucun tourment dans la capitale. Charles demeure dans une autre prison avec les personnes qui ont été prises avec lui. Nous ne pouvons avoir entre nous aucune communication. Nous sommes dans celle-ci dix personnes ; quatre ont apostasié ; trois d'entre elles se repentent de leur faiblesse.

Mathias Ly, qui en 1839 avait été faible néophyte, se montre aujourd'hui plein de courage et veut mourir martyr. Son exemple est imité par le père de Sensiri, mon pilote et par Pierre Nam qui auparavant avait scandalisé les fidèles. Nous ignorons le moment où l'on nous conduira à la mort. Pleins de confiance en la miséricorde du Seigneur, nous espérons qu'il nous donnera la force de confesser son saint Nom jusqu'à la dernière heure.

Le gouvernement veut absolument s'emparer de Thomas, serviteur de votre Grandeur et de quelques autres principaux. Les satellites paraissent un peu fatigués et moins ardents pour la recherche des chrétiens, ils nous ont dit qu'ils s'étaient portés à Jesan, Jantsi, Ogni et dans les provinces du Tshoung-tsheng et de Tsella. Je prie votre Grandeur et M. Daveluy de rester cachés jusqu'après ma mort.

Le juge m'annonce que trois navires de guerre, qu'il croit français, ont mouillé près de l'île Oiento. Ils viennent, me dit-il, par ordre de l'empereur de France (expression convenable dans ces pays) et menacent de grands malheurs à la Corée, que deux sont partis en assurant qu'ils reviendraient l'année prochaine, que le troisième est encore dans la mer coréenne. Le gouvernement paraît terrifié ; il se rappelle la mort des trois français martyrisés en 1839.

On me demande si je connais le motif pour lequel ils sont venus. Je leur réponds que je n'en sais rien, qu'au reste il n'y a rien à craindre parce que les français ne font aucun mal sans raison. Je leur ai parlé de la puissance de la France et de la générosité de son gouvernement. Ils paraissent y ajouter foi ; cependant ils m'objectent qu'ils ont tué trois français et qu'ils n'ont reçu aucun mal. Si réellement des navires français sont venus en Corée, votre Grandeur doit le savoir.

On m'a donné à traduire une mappemonde anglaise. J'en ai fait deux copies avec des couleurs qui ont brillé à leurs yeux ; l'une est destinée pour le roi. En ce moment je suis occupé à composer par l'ordre des ministres un petit abrégé de géographie. Ils me prennent pour un grand savant! Pauvres gens!

Je recommande à votre Grandeur ma mère Ursule. Après une absence de dix ans, il lui a été donné d'avoir son fils quelques jours, et il lui est enlevé presque aussitôt. Veuillez bien, je vous prie, la consoler dans sa douleur. Prosterné en esprit aux pieds de votre Grandeur, je salue pour la dernière fois mon bien aimé Père et mon révérendissime Evêque. Je salue de même Mgr de Besi ; mes salutations très respectueuses à M. Daveluy. Au revoir dans le Ciel.

André Kim, prêtre prisonnier de J.C.

PS. 29 août. J'acquiers aujourd'hui la certitude que des navires français sont venus en Corée. Ils peuvent facilement nous délivrer ; mais s'ils se contentent de menacer et s'en retournent ainsi, ils font un grand mal à la mission et m'exposent à des tourments terribles avant de mourir. Mon Dieu, conduisez tout à une bonne fin.

김대건 신부의 마지막 회유문

ᄒᆞᄂᆞᆫ 것ᄉᆞᆫ 오히려 즐거ᄒᆞ면 ᄌᆞ주ᄭᅦ 흔복ᄒᆞᆯ 거시오 곡식이 염ᄀᆞ지 아
니ᄒᆞ고 밧 거ᄃᆞᆯ ᄯᅢ에 빈 티와 겁질ᄲᅮᆫ이 ᄀᆞ득ᄒᆞ면 쥬인이 ᄯᆞᆷ 내ᄂᆞᆫ ᄒᆞᆫ 것 ᄉᆡᆼ각
ᄒᆞᄂᆞᆫ 오히려 그 밧희 거ᄅᆞᆷᄒᆞ던 공부ᄒᆞᆫ 세 그 밧ᄎᆞᆯ 박ᄃᆡᄒᆞᄂᆞ니 이ᄀᆞᆺ치
쥬ㅣ ᄯᅡᆼ을 밧츨 삼으시고 우리 사ᄅᆞᆷ으로 벼ᄅᆞᆯ 삼아 은춍으로 거름을 삼으
시고 강ᄉᆡᆼ구쇽ᄒᆞ야 피로 우리ᄅᆞᆯ 믈주사 ᄌᆞ라ᄂᆞᆫ 녈ᄆᆡᄅᆞᆯ 도록ᄒᆞ야 제사니
심판날 거두기에 니르러 은혜ᄅᆞᆯ 밧아 녀믄 쟈ㅣ 되엿시면 쥬의 의ᄌᆞ로 텬국을
누릴 거시오 만일 녀믈지 못ᄒᆞ여시면 쥬의 원슈ㅣ 되여 영원이
ᄆᆞᆺ당ᄒᆞᆫ 벌을 밧으리라 우리 ᄉᆞ랑ᄒᆞ온 뎨형ᄃᆞᆯ아 알지어다 우리 쥬
예수ㅣ 셰샹에 ᄂᆞ려 친히 무수ᄒᆞᆫ 고난을 밧으시고 고난 가온ᄃᆡ로조차 셩
교회ᄅᆞᆯ 셰우시ᄂᆞᆫ 고난 즁에 ᄌᆞ라나게 ᄒᆞ신지라 그러나 셰샹 풍쇽이 아모리
치ᄂᆞᆫ 싸호나 능히 니긔지 못ᄒᆞᆯ지니 예수 승텬 후 종도 ᄯᅢ부터 지금ᄭᆞ지 니
셩교회 두루 무수ᄒᆞᆫ 간난 즁에 ᄌᆞ라ᄂᆞ니 이제 우리 됴션에 셩교ㅣ 드러온

[한글 고문서 - 판독 생략]

지오륙십년에 여러번 군난으로 교우들이 이제ᄭᆞ지 나고 ᄯᅩ 오ᄂᆞᆯ날 군
난이 치셩ᄒᆞ야 여러교우와 나ᄭᆞ지 잡히이고 아오로 너희들ᄭᆞ지 환난즁을
당ᄒᆞ니 우리 ᄒᆞᆫ몸이 되여 애통지심이 업ᄉᆞ며 육졍에 ᄎᆞ마 니별치 어려
옴이 업ᄉᆞ랴 그러나 셩경에 말ᄉᆞᆷᄒᆞ시되 젹은 터럭이라도 주ㅣ 도라보신
다ᄒᆞᆫ 도모지 알심이 업서 돌보신다 ᄒᆞ여시니 엇지 이러틋ᄒᆞᆫ 군난이 쥬명아
니면 쥬샹쥬벌이 아니랴 쥬의 셩의ᄅᆞᆯ ᄯᅡ라 오ᄆᆡ 온갓 ᄆᆞᄋᆞᆷ을 텬쥬 예수의
대쟝의 편을 들어 이믜 항복밧은 셰쇽 마귀ᄅᆞᆯ 칠지어다 이런 황황ᄒᆞᆫ 시졀
을 당ᄒᆞ야 ᄆᆞᄋᆞᆷ을 느추지 말고 도로혀 힘을 다ᄒᆞ고 역량을 더ᄒᆞ야 ᄆᆞ치
용ᄆᆡᆼᄒᆞᆫ 군ᄉᆞㅣ 병긔ᄅᆞᆯ ᄀᆞ초고 젼쟝에 잇슴ᄀᆞᆺ치 ᄒᆞ야 ᄊᆞ화 이긜지어다 부듸
서로 우ᄋᆡᄅᆞᆯ 잇지 말고 돕고 아오로 쥬ㅣ 우리ᄅᆞᆯ 블샹이 너기샤 환난을 앗기
ᄭᆞ지 기ᄃᆞ리라 무ᄉᆞᆷ 일이 잇슬지라도 부듸 삼가ᄂᆞᆫ 주젼이 조심ᄒᆞ야 위
쥬광영ᄒᆞᆫ 조심을 ᄇᆡ로 ᄒᆞ야 더ᄒᆞ며 다 여긔 잇ᄂᆞᆫ 쟈 이십인은 아

二

[한글 고문서 - 판독 불가한 흘림체 필사본]

쌰우병완이누되가 츌 딘결이 보완아 버럼푸를 너희앞와라떠 소왕을
친두넣노라

부라 김완드리아

셰샹완왓을이까비주면니오쌰이주생슉뿔이다른츨이원둔은튼쪅
견두의하완뎟신밬너희왰눈푸야읙두 오직슉셔 슐회의
러샐이쪅안듕양을 주시기를가두외라 너즉단주셔 너희윽졍간졍혼머 스
너멋쳐 거와 시계엽 수 샤 주라간 뎐쥭오라쳐사됴야 너희거내비쳐이
쿡졀완잔박좌를 샹노디들 샥성왈을 낼와외 완묠 을지
쥬춀 졍사 략 좌 숏두이 든 가 지 를 병완 이 련쥭한 견의꼴 히 기 되 누 위 츌
쳔완 알안잔 보 와 히

깁 신부 수 졍 졍뵤

잘외거라

三

자료 제공 : 한국천주교순교자박물관

색 인

ㄱ

가경(嘉慶) → 인종
가르멜산의 성모회 166
가성직제도(假聖職制度) 146~147
간도(間島) 106
감골집 → 김노사
강경(江景) 216
강남(江南) 131, 216
── 대목구 54, 65, 71, 132
강희(康熙) → 성조
개시(開市) 90~91
개주(蓋州) 67, 73
건륭(乾隆) → 고종
견사회(遣使會) → 라자리스트회
경원(慶源) 90~91, 101, 109, 111
── 개시 → 개시
고(高) 우르술라 76, 83, 116, 221, 233
고구려(高句麗) 105
고종(高宗) 109
고틀랑(C. Gotteland, 南格祿) 134, 139, 141, 215
관악산(冠岳山) 171
광곤자(光棍子) 99
광동(廣東) 226

구련성(九連城) 67
구베아(A. de Gouvea, 湯士選) 124, 146~147, 150
구순오(具順五) 227
구신희(具信喜) 153~155
군푸대(Kounputai) 158
권돈인(權敦仁) 234
권득인(權得仁, 베드로) 182
권상연(權尙然, 야고보) 148
권일신(權日身, 프란치스코 하비에르) 146~148
권철신(權哲身, 암브로시오) 146
권희(權喜, 바르바라) 180
그랑몽(Jean-Joseph de Grammont, 梁棟材) 142
금산(金山) 55, 62
기엔 → 기영
기영(耆英) 56
기해박해(己亥迫害, 1839년) 68, 75~77, 115, 143, 151~152, 182, 231
『기해일기(己亥日記)』 115, 143, 165, 180~191, 193~196, 198, 200, 210~212
길림(吉林) 93~94, 101
김군미 → 김세박

색 인

383

김노사(金老沙, 로사)　194
김누시아(金累時阿, 루치아)　192, 196~198
김성서(金性西)　222, 225
김성임(金成任, 마르타)　193
김세박(金世博, 암브로시오)　150
김순성(金順性, 요한)　68, 76~77, 84, 130, 152~153, 155, 157, 166, 229
김순여(金順汝)　227
김아기(金阿只, 아가타)　187
김 알렉시오　161~163
김업이(金業伊, 막달레나)　184~185
김여삼(金汝三)　149, 153
김여상 → 김순성
김영(金煐)　153~154
김용남(金龍男)　228
김유근(金逌根)　125, 154
김정의 → 김정희
김정집(金鼎集)　223
김정희(金正喜)　125, 130, 154
김제준(金濟俊, 이냐시오)　76, 83, 158
김(金) 프란치스코　75, 82~83, 89

ㄴ

남경(南京)　55~57, 60~62, 141
──　교구 → 강남 대목구
──　조약(南京條約)　55~57, 62, 140
남경문(南景文, 베드로)　227, 231

남 루치아 → 김누시아
남명혁(南明赫, 다미아노)　181, 192
남인(南人)　124, 126, 149
노론(老論)　126, 149
노언익(盧彦益)　132, 222, 224
누루하치(奴爾哈赤)　104, 106~109
뉴킹　56

ㄷ

다블뤼(A. Daveluy, 安敦伊)　90, 115, 158, 180, 188~191, 193~194, 196, 198, 200, 202, 210, 212, 216~217, 219, 232~233
달단(韃靼)　56, 61, 95, 103, 107, 109, 111~112, 128
달레 → 샤를르 달레
대만(臺灣)　59
대왕대비 김씨 → 순원왕후
도광(道光) → 선종
동해(東海)　102~103
두(杜) 요셉　66~57, 71~72
두만강(豆滿江)　100, 112
뒤프레(M.J. Dupré)　57
드 그랑몽 → 그랑몽

ㄹ

라자리스트회 60, 88
러시아 106
로(N.J. Raux, 羅廣祥) 89
로베르(P. Robert, 金保錄) 235
루이 필리프(Louis Philippe) 50
류큐(琉球) 54
르그레즈와(Pierre Louis Legrégeois) 49~50, 58~59, 75, 82, 217~218, 220
리브와(Napoléon Libois) 50, 52~53, 58, 70~71, 82, 89, 112~113, 119, 126, 132, 135, 143, 212, 215~218, 220, 223, 230

ㅁ

마닐라 49~50, 54~55, 59, 65
마롄호(Ma-lien-ho) 98
마카오 49~51, 53, 70, 88, 90, 116, 132, 143, 158, 212, 226, 228~229
만력(萬曆) → 신종
만주(滿洲) 54, 70, 89~90, 92~93, 100~101, 103~105, 109, 218
── 대목구 54, 64, 67, 89
── 팔기(八旗) → 팔기병
매산(煤山) 108
메스트르(Joseph Ambroise Maistre, 李) 50~51, 54~55, 57~58, 61, 65~70, 72~74, 78, 81~82, 88~89, 131, 217~218, 220, 223, 230
명(明) 63, 104, 107~108, 144
명동(明洞) 대성당 171, 235
모방(P. Maubant, 羅伯多祿) 68, 75~77, 119~120, 122, 151~152, 158, 162~163, 175~176, 201, 220
목단강(牧丹江) 95
몽골(蒙古) 90, 92~93, 103, 113
── 대목구 88
물리(J.-M. Mouly, 孟振生) 88
뮈텔(G. Mutel, 閔德孝) 235

ㅂ

박명관 → 박후재
박성철(朴性哲) 222, 225
박아기(朴阿只, 안나) 186
박큰아기(朴大阿只, 마리아) 190
박후재(朴厚載, 요한) 198
박희순(朴喜順, 루치아) 188
발해(渤海) 105
백가점(白家店) 59, 67, 71~72, 75, 81~82, 88~89, 219
백두산(白頭山) 94, 107
백령도(白翎島) 218~219, 221~222
「백서(帛書)」 150

범(范) 요한 54~55, 64~67, 71

베롤(J. Verrolles, 方若望) 64, 67, 73~74, 89

베르뇌(Siméon François Berneux, 張敬一) 50, 158, 216, 218, 220, 223, 230

베시(Lodovico Maria [dei Conti] Besi, 羅伯濟/羅類思) 54, 65, 71, 141, 215, 233

벨처(Edward Belcher) 128, 217

벽파(僻派) 124~127, 148~149, 152

변문(邊門) → 책문

병오박해(丙午迫害, 1846년) 115, 219, 231

병인박해(丙寅迫害, 1866년) 158

보은사(報恩寺) 62

봉천(奉天) 101, 108

봉황성(鳳凰城) 67, 113

북경(北京) 104~105, 108~109, 117, 137, 144~146, 190, 200, 203, 206~207

—— 교구 88~89, 124, 146~147, 150, 200

북관(北關) 개시 → 개시

북당(北堂) 146

브뤼기에르(B. Bruguière, 蘇) 75

브뤼니에르(M.B. de la Brunière, 寶) 51, 54~55, 64~67, 72~73

빅토리외즈(Victorieuse)호 232

빈첸시오(Vincent de Paul) 60

ㅅ

사관청(仕官廳) 174, 189

사마랑(Samarang)호 128, 217

사빈(Sabine)호 232

산동(山東) 54, 65, 137, 221~222

—— 대목구 54, 65, 71

산서(山西) 대목구 151

산해관(山海關) 108

삼성산(三聖山) → 관악산

「상재상서(上宰相書)」 201

상해(上海) 53~57, 61, 64~65, 115, 132~135, 137~140, 213~214, 216, 219

샤를르 달레(Ch. Dallet) 92, 158

샤스탕(J. Chastan, 鄭牙各伯) 68, 76~77, 115, 119~120, 122, 151~152, 158, 162~163, 175~177, 190, 201, 220

서울 노고산(老姑山) 171

—— 노들[鷺梁] 169

—— 당고개[堂峴] 76

—— 돌우물골[石井洞] 113, 115, 214

—— 마포(麻浦) 171

—— 새남터[沙南基] 77, 115, 121, 163, 169, 218, 234

—— 서소문 밖 68, 76, 115, 145, 147, 150, 158, 178, 180~188, 190~191, 193~196, 198~199, 204, 206, 219

선교 수도회 → 라자리스트회

선종(宣宗)　109
성조(聖祖)　109
세실(J.-B. Cécille, 瑟西爾)　50, 53~57,
　　　61, 64, 67, 140~141, 232
세조(世祖)　104, 108~109
세종(世宗)　109
소팔가자(小八家子)　89, 92, 113
손경서(孫一, 안드레아)　157, 166
손계창(孫啓昌)　120, 161
송(宋) 마리아　149
송강부(松江府)　140
송화강(松花江)　93~94, 103, 105
수리산(修理山)　76, 156
수원 상게(상괴)　76, 157
순원왕후(純元王后)　90, 125, 154
순위도(巡威島)　219, 222
순조(純祖)　90, 125, 127
순치(順治)　109
숭정(崇禎) → 의종
시파(時派)　124, 126~127, 148~149
신(申) 마리아　149
신유박해(辛酉迫害, 1801년)　145, 147,
　　　149~151, 198, 223
신종(神宗)　107~108
신해박해(辛亥迫害, 1791년)　146, 148
신해 진산 사건 → 진산 사건
심양(瀋陽) → 봉천

ㅇ

아산 용당리(龍堂里)　175
아편전쟁(阿片戰爭)　53, 55
안순명(安順命)　222, 225
압록강(鴨綠江)　80, 87
앵베르(L. Imbert, 范世亨)　54, 68, 76~
　　　77, 84, 115, 118~120, 122, 151~
　　　152, 157, 161, 165, 175, 200,
　　　220, 223
양관(陽關)　67, 73, 90
양지(陽智)　231
어피달자(魚皮韃子)　103, 105
엄수(嚴壽, 또는 嚴秀)　219, 222, 224, 227
에리곤(l'Érigone)호　50, 53~55, 61,
　　　64~65, 70~71
여진족(女眞族)　101, 105
여항덕(余恒德) → 유방제
연평도(延坪島)　219
영고탑(寧古塔)　90, 94, 98, 101
영락(永樂) → 성조
영해회(嬰孩會)　50
예수회(耶蘇會)　60, 134, 139, 144, 146
오삼계(吳三桂)　108
오송(吳淞)　55, 60~61, 64, 138~139, 214
옥천희(玉千禧, 요한)　150
옹정(雍正) → 세종
외연도(外延島)　232
요동(遼東)　54, 59, 71, 75, 82, 104, 108

387

―― 대목구 → 만주 대목구

용인 골배마실 232

―― 은이 232

―― 한덕동(寒德洞) 156

우감(牛鑑) → 뉴킹

우술임(禹述任, 수산나) 219

원(元) 63

원귀임(元貴任, 마리아) 195~196

유대철(劉大喆, 베드로) 208, 210

유방제(劉方濟, 파치피코) 151, 181, 200, 211

유상은(俞相殷) 228

유소사(柳召史, 체칠리아) 199~200

유용선 → 유진길

유조변(柳條邊) 93

유진길(劉進吉, 아우구스티노) 68, 73, 75, 125, 158, 167, 202~204, 206, 208

유항검(柳恒儉, 아우구스티노) 147

윤유일(尹有一, 바오로) 60, 147~148

윤지충(尹持忠, 바오로) 148

은언군(恩彦君) → 이인

을묘박해(乙卯迫害, 1795년) 148

을해박해(乙亥迫害, 1815년) 149, 151

의례 논쟁(儀禮論爭) 109

의종(毅宗) 108

의주(義州) 67, 78, 80, 85, 87, 90, 113, 115, 133, 150, 174

이간난(李干蘭, 아가타) 219

이경언(李景彦, 바오로) 204

이광렬(李光烈, 요한) 190

이광헌(李光獻, 아우구스티노) 178

이기양(李基讓) 223

이기원(李基元, 또는 起元) → 이신규

이냐시오(Ignatius de Loyola) 144

이단원 → 이존창

이동욱(李東郁) 145

이리포(伊里布) → 일리부

이매임(李梅任, 데레사) 191

이벽(李檗, 요한 세례자) 145~146

이성례(李聖禮, 마리아) 76, 83

이소사(李召史, 아가타) 183

이승훈(李承薰, 베드로) 115, 145~148, 150, 223~224, 227

이신규(李身逵, 마티아) 224, 227, 231

이 아가타 180

이연희(李連熙, 마리아) 182

이영희(李英喜, 막달레나) 191, 194

이의창(李宜昌, 베난시오) 222~224

이인(李䄄) 103

이자성(李自成) 108

이재영(李在永) → 현석문

이재의(李在誼, 토마스) 115, 132, 157~158, 167, 175, 219, 223, 227, 231

이정희(李貞喜, 바르바라) 191

이존창(李存昌, 루도비코 곤자가) 146~148

이지연(李止淵) 154

이천(利川) 231

이총억(李寵億) 223

인종(仁宗) 109
일리부 56
일본해(日本海) 103
임군집(林君執, 요셉) 219, 227, 231
임성룡(林成龍) 219, 222, 224, 227, 231
임성실(林聖實) 132
임치백(林致伯) → 임군집
임치화(任致化) 132

ㅈ

장백(長白)산맥 94
장시니(D. Jancigny) 50, 61
장연 대진포(垈津浦) 222
장책(長柵) → 유조변
장춘(長春) 89, 92, 97
정국보(丁—, 프로타시오) 211~212
정기화(鄭崎和) 154
정순왕후(貞純王后) 124, 149
정약종(丁若鍾, 아우구스티노) 150, 199
정정혜(丁情惠, 엘리사벳) 199
정철상(丁哲祥, 가롤로) 199
정철염(鄭鐵艶, 가타리나) 219
정하상(丁夏祥, 바오로) 75, 83, 158, 167, 190, 199, 201, 204, 207
정해박해(丁亥迫害, 1827년) 149~151, 204
정화경(鄭—, 안드레아) 68, 76, 157, 166
제주도(濟州島) 128, 130, 146, 216~217

제천 배론[舟論] 50, 150
조만영(趙萬永) 127, 130, 152, 154
조병구(趙秉龜) 127
조병현(趙秉鉉) 77, 153, 155
조선 대목구 75, 90, 132~133, 151~152, 165, 213, 216~218, 238
「조선 순교사와 순교자들에 관한 보고서」 141, 143
「조선 전도(朝鮮全圖)」 131
조신철(趙信喆, 가롤로) 75, 83, 167, 190, 206, 208
조인영(趙寅永) 127, 130, 155
주리(周牢) 167, 171~172, 192~193, 195, 197~198, 201, 205, 207~208
주문모(周文謨, 야고보) 124, 148~149, 151
주산(舟山) 52~53, 60
주장(朱杖) 171, 173, 195, 197, 201, 208
중강(中江) 개시 → 개시
지황(池璜, 사바) 148
진강부(鎭江府) 55, 57, 61~62
진산(珍山) 사건 145, 148
진주문(珍珠門) → 흑호

ㅊ

차쿠(岔溝) 59
책문(柵門) 67, 73, 75, 78~79, 81~83, 75~86, 88~89, 111, 113, 115,

133, 174, 190, 200

「척사 윤음(斥邪綸音)」 127, 149

청(淸)　56, 64, 90~94, 104, 108~109, 139, 144, 217

최경환(崔京煥, 프란치스코)　76, 83, 156

최방제(崔方濟, 프란치스코 하비에르)　158

최양업(崔良業, 토마스)　50~51, 54, 64, 67, 72, 76, 83, 112, 131, 156, 158, 217

최영겸(崔榮謙)　156

최인길(崔仁吉, 마티아)　148

최창현(崔昌顯, 요한)　146~147

최형(崔炯, 베드로)　132, 158

ㅋ

클레오파트르(Cléopâtre)호　232

킬피스족 → 어피달자

ㅌ

태장하(太莊河)　66, 71

틈왕(闖王) → 이자성

티　56

ㅍ

파리 외방전교회　49~50, 53~54, 64, 89~90, 92, 112, 119, 132, 151, 174, 216, 218, 233

파보리트(la Favorite)호　54, 64

팔기병(八旗兵)　61, 104

페레올(Jean Joseph Ferréol, 高)　50, 54, 70, 90, 92, 112~113, 115~116, 132~133, 139, 142, 158, 180, 188~191, 193~194, 196, 198, 200, 210, 212~213, 216~219, 222, 233

필리핀　50

ㅎ

한국 천주교 순교자 박물관　235

『한국 천주교회사』　92, 119, 125, 134, 158, 232

한아기(韓阿只, 바르바라)　185

한양(漢陽)　80, 87, 113, 115, 165, 224

한왕(汗王) → 누루하치

해주(海州)　219, 226~227

허계임(許季任, 막달레나)　191

허 바르바라　231

헌종(憲宗)　90, 125, 127, 130, 155, 190, 193, 222~224, 226~229, 231~233

현석문(玄錫文, 가롤로)　115~116, 132,
　　　143, 219, 223, 231
형벌도(刑罰圖)　172~173
홍낙민(洪樂敏, 루카)　147
홍유한(洪儒漢)　144
홍주(洪州)　77, 119, 162~163
홍콩　56
황길승(黃吉昇)　228
황사영(黃嗣永, 알렉시오)　150
황세흥(黃世興)　54~55, 65
황심(黃沁, 토마스)　150
회유문(廻諭文)　235
횡당(橫堂)　216
후금(後金)　104, 106, 108
훈춘(琿春)　90~92, 97, 100~102, 109,
　　　111~112
──기행문　92
흑룡강(黑龍江)　90, 93, 103
흑호(黑湖)　96
흥안령(興安嶺)산맥　93